追求卓越

崔　峰　王洁琦　主编

北京出版集团
北京教育出版社

图书在版编目（CIP）数据

追求卓越 / 崔峰，王洁琦主编 . -- 北京：北京教育出版社，2024.7. --ISBN 978-7-5704-6910-9

I. G647-53

中国国家版本馆 CIP 数据核字第 20244AV041 号

追求卓越
ZHUIQIU ZHUOYUE

崔　峰　王洁琦　主编

*

北京出版集团　出版
北京教育出版社

（北京北三环中路 6 号）

邮政编码：100120

网址：www.bph.com.cn

京版北教文化传媒股份有限公司总发行

全国各地书店经销

三河市国英印务有限公司印刷

*

787 mm×1092 mm　16 开本　22.25 印张　490 千字

2024 年 7 月第 1 版　　2024 年 7 月第 1 次印刷

ISBN 978-7-5704-6910-9

定价：69.00 元

编委会

序

接到为这本书作序的邀请，我欣然应允。

北京市第一〇一中学怀柔分校，是一〇一教育集团 k-12 这棵大树上结出的一个硕果，而且是十分特别的一个。

之所以说这所学校特别，是因为它可以说是好几个逻辑交汇的产物：它是北京市促进教育优质均衡实施城乡一体化办学的产物，它是北京市第一〇一中学履行使命担当开展集团化办学的产物，它是新时代新征程打造百年科学城基础教育支撑的产物。作为集团总校长，当我站在几条历史线索所延伸的纵深之中，回看它的诞生、起步、发展，展望它的跃升、腾飞的时候，心中是百感交集的。

2014 年 9 月，北京市第一〇一中学怀柔分校迎来了自己的第一批学生。那时候城乡一体化办学还算是个新事物，老百姓对此还不太了解。很多人认为，不过是挂个名校牌子罢了，能有什么不同。因此，建校之初，人们对它主要持观望态度，学校在怀柔区并不被看好，一度面临招生困难。然而，短短十年间，这所学校就通过自己过硬的教育教学成绩，通过自己培养出的一届届高质量的毕业生，逐渐赢得了老百姓的认可。现在，它已经成为怀柔人家门口的好学校，家家户户都以自家娃在北京市第一〇一中学怀柔分校读书而感到骄傲。

这种转变是怎么实现的？一个集团校的分校是怎样在短短十年间实现逆袭的？这当中蕴含着许多颇具研究价值的课题。但有几点是毋庸置疑的，那就是分校领导层出色的顶层设计，整个管理层"走在前、领着干"的实干精神，以及支撑他们熬过无数个艰难时刻的教育情怀。这本书当中，汇集了北京市第一〇一中学怀柔分校管理方面的经验、思考和展望，它可以给每一个探索中的教育人，特别是肩负"领头羊"责任的教育人以宝贵的启发。

此外，如果只是把这本书简单看成经验集锦，那就太低估它的价值了。正如前述，北京市第一〇一中学怀柔分校是好几个逻辑交汇下的一个特殊产物，因此，当在阅读这本书的时候，我们何尝不是在以一种别样的方式去接近历史——我们通过它会看到，北京市为了促进教育优质均衡发展，下了多么大的决心，付出了多少坚实的行动；我们也会看到，北京市第一〇一中学，作为一所红色学校，是怎样展现自己在新时代的责任担当，用集团化办学的方式让优质教育惠及更多远郊区的家庭的；我们更能看到，在创新驱动发展战略、科教兴国战略、人才强国战略齐头并举的新时代，一所基础教育的学校是怎样以自身的努力，为国家科学城助力，为发展新质生产力而助力的。

是以为序。

陆云泉

2024.7

目 录

管 理 篇

教 育 篇

教 学 篇

管理篇

建中国基础教育名校　助力怀柔科学城发展

——北京市第一〇一中学怀柔分校发展综述

崔　峰

北京市第一〇一中学怀柔分校是北京市为加大优质教育资源辐射力度、实现基本公共教育服务均等化而在怀柔区兴建的一所城乡一体化寄宿制中学，2014 年建成并投入使用。从此，北京市第一〇一中学的办学思想、教育文化在怀柔这块热土上悄然生根、破土，茁壮成长，开花结果！现在的怀柔分校已成为怀柔区一所优质的品牌中学，为怀柔区教育生态圈的优化作出了应有的贡献。

一、起步——机遇与挑战并存

怀柔区是北京市教育不太发达的地区。建校之初，怀柔分校就存在着师资队伍不稳定、学生基础薄弱、环境污染严重和办学经费严重不足的问题，更重要的是家长们的不信任：名校在郊区办分校，会不会就挂个牌？这个在当时普遍存在的疑问，对于刚刚起步的怀柔分校来说是一个不小的挑战。

针对这些问题，我们在办学中实施了以下做法：

一是内部描绘愿景，传承文化。学校通过把握 21 世纪的时代主题与教育使命，提出"建设一所怀柔地区的品牌学校，一所让师生实现梦想的学校，一所与北京市第一〇一中学的社会声誉相匹配的高质量学校"的发展愿景。北京市第一〇一中学是一所历史名校。我们始终做到坚持总校的办学精神、理念、校训不动摇；坚持"立足怀柔，融入总校"的发展战略不动摇；坚持"为学校的发展而改革、为教师的发展而铺路、为学生的发展而奠基"的思路，重塑校区的教师、学生和课程文化。学校用深度融合促进多元文化的建设，寻找一条"地区性的特色发展"之路！

二是外部开发资源，利用优势。怀柔分校积极争取当地政府和教育主管部门的政策支持，利用好北京市、中国科学院的各种资源，主要是海淀区和总校的资源。

内因起决定作用。在艰难发展中，学校在抓好"硬件建设"的同时，咬紧"软件建设"不放松，提出"推进教师成长快一点儿、健全校本研修深一步、促进学生发展强一点儿"的要求，并坚决实施，力争实现"一年小变样，三年大变样"的短期目标。

短短五年，对于那个"普遍存在的疑问"，怀柔分校用办学实绩给出了答案。2017年，第一届毕业生，在学生基础薄弱的情况下，示范校录取率达到43%；2018年，第二届毕业生的录取率提高到61%；2019年，265名应届毕业生中，有53人提前被"1+3"项目录取直升示范性高中，参加中考的200名学生中，有137人（含体育、科技7人）被北京市示范性高中录取，本届学生升入示范高中的占比达到70.6%。群众的眼睛是雪亮的，看到学校用办学实绩"亮剑"，大家对学校的态度也由最初的"怀疑观望"转向"全面热捧"。2019年，高中招生80人，录取平均分达到542分，居怀柔区四所高中之首。老百姓用实际行动回应了这所学校的办学诚意：名校办分校，不是只挂个牌，把孩子交到这里，家长放心。

"好学校就在家门口。"2018年，怀柔区督导调查，家长对怀柔分校的满意率居怀柔区第一。怀柔分校已成为一所被怀柔人民信赖的学校，已经成为怀柔学子向往的求学之地。怀柔分校不仅实现了"三年脱颖而出"，而且表现出"高中领跑"的姿态。一位学生家长在《感谢一所学校》的一封信中说："我再次来到这所美丽的学校，看着绿树成荫、花草繁茂的校园环境，看着干净整洁、文化气息浓郁的楼内装饰，看着彬彬有礼、阳光自信的莘莘学子，我由衷地感谢这所学校！我也坚定地相信，这所在五年之内快速成长起来的学校，明天会更加辉煌、更加美好！"

一些看上去不可能的事情，我们正在慢慢地完成。困难是发展中的困难，优秀师资的引进，优质生源的增加，周边工厂的搬迁，办学经费的保障，都在一步一步地得到圆满的解决。

二、提升——大气与精细共融

2018年注定是教育发展的关键一年。2018年9月，全国教育工作大会在北京召开，随后北京市、怀柔区的教育大会相继召开。在北京一〇一中教育集团的会议上，陆云泉校长提出"面向未来的生态智慧教育"的理念，提出"为学生的生命、生活、生长而改变"的教育构想，推进集团教育"六个一体化"和"六个中心"大格局建设。怀柔分校也迎来了由"三年脱颖而出"到"六年学校一流"的转变提升时期。

（一）充分利用集团的"大格局"思维

北京市第一〇一中学怀柔分校与总校均实行"一个法人代表、一体化管理"的管理机制，完全保证"六个一体化"建设，同时迅速调整学校原有职能部门，成立学校发展、教师发展、课程教学、学生发展、后勤保障和国际教育等"六个中心"，转变布局，开放思想。2018年下学期，陆云泉校长和王涛书记分别来怀柔分校做了"做扎实安静的教育，为学生一生幸福奠基"和"光荣与梦想"的报告。"共用一个最强大脑"，进一步深化集团的理念认同、文化认同。本立而道生，为我们推进"生态·智慧教育"建设吹响了集结号和冲锋号。

1．在课堂改革上

怀柔分校开展了"深化课堂教学改革"的专项建设，进一步落实"生态·智慧教育"理念，深化"生态·智慧课堂"建设。2019 年 9 月，时任总校副校长的熊永昌来怀柔分校做了"聚焦核心素养，打造生态智慧课堂"的动员报告。2019 年 10 月，怀柔分校举办"生态·智慧课堂"名师经验分享会，通过骨干教师的示范课、青年教师的常态课，通过集体备课、说课赛课等活动全面推行"生态·智慧课堂"教学。2019 年下学期，全校教师参加教研活动达 411 人次，在北京市、怀柔区和校内的赛课活动等教科研活动中获奖 126 人次。

2．在课程建设上

怀柔分校借鉴总校多种形式的研究性学习和以学生的综合素质评价为内容的"三层八维式"课程结构体系，创设了"为学生一生的幸福奠基"的必修与选修相结合的书院课程体系，凸显"人文·科技"的怀柔特色，并完善丰富了我校的人文经典课程、大师领航课程、科学素养课程和科学探索课程。学校研究制定《北京市第一〇一中学怀柔分校关于课程建设的规划》，做到选修课程精品化、实践活动综合化和主题课程系列化。

3．在教师培养上

学校依托总校的名师资源实施了"送进去""请上门"的培育工程：选派新入职的青年教师到总校学习、代课，身临其境感受名校氛围；邀请总校名师到怀柔分校送课，"坐诊、坐镇"怀柔分校；郭涵校长、陆云泉校长、王涛书记等领导多次来怀柔分校对教师进行培训，熊永昌副校长、刘子森副校长、谢卫、王力鹏等干部每学期都带领年级组长、教研组长来怀柔分校指导学科教学工作。每周日，张新村、刘丹妮、王军兵、何效元等骨干老师来怀柔分校开设文化讲堂或举办专家讲座；特邀总校学术委员会的资深专家程翔、严寅贤、郑燕莉等定时莅临怀柔分校送课、听课、评课。"有灯塔的地方不会迷路"，这带动了我们立足校本的"青蓝工程"建设，五年来共举办了五期，培养了近 100 名新入职的青年教师。目前，怀柔分校已经建立了有层次、有梯度的短期、中期和长期教师培育机制，丰富了教师的教育教学思维，提高了教师的业务能力和教学水平，全面提升了学校的办学实力。

4．在学生培养上

怀柔分校关注学生的生命、生活和生长，关注"全人"的教育，通过"卓越担当"课程培养学生人格品质。学校先后邀请了中国人民解放军国防大学海洋安全与合作研究院院长戴旭，北大中文系教授、北京作家协会副主席曹文轩，北大中文系教授邵勇海等来学校给学生授课。学校每年举办"校庆三行诗""我和我的祖国"和"'一二·九'合唱节"等系列活动，对学生进行传统文化和社会主义核心价值观教育，落实"立德树人"的根本任务。依托总校，怀柔分校每年都选拔优秀学生代表到总校"留学就读"。"优生直通车"的培养机制抑制了怀柔优质生源的流失，保证了郊区的孩子也能享受北京最好的教育，真正做到了"百尺竿头，更进一步"。

（二）坚持怀柔分校的"四个优势"发展

凝聚每一个人的力量和每一个梦想，坚信事业是干出来的，本着为学校的发展而改革、为教师的发展而铺路、为学生的发展而奠基的信念，学校找到了起步的契入点、发展的支撑点，还找到了提升的发力点。

1. 专家引领的人脉优势

2018年9月，总校郭涵校长退休后，被聘任为怀柔分校的学校顾问。2019年下半年，先后有北京市教委原副主任李奕、北京教育考试院原副院长臧铁军、北京教育学院教育管理与心理学院孟瑜教授和人文与社会科学学院吴欣歆教授，以及钟亚妮博士、李娜博士，海淀区教师进修学校罗滨校长来学校做专题报告。这些专家与学者从深入学习贯彻教育大会精神和深化新时代教育改革，到从高考改革看高中教育教学，再到教师的专业成长等做了完整的、系列的、深刻的解读。学校倡导的"以'学'为中心的课例研究"思想深深影响着学校的发展。老师们下移教科研工作重心，从多个层面、多个维度关注教育教学中的"真问题"，进行"教学小项目"研究，取得了丰硕成果。2018年和2019年，老师们在国家级、北京市和怀柔区立项的科研课题有16项，发表教育教学论文20多篇，撰写的教育、教学和管理案例研究达366篇。怀柔分校的发展时时处处都彰显着专家引领、专家办学、专家治教的风气。

2. 百年科学城的资源优势

"美·科学"是怀柔分校发展的主题特色。"美"是"怀山柔水"的地缘之美，更是师生们追求知识与真理的境界之美；"科学"是怀柔分校与中国科学院的战略合作，更是培育师生们的科学精神和科学品质。中国科学院大学在怀柔分校开设的"科学素养起航课程"和"科学素养大师课程"充分满足了学生的个性发展和特色发展的需求。2018至2023年学校共开设科学课程160多节，举办科学考察60多次，师生们先后荣获科技方面的奖项80多个。王知非、曹靖泽荣获北京市"缔造航空未来"的波音"梦想航空器"设计大赛三等奖；高意轩、孟嘉姚、杨雅棋、彭湃荣获第十九届北京市中小学生金鹏科技论坛大赛一等奖；赵康丞荣获第39届北京市青少年科技创新大赛一等奖。

3．精诚务实的团队优势

怀柔分校始终把精诚务实的管理团队和业务精良的教师团队作为核心竞争力，把提升管理团队的"执行力"和教学团队的"绩效性"放在首位。"哪里有学生哪里就有老师，哪里有师生哪里就有学校干部"成为管理团队的常态。怀柔分校现有教师190人，其中特级教师4人，正高级教师3人，高级教师36人，一级教师39人，研究生90人（其中博士3人），教师学历100%达标。这是一个结构合理、业务精湛、甘于奉献的业务团队。学校对引进的经验丰富的成熟型人才，坚持制度留人、感情留人、事业留人。通过搭台子、结对子，老师们各尽所能，成为引领教学的重要力量。

4．精益求精的工作优势

教学质量是生命线，因此学校在教学工作中坚持规范管理、科学引导、自主发展的工作思路，精细分解任务，精准抓好落实。

（1）"163"的教学常规。"163"是指在教学常规上做到"一个中心，六个抓手，三个用好"。"一个中心"就是一切工作都围绕"教学质量"这个中心。"六个抓手"指抓集体备课、抓课堂教学、抓听课评课、抓作业质量、抓检测考试和抓教师培训六个方面。集体备课要达到一课一研、边教边研；课堂教学要求有"生态·智慧课堂"；听课评课要全程听课、及时反馈；作业要及时批阅、精准批阅；检测考试要阅卷不过夜、评卷不过天；教师培训要以文化人、提升境界、务实高效。"三个用好"是指用好早读课、用好晚读课、用好自习课。

（2）"456"的备考策略。"456"是学校在指导教学管理，特别是备考中针对"四类学生、五项准备和六个必须"作出的要求。"四类学生"是学困生、临近生、优秀生、特长生，教师对学情要了如指掌，坚持分类指导；"五项准备"是教师备课时要备学情、备教材、备考纲、备作业、备专题，做到知己知彼，精准发力；"六个必须"是指教师使用的学案要做到有发必收、有收必判、有判必评、有错必纠、有差必补、有补必有效。

（3）"1+3"试验项目。学校依托"1+3"试验项目深入对其衔接特点和融合特点进行研究，树立初高中贯通式大教研大教学思维，探索初高中一体化试点竞赛培养模式，采取"虚拟班"形式把尖子生培养与学科竞赛、自主招生、综合实践等结合起来，通盘实施培养计划，让优秀的孩子更优秀，让普通的孩子成优秀，让学困的孩子走向优秀。

三、愿景——现实与梦想同生

多年的发展，我们取得了可喜的成绩。但也有制约我们发展的瓶颈：管理需要进一步细化，教学需要进一步深化，业务需要进一步强化，生源需要进一步优化，环境需要进一步美化。怀柔分校将迎来"六年学校一流"的第二个转变关键期，我们现在还处在滚石上山的阶段。

2019年7月，怀柔区教委和北京一〇一中教育集团签署了《关于进一步加强北京市第一〇一中学怀柔分校建设（二期）的合作协议》；学校二期工程建设全面启动，工程完工后，怀柔分校将设初中、高中和国际三个教学部、72个教学班、3000个学位。随着怀柔科学城的发展，怀柔分校规模扩大和软硬件水平提升，将会得到更多的资源支撑。怀柔分校必将建成一所能够满足北京怀柔科学城高端人才子女需求的现代化学校，一所符合怀柔科学城发展需求的中国特色、国际一流的基础教育名校，必将实现"建中国基础教育名校，助力怀柔科学城发展"的美好愿景。

今年的春天，怀柔分校的校园格外美丽：乔木成行，灌木成簇，绿叶盈盈，红花重重；时时洋溢着"大义担当"的校园文化，处处表达出"走进一〇一，幸福你一生"的办学理念。在这怀山柔水之间，在这"面向未来的'生态·智慧'教育"新天地里，怀柔分校人不忘初心，一张蓝图绘到底！

（注：此文写于2020年4月）

教师简介：

崔峰，正高级教师，全国优秀教师，北京市化学特级教师，享受国务院政府特殊津贴，获得"首都劳动奖章""北京市优秀共产党员"等荣誉，现为怀柔区人大常委、北京市第一〇一中学怀柔分校暨中国科学院大学附属中学执行校长。

教育集团化背景下分校发展的实践探索

崔 峰

北京市第一〇一中学怀柔分校是北京市为加大优质教育资源辐射力度、实现基本公共教育服务均等化而在怀柔区兴建的一所城乡一体化寄宿制中学，2014 年 8 月底建成并招生。学校实行"一个法人、一体化管理"的管理体制，秉承北京市第一〇一中学这所中国历史传统名校的教育教学理念。自建校以来，怀柔分校在各级领导的大力支持以及总校的直接指导下，以科学发展观为指导，以促进教育公平、缩小教育差距为己任，坚持立德树人，坚持"在磨合中融合、在提升中共赢"的理念，不断探索适合城乡一体化学校和寄宿制学校学情的教育教学模式，现在已发展成为怀柔区一所优质的品牌中学，为怀柔教育生态圈的优化作出了应有的贡献。

建校之初，学校存在问题较多，主要有：1. 师资队伍不稳定，学校教职工主要由当地干部、教师和总校派出干部、教师组成，由于城区与郊区在教育理念、管理方式等方面差别较大，融合不够好；2. 学生基础较弱，学生主要来自怀柔区雁栖镇平原与山区和怀柔城区经商、单亲家庭，学生生活习惯、学习习惯差，分化严重；3. 学校周边环境污染较严重，有 17 家企业，主要是食品、汽车配件等工厂；4. 公用经费与城区差距较大，由于是新建学校，各方面资源都不到位，第一年学校欠债 178 万，办学经费严重不足。

针对以上问题，我们在怀柔分校的办学实践中，一是在学校内部促进学校建设和发展：1. 通过把握 21 世纪的时代主题与教育使命描绘愿景，统一思想；2. 传承北京市第一〇一中学学校文化，创新适合分校实际的学校文化；3. 强化培训和校本教研，促进教师专业成长；4. 因地制宜，发展学校特色。二是在学校外部利用优质资源促进学校课程资源的开发和内涵发展：我们积极争取当地政府和教育主管部门的政策支持，利用好北京市、中科院的各种资源，主要是海淀区和总校的资源。

一、把握时代特征描绘愿景，树立办好分校的信心

校长要有愿景，愿景来自理想，又不同于理想，是对可实现目标的预期。作为校长，仅仅局限于管理技能是不行的，必须将目光投向更遥远的地方，把握时代特征、结合学校实际，为师生描绘一个引人入胜、丰富多彩、充满光明的愿景。描绘愿景必须把握 21 世纪的时代主题与教育使命，勾勒愿景还需要理解政策背后政府的考虑，形成愿景更应该实事求是、符合分校发展的实际。基于此，建校之初，我们确立的学校发展目标如下：怀柔地区的一所品牌学校，一所让师生实现梦想的学校，一所与北京市第一〇一中学的社会声誉相匹配的高质量学校。

中国梦，我们的梦，北京市第一〇一中学怀柔分校的梦。

	中国梦	北京市第一〇一中学怀柔分校的梦
定义口号	实现中华民族伟大复兴	办一流的学校，人民满意的教育
目的	凝聚每一个人的力量和每一个梦想	凝聚每一个人的力量和每一个梦想
核心目标	两个一百年：2021年和2049年	三年脱颖而出，六年学校一流
具体表现	国家富强、民族振兴、人民幸福	一流的办学条件 一流的师资队伍 一流的教育教学质量
实现途径	走中国特色社会主义道路 坚持中国特色社会主义理论体系 弘扬民族精神、凝聚中国力量	为学校的发展而改革 为教师的发展而铺路 为学生的发展而奠基
实施手段	政治、经济、文化、社会、生态文明 "五位一体"建设	自我反思，同伴互助，专家引领； 团结协作，吃苦克难，建言献策
特点	个人与国家、民族利益一体化	个人与学校、学生利益一体化

在2017年5月国家发改委批准北京市"怀柔科学城建设"之际，学校提出"建中国基础教育名校，促进怀柔科学城发展"方案，推动学校发展和建设列入科学城的规划，启动了学校二期工程，并确立了把怀柔分校发展成为国内一流、世界知名、研究型和创新型的中国基础教育名校的目标。

二、传承北京市第一〇一中学的学校文化

学校文化是学校共同的价值判断和价值取向，是学校师生做事中体现的独特的做事方式和处事态度。传承北京市第一〇一中学历史传统名校的学校文化是办好怀柔分校的基础。

1. 传承北京市第一〇一中学的办学精神、理念

教育理想不能动摇：红色历史，家国情怀，担当意识，全面发展。

基本理念不能动摇：遵循教育规律、人才成长规律、教师成长规律。注重学校的历史积淀，关注学校的现实资源——区域、规模。

办学理念：为学生一生幸福奠基。全面育人，促进学生全面发展，重在打造学生终身受益的基础素质。学校最应该提供的是常人教育、常态教育。

学校文化：大气包容、大义担当、和谐民主、追求卓越。

教师文化：责任自律、求实大气、积极进取。

学生文化：责任担当、多元自主、求索创新。

课程文化：重基础、层次性、系列化、生成性。

2．传承北京市第一〇一中学教师的文化自觉

一是建立自觉的心理追问。学生为什么选择我们学校？学生选择我们是因为他们认为我们能提供优质教育，所以面对学生要让他感到我就是最好的。以学生的进步和发展为己任：新生来了，问自己"给什么"？学生毕业了，问自己"给了什么"？

二是用专业去赢得尊严。少一点儿荣誉感，多一些人生投入，用自己的职业水准赢得职业尊严。学校品牌代替不了你的能力，在北京市第一〇一中学工作，给的是机会，并不必然是能力；你的言行举止能否成为这所学校的符号？重视常态教学，不要假性成长。

三是教师要自觉实践"百尺竿头，更进一步"的校训，做学生的榜样。教育追求无止境，不进则退。

3．传承北京市第一〇一中学的学生文化

北京市第一〇一中学一直追求"责任与担当，自主与多元，求索与创新"的学生文化。

责任与担当：北京市第一〇一中学的红色基因与生俱来。关心社会，为国奉献，勇于担当，立德树人是北京市第一〇一中学融入血液的自觉。这种传统如何传承，成为学校的文化？学生的自我教育、主体参与是学校"红色"文化活跃的重要保证，学校的价值引领不可或缺，要让学生在红色传统的自主活动中体会责任与担当。

在北京市第一〇一中学怀柔分校，有几个所有学生都必须参加的活动。3月，教师和学生参加总校校庆日和到革命老区寻根；4月，到卢沟桥参观抗日纪念馆；5月，举办施光南艺术节；9月，新生入校到总校圆明园校区参加开学典礼，了解学校的革命历史；10月，请学校退休资深校长或书记讲校史；12月，参加纪念"一二·九"合唱活动。这些活动主要由学生自己组织开展，形式多样、内容丰富且都贯穿同一主题——家国情怀，责任担当。

为学生创造参与学校管理的机会。自建校起，学校就设立了校方接待日，这项活动一直坚持由学生会牵头，每周一中午请学校各部门负责人接待学生，听取意见和建议，将解决方案和合理解释在全校进行公示并监督执行。

用深度融合促进多元文化的理解。时代的发展使人类社会由封闭转向开放，人们期望教育不仅能满足人与社会的基本要求，还希望它在面对和解决世界重大问题时，能够跨越文化边界，朝着多元、理解、开放的方向发展。基于此，学校与美国洛杉矶第五学区的大使领导力中学建立友好关系，寒暑假进行互访交流。

三、强化培训和校本教研，为教师发展铺路

教师队伍建设是学校的立校之本，高水平、稳定、可持续发展的教师队伍建设，有赖于根植于发展历史和积淀的学校文化、清晰的建设思路和总体设计，以及教师自主探

索的创新实践等。

我校作为新建校，建校 4 年来，新进教师 80 多名，如何在最短的时间内使我校年轻教师快速成长为学校的中流砥柱，是我校教师队伍建设中的重要工作。

1. 确定教师发展目标

践行北京市第一〇一中学卓越担当价值追求，争做党和人民满意的好教师。

具体目标：具有一切为学生发展服务的育人意识；具有较强的课程理解、课程开发和课程实施能力；具有教学效果显著、学生认可度高、个人风格突出的特点，成为社会影响较大的学科专家。不断更新教学观念，不断加强业务能力学习，不断开展课堂教学研究，使教学与研究"共生互补"，确保教师专业的可持续发展。

2. 丰富校本研修的文化内涵

一是开展高端讲座和教师读书活动。没有师资队伍的文化建设，就没有学生的文化培育。在全球化视野中，教师更要努力提升人文科技素养，塑造平和大气的品格，身心健康，和谐发展。二是将校本研修作为促进教师专业发展的重要平台，在时间和内容上加以保证。成立青年教师发展学校、开展课例研究和案例分析活动，参加总校"高端备课"研修项目、"协同创新"研修项目，探究教育教学的内涵。三是常抓教研组建设。完善学科建设的主导思想，建立学习型教研组，实行领导包教研组制度。四是引导教师的价值追求，寻求教师专业发展的增长点，将教师带向职业幸福的最高处。重视人文积淀，倡导知识更新；强化个人品质，提升人文情怀；提倡交流合作，呼唤共生智慧；强调责任担当，注重实践反思。

3. 开展以学为中心的课例研究，提高教师的课堂教学能力

课例研究是一个对教和学有着重要影响力的研究领域，它通过教师合作研究的"同僚性"得以构筑。只有依据学生基础的教学才是有效的，教学研究围绕学生的学习得以展开。课例研究主要包括确立研究主题、规划教学设计、实施课堂观察、开展课后研讨、形成研究报告等环节。课例研究强调从教师教学实践中的问题出发，通过教师群体的研究活动解决教学难题，改进教学实践，并试图以其为导向，引领传统的教研组活动超越事务性的活动层次，发展为一种专业研究行为。

四、丰富课程促进学生发展

学校的课程建设要为学生的未来负责，是实现学校办学理念的基础。落实"立德树人"的根本任务，践行社会主义的核心价值观，对学生进行传统文化教育等都需要课程来实现。

学校实行国家课程、地方课程和校本课程相结合的课程模式。建校以来，在总校的帮助下，怀柔分校根据学校办学目标创设了"为学生一生的幸福奠基"的必修与选修相结合的书院课程体系。

人文书院：每天一节"阅读课"，打造书香校园，培养学生的人文素养；每天一节"时政课"，培养学生的公民意识和国际视野；每周一次"欣赏课"，培养学生的艺术素养和人格素养。

科学书院：每周一次"选修课"，3D打印、机器人、模拟飞行等，丰富学生的课外课程，发掘学生的个性潜能；每周一次"科普课"，邀请大师、专家开设讲座，拓展学生的思维，开阔学生的视野，提升科学素养。

艺体书院：每周一次"非遗课"，茶艺、皮影、京东大鼓等，传承优秀传统文化，静心修身，培养良好的待人处事礼节习惯；每周一次"形体课"，塑造学生的优美仪态和优雅气质；每天"三操"，锻造学生的健康体魄和坚毅品质，保证学生每天80分钟以上锻炼时间。此外，学校还开设社团活动、综合实践活动，充分利用社会大课堂，提高学生综合素质。

同时学校在主题教育方面进行了多学科融合教学探索，每学期开展一次主题教育课程活动。譬如：结合"世界水日"开展了以"水资源"为主题的多学科主题课程活动；结合纪念长征80周年开展了以"长征"为主题的多学科主题课程活动；结合2016年11月30日中国申报的"二十四节气"列入联合国教科文组织人类非物质文化遗产代表作名录，开展了"二十四节气""中华传统节日"等多学科主题教育活动……这些活动时代性强，提高了学生运用多学科知识解决问题的实践能力，同时，通过课程落实"立德树人"的根本任务，潜移默化地对学生进行了传承中国优秀传统文化、践行社会主义核心价值观的教育，将主题教育更加系统化、全面化，将德育更好地渗透于课堂教学之中。

五、充分运用外部资源，为学校发展提供政策保障

自建校以来，总校给予了怀柔分校大力支持。总校每年都派出各学科骨干教师来怀柔分校任教，同时接纳怀柔分校新招聘的老师到总校顶岗培训1~2年，并且每周都派出特级教师、北京市骨干教师到怀柔分校听课评课，这些举措促进了分校青年教师的成长，保证了分校的教学质量逐年提高。

北京市第一〇一中学怀柔分校地处中国综合科学中心和具有世界影响力的科创中心——怀柔科学城的核心区，学校周边有中国科学院大学、中国航天工程大学等高校和中科院力学所、空间所等研究机构，区位优势得天独厚，课程资源十分丰富。我们每周都邀请中科院大学生命科学、资源环境、电子电信与通信工程、化学与化工、计算机与控制等学院的博士、硕士开设高端讲座，经常组织学生参观国科大、中科院国家空间科学中心、力学所等单位，邀请中科院所以及大专院校等科研院所专家为我校开设大师领航课程，开阔了学生的视野。

政策是一所学校发展的重要外部条件，符合教育规律、符合学生成长规律、符合学校实际的政策能够促进学校的发展。研究各项教育政策，正确理解各项教育政策，对比

先进区域教育政策，从中找出符合本校发展实际的政策并落实好，争取有利于学校发展的各项政策，是校长的重要任务之一。

建校以来，北京市第一〇一中学怀柔分校在经费保障、人才引进、办学条件改善方面积极争取当地政府的政策支持，保障了学校健康发展，使学校在短短几年发展成了区域内最好的品牌中学，为北京市优质教育的均衡发展作出了我们的贡献。教育部原部长陈宝生提出："教育是道术——探索、发现、掌握、运用教书育人规律，把握学生成长规律，才能真正落实立德树人根本任务。"在探索教育集团化背景下分校发展道路的过程中，我们找到了一条可行的途径。

（注：本文为作者"2018年中国教育报校长大会"发言稿，发表于《中国教育报》2018年9月19日第7版，题目为《学校集团化了，分校怎么发展》）

教师简介：

崔峰，正高级教师，全国优秀教师，北京市化学特级教师，享受国务院政府特殊津贴，获得"首都劳动奖章""北京市优秀共产党员"等荣誉，现为怀柔区人大常委、北京市第一〇一中学怀柔分校暨中国科学院大学附属中学执行校长。

融合聚能　特色发展为学生成长奠基

——北京市第一〇一中学怀柔分校的特色发展

崔　峰

北京市第一〇一中学怀柔分校位于风景秀丽的雁栖湖畔，怀柔科学城的核心区，是北京市为加大优质教育资源辐射力度、实现基本公共教育服务均等化而在怀柔区兴建的一所城乡一体化寄宿制中学。自 2014 年建校以来，怀柔分校扎根怀柔教育的丰厚土壤，精准对标"百年科学城"建设要求，充分利用北京一〇一中教育集团的"一体化办学"的有利平台，积极聚集核心教育资源，以城区名校高峰带动形成怀柔教育质量高原，教育教学质量一年比一年好，显示了怀柔分校强大的育人能力。

截至 2023 年 9 月 1 日，学校现有学生 2167 人，54 个教学班，分初中和高中两个学部。教职工 264 人，其中正高级教师 5 人，特级教师 4 人，高级教师 51 人，市区级骨干教师 61 人，研究生 150 人（其中博士 3 人），教师学历 100%达标。

一、自主开放，深度融合

北京一〇一中教育集团的一体化办学模式，使怀柔分校站在了北京教育改革的最前沿，占据着北京教育的制高点，有效地指导着学校发展的整体布局。一体化办学模式保证了怀柔分校在管理智慧、创新资源、优秀师资、培优机会方面有效的共享机制。怀柔分校在课程建设和课堂改革上，借鉴了总校的"课程结构体系"建设经验和"生态·智慧课堂"改革成果，很快实现了选修课程精品化、实践活动综合化和主题课程系列化，实现了"以学定教、少讲多练"的课堂改革，走在了北京课改的前列。

集团校之间充分利用网络平台开展集体备课和教研培训，更加促进了怀柔分校与总校的深度融合，实现了讲课统一进度、统一要求、统一备课，检测统一试题、统一阅卷、统一标准，全面提升了我们的办学实力。每学期，总校的年级组长、教研组长都会来怀柔分校指导教学工作，每周都会有一批名师来怀柔分校开设专家讲座和教学指导，一批老师在怀柔分校长期无私奉献。源源不断的"智库能量输出"和"软件更新"，完全保证了怀柔分校的"领跑动力"。怀柔分校每年都会从新入职的青年教师中选派一批教师到总校"进修"，几年来，到总校"驻地培养"的老师达 50 多人，形成了老师们"向外探寻、向内思考、向下扎根、向阳生长"的成长格局。"有灯塔的地方不会迷路"，这带动了我们立足校本的"青蓝工程"建设，每年一期，共培养了 100 多名新入职的青年教师。有些青年教师参加工作仅仅几年，就已经迅速成长为可以独当一面的骨干，这种

"助跑优势"是得天独厚的。目前,怀柔分校已经建立了有层次、有梯度的短期、中期和长期教师培育机制,迅速丰富了教师的教育教学思维,提高了教师的业务能力和教学水平,全面提升了学校的办学实力。

学校倡导的"以'学'为中心的课例研究"思想深深影响着学校的发展。2019年下半年,借助总校力量,学校先后邀请北京市教委原副主任李奕、北京教育考试院原副院长臧铁军、北京教育学院教育管理与心理学院孟瑜教授和人文与社会科学学院吴欣歆教授,以及钟亚妮博士、李娜博士,海淀区教师进修学校罗滨校长来学校做专题报告。这些专家与学者从深入学习贯彻教育大会精神和深化新时代教育改革,到从高考改革看高中教育教学,再到教师的专业成长等做了完整的、系列的、深刻的解读。有了专家的引领,老师们开始降低教科研工作重心,从多个层面、多个维度关注教育教学中的"真问题",进行"教学小项目"研究,取得了丰硕成果。2018年和2019年,老师们申请并立项的国家级、北京市级和怀柔区级科研课题有16项,发表教育教学论文20多篇,撰写的教育、教学和管理案例研究达366篇。怀柔分校的发展时时处处都彰显着专家引领、专家办学、专家治教的风气。

"一体化办学"的开放式办学为优秀学生的"双培养"也提供了机会。每年我们都会从高中生源中选拔优秀学生到总校进行"双培养",这种方式大大加快了学生的成长速度,这种稳定的"培优机制"的意义是深远的。

二、双线管理,聚能输出

学校作出"常规管理提升年"的整体部署。确立"引领、规范、提升、精细"的工作思路,要求"向规范要质量,向落实要质量,向管理要质量",保障家庭教育、自主教育、学校教育、社会教育"四位一体",实现规范管理,科学引导,自主发展。

学校确立教研组的能量场地位和年级组的聚能环地位。年级组实行相对独立的"有限责任制管理",学校推进年级组制度建设和文化建设,尤其是创新精神和执行力。实施年级组和教研组双线管理、双线发力,聚能输出,落实处在课堂,受力点在学生,评价处在成绩,在互应中显作用。

同时作出"强化教研组建设"的部署,在进一步落实"常规管理提升年"提出的各项具体指标的前提下,优化常规管理细节,重点做好教研组建设,使教研组成为教师专业成长、学科建设的主要基地,要求做到"六个落地生根",即"常规管理制度"落地生根、"生态·智慧课堂建设"落地生根、"一课一研要求"落地生根、"初高学段融通设想"落地生根、"共同成长规划"落地生根、"融入总校战略"落地生根。

三、"文化·科技"展特色

怀柔分校坚持多元自主、特色鲜明的发展理念"为学生一生幸福奠基",开设书院课程。

目前共开设主题课程、选修课程、特色课程、实践课程四类校本课程。每学期开展一次主题课程，打造主题课程特色品牌，探索多学科融合的教学活动，深入落实学科德育。学校利用校内外资源，打造优质校本选修课程，共开设了皮影戏、3D打印、京东大鼓、书法、围棋、茶艺等49门选修课程，课程内容丰富，涉及领域广泛，大大开阔了学生的视野，促进了学生个性发展，培养了学生实践创新能力。篮球、足球、排球、乒乓球、天文社、啦啦操、摔跤等社团选修课程，为学生锻炼技能、加强交往、发展个性、完善人格提供了舞台；"三操两课"作为必修课，切实提高学生的体质健康水平，让每个学生在义务教育阶段能够掌握多项体育技能和特长，为学生的健康发展奠定良好基础。同时，学校施光南艺术节、"一二·九"合唱节等品牌主题活动，切实提高了学生的艺术修养，深挖教育内涵，将价值引领融入艺术教育，用美育涵养气质。丰富多彩的社会实践活动，拓宽了学生学习空间，促进生命体验，关注学生生命、生活、生长。

学校每天一节"阅读课"，培养学生的人文素养；每天一节"时政课"，培养学生的爱国情怀。同时学校还会邀请社会知名人士、市级教研员、研究员送课送教，帮助学生开阔视野，培养学生的家国情怀。近年来，学校已累计邀请中国人民解放军国防大学海洋安全与合作研究院院长、央视知名主持人、北大中文系教授等一批名师名家到校交流，开展的相关活动累计达900多场次。

怀柔分校地处怀柔科学城的核心区，学校将怀柔分校的发展及时融入"百年科学城"的建设，与中国科学院大学联合办学，成立"中国科学院大学附属实验学校"，确立了"人文·科技"的主题特色，把"怀山柔水"的人文资源和科学城的科技资源充分结合利用起来，开创怀柔分校符合"地域特色"的发展之路。中国科学院大学在怀柔分校开设"科学素养起航课程"和"科学素养大师课程"，每年11月，学校都举办以"科技创造梦想，智慧引领未来"为主题的科技节。2018年到2023年，学校共开设科学课程160多节，举办科学考察60多次。几年来，学校科创项目获得国际赛特别奖银奖1项、国家级奖项1项、市级奖项6项，累计荣获科技方面的奖项80多项，分校学子更是把北京市金鹏科技论坛、北京市青少年科技创新大赛等奖项收入囊中。

四、脚踏实地，追梦未来

"多元自主"的学生文化一经与"大气包容"的北京市第一〇一中学文化融合马上就显示出"和谐民主"的氛围。教师们的"精良业务"一经与"大义担当"的北京市第一〇一中学文化融合马上就显示出"求实大气"的格局。陆云泉校长的《做扎实安静的教育，为学生的一生的幸福奠基》和王涛书记的《光荣与梦想》的报告，无不是对怀柔分校"从优秀到卓越"的寄望。

怀柔分校站在现代教育的前沿，凝聚每一个人的力量和每一个梦想，既脚踏实地又仰望星空，稳健地实现自己的三步愿景：

（1）坚守初心。坚守"建中国基础教育名校，助力怀柔科学城发展"的初心，坚持三个阶段的发展规划，建好班子，带好队伍。学校根据实际情况确定了"立足怀柔、紧跟海淀、融入总校、项目引领"的发展思路，制订了三步走的发展目标：第一阶段，建校三到五年努力脱颖而出，成为怀柔区的品牌学校；第二阶段，再经过三到五年的努力，步入北京市名校行列；第三阶段，到2035年争取建成一所具有中国特色、国际知名的创新型中国基础教育名校。第一步已经实现，第二步正在奋斗，第三步是我们的美好未来。2020年5月17日，北京市第一〇一中学怀柔分校与国科大强强联合，成功挂牌"中国科学院大学附属学校"，实力解决科学家子女入学问题，有效助力科学城建设。

（2）不辱使命。"教育教学质量是学校的生命线"，经过几年的努力，争取步入郊区高考先进学校行列，为科学城发展奠定教育基础。

（3）高端发展。依托集团资源，充分利用国科大资源，加快学校科技特色培育，培养更多创新人才。让北京市第一〇一中学怀柔分校成为怀柔科学城亮丽的教育名片。

习近平总书记说："伟大梦想不是等得来、喊得来的，而是拼出来、干出来的。"北京市第一〇一中学怀柔分校人将继续扎根于怀柔的热土，以"建中国基础教育名校，助力怀柔科学城发展"为愿景，不忘初心、砥砺前行，去迎接一个崭新的、无比美丽的明天！

教师简介：

崔峰，正高级教师，全国优秀教师，北京市化学特级教师，享受国务院政府特殊津贴，获得"首都劳动奖章""北京市优秀共产党员"等荣誉，现为怀柔区人大常委、北京市第一〇一中学怀柔分校暨中国科学院大学附属中学执行校长。

推进基层学校党建工作规范化、标准化建设的几点思考

陈江坡

近年来，北京市第一〇一中学怀柔分校党委在区教育工委和区教委的正确领导下，以习近平新时代中国特色社会主义思想和党的十九大、二十大精神为指导，坚持以党建带团建，以党建带队建，切实加强基层党组织建设，认真落实区委和区委教育工作委员会部署，为各项教育教学任务圆满完成提供了坚强的组织保证。但是，基层党建依然存在形式多于内容、党建规范化需要加强等问题，需要在今后工作中进一步深化解决，本文通过对近年来基层学校党建基本情况及存在问题进行分析，提出加强基层学校党建规范化建设基本工作思路。具体情况如下：

一、学校党员基本情况

目前，我校党委共有基层党支部 6 个，共有党员 144 人，其中退休党员 2 人。在职党员 142 人中，35 岁以下青年党员 88 人，36 至 50 岁党员 48 人，50 岁以上党员 6 人。党员全部为本科及以上学历，其中为研究生学历的党员有 65 人。党组织及党员队伍具有基层党组织分布均衡，50 岁以下中青年党员占主体的特点。

二、学校基层党建工作开展情况及主要特点

（一）全面从严治党，加强教育管理

1. 加强干部队伍建设。强化第一责任人职责，落实"一岗双责"要求，带头学习传达、研究谋划、动员部署等。召开全面从严治党专题研讨会，健全领导班子议事和决策机制，确保学校风清气正。

2. 召开警示教育大会。认真落实教育工委关于全面从严治党的决策部署和警示教育大会精神，开展自查自纠，持续深化以案为鉴、以案促改、以案促治。

3. 落实意识形态工作。坚持党管意识形态原则，定期召开专题研讨会，加强阵地管理，关心关爱党员生活状况，主动化解党员诉求。

（二）通过主题教育活动，强化思想政治教育

1. 加强思想建设，提升理论素养。通过理论中心组学习，书记上党课，"书记讲给书记听"，书记委员交流研讨活动，党员线下集中学习等方式交流经验措施，强化党员的责任感、使命感和认同感。

2. 活动引领，筑牢思想堡垒。 开展"献爱心作表率，办实事解民忧""立足岗位作贡献"活动。开展强化"双培养"工作，开展"青蓝工程"、主题课程党员示范课活动，优化教师队伍素质，提升教育教学质量。开展学习榜样人物大讨论、为本部门办一件以上实事、观看专题节目《榜样8》等，挖掘典型事迹，发挥典型示范带动效应。用好"学习强国"平台，开展"学习强国"平台学习评比活动，营造浓厚学习氛围。开展"奋进新征程 建功新时代"学习宣传贯彻党的二十大精神主题征文活动，激发学习热情。

3. 示范引领，推动发展。 作为党委书记，我参加了北京普通教育名师研究会"新时代学校高质量发展暨党建工作经验研讨会"活动，并作《新时代党建引领骨干教师培养》报告，共同研讨新时代学校高质量发展。

（三）深化党建引领作用，推进重点工作

1. 党建引领接诉即办。 依托"校方接待日"等活动，不断提高为群众办实事的能力水平。积极发挥家委会作用，家校社协同育人。

2. 党建引领城市精细化治理。 持续巩固城市精细化治理实地点位建设，成立创城工作领导小组，统一思想，明确职责，上下联动，层层落实。组织师生参加"我身边的创城故事"征文活动，开展创建全国文明城区知识竞赛，共有215名教职员工参加，全校上下掀起了学习创城知识的热潮。

3. 在职党员参与社区治理。 发挥在职党员先锋模范作用，深化"双报到""红马甲"机制，全校签订《怀柔区在职党员文明承诺书》。

4. 党建引领团组织教育。 开展爱心义卖，帮助患有先天性心脏病的学子；开展"传承与奉献，团建百强"、清明祭奠先烈系列活动、雷锋月、创城文明大检查等活动，提高团员的思想政治觉悟。

（四）完善基层组织建设，夯实党建工作基础

多年来，学校党委将支部建在年级，使基层党组织党建工作与教学工作的结合更加紧密，确保了党的工作与教学工作同部署、同落实。学校党委先后制定了《基层党组织工作实施细则》《党支部工作考评办法》和《党支部目标管理考核制度》等党建工作制度，进一步明确了学校班子分工和党支部职责任务，规范基层党支部工作，强化了对支部的日常工作检查和年度考评，实现基层党建工作由"虚"向"实"转变。

（五）发挥先进典型的教育引领作用

1. 每年"七一"开展"两优一先"评选表彰活动。 先后涌现出"群众心目中的好党员""优秀共产党员"等一批优秀的身边典型，通过对先进典型的评选和表彰，促使教师作对比、找差距、学先进、当典型。

2. 认真落实党内关心关爱机制。 组织党员积极参加"共产党员献爱心"捐献活动。开展走访慰问活动，在春节和"七一"等重大节日期间，走访慰问困难党员，向基层党员传递党组织的关怀和温暖，增强基层党组织的凝聚力、向心力。

三、基层党建工作存在的问题和不足

（一）党建工作不规范

主要是党建工作制度落实不到位，"三会一课"会议质量不高，会议内容以业务内容为主，没有起到严格党员管理、教育党员、提高党员素质、加强基层党组织战斗力的作用。

（二）党员教育管理缺乏有效抓手

当前党员教育管理以及思想政治工作的开展主要以活动为统领，每年校党委、工青妇以及各社团组织了不少活动，在丰富校园文化、营造良好氛围、提升队伍素质等方面发挥了积极作用。但是很多活动都没有把队伍建设、党员思想教育、核心价值观培养等内容结合进来，主题不突出，意义和效果不明显，导致教师的认同感不强，感性收获多，理性认识少。

（三）党员身份意识不强

由于学校党员密度大，党员对个人身份意识不强，认为大家都是党员，做得好与不好都体现不出来。有些党员自我约束不严，在一些集体活动中不积极，参与度不高；一些在职党员对进社区工作表现不积极；等等。这些现象都是党员身份意识不强造成的。

（四）支部的战斗堡垒作用不突出

"三会一课"等组织生活质量不高，在对党员的教育、管理，引领党员发挥先锋模范作用、创先争优，发挥党支部战斗堡垒作用等方面作用不突出。支部活动限于培养和发展党员，以及按照上级党委要求在"七一"期间开展一些活动，其他以支部为单位主动开展的活动很少。

四、存在问题原因分析

（一）基层党组织对党建工作重视程度不够，存在重教育教学轻党建的情况，"两张皮"现象比较严重

一些党支部书记对自己的职责、任务、作用认识不足，认为党内职务是"虚"的，教育教学工作是"实"的，认为只要把业务工作抓上去就行，党支部工作可有可无。

（二）基层党组织的凝聚力、向心力不强

基层支部结合教育教学创造性地开展党建活动不多，开展党建活动往往停留在完成上级党组织交办的任务的层面上。工作计划性和针对性不强，活动也与队伍建设、学校的中心工作结合不紧密。党员干部参加组织生活的积极性不高，基层党建工作活动开展有一定难度。现实中，党员遇到问题找党支部解决的情况少，反而找行政领导解决的情况多，党支部的政治核心作用不够突出。

（三）基层支部书记党建工作能力不强

1. 支部书记落实抓工作带队伍的"一岗双责"不到位，对党员的思想教育和管理少，部分党员与非党员的概念模糊了。

2. 素质能力有待进一步提升。一些支部书记对党的知识以及党支部的工作制度、工作程序等学习不够，工作方法简单，凭经验办事，素质能力不能很好地适应新形势下党建工作发展需要。

3. 表率作用有待进一步增强。有的党员对自身要求不够严格，表率作用不强。

五、加强基层党建工作思路

针对当前党建工作存在的问题和不足，校党委应通过落实主体责任、扎实党建工作基础，强化党员教育管理，规范党支部活动，实现"让党员身份意识强起来，让支部书记把责任担起来，把党委、基层支部的作用发挥出来"，从而打造一支凝聚力、战斗力强，知责任、讲规矩的新时期党员干部队伍。

（一）强化党性意识教育和引导

充分发挥党组织"发挥作用、服务中心、锻炼和培养队伍"的职能作用，通过参加组织工作、组织生活等党建活动，增强党员身份意识。

（二）落实主体责任，层层传导压力

首先是落实校领导班子党建工作责任。其次是完善党委对基层党建工作的领导机制，加强对党建工作的统筹和领导。最后是落实对基层党支部党建工作考核考评制度。

（三）整合党建力量，形成合力

建立完善的党建工作和责任体系，把校党委、工青妇、各社团统筹起来，通过"两微一号"等活动和载体，统筹实施，形成合力，打造统一的基层党建品牌。

（四）从基础工作着手，全面落实支部规范化建设要求

突出以"一规一表一册一网"为主要内容的"四个一"工作载体的运用与创新，推动基层支部工作规范化建设。严格"三会一课"、党日活动、党费收缴、组织生活会等组织生活制度，将支部开展活动、党员参加活动情况纳入量化考评范围，强化对支部和党员的教育、监督和管理。

教师简介：

陈江坡，北京市第一〇一中学怀柔分校党委书记，曾荣获北京市公安局个人三等功一次、个人嘉奖两次；怀柔区先进教育工作者、环境教育先进工作者、怀柔区教育系统优秀共产党员、先进党务工作者。

守正创新，推动教育高质量发展

李白杰

北京市第一〇一中学怀柔分校是一所完全寄宿制中学，2014年8月建校招生，与北京市第一〇一中学实行"一个法人、一体化管理"的管理体制。传承北京一〇一中学历史传统名校的学校文化示范引领，是办好怀柔分校的根本。多年以来，怀柔分校本着大气包容、大义担当、和谐民主、追求卓越的学校文化，责任自律、求实大气、积极进取的教师文化，责任担当、多元自主、求索创新的学生文化，重基础、层次性、系列化、生成性的课程文化，一步一个脚印，踏实奋进地发展，终于开创出怀柔教育的一片新天地，让生态智慧教育在一体化办学这片土地上生根发芽。

一、守正创新——一体化管理，减负增效

在提高课堂教学质量方面，学校坚持"立足怀柔，紧跟海淀，融入总校"的管理思想，全程参加海淀区教研，与总校保持教、学、研一体化管理，积极将先进的教学理念、优质的教学资源纳入课堂教学中，极大地促进了教师专业化成长。学校通过开展说课、赛课、组内听评课、"基于主题"的常态研究课等活动打造高质量常态课，不断探索"生态·智慧课堂"规律，实现学科教学的减负增效。

二、守正创新——双线管理，聚力发展

在提升师德师能方面，学校坚持"守正出新"，修炼内功，创新教学方式，提升课堂时效，变"问题引领"为"机会引领""创新引领"；坚持"年级统筹、双线发力"的管理原则，落实初、高中教学统筹发展。

能量场——教研组的建设过程中，提倡新时代的教师要有教育家的理想与情怀，扎根课堂、聚焦课堂、研究课堂，打造卓越的"生态·智慧课堂"。向外开展单元整体教学设计，展现知识结构化，内化学科素养，减记忆负担，增思维效能，提学习质量；向内实施素养导向的作业设计，控数量，保质量，全批改，重改错，抓辅导，有分层，见实效。突出针对性、连续性、系统性。扩大集体备课的边界，把集体备课延伸至上课、听评课和作业设计，打通集体备课的"最后一公里"。提倡"精选""精编""精练""精讲"，实现从知识到认识结构、从问题到问题解决思路和方法的飞跃。

聚能环——年级组的建设过程中，抓好"四课"，规范一日常规形成习惯，做好作业、学科、时间三个统筹，提升运行效率，把握好"四会"（质量分析会、班导会、家长会、学生会），明确家情、校情、学情，定位学生在学科、态度、方法、习惯、心理、

规范等方面的生长点，落实后续个性化指导策略。积极落实"生态·智慧教育"中的精细化过程管理，抓好学生"入境"教育，以中高考改革命题研究、大单元备课一课一研、课堂、作业、答疑、限时训练为突破口，运用大数据调研手段，确保生态智慧下教育教学过程科学化、合理化。

双线发力，聚能输出，夯实常规要求，提高教研能力，推进课堂改革，在全区起到示范引领作用。

三、守正创新——统筹管理，提质增效

自 2021 年 7 月"双减"政策落地以来，北京市第一〇一中学怀柔分校深挖"双减"内涵，坚持"五育"并举，提高课堂教学质量，统筹作业管理，丰富课后服务内容，让孩子们在校园里健康成长、高效学习、快乐生活。

（一）细化过程管理，抓好学生"入境"教育

做好周测、答疑、作业设计等，做好一课一研，大单元备课工作，同时加强中高考改革、命题的研究。在作业管理方面，采用"年级统筹，控量增质"的管理原则，大学科每天布置，小学科轮流布置，总时长不超过 90 分钟；作业内容关联课堂，精选分层，确保实效；所有作业全批全改及时反馈，注重纠错与复判；每天晚自习为学生留足 1 小时的阅读、梳理、改错、观看时政新闻的时间，培养学生自主、自律的良好学习习惯。

（二）优化课程，为学生一生的幸福奠基

怀柔分校坚持多元自主、特色鲜明的发展理念，聚焦学生核心素养，创办"最适宜学生发展"的教育，满足学生个性化发展需求。在课程建设和课堂改革上，借鉴了总校的"'三层八维式'课程结构体系"和"生态·智慧"课堂改革成果，实现了主题课程系列化、选修课程精品化、实践活动综合化、校本课程特色化、科学素养课程系统化。

主题课程系列化。学校将社会主义核心价值观等品德教育纳入教材，融入课堂，开展主题课程教学活动，探索同一主题下多学科融合教学模式和发展方向。每学期制订一个主题，截至 2021 年，已开展 15 次。

选修课程精品化。积极打造优质校本选修课，促进学生个性发展。鼓励教师开设与本学科紧密相关或相近的选修课程，并研究与"主体课程"相辅相成的学习关系，反复打磨使之精品化，促进主体课程的教学。每学期开设 40 余门选修课，涵盖人文类、科学类、运动类、艺术类、学科素养类、实践类等领域，课程内容丰富，能够满足学生的兴趣发展与个性化成长的需求。

实践活动综合化。积极贯彻学科改进意见精神，各学科积极落实 10% 的学科实践活动，充分利用科学城的教育资源，推进活动综合化建设；深度渗透国科大的博物馆、展览厅、实验室，尤其是借助中科院的各研究所及野外台站开展有关地质学和天文学的科学探索活动。

校本课程特色化。学校坚持"为学生一生幸福奠基"的办学理念，积极挖掘课程及教师资源，利用学生住宿优势，开设了心理健康、形体、书法、阅读、时政新闻、影视欣赏、运动等校本课程，增强学生的公民意识，开拓国际视野。

科学素养课程系统化。借助科学城的有利资源优势，与中国科学院大学积极合作，在初中部开设科学素养起航课程，以科普讲座为抓手（七八年级每月一次），开阔学生视野，了解最新科技前沿，激发学生科技兴趣，实现科学素养"启蒙"。开设"院士讲堂"，聘请中科院研究员、院士开展关于地外生命、遥感灾害监测和干细胞等内容的讲座课程；在预科年级开展"科学盒子"课程，加强科学研究方法指导，注重科学理论深层次的提升，促进学生特色专长的发展，实现科学素养能力"提升"。

教育是唤醒生命的事业，未来，北京市第一〇一中学怀柔分校还将以义不容辞的责任和担当，扎根本土，扎实推进"作业提质、课堂提质、管理提质"各项举措，践行"双减"，提升内涵，努力为学生营造学风优良、活动丰富、特色鲜明的宜居宜学的美丽校园。

教师简介：

李白杰，山东省优秀教师、师德标兵，北京市第一〇一中学怀柔分校课程教学中心负责人、常务副校长。

尊重　唤醒　激励

——新时代学校育人治理模式的探索与反思

王洁琦

陆校长在"四生教育"中提出：构建良好的教育生态，关注学生的生命、生活、生长。教育应该把"人"放在核心地位，尊重个人成长规律，尊重教育规律，引导学生找到人生发展的目标和方向，将"生态·智慧"的教育理念，延伸贯彻到学校的学生管理工作中。北京市第一〇一中学怀柔分校坚持以陆校长提出的"四生教育"为基石，尊重规律、唤醒目标、激发活力，逐渐形成学校自己的育人治理模式。一方面，从学生的角度来说，要充分利用完全寄宿制学校的时间、空间优势，挖掘学生自治潜能，让学生在自我管理、自我教育、自我服务、自我监督的真实实践中，真正学会求知、学会做事、学会共处、学会做人。另一方面，从学校的角度来说，要建立和不断完善全员、全过程、全方位的育人治理体系，把我们寄宿制学校打造成学生的生活场、思维场、情感场和生命场。

一、尊重：确立以学生为中心的育人价值取向

确立以学生为中心的育人价值取向，开展突出能力素质和人格培养的丰富多彩的学生活动，让每个生命的成长、每个生命的发展都得到尊重，每个学生都获得成功。

规范设计"三操"流程和评价标准，让"三操"成为素养提升的主渠道。开设体能训练班，降低学生肥胖率。如果说健康的体魄为学生的未来生活奠定了基础，那么艺术素养则决定了他们未来的生活质量。学校传承总校的"12·9"合唱节、施光南艺术节，并经过几年的努力做成了品牌活动，每次活动线上、线下共有 20 几万人次关注。开展校庆主题活动、经典诵读、校园影视评比大赛等活动，为学生提供展示自己艺术才华的机会，促进生命体验。

我校区地处科学城，科技教育也是我们的一张亮丽的名片。学校在"抓重点、保优势、突出特色，多探索、深挖掘、树立品牌"的科技教育发展思路下，与中国科学院大学、北京市科促会、中国古生物馆等建立了稳定的协作关系，邀请他们的研究人员参与课后服务、活动指导及课程建设，做到选修课程精品化、实践活动综合化、主题课程系列化。每周邀请中国科学院大学的博士、硕士研究生为初中学生开设"科学素养启航课"，定期邀请中科院院士、各个科研院所的专家和学者为我校高中学生开设"科学素养领航课"。科学公园课程和"科学盒子"课程融合多种学科知识，为学生提供多元化的场景、

多维化的体验。学校现有科创社、服装设计社、天文社、科学表演社、组培社、种植社、科幻画社、DI 社团等 10 余个社团，每周一次的特色"选修课"，丰富了学生的课余生活，发掘了学生的个性潜能。目前学校成功获批北京市科技示范校、北斗科普基地和全国中小学科学教育实验校。

二、唤醒：引导学生树立成长的阶段目标

为了唤醒学生成长的动力，我们在尊重学生成长节奏和规律的基础上，明确了学生成长的阶段性目标：

第一阶段：做合格的"一〇一"人。这一阶段主要帮助学生养成良好习惯，培养兴趣，学会感恩。

第二阶段：做优秀的"一〇一"人。这一阶段主要引导学生完善自我，树立目标，学会做人。

第三阶段：做卓越的"一〇一"人。这一阶段主要激励学生自我定位，勇担责任，学会做事。

我们认为目标细、方向明，才能唤醒学生成长的动力。所以我们要求每个学期每名学生努力完成"五个一"活动，即每天完成一小时体育锻炼；每学期学习一门选修课；每月阅读一本好书；每月听一次专题讲座；每月完成一次志愿者服务活动。

三、激励：激发自治活力，构建育人治理体系

从"管理"到"治理"的观念之变、方法论之变，恐怕是近年来国家社会综合治理领域最显著的变革了。对于学校而言，从"管理"到"治理"，意味着多元参与、法治精神，以自治共治求善治。原来是从上到下，上一级管理下一级，而现在是多向的，强调发扬民主，让多元主体共同参与。对于像我们这样的完全寄宿制学校，在这种方法论的指引之下，我们构建了全员、全方位、全过程的育人治理体系。其中，"全员"概念在我们的实践中得到了拓展，原来是全体教师，现在纳入了一个核心主体——学生。我们发现，只有激发出学生的自治活力，才能真正把学校打造成学生的生活场、思维场、情感场和生命场。

（一）建设精干智慧的班主任、特色发展教师和宿管教师队伍

因我校区年轻班主任人数占比较大，所以我们坚持做好前期调研，做有针对性的培训。要求年级组负责每周召开班主任例会，落实会前"案例"分享、读书交流、集体备课，发挥同伴的互助作用。邀请专家进校，特别是总校经验丰富的班主任，定期为年轻教师做专题培训，发挥专家引领作用。组织科艺体教师按实际需求进行有针对性的培训，为学生特色发展铺路。积极为专业教师创建工作室和提供创立品牌项目支持。目前我校区有 24 名宿管教师，其中 22 人为临聘人员。我们要求宿管教师始终坚持"和善并坚定"

的管理理念。坚持每周例会制，不断提高宿管教师的管理水平，正在逐步打造学校肯定、家长放心和社会满意的服务品牌，形成我校独具特色的宿管文化。

（二）培育充满活力的学生自治体系

1. 团学组织的规划建设是完全围绕学生管理自主化进行的，学生管理自主化层级分为四个层次，由下至上，最终目的是建立起以学生为主体，教师起辅助作用的模式，真正将学生的内在能力挖掘出来。

建立学生会的首要目的是体现"服务师生，提升自我"的内涵，建立起一支可靠的、坚强的，能够协助老师完成日常管理的优秀学生干部队伍，将教师管理逐步提升为学生自主管理，逐步实现学生为主体、教师起引导辅助作用的目标。对于学生而言，这种自主管理不但培养了学生的责任意识、担当意识，也培养了学生的组织能力、管理能力与人际交往能力。在担任学生干部的过程中，学生首先树立自身榜样意识，即"我"是学生干部，"我"即表率，起到引领、模范的作用；其次在行使权力过程中，培养责任与权力的统一意识，强化责任，弱化权力，尤其着重培养人际交往能力，包括学生与学生、学生与家长、学生与教师等。最后学生会以招新、竞选、退会等形式，培养学生的团体意识和组织意识，在此过程中，学生干部逐步实现自身的价值。

坚持"四个一"的量化管理工作模式，以评促管，最大限度发挥学生会自我管理能力：（1）每部一"表"，学生会下设各个部门有一张自己工作范畴内的精细检查表；（2）每天一"班"，各个部门有一张自己的固定值班表，每天至少有一人值班工作；（3）每周一"查"，各部门在固定的时间每周至少检查一次；（4）每周一"总"，学生会下设各部门的检查表于每周四汇总至纪检部长处，在下一个周一的升旗仪式上由该同学做值周总结发言。这种工作模式不仅"解放"了老师，也锻炼了学生，而且培养了学生爱校、以校为家的"主人翁"意识。

2. 学生成长共同体制度的建设也是学生自治体系的一项重要探索，完善其制度，可以助力学生自我管理、互助成长。

学生成长共同体是根据学校班级授课实际情况，在初高中时间段内，按照异质、均衡、互助、共生的原则，由学习者和助学者（包括任课教师、家长志愿者、学长志愿者和社会其他辅助者等）共同构成的团队。成长共同体内成员具有共同的目标，相互尊重、平等交流、资源共用，彼此分享情感、思考、体验，促进各成员德智体美劳全面发展。

成长共同体的每个小组一般有学生 6~7 人，分别设组长 1 人、纪律考勤长 1 人、运动健康长 1 人、休闲阅读长 1 人、劳动长 1 人、作业检查长 1~2 人，每位小组成员都需要根据自身特点在小组内担负一定的职责。在共同愿景下成员各司其职，提供相应的资源辅助，助力学生高效成长。

召开小组交流分享会是落实学生成长共同体的重要环节。小组成员通过交流分享，可以达到相互促进、相互鼓励、取长补短的作用，班主任和指导教师在交流会上能够及时了解小组成员的思想，分享各个小组好的做法，及时发现问题并能快速解决。为了推动我校"学生成长共同体"工作有效开展，助力指导教师更好地工作，我们梳理了"学生成长共同体小组交流会"说明书，为师生提供参考。

合理的激励机制是一个团队良性运作的保障。学生成长共同体在小组自评、互评的基础上，组内成员根据平时的生活、学习等表现进行投票，每个小组评选出每周综合表现最佳组员，各小组评选汇总后选出一周班级最佳组员，上报年级组，年级组每周进行一次统一的表彰。在此基础上，每四周进行一次校级的表彰，学校把表现优异的团队称为"成长共同体班级领跑者"，并在全校范围进行表彰，小组成员受到鼓舞、得到肯定，对于他们以后的成长必将起到积极的导向作用。

治理从来都不是居高临下地命令，而是以平等和尊重唤起学生的认同。校方接待日每月召开一次，作为沟通校方和学生的直接渠道。学生代表和校方领导围桌而坐，学生当面对学校各项事务"发问"，并提出意见建议，从课程安排、作业设计到餐品质量和管理细节，学生们关心的都不是小事。在校园里，学生会各部纳新、运动会、艺术节等各类大型活动，每件事都有学生的身影。我们认为对学校建设的深度参与，可以培养学生的社会责任感，让学生关心"家事"，更心系"国事""天下事"，有利于让学生的主人翁意识充盈校园，并在广阔的社会田野上萌芽。模拟政协活动上，学生们做出了一份份源于生活、基于调研的提案为社会发展建言献策，其中《关于消除京加路出京方向河防口至汤河口段安全隐患的提案》被作为素材带到了政协北京市第十三届委员会第五次会议上。普普通通的中学生也成了社会改善的建设性力量。

陶行知先生说过："过什么样的生活便接受什么样的教育。教育的根本意义是生活之变化。生活无时不变，即生活无时不含有教育的意义。"寄宿制学校学生的日常生活活动就是教育活动，学校的教育理念、教育途径就渗透在学生生活的每一天。

做有生命气息和实践芳香的教育人。这也是我们新时代学校育人治理模式所追求的价值坐标。寄宿制学校如何通过育人模式的探索，让充实的住宿生活具有教育的意义，将是我们未来努力的方向！

教师简介：

王洁琦，北京市第一〇一中学怀柔分校学生发展中心负责人、德育副校长。曾获怀柔区教学质量标兵、怀柔区优秀共产党员、区优秀团队干部和抗疫先锋等荣誉称号。

教育帮扶高质量地助推"国家乡村振兴"发展

朱思克

认真学习和贯彻党的二十大精神对"国家乡村振兴重点帮扶县教育人才'组团式'帮扶活动"有着根本性的指导意义。我们会更好地团结帮扶队伍，更加坚定帮扶信心，明确帮扶目标，更好地完成帮扶任务，更加有力地加速"国家乡村振兴"发展，助推实现教育、科技、人才强国战略。

一、全面系统地学习、领会、贯彻、落实党的二十大精神

党的二十大报告指出了党在十年来经历的"三件大事"，其中一件是"完成脱贫攻坚、全面建成小康社会的历史任务，实现第一个百年奋斗目标"。当回顾脱贫和实现小康的第一个百年时，我们不能忘记习近平总书记自党的十八大以来的谆谆教导和深情嘱托。

（一）结合"过去五年的工作和新时代十年的伟大变革"历史地看新时代教育帮扶工作

党的十八大以来，习近平总书记多次在会议和考察中强调"让贫困地区的孩子们接受良好教育，是扶贫开发的重要任务""要把发展教育扶贫作为治本之计，确保贫困人口子女都能接受良好的基础教育"。也就是说，教育，尤其是基础教育在全面建成小康社会、实现第一个百年奋斗目标和农村贫困人口全部脱贫中是"重要任务"和"治本之计"。2021 年，在迎来中国共产党成立一百周年之际，我国完成了脱贫攻坚、全面建成小康社会的历史任务。为完成这项艰巨的任务，党中央在教育上投入了大量人力、物力和财力。近十年来，在教育经费上，中央财政累计投入 4000 多亿元，带动地方投入超过1 万亿元，着力改善贫困地区义务教育薄弱学校基本办学条件。这也是 2018 年以来，中共中央国务院实施乡村振兴战略的伟大成果。

（二）结合"新时代新征程中国共产党的使命任务"发展地看新时代教育帮扶工作

党的二十大报告指出："从现在起，中国共产党的中心任务就是团结带领全国各族人民全面建成社会主义现代化强国、实现第二个百年奋斗目标，以中国式现代化全面推进中华民族伟大复兴。"2018 年印发的《乡村振兴战略规划（2018—2022 年）》中提出，到 2020 年，乡村振兴的制度框架和政策体系基本形成，到 2022 年，乡村振兴的制度框架和政策体系初步健全。这为我国实现 832 个贫困县全部摘帽，近 1 亿贫困人口脱贫后，教育如何"拓展"做了崭新而又实际的安排。"没有坚实的物质技术基础，就不可能全面建成社会主义现代化强国。"这是马克思主义的发展观，也是符合中国传统的发展观。孔子讲"富而好礼"，《礼记》进一步阐发"贫而好乐，富而好礼，众而以宁者，天下其几矣"，都表达了人们在物质上和精神上的需要。2021 年 3 月，中共中央、国务院发

布了《关于实现巩固拓展脱贫攻坚成果同乡村振兴有效衔接的意见》，乡村振兴的制度框架和政策体系基本形成。2021年8月27日公布的《关于公布国家乡村振兴重点帮扶县名单的通知》中确定了160个国家乡村振兴重点帮扶县。2022年4月21日，中央组织部会同有关部委，召开干部人才"组团式"帮扶国家乡村振兴重点帮扶县工作部署会议，决定"组团式"帮扶国家乡村振兴重点帮扶县，选派医疗、教育干部人才和科技特派员，乡村振兴的制度框架和政策体系初步健全。2022年7月12日，中央组织部、教育部召开教育人才"组团式"帮扶工作东部选派校长行前培训会，标志着活动正式启动。2022年8月30日，教育部成立国家乡村振兴重点帮扶县教育人才"组团式"帮扶工作专家顾问委员会，标志着教育人才"组团式"帮扶工作不断深化。

二、深刻领会教育人才"组团式"帮扶工作在新时代教育中的意义

党的二十大报告中提出"建成世界上规模最大的教育体系"，当中包括160个国家乡村振兴重点帮扶县。习近平总书记发出的"全面建成小康社会，一个不能少；共同富裕路上，一个不能掉队"的号召，再次成为"实现中国式现代化"发展道路上的冲锋号。

（一）教育人才"组团式"帮扶在推进乡村振兴战略中承担重要使命

近十年来，新时代教育已经建立起"四梁八柱"，尤其在帮扶普高和职高发展中取得了巨大成就。2022年，高中阶段教育毛入学率达91.4%，比十年前提高6.4个百分点；普通高中建立了全国统一的"生均"公用经费基本标准，目前所有省份均达到1000元以上标准，中小学办学条件的改善较好地满足了教育教学的基本需要。2021年7月，教育部等九部门发布了《中西部欠发达地区优秀教师定向培养计划》，从2021年起，教育部直属师范大学与地方师范院校采取定向方式，每年为832个脱贫县和中西部陆地边境县中小学培养1万名左右师范生，在"特岗计划"上，中央财政累计投入达808亿元，为中西部地区乡村学校补充特岗教师达103万人；"国培计划"聚焦乡村教师，特别是"三区三州"等原深度贫困地区的乡村教师，中央财政累计投入200亿元，培训教师校长超过1800万人次。在此基础上，2021年12月9日，教育部等九部门发布的《"十四五"县域普通高中发展提升行动计划》中明确提出，县域普通高中（县、县级市举办的普通高中，以下简称县中）在推进教育高质量发展和乡村振兴战略中承担着重要使命，要统筹普通高中教育和中等职业教育发展，其主要方法是"实施县中托管帮扶工程"，即"按照对口支援关系，组织东部发达地区省份，面向西部10省160个国家乡村振兴重点帮扶县开展组团式对口帮扶""地市级教育行政部门要积极组织区域内优质普通高中与薄弱县中开展联合办学、对口支援，每所优质普通高中至少托管帮扶1所薄弱县中"。

（二）教育人才"组团式"帮扶在赋能教育全面发展上具有独特意义

习近平总书记指出要坚持各民族一律平等，铸牢中华民族共同体意识，各民族像石榴子一样紧紧拥抱在一起。人们脱贫后，分享了新时代第一个一百年的发展红利，也将

继续在第二个百年征程里共同创造新生活，分享"人口规模巨大的现代化"的美好生活。2022 年，中组部、教育部正式启动由北京市、天津市、上海市、福建省、山东省、浙江省、广东省、江苏省等东部的三市五省 247 所学校（分校、集团）对口帮扶内蒙古自治区、宁夏回族自治区、广西壮族自治区、云南省、四川省、贵州省、陕西省、甘肃省、青海省、重庆市等西部 10 个省（市、自治区）160 个国家乡村振兴重点帮扶县。这个教育帮扶团队涵盖了东部三市五省 67 个地市级行政区域，主要涉及东部省市的省会城市、副省级城市和计划单列市县的 247 所学校（分校、集团），247 位帮扶校长，247 个教育"组团式"帮扶团队，1000 多人。任务是为重点帮扶县的每个县建好 1 所普通高中和 1 所职业高中（有些学校是普高和职高兼办），主要面对国家乡村振兴重点帮扶县的"县中"，有些是乡镇中学和乡村中学，包括绝大多数少数民族以及长期以来"老少边穷地区"（多位于经济发展落后的中西部山区和丘陵地区）。

职业教育纳入"组团式"教育帮扶具有时代意义。2022 年 10 月 17 日，习近平总书记参加了党的二十大广西代表团讨论，会上工人代表郑志明说："我刚评上特级技师，还评上了高级工程师，党的政策让我们职高毕业的工人也有了好出路。"习近平总书记语重心长地说："我们要思考和研究怎样去培养他们，发挥他们的作用，这个才是重要的。"总书记指出工人阶级的阶级基础扩大了，我们现代化既是最难的，也是最伟大的。马克思曾指出："最先进的工人完全了解，他们阶级的未来，从而也是人类的未来，完全取决于正在成长的工人一代的教育。"职高的加入增加了教育帮扶的科技含量，赋能教育全面发展，让"人才"与实体经济短平快地结合在一起，提升了新时代教育帮扶的战略意义。

三、全力推进"组团式"教育帮扶在新时代教育中的内涵式发展和外延式拓展

"组团式"教育帮扶工作的内涵式发展和外延式拓展是两位一体的发展。

（一）内涵式发展

中国特色社会主义进入新时代，社会主要矛盾已经转化为人民日益增长的美好生活需要和不平衡不充分的发展之间的矛盾，这使教育帮扶除是教育自身的发展外，同时具有了更广阔的历史意义、社会意义和战略意义。

1. 教育人才"组团式"帮扶专家是内涵式发展的保障

教育人才"组团式"帮扶工作启动后，从全国各地知名的普通高中和中等职业学校校长以及部分高校、教师发展机构聘请 65 名专家，组成顾问委员会。帮扶是一项"又红又专"的事业，要从"国之大者"来理解、谋划、部署、实践，"整个教育事业是一所学校的大生命"。"组团式"帮扶工作首先要解决帮扶学校派出帮扶团队的问题。东部优质学校的校长要有"忧国忧民忧天下"的情怀，不仅要"独善其身"，还要"兼济天下"，

向更多的学校分享优质学校的教育教学资源，为更多的学校提供优质学校的办学经验，帮助更多的薄弱学校提高水平，这才是更高境界的履行社会责任。因此，东部优质学校要打破壁垒，融通资源，选派最优秀的教育管理者和最优秀的教师参与"组团式"教育帮扶工作。人大附中从 2002 年起就开始了教育帮扶的实践探索。2014 年 10 月 17 日，人大附中被国务院扶贫办授予"全国社会扶贫先进集体"称号，是基础教育领域唯一获此殊荣的普通中学。专家委主任委员刘彭芝校长在总结人大附中教育"帮扶"工作时说："我们的经验是授人以鱼不如授人以渔，授人以渔不如派去带领打鱼的人。"她提出实现教育均衡关键在干部、师资。这些理念成为我们今天"组团式"教育帮扶的模式："校长"＋"骨干"＝'组团式'帮扶"。帮扶中不仅"派去带领打鱼的人"，还有"优秀的师资"，带去的"渔具"既要包括优秀中国传统文化里的教育教学理念、方法，又要包括改革开放 40 年以来所积累的东部地区的教育经验、教育成果，尤其是"教育帮扶"先行者们已经积累起来的工作经验。专家委员北京一〇一中教育集团总校长陆云泉近年来一直致力于"基础教育集团化办学：治理体系和治理能力研究"（全国规划课题），从集团办学角度探索教育帮扶经验。北京市第十二中学联合学校总校长李有毅，北京市昌平职业学校教育集团总校长段福生，贵州省台江县民族中学终身名誉校长陈利群，湖南桃源一中校长燕立国等各位校长、专家关于教育帮扶理论的探讨和研究，以及参加教育帮扶的实践经历和经验对目前的教育帮扶工作影响深远，是我们教育帮扶的最大参照数。

"没有调查就没有发言权。"专家们对整个帮扶团队的调研工作进行了大量的有针对性的指导，对形成的每篇调研报告都作出了分析和评价，最后评比出的优秀报告占提交报告总数的 34.1%——"调研工作第一脚迈得很扎实"。工作以来，专家们与帮扶团队共同克服了区域性发展与国家性发展，教育、人才和科技协调发展，教育帮扶与国家乡村振兴战略，教育发展内部规律与教育一般经验与个人创新，教育帮扶人才的选拔管理使用考评，帮扶地与被帮扶地教育的发达发展，帮扶学校和被帮扶学校之间，"组团式"帮扶的团队内部之间存在的诸多困难。党的二十大召开后，各帮扶区域立即开展学习调研和落实工作，形成了帮扶专家对"组团式"帮扶团队和带队校长"点对点"指导机制，建立学习制度，交流制度，大大提高了整个"组团式"活动质量，扩大了活动影响，提升了帮扶地党委政府、组织部门、教育主管部门、被帮扶学校的重视度，在帮扶地和被帮扶地的省市区级的新闻媒体、网络推送上形成了宣传帮扶的强大声势，实现了"教育部门、地方政府和学校应该进行联动"的愿景，形成了"组团式"教育帮扶的工作生态。

教育人才"组团式"帮扶工作突破了原有"联盟校"层面；突破了"援藏援疆"布局，扩大到西部 10 个省；突破了普通教育框架，增加了职业教育；突破了均衡发展阶段的目标任务，进入实现教育强国战略的发展阶段。

2. 教育人才"组团式"帮扶团队是内涵式发展的根本

教育人才"组团式"帮扶工作的基础和根本在帮扶团队，这支团队的整体水平决定了教育帮扶工作的水平。

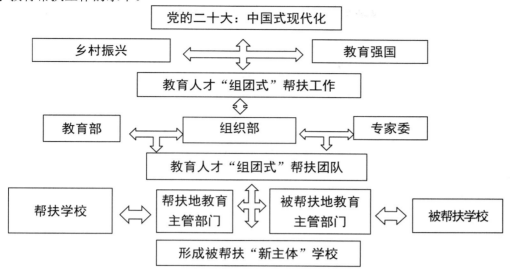

教育人才"组团式"帮扶工作关系示意图

把制度之义，变成制度之力。要想教育人才"组团式"帮扶工作落实得好，帮扶团队就要"选得优、派得准、立得住、扎得深"，要解决好"赢在起跑线上"，要守住"最后一公里"。同时，帮扶团队要做到"三必须六要求"：

必须做到两个谨慎：第一要谨慎预防教育人才"组团式"帮扶落实政策走样。"组团式"帮扶是在人们实现了小康后，依据国家意志，通过"专家治校"，更加有效地利用东部优质、先进教育经验帮扶西部发展的大战略，在组织部门和教育主管部门的支持下造就"新主体"定好位，"赢在起跑线上"。第二要谨慎预防教育人才"组团式"帮扶团队自身走样。帮扶团队要守住"最后一公里"，打铁还需自身硬，"新主体"要精诚、精准、精细地开展工作，要更快、更好、更有效地落实教育帮扶的各项要求。一张蓝图绘到底，帮扶不是个人（团队）意志的试验田，更不是入乡随俗的避风湾。

必须做到两个落实：第一要落实"团队"+"帮扶地"的工作格局和帮扶机制，要充分建立帮扶地与被帮扶地联动机制。帮扶团队要尽快对原学校（或原区域）教育资源中的管理理念、管理制度、管理方法等进行必要的、科学的、细致的引进，"渔夫"不能离开大海，还要架好帮扶学校和被帮扶学校之间的桥梁。第二要让帮扶工作落实在"点"上。团队要有一至三年帮扶的长期和短期计划，要以培养一所名校、一群名师、一批优质课程的"三名工程"作为工作中心，积极推进"造血工程"，抢占当地教育的智高点、制高点和至高点，培养当地教育可持续发展的核心力量，留下"火种"燎原。

必须做到两个坚守：第一要始终坚守新时代精神气质。习近平总书记指引我们"坚持发扬奋斗精神。增强全党全国各族人民的志气、骨气、底气，不信邪、不怕鬼、不怕压，知难而进、迎难而上，统筹发展和安全，全力战胜前进道路上各种困难和挑战，依靠顽强斗争打开事业发展新天地"。党的二十大结束后，习近平总书记视察延安，强调要弘扬伟大建党精神，弘扬延安精神，这是精神的源泉。教育者还要有红烛精神、人梯精神。援藏干部孔繁森、脱贫模范黄文秀、人民教育家于漪、扎根大山的张桂梅等都是我们的学习榜样，"榜样的力量是无穷的"。第二要始终坚守办人民满意的教育的宗旨。习近平总书记说"要紧紧抓住人民最关心最直接最现实的利益问题"。虽然我们面对的人民已经"脱贫"，但自然环境、人文环境和经济环境与城市相比还是有差距的，帮扶的学校又都是一些"县中"和乡镇中学，发展还存在生源和教师流失比较严重、基础条件相对薄弱、教育质量有待提高等突出问题。但是"办人民满意的教育"宗旨要落地生根，解决好老百姓上学难、上好学校更难的实际问题，建设好老百姓家门口的名校，要守住"最后一公里"，铸牢中华民族共同体意识，这也是我们"组团式"帮扶工作的全部指导思想的核心。

我们完全有理由相信：在党和政府正确政策的指引下，经过所有教育帮扶人的坚守与付出，我们会讲好教育帮扶故事！

（二）外延式拓展

外延式拓展就是指"组团式"教育帮扶也要"开辟马克思主义中国化时代化新境界"，要建立系统观点和全面思维，要有战略布局和科学发展理念。

1．教育人才"组团式"帮扶外延式拓展，基础在国家乡村振兴战略

实施"组团式"教育帮扶要时时从"实施全面推进乡村振兴"的高度和布局上考虑。2018 年中共中央、国务院发布的《乡村振兴战略规划（2018—2022 年）》对乡村振兴提出"产业兴旺、生态宜居、乡风文明、治理有效、生活富裕"的总要求，作为战略支撑的教育，作为教育核心力量的教师在乡村振兴发展战略中要承担起乡村民众教育者、乡村文化塑造者、乡村社会治理者、乡村经济建设者、乡村生态维护者的多重角色。目前我们"组团式"帮扶活动至少选派医疗、教育干部人才和科技特派员三种类别，包括教师、农技、医生、专技、其他类别干部、专家、人才等，还有各地以省（市、自治区）为单位本来就有"对口支援关系"，如"京蒙协作""粤黔协作""鲁渝协作"等支持项目均建有援助组织，彼此交叉。实施上，我们现在的管理也是一个"教育系统管理"和"乡村振兴"的双重管理。2022 年 10 月 28 日，《焦点访谈》同时邀请教育部部长、科学技术部部长等解读党的二十大报告，明确表达党中央的"系统思维"和"战略布局"。因此必须拓展外延，统筹兼顾地创造性开展教育帮扶工作，为乡村振兴战略增强历史主动性，形成教育、科技和人才综合发展战略，目标任务直指中国式现代化。

2．教育人才"组团式"帮扶外延式拓展，关键在帮扶工作创新

功以才成，业由才广。功崇惟志，业广惟勤！被帮扶地的教育存在生源和教师流失比较严重、基础条件相对薄弱、教育质量有待提高等突出问题。地域不同，存在的问题的表现形式和轻重程度也是不一样的，但是追求高质量发展的理念是相同的。2014 年 3 月，教育部发布了《关于全面深化课程改革落实立德树人根本任务的意见》，要求积极推进普通高中新教材、新课标的课程改革，这是一项专业性很强的硬指标。现在看来，课程改革在帮扶中开展的形势喜人，如山东省青岛十七中与甘肃省西和一中结为友好学校，在帮扶中又融入了友好元素；广东省天河职中与贵州省纳雍职校、大方同心职校、七星关区职校建立四校联合共建线上研讨机制；上海南湖区实验初级中学教育集团张悦琪老师与四川省若尔盖县中学扎西措老师联手开展以"薪火相传：长征精神与红船精神"为主题的远程课堂。经过帮扶团队的努力，联合教研活动在区际、校际广泛开展，已经具体到教研组、备课组和教师个人。不少帮扶学校将国家课程、项目式研究和社会实践活动结合起来形成校本课程，把地方文化列入教学内容，以任务群、大单元教学的理念开展整合性的校本教学，甚至协调教育主管部门、文化部门、环保部门、科技部门等多部门共同参与，实现教育、科技、学术、教研、文化相融合的大教育，加上"研学"形式的推进，使得教育事业很好地融入乡村振兴内容，一个在教育人才"组团式"帮扶政策下教育资源共享、双赢、共同发展的局面已经形成。

尤其是职业高中，最近国家乡村振兴重点帮扶县教育人才"组团式"帮扶内蒙古5所中等职业学校办学质量调研交流会以"线下+线上"的方式分五个场次举行；重庆市酉阳职业教育中心带领酉阳职业教育考察团30余人赴山东东营职业学院、广饶职业中专学校、山东蓝海职业学校考察学习，并与山东蓝海集团举行了校企合作签约仪式；贵州省晴隆中等职业学校组织选派78名师生到广东惠州城市职业学院和住成电装有限公司学习；贵州省榕江职校整合广东省南海区信息技术学校帮扶团队资源与佛山区洲际酒店集团、希尔顿集团签约，积极主动融入粤港澳大湾区发展。东西部教育帮扶助推现代职业教育深化产教融合，推进校企合作新发展。2019年1月24日，国务院印发了《国家职业教育改革实施方案》；2020年9月16日，教育部等九部门发布了《职业教育提质培优行动计划（2020—2023年）》。各职业学校要抓住机遇开启就业直通车，搭建就业沟通桥，成就学生创业思想，铺就工匠成才之路，把专业建在产业链上，把学生培养在生产线上，走产教融合、校企合作的路子。

无论是普通高中还是职业高中的帮扶发展都要十分注重文化建设，营造校园文化氛围，不仅要让社会主义核心价值观、教育方针、教育政策上墙，还要让校训、校风、学风、办学理念入心，要大力宣传优秀传统文化，更要宣传新时代成就成果，突出国家意志，让师生耳熟能详，也要有地方特色，有身边的榜样，形式要可观，内容要可感，效果要可用，形成一个优良的办学环境，把孩子们培养成具有时代意识、家国情怀、憧憬未来，立于脚下的新时代青年。

我们在国家乡村振兴重点帮扶县教育人才"组团式"帮扶工作中，一定要谨记习近平总书记在党的二十大中提出的"必须坚持科技是第一生产力、人才是第一资源、创新是第一动力，深入实施科教兴国战略、人才强国战略、创新驱动发展战略，开辟发展新领域新赛道，不断塑造发展新动能新优势"的发展理念，强化建设教育强国、科技强国、人才强国意识，为乡村振兴赋能，让教育帮扶高质量地助推"国家乡村振兴"的发展。

教师简介：

朱思克，正高级教师，语文特级教师，市级有突出贡献的中青年专家，市骨干教师、学科带头人。

高质量教师队伍建设的实践探索

李从林

一、高质量教师队伍建设是新时代教育发展之需

2020 年 10 月 29 日审议通过的《中共中央关于制定国民经济和社会发展第十四个五年规划和二〇三五年远景目标的建议》第一次提出"建设高质量教育体系",这是新时代教育发展的新主题、新方向、新目标、新任务。

2023 年 5 月 29 日,习近平总书记在中共中央政治局第五次集体学习时提出,要把加强教师队伍建设作为建设教育强国最重要的基础工作来抓,健全中国特色教师教育体系,大力培养造就一支师德高尚、业务精湛、结构合理、充满活力的高素质专业化教师队伍。

强国必先强教,强教必先强师!因此,从国家战略层面来看,建设高质量教师队伍是时代赋予我们的历史使命,是时代的命题!

从学校发展现状来看,北京市第一〇一中学怀柔分校有专任教师 238 人,其中正高级教师 5 人,特级教师 3 人,高级教师 51 人,市区级骨干教师 53 人,拥有研究生学历的有 146 人(博士 3 人),35 周岁以下年轻教师 163 人,超过教师总人数的 70%。教师结构呈现出学历层次高、年轻教师多、成熟教师少三个特点。教师是学校发展的第一资源,因此,建设高质量教师队伍是实现学校发展目标——建设中国基础教育名校,助力怀柔科学城发展的必然之需!

从教师个体成长的需求来看,选择了教师这个职业,就需要规划好自己的教育生涯,不断探索教育规律,改进教学方法,更新教育理念,在实践中创新,在创新中发展,努力成为精于"传道受业解惑"的"经师"和"人师"的统一者,实现人生的价值。所以,高质量教师队伍建设也是教师个体成长的必然选择。

二、高质量教师队伍建设的探索之路

教师队伍建设是学校的立校之本,高水平、稳定、可持续发展的教师队伍建设,有赖于学校历史发展所沉淀的学校文化,需要有清晰的建设思路和总体设计,以及教师自主探索的创新实践。

(一)教师发展目标

建设高质量教师队伍,首先要制订学校的教师发展目标。早在怀柔分校建校之初,崔峰校长在《教育集团化背景下分校发展的实践探索》中就规划了北京市第一〇一中学怀柔分校的教师发展目标:

具有一切为学生发展服务的育人意识；具有较强的对课程理解、课程开发和课程实施能力；具有教学效果显著、学生认可度高、个人风格突出的特点，是对社会影响较大的学科专家；不断更新教学观念，不断开展课堂教学研究，使教学与研究"共生互补"，确保教师专业的可持续发展。

（二）教师发展路径

怀柔分校依据教师的结构特点和外部资源优势，确定了基于共享赋能的教师专业成长的"链式引领"项目，作为教师队伍建设的实施路径。

"链式引领"项目的理论依据是美国人类学家玛格丽特·米德提出的教师发展的"三喻文化"理论，即前喻文化、并喻文化和后喻文化。该理论是指将不同发展阶段的教师结成一条相互关联、实时互动的"链锁"，其核心在于形成前辈哺育后辈、同辈互哺、后辈反哺前辈的校本研修氛围，保证处于不同年龄、学科、学历、职称、发展阶段的教师都能够在自己的经验起点上匹配到适合的学习与研究内容，发挥自己的研究专长，实现自身的个性化发展。

"链式引领"项目的源起：在专家指导下，学校名师带领青年骨干教师，并吸收优秀职初教师，共同组成项目组，通过项目组确定的主题研究促进教师专业发展。

"链式引领"项目的宗旨：促进名师在强势领域专题研究中获得高端发展，促进项目组中青年教师专业成长，通过项目引领，促进教师团队专业水平整体性优质提升。

"链式引领"项目的发展方向：开展常态的、内涵丰富的课堂教学与研究活动，以及与之相关的其他学术性研究活动，促进课题研究与教学常态相融合，促进研究成果的转化。

"链式引领"项目的具体实施：由项目领导小组统一规划，以学校的名师工作室、学校发展项目（如青蓝工程、读书报告会等）、学科专题项目（如北师大高端备课项目等）作为具体落实的通道。每一个具体的项目组由优秀职初教师、青年骨干教师、校级名师、市区级专家共同组成。

（三）教师发展的实践探索

1. 名家指导——高位引领教师发展

一是充分利用总校的资源为教师发展服务——每学年总校会派出若干名把关教师到分校任教；每周四总校的特级教师、市区级骨干教学专家到校进行教学指导；北京一〇一中教育集团的学术委员每学期会到各分校指导课堂教学，开设主题讲座，培养教师队伍。

二是充分利用外部资源为教师发展服务——学校先后邀请北京市教委李奕主任，教育部教材局原局长申继亮，海淀区教师进修学校校长罗滨，北京教育考试院原副院长臧铁军，《普通高中数学课程标准》研制组副组长、首师大王尚志教授，北师大潘琳教授等专家到校开设专题讲座。

三是充分利用怀柔科学城教育资源为教师发展服务——先后邀请中科院大学、中国航天工程大学、中科院各研究所以及周边高科技企业的专家、院士到校开展专家讲座，从高位引领教师专业发展。

2. 教育科研——教学和研究融合促教师发展

苏霍姆林斯基说："你如果想让教师的劳动能够给教师带来乐趣，使天天上课不至于变成一种单调乏味的义务，那就应当引导每一位教师走上从事研究这条幸福的道路上来。"学校教科研工作从一开始就渗透着学校"规划先行"的工作智慧：研究个体经历从学习研究到参与研究再到独立研究的阶段，研究内容经历从案例研究到微课题研究再到课题研究的阶段，研究方式经历从驱动式到自主式再到常态化的阶段。学校树立了工作即研究的教科研理念，让科研变成教师职业发展新方式，科研引领，教学跟进，全面促进教师的专业成长。

学校的教科研体现了教师同辈群体之间互相学习、合作学习的并喻文化。以科研课题为例，近五年来，全校教师参与的科研课题的数量多、质量高、成果丰。从 2015 年至今，区规划办立项课题 38 项、市级以上课题立项 15 项，截至 2024 年 2 月，已结题 28 项，目前在研课题 25 项，其中：

张芮老师主持的《依托综合实践活动课程探索中学班级劳动教育》课题为北京市教育科学"十四五"规划 2021 年度教育教学实践研究一般课题。

魏洪波老师主持的《"1+3"贯通式培养模式下初高中化学课程一体化设计的实践研究》被列为中国化学会化学教育学科委员会"十三五"规划 2020 年重点课题。

魏洪波老师主持的《中学线上直播课教学效果评估及优化策略研究——以化学课程为例》为北京市教育科学"十三五"规划 2020 年度教育教学实践研究重点课题。这是怀柔分校的第一个市规划办重点课题。

学校层面，参加两项国家级课题的子课题：陆云泉校长主持的《基础教育集团化办学中学校内部治理体系和治理能力建设研究》，我校承担子课题为《基础教育集团化办学下的分校教师专业成长的培育机制研究》；另一项为熊永昌校长主持的《基于大、中深度合作的青少年科技创新人才培养路径研究》，我校承担的子课题为《"科教融合"模式下拔尖创新人才培养的策略研究》。

除课题研究之外，我校积极推进教师开展案例研究，经过两年多时间的研究与征集，共征集了 426 篇案例，经过层层筛选最后确定了 132 篇优秀案例，约 26 万字，收录 100 多位教师的文章，编辑了《发展之基——实践中的教育智慧》一书，2021 年由首都师范大学出版社出版。全书分为管理、教学和教育三个部分（管理案例 20 篇，教学案例 55 篇，教育案例 57 篇），比较全面地展示了北京市第一〇一中学怀柔分校六年的发展历程。

3. 青蓝工程——为年轻教师成长搭建平台

"青蓝工程"是全面贯彻我校"为教师的发展而铺路"的办学理念的一项具体措施。"青蓝工程"以"师徒结对子"这种最朴素、最传统的形式，以老带新，体现了前辈哺育后辈，后辈反哺前辈的文化理念，指导教师从思想、教学、教研等方面对学员进行全面指导。按照总校一体化办学培养模式，坚持"六个一"：一块板书、一次演讲、一次说课、一节诊断课、一次汇报课、一篇教学案例与反思。尤其重视对课堂教学的基本功训练，如教学设计能力、课堂语言能力、板书设计水平等。

"青蓝工程"实行"双师制"，培养期为两年，第一年由学校统一安排指导教师，第二年根据年轻教师的岗位调整以及培养方向，由学员自选导师。对于第一次带毕业班以及高中新起点的年轻教师也安排指导老师，确保年轻教师在每一个成长阶段都有老教师的指导和帮助。

三、面向未来，高质量教师队伍的体系建设

建设一支师德高尚、业务精湛、结构合理、充满活力的高素质专业化教师队伍，是每一所学校的期盼和目标，这是一项长期的、系统的工作，需要我们建立教师成长的长效运行机制。具体做法：

（一）分解教师成长阶段

从教师的成长规律来看，一个区级骨干教师的成长需要 10 年左右，一个北京市骨干教师的成长需要 15 年左右，一个特级教师的成长需要 20 年左右。一般而言，教师专业成长分为五个阶段：职初型教师、成熟型教师、骨干型教师、专家型教师、高端型教师，其中"成熟型教师"属于青年骨干教师，"专家型教师、高端型教师"属于市级以上的名师。

教师发展中心为不同成长阶段的教师从教学维度、研究定位、关键路径、发展标准、课程体系、评价指标六个方面制订了发展目标，激励教师形成"向外探寻、向内思考、向下扎根、向阳生长"的发展格局。

（二）建设教师研修课程

根据总校教师研修的课程标准，我们设置了三个层次、六大领域的教师研修课程。

三个层次分别是宏观层面——关注高端研修，如国家大政方针与社会经济发展趋势等；中观层面——关注新的考试招生制度改革背景下的学校实施策略，如管理创新、课程建构等；微观层面——关注课堂教学的策略选择与模式创新，如课例研究、教学模式、生态智慧课堂等。六大研修领域分别为教师基本功、教育教学理论、教育教学实践、情怀与视野、身心健康、互联网+，每个领域包括四项内容，共 24 个小项。

三个层次、六大领域的教师研修课程具有丰富性、层次性、可选择性的特点，能引导教师学会对社会因素的关注，而不是对流行概念的学习模仿，瞄准教育变革的前沿，追逐时代的脚步，通过自我建设、自主研修实现自身的成长。

（三）形成教师发展管理机制

建立通畅的管理渠道：以"学校—课程发展中心、教师发展中心—教研组长—备课组长—任课教师"和"学校—学生发展中心、教师发展中心—年级组长—班主任教师"这两条运行通道，作为教师发展的有力保障。

学生发展中心和教师发展中心主要负责培养教龄 1～5 年的青年教师和新调入学校的教师（班主任和专任教师）。

课程发展中心和教师发展中心联合负责培训成熟教师、骨干教师、优秀教师，从总校和北京市邀请特级教师、正高级教师以及知名专家学者，依据教师专业发展的内涵及每个阶段的发展规律，从专业发展核心（学科本质、实践策略、学生学习、学术前沿）、

专业发展领域（师德修养、班级管理、学科教学、教师成长）等几个方面为教师制订培训计划，进行高端培养。

（四）建立教师发展评价奖励机制

学校建立教师发展评价奖励制度，对教师的师德素养、德育工作、教学能力、教科研成果、培训情况及合作品质等进行全面的考核。以教师的自评、互评、学生及家长评议和学校评议相结合的方式作出客观评价并不断完善评价指标体系。

教师发展中心建立教师的个性化的"学习和发展档案"，全面记录教师的成长历程。积极向上级部门推荐优秀教育科研成果，推荐优秀教师参加区、市"骨干教师""学科带头人"等评选；推荐优秀教师参加高一层次学历进修、研修班等培训活动；为参加市教学评比等活动提供支持。

（五）传承教师的文化自觉

无论是设置教师研修课程还是建立教师发展的管理机制、奖励机制，都是从外部发力，而激发老师内驱力的则是北京一〇一中教育集团一流的教师文化，即家国情怀的担当文化、追求卓越的进取文化、师生共赢的发展文化、扎实做事的实干文化、跨界融合的创新文化。这种流淌在血液中的教师文化自觉，是推动教师专业发展的核心推动力。

教师的文化自觉能让教师建立自觉的心理追问：学生为什么选择我们学校？学生选择我们，是因为他们认为我们能提供优质教育。新生来了，我们要问自己"能给学生什么"，学生毕业了，我们要反思自己"给了学生什么"。

教师的文化自觉能让教师自觉用专业水准赢得职业尊严：学校品牌代替不了个人的能力，学校给的是工作机会，并不必然是能力；少一点儿荣誉感，多一些人生投入，重视常态教学，杜绝假性成长。

教师的文化自觉能让教师自觉实践"百尺竿头，更进一步"的校训，做学生的榜样。教育追求无止境，不进则退，在知识迭代升级的人工智能时代，小进也是退。我们每个人都是他人的生存环境，要在相互支持的环境中成长。

百年大计，教育为本。教育大计，教师为本。

2022年，习近平总书记在中国人民大学同师生代表座谈时说："好的学校特色各不相同，但有一个共同特点，都有一支优秀教师队伍。"对学校而言，需要重视教师的人文积淀，倡导知识更新；提倡交流合作，呼唤共生智慧；强调责任担当，注重实践反思，努力寻求教师专业发展的增长点，将教师带向职业幸福的最高处！

教师简介：

李从林，正高级教师，全国优秀教师、教育部名师领航班成员，北京市化学学科带头人，华南师范大学教师教育学部兼职教授，怀柔区教育系统优秀共产党员，怀柔区"名优教师"。

行稳致远　超越梦想

——高三年级精细化管理的探索

李从林

　　高考的帷幕缓缓落下，从预科开始 1000 多个日夜的坚守，化作红校服一抹靓丽的笑容。2023 届是十分特殊的一届，历经两年多疫情的考验，接受了新高考的检阅。三年来，学生的努力和学校的发展交相辉映，学生见证了学校的快速发展，学校也见证了这届学生的成长。作为一名年级的管理者，工作覆盖教育、教学以及学生管理的方方面面，年级工作要从细微处着手，明确目标，管理职责明确具体，常规工作准确到位。

　　精细，是原则，也是方法；精致，是态度，也是过程；精彩，是成绩，也是目标。

一、生源结构状况

　　2020 年入学 160 名学生，学生来源有两部分：一是"1+3"贯通培养招生 80 人（男生 28 人，女生 52 人），其中北房中学 1 人，汤河口中学 1 人，怀柔四中 4 人，怀柔五中 9 人，怀柔三中 11 人，北京市第一〇一中学怀柔分校 54 人；二是通过中考招生 80 人（男生 42 人，女生 38 人），其中张各长中学 1 人，杨宋中学 3 人，汤河口中学 4 人，桥梓中学 2 人，庙城学校 2 人，九渡河学校 2 人，怀北学校 2 人，怀柔五中 14 人，怀柔四中 6 人，怀柔三中 15 人，渤海中学 2 人，北房中学 3 人，北京市第一〇一中学怀柔分校 24 人。

二、教学和管理团队

　　学校非常重视高三年级，在师资配备上给予大力支持，以最强大的阵容组成了 2023 届高三复习备考的教师团队。这个团队是在原高一、高二师资力量的基础上，把 2022 届部分高三教师补充到 2023 届，这些新补充的教师大多数是引进的成熟型人才，又带过北京高考生。高三的教学团队共 21 人，其中有来自北京市第一〇一中学圆明园校区老师 1 人，正高级教师 1 人，高级职称以上 16 人，教研组长 7 人，参加过高考阅卷的有 8 人，带过北京高考生的有 12 人。他们业务能力强、备考方向明确、工作扎实敬业，是一支师德高尚、业务精良的队伍，是一支专业敬业、甘于奉献的队伍，是一支经验丰富、能打硬仗的队伍。优秀的高三师资团队是复习备考最大的资源和保障。

学科	任课教师	学科	任课教师
语文	张华军、尹　玲、李　孜	数学	李加军、闫建国、马　冲
英语	马广远、苏丽丽、孙　越	物理	周秀波、贾延琳
化学	魏洪波、李从林	生物	马宪彬、王金亮
政治	刘均国、王彤欢	历史	赵进步、郗春花
地理	徐海霞、于洪臣	体育	温　淼、吴　楠

高三年级的管理团队是在学校的领导下，由年级组长、班主任以及备课组长组成。年级组长全面负责高三的教育、教学和学生管理，班主任重点抓好班级管理，备课组长负责学科教学管理，相互之间密切配合，共同围绕一个目标同向发力，尤其是 4 位班主任，在班级管理方面各具特色，他们的工作赢得了学生的尊重和爱戴。

高三（1）班班主任马冲老师，有着持久的韧劲和师者的情怀，总是能在学生最需要的时候给予最贴心的关怀，严肃的外表下藏着的是一颗温暖的心！

高三（2）班班主任赵进步老师，工作严谨、善于规划、注重落实，他走近学生，与学生心灵对话，在宽严相济之间让学生发自心底地佩服！

高三（3）班班主任闫建国老师，幽默且富有智慧，既坚持原则又贴心呵护，四年的陪伴，是最长情的告白，学生在他关切的目光中长大！

高三（4）班班主任贾延琳老师，年轻但能勇挑重担，风雨无阻的坚守，是对学生的承诺，也是青春的誓言，奋斗的青春如他的首秀般璀璨！

优秀的师资力量和朝气蓬勃的管理团队，需要围绕一个目标凝聚在一起，所形成的具有年级特质的一种精神力量，也是师生群体共同的一种价值取向和文化认同。形成年级的精神力量，一是需要驱动效应，即年级部在各方面工作所形成的积极影响，以及由此而产生的年级成员在心理上的向上的内在驱动力。二是需要凝聚效应，即年级部对其成员的一种吸引力，这种吸引力表现为集体为成员的交往提供心灵的舞台，集体使成员有家的归属感，集体能满足成员成就事业的需要。三是需要同化效应，即成员在交往的过程中，受到集体潜移默化的积极影响，自觉或不自觉地产生了与集体追求相一致的行为。基于以上理解，确定了 2023 届团队建设的目标：

团队氛围：民主和谐、大气包容。

工作态度：积极主动、责任担当。

团队精神：强烈的协作观念、明确的目标意识、勤奋的实干精神。

三、精细管理是高三工作的基础

年级组把老师与学生联系在一起，既要抓日常教学也要抓学生的思想教育，年级组努力做到在教学管理、学生教育以及事务安排上未雨绸缪、统筹规划、精细管理。无论是统练还是培优，年级组尽最大可能做到合理排课、监管有力、指导有方、重点突出，时间管理高效。一年来，老师们勤勤恳恳，认真上好每一节课，批改好每一次作业，认真做好每一次培优，解答每一位同学的问题；老师们认真研究北京高考试题，紧跟海淀，深度融入总校，付出了大量的时间和精力，坚守岗位，令人感动。尤其是班主任，跑操、早读宣誓、备课上课、作业批改、交流谈心、晚自习查寝，可谓是全天候陪伴，班主任就是班级管理的定海神针！

（一）向时间要分数

学生一天的时间就是 24 小时，怎么利用这些时间才能做到既保证有充足的睡眠、适量的运动，又能把时间最大程度用于学习，是需要精心规划的。美好的一天是从 6:30 跑操开始的，虽然跑操前的等候只有几分钟，但同学们都能充分利用这一点儿时间，背几个单词，读一读课文，尽管几分钟学到的东西不会太多，但是学生已经除却了烦躁、丢掉了慵懒，一天的学习由此入境。

早读从 7:10 开始，年级组要求学生高效利用时间，听课要专注；晚自习写作业则要有规划，如先做哪个学科后做哪个学科，作业完成之后如何自主复习等；22:05 宿舍自习阶段要互相监督，补缺查漏……对于高三的四次大型考试，每次都是四天的时间，根据选科的不同，学生中间会有轮空，年级组把没有考试的学生安排在不同的教室，有老师专门负责答疑，这种做法有效地提高了学生的学习效率。除此之外，年级组会提前规划好每一个阶段的复习任务和年级的重要活动，让学生在心中也有一个整体规划。可以说，在高三这一年，时间就是分数，我们所做的工作在一定程度上就是把时间转化为分数，高三的时间管理，直接决定了学习的结果。

（二）向细节要质量

"天下难事，必作于易；天下大事，必作于细。"高三的工作，做好细节，就能提升效率、提高质量。

2022 年 11 月 28 日高三的教学转入线上，正值高三一轮复习的关键时段，难度大、强度高、进度快，为了确保网课质量，年级组提出五点要求：①11 月 29 日按照周五课表上课，下午数学统练正常，下周一用网课新课表。②网课期间，老师、学生全程开摄像头，课前考勤，加强互动。③作业一定要批改！用智学网布置作业，批改效果非常好，建议使用，有关技术问题可咨询闫建国、贾延琳、王彤欢等老师。④各学科统练的时间不变，统练学科的任课教师申请会议号、监考、网阅。统练学科当天不留作业。⑤网课期间的早读、晚自习值班老师安排不变，早读、晚自习开摄像头。语文、英语早读要读出声音。

高三的四次大型考试，具有很强的诊断功能，考试前后的课表怎么调整、监考要求、阅卷和成绩上传、学生留宿、返校时间等，这些看起来都是小事，但每一件事都关系到师生的正常学习活动，每一个环节都不能有疏漏，尤其是选考科目的考试，为了能让参加考试的学生有一个安静的环境，让没有考试的学生能集中时间复习，年级组把 B502、

B504、B506 三间教室作为选考科目的考场，行政班教室作为学生的自习室，没有考试的学生在教室自习，安排班主任老师看自习。通过这样的安排，在考试的前后几天，学生都能认真复习，年级的各项工作也都能平稳有序进行。

（三）向管理要成绩

1. 统练。高三年级的统练提前谋划，稳步推进。为了确保统练质量，提出四点要求：一是下午最后一节课学生在教室自习，各学科老师在办公室答疑；二是统练均由相应学科的老师监考，要求当天批阅完毕，第二天评讲；三是语数英在 1~4 班教室+辅导教室统练，选考学科在 B506、B504 教室统练，无统练的学生在原班级自习；四是为保证质量，晚自习值班和统练老师在安排上不重合。

2. 培优。高三年级牢固树立目标意识，把工作重点聚焦在 600 分以上，高三的核心任务是尖子生培养，工作难点也是尖子生培养，为此，高三年级在开学之初就对目标进行分解，对尖子生的培优进行有计划的指导，各项工作扎实推进，措施得当。

年级培优管理员：年级组长——制定方案、建立团队、目标监管。

班级培优负责人：各班主任——目标引领、心理建设、协调统筹。

学科培优负责人：任课教师——分析学生、任务单。

培优方式：任务单式（订单式）培养、动态管理。

操作流程

3. 答疑。及时解答学生的疑难问题，能够提升复习效果，增强学生信心。高三一年的答疑时间分为集中答疑和分散答疑两部分，老师在课间、早读、晚自习以及放学后的零散时间，随时解答学生的疑问，这种答疑形式灵活，更多的时候是学生和老师提前约定好时间。此外还有每天最后一节课 4:20~5:20 的集中答疑，这个时段，学生在教室自习，有疑问的学生到办公室找老师解决疑难问题，为了保证自习课的质量，老师的答疑都在办公室进行。

4. 考试管理。以二模考试为例，二模考试是临近高考前的最后一次统考，教学诊断是目的之一，考前实战演练也是非常重要的。因此，考试期间调整了学生的作息时间，保证学生有充足的睡眠，同时还要最大限度利用考试间隙的时间让学生自主复习，考试间隙自习主要由班主任或副班承担。要求监考教师提前 30 分钟到年级组长办公室领取试卷，提前 15 分钟当众拆封试卷，提前 10 分钟下发答题卡，提前 5 分钟下发试卷，监考教师提醒学生贴条形码。教师认真监考、严格考场纪律，考试结束，试卷直接交给各备课组组长扫描。没有考试安排的学生在本班教室学习，早读和前两节课英语学科答疑指导，3~5 节课教师按照走班进班看自习，学生根据需要选择在班自习或去办公室找老师答疑。

5. 励志活动。紧张的高三，也是催人奋进的高三；拼搏的高三，也是见证成长的高三。为了最大程度调动学生的学习积极性，树立高三目标意识，学校举行了一系列励志活动。

（1）2022 年 7 月 10 日，是新高三启动仪式，李梦璐同学代表高三学生发言，赵进步老师做动员讲话，王洁琦副校长鼓励同学们要志存高远，新高三正式扬帆起航！

（2）2022 年 7 月 14 日，召开线上家长会，会议由年级组长主持，重点介绍高三学生学习生活的特点、每一个时间节点的关键任务、家长在高三阶段所起的作用。通过家校沟通，目标同向，形成合力。

（3）2022 年 11 月 18 日，开展主题为"逐梦新时代 携手向未来"高三成人礼，张芮涵同学作为学生代表发言，郭小东先生和徐海霞老师分别作为家长代表和教师代表发言，崔峰校长代表学校向高三学生赠言，"青春须早为，岂能长少年"，希望同学们立志成才，恰笄冠风华，怀家国天下，这也是国家对青年学子的期待！

（4）2023 年 2 月 27 日，开展主题为"以百日为期，赴梦想之约"高三百日誓师活动，陈江坡书记宣布期末考试获得优秀学生名单，李白杰副校长为学生颁奖，于嗣祺同学作为学生代表发言，朱晓瑛女士作为家长代表发言，李加军老师作为教师代表发言，周润世同学领誓，崔峰校长做高三百日动员致辞，吹响高三冲锋的号角。

（5）2023 年 5 月 14 日，开展主题为"以青春之我，逐中华之阳"高三一模二模表彰及考前动员大会，陈江坡书记、李白杰副校长、王洁琦副校长、李理副校长为考试成绩优异的学生颁奖，马广远老师作为教师代表发言，崔峰校长做高考冲刺动员讲话。

（6）2023 年 5 月 18 日，北京市第一〇一中学谢卫副校长为怀柔分校高三学子做复习指导，针对考前两周复习策略提出行之有效的建议，以体育赛事中扬长避短作比喻，鼓励大家冷静分析、积极应对，有效调节了学生紧张、焦虑的心态，提振了士气，深受学生欢迎。

6. 高三工作会议系列化、主题化。高三的每一个阶段，工作的重点都不一样，每一次工作会议的目标要清晰，突出每一个阶段的重点，一年的管理会议自成系列，形成一个完整的管理闭环：

高三第一次全体教师会：心怀期待 超越梦想（2022.7.12）

高三开学工作会：向着更高的目标迈进（2022.9.5）

高三上学期期中分析会：反思、诊断、改进、提高（2022.11.14）

高三成人礼大会：逐梦新时代 携手向未来（2022.11.18）

高三线上教学工作会：提高网课效率，实现弯道超车（2022.12.15）

高三下学期开学会议：发挥团队力量，为实现 2023 高考目标而努力（2023.2.15）

高三百日誓师大会：以百日为期，赴梦想之约（2023.2.27）

高三一模分析会：精心规划、精准到人、贯通融合、突破提升（2023.4.17）

高三二模分析会：满怀信心、精准发力、超越自我（2023.5.15）

四、科学备考是提升教学质量的保证

（一）张弛有度——更有力量冲刺

高三的学习节奏快，学生时间紧，在高三这一年，年级组充分利用高三起航动员会、期中考试表彰、高三成人礼等几项大型活动，对高三学生进行拼搏意识、理想前途和责任担当教育；年级组宣传栏更多地是展现优秀作业、优秀试卷、年级之星、进步之星，这种正面的、积极的榜样作用激励着孩子们不断追求进步。高三的学生也容易产生焦虑情绪，因此年级组在氛围营造方面淡化分数、淡化名次，重在诊断和查缺补漏，给学生创造一个相对宽松的环境。高三这一年，学生最喜爱的就是体育课，在年级工作会上，我特别强调，任何学科都不能占用学生的体育课，在考前的最后一周，为了适应高考前的节奏重排课表，依然保留了每周三节体育课，受到了学生的一致欢迎。我们认为，学习不是打疲劳战，采取合适的方式让学生保持适当的放松状态，张弛有度，小步快跑，才能更有力量冲刺！

（二）缓急有节——最要紧的事要先做

高三的每个阶段都有不同的任务，该先做的事就要拼尽全力先做，不能等到机会失去徒留后悔。以英语听说考试为例，受疫情影响，2023 年的第一次英语听说考试时间订在 2 月 25 日，英语组的三位老师制定了详细的听说练习方案，每天的早读课、下午放学以及晚自习，都安排值班老师在机房，只要学生有需要，老师就会提供帮助，只要学生去机房，就有老师在。尤其是到了考前的最后一周，语文和数学的早读课也都给了英语，让学生有了更多的练习机会。一分耕耘，一分收获。在 2023 届高三英语听说考试中，本届学生的平均分是 46.03 分，创造了历史最好成绩。

（三）指导有方——紧跟海淀科学备考

高三备考要讲究科学，要瞄准方向，高三的四次大型考试，年级组均选派了 6 名学生参加海淀的统考，这样做既有利于进行学情诊断和成绩定位，也能够锻炼学生的应考心理，考试之后分备课组学习海淀的评标，严格采用海淀的评标阅卷，确保阅卷标准统一。对于选考科目，根据海淀赋分结果进行赋分。高三一年，老师们充分利用海淀的教育资源，做到了考试统一、评标统一、赋分标准统一、怀柔分校的成绩纳入总校联合排名，实现精准备考、精准把脉、精准分析，确保复习思路正确、方向准确，有力提升了 2023 高考复习的质量。

五、精准聚焦核心任务是决胜高考的法宝

本届高三的奋斗目标是能够做到面上进步，线上突破，点上出彩。面上进步和线上突破通过扎实管理、精耕细作是可以实现的，而点上出彩则需要个性化指导，有针对性培优。为了抓好年级的重点工作，聚焦核心任务，高三年级成立了培优指导团队，组建了培优学生小分队，从周日到周五，每天都有固定的培优时间。除了集体培优之外，培优教师和学生还建立了微信群，可以随时解答学生的疑问，培优的方式是详细分析每个学生的特点之后的任务单式培养，可谓是量身定制。

2023 届高三上学期培优安排 2022.9.1						
	周日	周一	周二	周三	周四	周五
18:00~19:30	语（B506）	生（B504）	化（B504）	英（B506）	物（B504）	数（辅导教室 1）
		地（B506）	史（B506）		政（B506）	（17:40~19:10）
辅导教师	张华军	马宪彬	魏洪波	马广远	周秀波	李加军
		徐海霞	赵进步		刘均国	
各学科参加学生名单						
语文	许梦迁、于嗣祺、于嗣平、于鸣萱、吴雨婷、李梦璐、张芮涵、王艺霖、彭慧文、郭　佳、范偲加					
数学	于嗣祺、于嗣平、于千芮、王艺霖、李梦璐、张芮涵、李凯峰、郭　佳、许梦迁、范偲加、于鸣萱					
英语	李梦璐、王艺霖、张芮涵、彭慧文、于嗣祺、于嗣平、许梦迁、于鸣萱、吴雨婷、郭　佳					
物理	于嗣平、李梦璐、于千芮、郭　佳、于博雅、张靖塬、黄湫淇、武维扬、石　璐、傅秋涵、高钦媛					
化学	郭　佳、于鸣萱、张芮涵、王艺霖、李卓凝、吴雨婷、彭慧文、傅秋涵、魏润宝					
生物	王艺霖、张芮涵、于千芮、郭　佳、于博雅、张靖塬、马一鸣、李卓凝、高钦媛、杨瑞泽、胡　易、刘婉婷、于鸣萱					
政治	许梦迁、于嗣祺、于嗣平、吴雨婷、范偲加、王笑涵					
历史	于嗣祺、于嗣平、许梦迁、于鸣萱、吴雨婷、李梦璐、张佳阳、胡艺馨、郭佳怡、杜浩燃					
地理	许梦迁、于嗣祺、李梦璐、张芮涵、王艺霖、范偲加、李卓凝、周润世、杜浩燃					
说明：选考科目的培优两科同时进行，两科都有培优的同学选择其中一科参加。						

一分耕耘，一分收获！通过师生一年的齐心协力，在 2023 年高考中，本校各分数段的学生成绩都有了较大的突破，顺利完成了预期的目标：2023 届高考报名人数是 156 人，

最高分 696 分，位于北京市 100 名（并列），670 分以上 3 人（李吟冬 696、于嗣祺 679、李梦璐 670），660 分以上 4 人，650 分以上 7 人，600 分以上 31 人，590 分以上 43 人，一本达线 119 人，一本上线率 76.3%。

六、反思与感悟

现代管理理论认为，管理有三个层次：一是规范，二是精细，三是个性化。针对本年级的具体情况，我们提出的年级组精细化管理模式，是指管理从细微处入手，细化管理单元，明确管理目标，落实管理责任，确保教育教学的各个环节精准到位。回顾一年的高三管理和备考指导，我有以下两点深刻的感悟：

一是高一高二打好基础很重要。高三，不能简单理解为高三一年，它是师生三年生活、学习的总和。高三复习阶段，越来越多的老师感慨"基础不牢，地动山摇"，学生的基础知识不牢固，能力提升就是空中楼阁。虽然一轮复习的主要任务是强化基础知识的落实，要求知识点到边到角全覆盖，但学生最基础的那部分根底还是在高一、高二阶段打下的，缺少扎实的基础，就无法形成结构化知识体系，也就无法形成结构化思维路径，核心素养的提升就会落空。高一、高二阶段，还要培养学生良好的阅读习惯、思辨习惯、答题书写习惯，这些习惯不仅对某个学科有帮助，还有利于提高学生运用知识解决具体问题的能力。

二是团结协作是取得成绩的关键。从学生个体看，各学科需要均衡发展，各学科的学习时间分配要协调合理；从学科角度看，备课组的成员要规划先行，分工明确，相互配合，在命题、辅导、培优等各环节各展所长，有效配合，互相支持，形成合力；从年级层面看，高三不是某个学科的表演，学生只有总分上去了才有竞争力，严重的学科本位思想不顾全大局，就无法有效统筹全年级的资源，无法最大程度调动年级的积极因素。团结协作是实现学生、教师、学校目标的关键因素。

年级组是学校管理组织中的重要枢纽，既要直接面向学生，又要与学校的各个职能部门对接；既要抓教育教学，又要抓学生管理，常规工作琐细繁杂。作为一名基础教育的管理者，只要能建设好一支爱岗敬业、具有前瞻性、大格局、宽视野的年级团队，并形成年级组共同的价值取向和文化认同，坚持精耕细作、精心呵护、精致落实，就一定能够成就学生的精彩人生。

教师简介：

李从林，正高级教师，全国优秀教师、教育部名师领航班成员，北京市化学学科带头人，华南师范大学教师教育学部兼职教授，怀柔区教育系统优秀共产党员，怀柔区"名优教师"。

新媒体时代，学校宣传怎么做？

于 洁

随着新媒体的渗透，传统校园媒体受到了一定的影响，各媒体资源整合力度不够，导致资源配置不均衡。因此，必须重视对校园媒体资源的整合，通过优化重组资源，提高校园媒体的协作能力，进而更好地推动校园文化的建设。

作为宣传工作者，要营造良好的宣传氛围，扎实做好互联网时代的学校思想政治工作和意识形态工作。

一、强化宣传引领，助推学校发展

新媒体是相对于传统媒体的一个新兴概念，主要是指在互联网和移动互联网技术支撑体系下出现的媒体形态。从传统的学校宣传手段和载体来看，学校宣传形成了长期的、常态化的系统宣传模式，学校的教育特色和良好形象得不到逐步扩大宣传，无法打出学校的知名度。一个学校的宣传工作需要校领导的重视和支持。我校领导紧跟时代发展的步伐，了解新媒体建设的重要性、迫切性和必要性，认识到新媒体的运用和普及已成为一种趋势，树立校内媒体与校外媒体相结合的理念。校内媒体在传统的广播站、宣传栏的宣传载体上加入现代元素，如建立校园网站、QQ或微信群，以及积极运用学校微信公众号等加大宣传。校外媒体包括社会主流媒体、电视、上级教育网站、微信公众号平台等，在实践中对学校的教育影响力实现"版图扩张"，拓展社会影响力。新媒体能将文字、图像、声音有机结合在一起，同时传递多种感官信息，使受众更加容易听到、看到、读到所需信息，有身临其境的感觉，大大增强了宣传的实效功能，更大程度上满足了受众的口味。通过宣传，着力发挥教育的渗透作用和教化作用，实现参与率、知晓率大幅提升，助力学校发展。

二、建立资源库，构建网络平台

新媒体传播速度快，制作周期短，投放方式方便、快捷，可以随时随地不间断地向受众传播信息，时效性强。而且，它还有一个最大的特点是互动性强，能使受众更加迅速地参与到新闻事件的讨论和传播过程中，提高了受众对新闻事件的参与度，激发了传播的主动性。因此，我校结合自身实际建立了本校网站、资源库、班级微信群、微信公众号、视频号等，将学校活动按照不同的主题整理，时时更新，以图文或视频形式宣传。为了让宣传工作切实"增速""提质""高效"，学校给予支持和配合；健全学校网站建设，为充分发挥宣传"喉舌"作用增添强大助力；及时做到"上传下达"的信息交流，各部门通力合作，学校办公室统筹，德育、教学也有专门的信息员和主编。这样就能及时、高效地通过网站向社会各界展示学校的良好风貌，如介绍学校基本概貌、办学理念以及展示日常工作动态、校园风采等。我校也大力推广应用一些较适合学校使用的新媒体软件，为学校开辟更为美好的宣传途径和前景。仅去年，学校官微累计推送187篇文章，52次各类电视台、报刊报道，31条视频号动态，受到63.06万人次的关注。

三、抓好新闻队伍建设，营造立体宣传网络

新闻宣传的基石在于拥有一支具有较强的业务能力和写作能力的队伍。新闻宣传工作是一个专业性很强的工作，对工作者的政治思想水平、文字写作能力、新闻敏感性、艺术修养等素质都有较高的要求，选拔、培养高素质的宣传人才应成为新闻宣传工作的基础工程，让新媒体宣传发出具有正能量的真声音，搭上快节奏的顺风车。新媒体进入我校宣传工作，意味着传统的宣传手段和模式在更新和完善，学校将新媒体的应用深入教师队伍中，并积极呼吁和激励家长、学生（如校园广播站、团委、社团）的力量。通过"请进来、走出去"的专家讲座等方式对年级组长、教研组长、信息员、学生等进行培训，实现观念的转变，并学会新媒体的基本操作，从为师生服务、为家长服务、为社会服务等理念出发，精心策划。学校传统的大型活动，如"一二·九"合唱节、施光南艺术节、科技节等，办公室会提前与电视台联系，通过主流媒体扩大宣传范围。

四、结合各类活动，加大宣传力度

为丰富学生的文化生活，打造具有特色的校园环境，学校常需举办各类主题活动、意见收集等互动活动，这些活动的策划过程是学校管理部门与师生切实交流互动、强化沟通的有效途径。新媒体介入学校的各项工作中，极大地改善了传统模式下组织活动的低效率，信息能够被及时发布到公众平台以及各个宣传群中，产生时效性、广泛性效果；师生、家长乃至社会人士都可参与，出点子、想办法，集思广益，后台数据及时收集统计，突破了传统媒体宣传方式的局限性。每逢重要节日，如需开展大型文艺活动，可采取线上、线下相结合的活动形式，为师生提供更为广阔的展示舞台，提高活动的组织效率，降低组织成本；全程记录活动的开展情况，现场直播，增强了学校知名度，实现了传统媒体与新媒体的完美结合。

五、完善宣传工作机制，加强制度建设

宣传思想文化工作事关党的前途命运，事关国家长治久安，事关民族凝聚力和向心力，是一项非常重要的工作。习近平总书记对宣传思想文化工作作出重要指示，强调要"聚焦用党的创新理论武装全党、教育人民这个首要政治任务"。作为宣传工作者，我们始终坚持以习近平新时代中国特色社会主义思想为指导，全面贯彻党的二十大精神，深入学习贯彻习近平文化思想，聚焦首要政治任务，做好宣传思想文化工作。同时加强

组织领导，建立完善的监督评价机制。出台专门的规章制度，实行规范化管理，对新闻信息的审批、报送、发布程序作出明确规定，实行新闻宣传工作的领导负责制，所有上网信息必须经主办负责人审查，部门负责人审核，重要信息需要经过主管领导签字后方能上传，确保新闻报道不出现负面影响新闻，进一步提高新闻报道质量。同时，通过建立新闻宣传工作运行机制、奖励机制、检查整改机制等，确保新闻宣传工作健康发展。

总之，学校作为传播文化与文明的重要场所和载体，具有较高的知识利用频率，积极探索并践行新媒体下学校的宣传工作，对拓展学校的办学理念、特色文化、品牌效应具有深远的意义。

教师简介：

于洁，一级教师，大学本科，学士学位，北京市第一〇一中学怀柔分校党政办公室主任。

抓实"双培养"，激发党建新活力

于 洁

为了做好新时代的党建工作，充分发挥学校党组织的战斗堡垒作用，让广大党员、优秀教师更好地发挥带动引领作用，在组织建设和教师队伍建设中取得新突破，北京市第一〇一中学怀柔分校党委深入推进"双培养"机制，使党员成长为能实践、善研究、懂创新的新时代骨干教师，使骨干教师成长为思想进步、作风扎实、业务精湛的党员，努力建设一支高素质、专业化、创新型的党员教师队伍。

一、现状分析

北京市第一〇一中学怀柔分校现有教师254人，其中正高级教师4人，高级教师54人，研究生学历155人，35周岁以下教师157人，引进成熟人才31人。144名党员，预备党员1名；入党积极分子14名，入党申请人3名。

近年来，陆续有北师大、东北师大、华东师大、陕西师大、北航、吉大等重点院校毕业的硕士或博士师范生加入学校的教师队伍当中来，这些教师工作时间不长，工作热情高，但教育教学经验不足，虽有上进意识，能吃苦，讲奉献，但整体缺乏专业引领；其他年龄层教师从外校调入较多，来自不同的地区，专业层次也是参差不齐。因此，加强学校的教师队伍建设刻不容缓。

经过9年的努力，北京市第一〇一中学怀柔分校已经从建校初期招生困难的薄弱校，发展成为级部完整、教育质量优异的品牌中学。目前学校正处于高速发展的第二个阶段——创建北京市名校的阶段，未来将发展成具有初中部、高中部、国际部三个学部，72个教学班，400余名教职工，近3000名学生的中国基础教育名校，以支撑怀柔科学城的发展。

学校的快速发展，导致出现一些现象：

（一）教师急剧增加（近几年每年以30人左右的速度增加）；

（二）学生不断扩班（初中在扩班，高中也在扩班）；

（三）学段不断丰富（初中部—高中部—国际部）；

（四）分层越来越细（基础班—实验班—英才班—国际班）；

（五）学校规模不断扩大，特别是引进非京大学生150人。

规模在扩大，定位高远。如何在最短的时间内使我校年轻教师快速成长为学校的中流砥柱，是我校教师队伍建设中的重要工作。学校及党委充分利用年级优势，把支部建在年级，由干部、年级组长和青年教师担任支部书记及委员，便于组织活动以及关注学生思想动向。

二、具体做法

通过现状分析，党组织采取一系列措施，有效地解决教师队伍建设和人才培养问题。

（一）提高党员素质，改善党员队伍结构

1．培养为学生发展服务的育人意识

以年级组、备课组为单位，进行集体研讨、课程分析；结合"三会一课"、主题党日等，加强理论学习，使教学与研究，理论与实践"共生互补"，逐步形成学生认可度高、个人风格突出的特点，确保教师专业的可持续发展。

2．丰富校本研修，提升人文科技素养

没有师资队伍的文化建设，就没有学生的文化培育。在全球化视野中，教师更要努力提升人文科技素养，塑造平和大气的品格，身心健康，和谐发展。利用总校的优质资源，进行高端讲座和教师读书活动，以提升教师的文化素养。

3．拓宽成长渠道，提高师德修养

为了保障教师成长顺利，利用党建引领，科研、教研等多种手段，加强师德师风建设，增强教师的人格魅力。通过学习习近平总书记的重要讲话精神和师德自我修养，提高了广大教师政治理论水平和爱岗敬业的意识；通过开展"师德标兵、先进教师"的评优活动，表彰先进教师，树立了先进典型。注重研训一体化，提高了教师的专业化水平。

通过系列活动，将教师队伍建设成为具有高度责任心和奉献精神的师德群体；加强学科教师群体建设，尽快形成一支以学科骨干教师为核心的优秀教师群体。今年在申报骨干教师时，有近百人提交材料，最终有 53 人成为市区级学科带头人，其中有 44 人是党员教师，党员队伍整体素质显著提高。近三年培养的教师中，有 15 人光荣地加入了党组织。现有入党积极分子和入党申请人 16 人。

（二）巩固"双培养"工作，实现互动双赢的专业发展模式

1．多载体，实现互动双赢

在青年教师专业发展过程中，以教研组为依托，以本学科组骨干教师为引领，以课堂教学为载体，以各项培训比赛实践为手段，实现互动双赢的专业发展模式。

（1）开展青蓝工程项目：第一年教师诊断课活动，"雁翔杯"说课比赛活动；入职 3~5 年青年教师精品课展示活动；"青蓝工程"年终汇报课活动。

（2）坚持"紧跟海淀，融入总校"的发展战略，青年教师积极投身到相关的教研活动中，积极参加各种赛课活动。同时实施"引进来"和"走出去"战略，即引名师专家来校开展关于"新课程""新课标"讲座活动，丰富青年教师视野；鼓励青年教师走出去，参与关于课程、课标改革的相关学术活动。学校为青年教师搭建了更好的学习平台。

2．多形式，实现高阶思维

通过集体备课、研课、培训、学习等多种方式，灌输核心素养在各个学科领域的应用方法，使全体教师将落实本学科核心素养作为一件大事、要事来抓，从每节课入手，渗透到日常教育教学当中。此外，强化集体备课成效，尤其将课堂学生活动纳入集体备课当中来，不求雷同，但求成效。通过系统的专业培养机制，青年教师的专业学术水平、职业素养、课程研修水平等不断提高。

3．搭平台，发挥"传帮带"作用

为新入职的教师配备初高中导师，把一年拜师时间延长至三年，第一年掌握教师应知必会的基础知识，扎实学识；第二年钻研教学，进行教学反思，提升教研水平，充实学识；第三年研磨精品课程，撰写研究论文，在怀柔区具有一定的知名度，丰富学识。把学员"四个一"比赛拓展到"八个一"，在一块板书、一次演讲、一节汇报课、一篇教学案例与反思的基础上，逐渐增加诊断课、常态课、追踪课、说课，板书变为一次文字板书和一次课堂板书。

巩固"双培养"工作，促进新任教师的成长。把具有发展潜力的党员确定为骨干教师培养对象，目前，学校总举办 9 期"青蓝工程"，培养了大批业务骨干和教学能手。3名党员教师被评选为紫金杯班主任，60 余名党员担任班主任、年级组长、教研组长、备课组长等。党员的地位得到认可，责任得到释放，优秀的业务技能得到了充分发挥，无形中增强了党组织的向心力和凝聚力，向党组织靠拢的优秀人才越来越多，党支部的战斗堡垒作用、党员的先锋模范作用得到进一步的发挥。

通过"双培养"机制的实施，北京市第一〇一中学怀柔分校的教师队伍的整体素质得到了提升。教师既得到了专业知识的成长，提高了教育教学水平，又在党建方面有了更深入的认识，增强了党建意识。党建工作也不再滞后，学校党组织得到了更好的发展。

教师简介：

于洁，一级教师，大学本科，学士学位，北京市第一〇一中学怀柔分校党政办公室主任。

减负增效，从作业管理开始

李鸿涛

随着"双减"的深入推进，加强作业管理成为学校教学治理的一项重要内容。北京市第一〇一中学怀柔分校坚持"让作业回归育人本位"的理念，以"年级组统筹数量，学科组研究质量"为管理主体，更好发挥作业"巩固知识、形成能力、培养习惯"的育人功效。为实现上述作业目标，管理上分两步走。

一、规范作业环节管理，严格控制书面作业总量

在作业环节管理上，学校研究制定了《北京市第一〇一中学怀柔分校作业管理细则》，对在校及节假日期间的作业布置、批改、评价、反馈等方面作出了详细的要求。在作业时长方面，为避免学科间作业无序加码，年级组对各学科作业进行统筹管理，大学科每天布置，小学科轮流布置，总时长不超过 90 分钟，班级每天将作业向学生公示，接受师生、值班领导监督。作业内容分为基础性作业、拓展性作业和个性化作业，这样安排提高了作业的延伸性、适应性、针对性，使同一班级不同层次的学生均能得到发展。

依据各年级特点，寒暑假作业涵盖知识巩固、学科实践、热点学习、体育锻炼等多元内容，其中知识巩固类作业由教师自主编选，源于课堂适当延拓，符号规范，排版美观，经学科教研组长把关后统一编印成册。

为加强作业的过程性管理，教学部门会定期检查教师作业批改、记录、反馈情况，同时针对作业时长、作业分层、难易程度等开展问卷调查，定性与定量相结合，综合了解《作业细则》实施情况，并及时进行数据反馈，引导教师树立科学的作业观（见下图）。

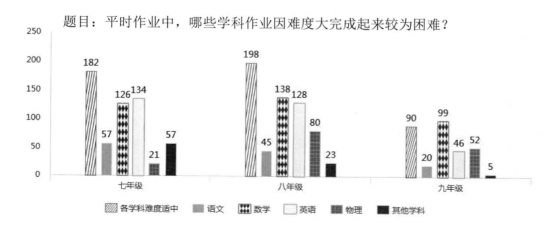

题目：平时作业中，哪些学科作业因难度大完成起来较为困难？

二、加强作业设计研究，提升作业有效性

"减轻义务教育阶段学生作业负担"成为社会焦点，表面上是因为"作业总量大"，实质上是因为对"作业功能"的定位出现了严重偏差。因此，"提高作业有效性"的前提是对作业有一个准确的定位。

在我们的日常教学过程中，时常存在这样一些现象：课堂效率不高，拿作业来补；作业内容与课堂教学内容无关，难易度分配不合理，缺乏针对性，使作业失去了有效性，给学生造成负担。这些现象折射出作业与课堂教学成为两个独立的存在。然而正好相反，作业应该是教学的一个必备环节，作业与课堂教学在学生学习兴趣、方法、习惯、思维培养等方面是相辅相成的。因此，作业的设计必须被纳入课堂教学的整体设计之中，只有秉持这样的作业观点，设计出的作业才能真正"使作业回归育人功能与学习的本质"。相反，脱离了课堂教学，脱离对教育教学的整体理解而设置的作业会使作业功能异化，会出现"作业越多，效果越好"的错误观念，导致学科间作业无序加码现象，使学生苦不堪言，产生厌学情绪，极大地降低了作业的实效性。

基于以上认识，北京市第一〇一中学怀柔分校将备作业作为集体备课"五备"（备课标、备教材、备学情、备核心素养、备作业）的一项基本要求，也是学校提升作业有效性的一项常规指施。基于教学整体视角设计出的作业具有以下特点：

（一）作业的目标与课堂教学的目标是一致的，即"学什么，就完成什么作业"。目标的一致让作业与教学共生共存，互为补充和印证。基于教学整体视角的作业将学科必备的知识与关键能力融合其中，兼顾对学习方法、策略、习惯的培养，达到课程育人的目标。

（二）从教学进程看，作业包含课前预习作业、课堂生成作业、课时诊断作业、阶段复习作业等。因此，作业的安排要考虑连续性、系统性。

（三）作业的内容更丰富，形式更多样。课堂教学往往以教室为场域、以黑板为媒介，为了弥补这种不足，可以通过作业将学习延伸到教室之外，进行更为综合、复杂的学科实践、演练、操作等，作业的完成也不再局限于"纸笔答题"，可以有多种形式，如创作表达、动手实验、设计制作、调查研究等。学生可独立或合作完成，可即时或长时完成，从而达到提升兴趣、锻炼综合能力的目的。

（四）作业的诊断作用更有效。作为教学活动的重要一环，教师的评价必须及时、准确，没有评价就没有教学活动的进一步促进与发展，而基于教学整体视角的作业，其诊断作用无疑是准确、有效、及时的。能使"教—学—评"的一致性得以更好的实现，能使作业评价效果得到最充分体现的作业是最好的作业，因为这样的作业能够让学生在作业实践中自评、互评，从而促进其自主发展。

除了开展"基于教学整体视角"的作业设计，学校还积极探索"单元作业设计"。寒假期间，学校全体教师参加了区教委组织的假期培训活动，三天的学习让老师们印象最深刻的是关于"大单元教学"的报告，即建立以学科核心问题为统领的单元逻辑结构，使单元学习具有一致性和完整性，从而避免碎片化的学习、浅层学习，实现学习的有效迁移。开学后，学校邀请总校专家进一步就"大单元教学"相关理论进行培训，并多次召开专题研讨会，全面部署"大单元教学"与"单元作业设计"相关研讨实践工作，这是学校提升作业有效性的又一个重要措施。在怀柔区各教研员的引领下，以及各教研组老师的实践参与下，老师们深切感受到单元作业设计的优越性，归纳如下：

（一）在一个大单元下对各个课时的作业目标、作业内容、作业类型、作业时间、作业难度等可以进行整体设计与统筹分配，更好地实现各个课时作业之间的统整性、关联性与递进性。

（二）以大单元为基本单位设计作业，在提升作业设计整体质量的同时，培养了教师对学科课程的整体把握和系统设计能力，从而可以更好地发挥作业对学生的发展作用。

（三）科学、合理的作业同样影响着学生学习的效率和习惯。学生在完成作业的过程中体会到自我价值的实现，激发起学习自信和兴趣，独立自主的作业习惯培养了学生学习的耐心、责任心和自主管理时间的能力。

"双减"，"减"的目的是"增"，减去的是不必要的负担，增加的是教育教学质量，只有这样学生才能回归到有意义的学习中来。北京市第一〇一中学怀柔分校将始终坚持"统筹作业时间和提升作业有效性"并行的管理原则，不断探索实践，提质增效，真正"让作业回归育人本位"，让作业助力学生更有质量地生长、发展。

教师简介：

李鸿涛，中共党员，中学高级教师，北京市第一〇一中学怀柔分校校长助理，获得"怀柔区先进教育工作者""教科研先进个人""教学质量标兵""教育系统师德榜样"等称号。

爱而有度　严而有格

——浅谈班级管理方法

李建华

古人云："养不教，父之过；教不严，师之惰。"这句话很有道理。我认为一个纪律严明的班集体更有利于学生的成人、成才。怎样做到严格管理班级，做到令行禁止呢？我担任年级组长和班主任工作多年，积累了一些经验和心得。

一、"严"之有理：轻松做班主任

班主任是班级的主要管理者，要管理好一个班级班主任需要做大量深入细致的工作，而且还要不断学习别人的先进经验。一个良好的班集体对每个学生的健康发展起着巨大的教育作用。魏书生老师认为：班级工作应最大限度地依靠民主管理和制度管理，少一些人治，少一些无效劳动。在召开班主任会的时候，我建议班主任们可以采取责任到人的方法管理班级。班主任可以把班内所有事务列出清单，从每学期一次的窗帘清洗，每周一次的升旗仪式、红领巾佩戴和仪表检查，到每天的校服穿着，事无巨细，一一列举。罗列好清单之后，班主任可以专门召开一次班会，对所列工作进行"竞拍"，每个学生根据自己的实际情况选择一项任务。这样一来，班内日常工作就落实到个人，做到人人有事做，事事有人做。这种民主、科学的管理方式提高了学生对管理的认识，最大程度地调动了学生参与班内事务的积极性，解决了学生不愿服从管理、不愿投入管理的问题。对各班班主任进行简单的指导之后，"竞拍"工作有序地完成，一切都正常运转起来了。每天早晨我走进各班教室巡视时，室内已经被打扫得干干净净，教具已经擦拭一新，学生正在学习班长的带领下或跟读英语或朗读语文课文。因为各负其责，检查到位，整个年级的环境卫生得到了很大的改善，班主任也逐渐解放出来，不用整天被班内琐事弄得疲惫不堪。同时，班主任也从中体会到了管理的乐趣。这就是我多年来一直追求的教育的最高境界：做智慧教师，做快乐教师。

二、"严"之有序：快乐做班主任

要想抓好班级制度建设，就要用制度管人，用制度管事，减少随意性，实现班级的科学规范化管理。制定合理的班规并配以相应的奖惩措施成为班级建设的首要大事。为了制定出更加民主、合理的班规，我建议班主任们要求班内每个人都提交一份方案，再由班委会讨论通过最终方案。有了班规，就要坚决去执行。为了互相监督，我指导班主任们把学生按照双向选择的方式划分成不同的小组，组内严加管理，组外相互监督。在分组过程中，我发现某班有一个叫小泽的男生情绪低落。这个孩子平时纪律松散，学习不上进，与同学的关系也不好。划分小组本着自愿组合的原则，自然没有哪个小组愿意接纳他。看到他落寞的表情，我想这正是教育他的绝好机会，必须抓住。我和班主任一起不动声色地找到班长，希望她能接收小泽进他们小组，帮他改正不良习惯。在班主任的劝说下，班长勉强接受了。同时我找小泽谈心，希望他能正视自己的问题，逐渐改掉不良习惯，这样才能被同学接纳，真正融入班集体。在班主任的建议下，班长和小泽约法三章。最终，他们签了个"君子协定"，以便更好地督促小泽改正不良习惯。在班长和小组其他成员的帮助下，小泽不断进步，同学关系好转了，成绩也在日渐提高。团队合作可以增强学生之间合作和交流的能力；可以增进彼此的友谊，让情感变得更加真挚；可以增强抵抗挫折的能力和培养遇到困难不放弃、不屈不挠、坚持不懈的精神；可以拓宽思维，学会换位思考；可以相互学习彼此的优点，共同进步。在这样自管自治的班集体当中，学生的积极性更高了。看到班级井然有序，班主任内心该是多么的轻松与喜悦。

三、"严"之有爱：用心做班主任

初二是学生成长发展的转折点，此时的学生表现出了叛逆、分化等情况。这一时期很多学生无论是对老师还是对家长，总有一种敌对情绪。很多家长纷纷打电话向老师诉苦：孩子在家不但顶撞父母，甚至出现夜不归宿、负气离家出走的现象。因此，初二是教育的关键期。面对这样的问题，我和几位班主任商量决定搞一次感恩教育活动。我们邀请家长到学校来，让孩子坐在自己父母的旁边，一起观看"感恩教育专题片"，主题是"爱祖国，爱老师，爱父母，爱自己"。学生和家长听得很认真，会场变得严肃、寂静。尤其是讲到感恩父母的时候，主讲人要求全体学生起立，面对自己的父亲或母亲深深地鞠一躬，道一声"对不起"，说一声"我爱你"。在场的所有学生和家长都轻轻哭泣起来。就在这时，我发现某班佳佳同学的父亲离开了会场，留下佳佳一个人倔强而无助地站在那里默默流泪。此时的她，多么需要亲人的拥抱和爱抚啊！我悄悄走了过去，轻轻抚摸她的头。佳佳见到我，一头扑进我的怀里，放声大哭起来。这里包含了多少委屈和无助啊。事后，佳佳给我写了一封信，她说："老师，谢谢您！现在我知道谁是真正爱我的人了。父亲总是这样，只会训斥我，每当我无助特别需要他的时候，他总是冷冰冰的。我恨他！"读完信后，我找到佳佳，告诉她其实她错了。"老师的确很爱你，但是父母更爱你。父亲离开也许是因为不好意思面对这样的场面，他也怕自己控制不住情绪。你要多理解父亲……"随后我和佳佳的班主任沟通了这件事，由班主任出面约见了佳佳的父母。简单了解了佳佳家里的情况之后，我们得知孩子父母都在农村务农，他们不习惯用这样的方式跟孩子表达情感，所以当时佳佳的父亲默默地离开了会场。我们诚恳地告诉佳佳的父亲，我们理解他，但是他在家长会当天的做法伤害了孩子的感情，应该对此进行反思，及时和孩子沟通，解除孩子的误会。家长对我的建议很赞同，回家跟孩子做了解释，也给孩子道了歉，最终得到了孩子的谅解，父女关系逐渐变得融洽了。家长和老师教育孩子，也要注意感情的沟通，我们严格要求孩子，更要让孩子感受到我们深深爱着他们，无时无刻不在关心他们。俗话说，栽树栽根，育人育心。教师只有全面掌握学生的思想动态，才能对症下药，从而体现教育的真正价值。

班主任的工作就是在这些点点滴滴的小事中耐心细致地去体现、渗透自己的教育思想；在潜移默化中引导、改变学生。教育不是一朝一夕的事，这要求我们不能急于求成。我们不仅要有热爱学生的奉献精神，还要不断学习教育理论和方法，增强爱的能力。班主任的工作总是琐碎的，而且面临着重重困难，但是，如果我们始终怀揣着对学生充满爱和责任的心，在工作过程中不断反思、多想办法，很多问题就会迎刃而解。多年来我是以这样的理念对待学生的，更是用这样的理念感染着我的班主任们。很多年轻班主任都在这样的影响下迅速成长起来，带出了非常优秀的班级，同时赢得了学生和家长的喜爱。班主任，在学生的成长过程中能够起到一定的积极作用，可以照亮孩子的一段路程。

教师简介：

李建华，中共党员，高级教师，怀柔区教学质量标兵、怀柔区教育系统优秀共产党员，被教育头条评选为"第三届京城榜样教师"，《现代教育报》、搜狐新闻网以"身边的好班主任"为题进行了相关报道。

浅析新课标背景下英语学科教研组建设策略

马广远

一、问题提出

《普通高中英语课程标准（2017 年版 2020 年修订）》（以下简称《课标》）指出"教师的专业化水平是有效实施英语课程的关键。教师要深刻领会本课程标准提出的理念、目标和要求，始终以发展学生英语学科核心素养为目的，不断优化教学方式，努力提高教学质量"（教育部，2020）。学科教研组是学校教学中的重要一环，是教师集体从事教学研究的组织。《课标》指出"学科教研组要构建新型的教师学习共同体，在教学中不断总结和提炼发展学生英语学科核心素养的有效途径、方法和策略，共同探讨和解决教学中遇到的问题，形成教师之间相互支持、相互学习和共同进步的专业发展机制"（教育部，2020）。由此可见，教研组的建设对于教师的专业发展至关重要，本文旨在探讨新课标背景下教研组建设策略，以期提高教研活动质量，促进教师专业水平的提升。

二、教研组建设策略

本文尝试从学校、教研组和教师个人三个层面探讨新课标背景下的教研组的建设。

（一）学校层面

首先，学校领导要重视教研组的建设，制定教研组的管理规章制度，使教研组活动有规可循。其次，学校要加大对学校老师的思想教育，很多教师认为教研组的存在就是为了组织集体备课、听评课等活动，这是一个片面的认识。顾明远所主编的《教育大辞典》中对教研组作出这样的定义："教研组是教学研究组的简称，它是学校按学科设置的教学基层组织，主要任务是组织和领导本学科的教学，是一个教学研究组织。"因此，教研组的任务不仅仅是组织集体备课和听评课等活动，还要对教学进行研究，通过教学研究促进教师专业水平的发展。再次，适当减轻教师的教学压力。当前很多学校领导更关注学生的成绩和升学率，以学生成绩评定教师教学质量。这就导致一些教师只关注教学成绩，愿意带领学生进行"题海战术"，而对于教学研究不感兴趣，参与教研组活动的积极性不高。最后，保证集体教研时间。很多学校由于学科课时设置存在一定的不合理性，教研组没有统一的活动时间，导致教研组组长在组织教研活动时，有些教师因为上课而不能参与，长此以往，教师参与教研活动的意愿便会更低。从长远角度看，缺席教研活动会对教师的专业发展产生负面影响。

（二）教研组层面

1. 构建教研组共同愿景

沃伦·本尼斯说过"在人类组织中，愿景是唯一最有力的、最具激励性的因素，它可以把不同的人联结在一起"。教研组要着力创造出教研组全体教师的共同愿景，然后制订详细的教师发展计划，在共同愿景的引领下，教研组全体教师同心协力，相互支持，相互学习，形成促进自我成长以及教研组发展的机制。

2．开展课题研究

教研组要创造条件，鼓励教师进行课题研究，以课题研究促进教师专业发展。教研组组长要组织教师学习前沿的教学理论，鼓励教师发现教学中存在的问题，以问题为导向，以前沿的教学理论为引领，进行课题研究。在解决教学问题的过程中，教师可以"加深对教与学本质的理解和认识，不断更新教育观念，创新教学实践，实现个人专业化发展"（教育部，2020）。

教研组组长要关注省、市、区有关课题研究的通知，并成立"课题组"，带领教师进行不同层次的课题研究，使教研组组内形成"教学即研究，教研即科研"的氛围，同时倡导教师在实际教学中发现问题，在研究中寻找解决方案，让教学和教育科研同步发生，从而促进教师专业水平的提升。

3．构建多样化教研活动模式

教研活动形式单一是造成教师参加教研活动意愿不高的一个原因。很多教研活动流于形式，教研活动变成了老师一边批作业，一边参加教研的活动，导致教研活动收获甚微。基于此，教研组应组织多样的教学活动，调动教师的积极性，让教师积极主动地参与到教研活动中。

首先，教研组可以组织"立体式"的听评课活动。授课教师既要有年轻教师的"过关课"或"汇报课"，更要有教研组组长和备课组组长等"熟手型教师"或"专家型教师"的"示范引领课"；授课类型多样，既要有常见的阅读课、听说课，也要有写作课、试卷讲评课等"难"课。让全体教师都上课和参与评课，在探讨和相互交流中促进专业发展。

其次，教研组也可以组织学科论坛、青年教师论坛、专家型教师论坛等活动。在这些论坛上，教师可以发表自己对前沿教学理论的理解、对教学的认知，分享自己在教学中的心得或者独特的教学方法，提出自己在教学中的困惑，大家集思广益，在畅谈中解决问题，在思维碰撞中提升自我认知，深化对教与学的理解。

最后，教研组每学期都要组织专家讲座。邀请大学教授或者知名教师来校和教师面对面交流，在专家引领下，教师学习教学前沿理论，树立教育新理念，转变教学思维，赋能课堂教学。

（三）教师个人层面

1．制定明确的自我职业发展规划

职业发展规划是对自己或他人在未来职业生涯中如何发展作出的大致规划。我们要对自己作出客观、公正的评价，找到不足之处并努力改进。职业发展规划可以为未来工作生涯的发展搭好台阶。有了明确的职业发展规划，教师可以借助教研组这个平台实现职业的稳定发展，更好地促进自我的专业水平提升。

2．不断提高自身专业化水平

当今社会快速发展，教育理念和教学方式不断更新，教师如果不能与时俱进，很快就会被淘汰。因此，对于教师来说，学习新的教学理念，提高自身专业化水平就至关重要。

教师要有扎实的教学基本功。教师要在教学中不断夯实自己的教学基本功，如英语语言基本功和英语语言综合运用能力，形成比较好的课堂教学风格，如自然的教态、风趣幽默的语言、丰富的肢体语言等。教师要在教学中学习，在学习中促进教学，以自己学习能力的提高来促进教研组教研水平的提升。

教师要加强反思。教学需要反思，教师在反思中成长，在反思中探索自身教学存在的问题，探寻解决和改进的方案。教师可以借助教研组组织的各种活动进行自我反思，如听评课、研讨、观摩交流、专家讲座等活动。在教学反思中，教师可以开展行动研究，有目的地改进教学方式，提高自身的教学水平，成长为合格的教师和专家型的教师。教师在反思中不断获得成长才能为整个教研组的建设贡献自己的力量。

3. 树立团队意识

教研组是一个团队，只有团队中的每位教师都为教研组的共同愿景贡献力量，教研组建设的目标才能实现。教师应该明白，要想在教学上有所建树，仅凭自身是难以实现的。一个人的力量毕竟有限，而教研组里既有经验丰富的熟手型或专家型教师，又有精力充沛的年轻教师，只有大家相互学习、相互扶持，才能更好地促进自身的发展，同时促进教研组的整体发展。

三、结语

在新课标背景下，学科教研组建设至关重要，同时，教研组也是教师提高自身教学水平的重要平台。本文基于新课标要求，从学校、教研组和教师个人三个层面探讨了教研组建设的策略，以期能为教研组建设提供一些可借鉴的经验。

参考文献：

［1］中华人民共和国教育部. 普通高中英语课程标准（2017年版2020年修订）［S］. 北京：人民教育出版社，2020.

［2］顾明远. 教育大辞典（增订合编本）［M］. 上海：上海教育出版社，1998：72-73.

［3］崔允漷. 论课堂观察LICC范式：一种专业的听评课［J］. 教育研究，2012（5）：79-83.

［4］戴维·W·约翰逊，罗杰·T·约翰逊. 领导合作型学校［M］. 唐宗清等，译. 上海：上海教育出版社，2003.

教师简介：

马广远，教研组组长，怀柔区英语学科带头人，第四届全国中小学英语名师，北师大外国语言文学学院学科教学（英语）专业研究生论文答辩委员会委员，发表多篇论文，承担和参与了多项市、区级课题。2010年赴英国布莱顿大学学习。

教 育 篇

发挥家庭教育优势　助力学生高质量健康发展

王洁琦

从小学进入中学，是孩子成长历程中一个非常重要的里程碑。孩子是充满兴奋、好奇和期待的，对于家长而言，这也是个充满未知数的新时期。中学开始，孩子步入青春期，这既是他们自我意识和性意识的觉醒期，也是其人生观、世界观与价值观形成的关键期。这一时期的孩子往往会在身心健康、学业压力应对、人际交往、亲子关系等方面出现这样或那样的问题，父母的及时关注、科学引导和悉心陪伴至关重要。孩子升入初中后，家长也应随之进入"升级"阶段。"双减"政策实际上为家长承担家庭教育责任腾出了时间和空间，优化了家庭内部环境，让家长更好地担负起家庭教育的责任、优化自身家庭教育的认知、提高家庭教育的能力。

一、营造和谐的家庭氛围，助力孩子稳定性格的形成

和谐有爱的家庭环境、良好的父母关系和亲子关系，对孩子的健康成长、品格的养成以及性格的发育发挥着至关重要的作用。在教育孩子的过程中，有的家庭是爸爸发挥主导作用，有的家庭是妈妈发挥主导作用，有的家庭是父母协同教育，这都没有问题。但是，在教育发生分歧的时候，父母双方在孩子面前应避免相互否定、相互指责，要保持教育目标、教育过程、教育方式的一贯性和一致性，这样孩子才能对事理正确标准的界定有更清晰的认知，从而更加顺畅和有效地接受和实践教育。家庭教育是一个复杂而庞大的工程，是一个漫长而艰巨的过程，需要父母用爱、用智慧、用耐心来实施和浇灌，也需要父母及时调整自己，与孩子一起成长，以达到实现最好的教育效果的目的。

二、搭建沟通渠道平台，实现亲子之间平等对话

选择好沟通的时机和地点也是很重要的。一般上下学的路上和晚饭期间，孩子相对比较放松，亲子间会有更多话题。比如，聊聊今天最喜欢上哪个老师的课，孩子的回答会让你知道他对每个学科的学习兴趣和态度；问问跟班里哪个同学的关系最好，孩子的回答会让你对他的学校生活更加了解；听听孩子这一天最高兴的事情和最烦恼的事情，他遇到和存在的问题家长基本上都心知肚明了。这个时候家长发现问题，直接进行劝导和梳理，孩子是听不进去的。家长只需要听，表达理解就够了。等孩子平复情绪冷静下来，他的思想和心理都发生了变化，这个时候家长就要针对了解到的情况，帮助孩子梳理问题的内在原因，分析不足，引导孩子改变偏颇想法，释放不良情绪，矫正错误的做法，孩子的内心基本上就通畅了。

三、客观看待学业成绩，培养学生正确的学习方法

家长要劝导孩子，不要过度关注考试分数，而是要花更多的精力自我分析：哪个科目、哪个章节、哪个知识点还有可以提升的空间？是学习方法、学习效率出现了问题，还是学习态度不够端正？是真的在学习，还是在假装学习？家长要和孩子一起，冷静应对每次考试，无论成绩高低孩子都要对自己有一个准确的定位，并对下一步的学习目标有清晰的认识。家长要和孩子一起制订切实可行的学习方案，既要有总体计划，也要有各个阶段的小目标。规划要符合孩子的实际情况，不能过高也不能过低，而且要根据具体情况适时进行调整，定期复盘。家长还要花时间帮孩子找出薄弱学科，孩子哪门最弱，家长都要通过与孩子沟通做到心中有数。对于孩子的薄弱学科，家长要及时与老师沟通，共同想办法，有计划、有措施地帮孩子查缺补漏。

四、积极培育运动爱好，促进学生全面健康发展

习近平总书记指出：健康是幸福生活最重要的指标，健康是 1，其他是后面的 0，没有 1，再多的 0 也没有意义。

研究表明，适当的体育锻炼能促进人体释放内啡肽等激素，使人获得愉快的情绪体验。孩子在运动中能够享受乐趣、体验运动的成就感和满足感并释放压力、缓解焦虑。体育锻炼对孩子来说本身就是一种非常好的挫折教育，不仅可以锻炼身体，更能锤炼人的意志和精神。

中学生的思维已经由具体形象思维阶段过渡到了逻辑抽象思维阶段，体育运动不仅是肢体参与的体力活动，也是大脑思维参与的活动。经常参加体育锻炼，有利于活跃中学生的思维，提高大脑与身体各个部位的协调和配合能力。专注一项体育运动，还有助于提高学生的专注力和记忆力。因此，加强体育锻炼，保持好的健康状态，让运动融入生活，对孩子一生的影响是潜移默化的，能够为其一生的幸福奠定坚实的基础。

2021 年《北京市义务教育体育与健康考核评价方案》发布，完善了学生体育学科的评价机制，为学生日常参与运动的效果赋予了更高的考核分值。该方案是想以此为契机，改变应试教育倾向，让学生有更多的选择，能够尽可能选择自己比较擅长和感兴趣的项目，大大提高了学生在体育学科中拿高分、拿满分的概率。学生在体育运动中享受乐趣、增强体质、健全人格、锤炼意志，践行"每日积累，快乐坚持"的理念。

五、充分理解和尊重孩子，注重陪伴助力青春飞扬

进入初中的孩子，一方面要应对青春期生理和心理上的变化，另一方面还要消化更高难度的学习任务。随着自我意识不断增强，他们渴望独立、渴望尊重、渴望倾听，然而大部分父母对孩子的认识和了解仍停留在某些固定的模式中。他们忘记了孩子的成长是不受控制的，特别是在"青春期"这一特殊时期，孩子的变化更加猝不及防。初中生

家长也要加强学习，提升自己，使自己升级成为一名合格的"初中生"家长。家长要主动放下固有的"我认为""我觉得"，更加科学、客观地看清孩子行为背后真正的意义。

家长要从内心深处意识到孩子已经长大了，他是一名初中生了，尊重他作为一个个体的独立性，给他一定的选择权。家长要善于发现孩子的优点。美无处不在。家长要有一双善于发现美的眼睛。每个孩子都有优点，就看父母能不能发现。每个孩子，都是独一无二的，他们需要欣赏、肯定和鼓励，这样才能攒足勇气走得更远。每个孩子都有自己的特点、自己的优势，家长应该先找自己孩子的优势，然后再努力把他的优势放大，使之成为他的一种能力，助他成长。

孩子步入中学阶段，不仅是对学生的考验，更是对家长的考验，考验家长的教育指导能力，考验家长营造的家庭教育氛围。让我们与孩子共同努力，让孩子健康度过中学时代，顺利翻开人生崭新的一页。

教师简介：

王洁琦，北京市第一〇一中学怀柔分校学生发展中心负责人、德育副校长。曾获怀柔区优秀共产党员、怀柔区教学质量标兵、区优秀团队干部和抗疫先锋等荣誉称号。

新高考背景下学生生涯规划能力提升的建构

朱思克

2014年9月国务院印发了《国务院关于深化考试招生制度改革的实施意见》；2016年世界教育创新峰会（WISE）与北京师范大学中国教育创新研究院在北京共同发布《面向未来：21世纪核心素养教育的全球经验》研究报告；教育部规定2018年秋季起实施教育部《普通高中课程方案和语文等学科课程标准（2017年版）》。这一切都说明在新高考背景下的高中生的生涯规划是时代发展的必然趋势，是高考改革的必然要求，也是社会就业的必然结果。新高考制度和录取办法的实施推进了各学段学科课程设置进一步规范统一，提升了对各个学段学业水平考试的重视，注重体现学生特长兴趣、激发学习潜力、发挥特长学科优势，给高中生更大的学习发展空间和选择自由。高中学生有更大的学习发展空间和选择自由，这就要求高中生既要有认知的能力，也要有自我选择的能力。高中三年对人生发展至关重要，无论是人格和价值观的养成还是成功所需要的知识素养，都是高中阶段培养起来的。

北京高考自2020年开始不再区分文理科，而是采用新高考"3+3"模式，对选择性考试科目实行等级赋分制度。考生可以在物理、化学、生物、政治、历史、地理这六科中任意选择三个科目，高考成绩由语文、数学、外语3门必考科目和考生自主选择的3门学业水平考试科目成绩构成。高考改革之后，学生选科有多种组合。其实"学生选科有多种组合"便是我们研究的主要问题——这决定了孩子"新高考背景下高中生自我生涯规划"的基本表现形式。我们看到北京市出台了对于"物理"选科的意见，北京大学、清华大学相继出台了2021年强基计划政策，这些招生政策会对北京高考的"一般形式"，提出"更加苛刻"的要求，当然也会对"高中生自我生涯规划"提出崭新的要求。

一、新高考背景下学生生涯规划能力提升的建构的概念理解

1. 新高考背景。北京市于2020年率先试行新高考"3+3"模式，高等院校录取也实行"两依据一参考"模式，即依据全国统考成绩、高中学业水平考试成绩，参考高中学习阶段综合素质评价。在此背景下，建立学生发展指导制度，加强理想、心理、学业等多方面的综合指导十分重要。

2. 生涯规划能力。生涯规划是指个人与组织相结合，在对一个人职业生涯的主客观条件进行测定、分析、总结的基础上，对自己的兴趣、爱好、能力、特点进行综合分析与权衡，结合时代特点，根据自己的职业倾向，确定最佳的职业奋斗目标，并为实现这一目标做出行之有效的安排。在新高考政策背景下，生涯规划教育进入高中教育的视野。

在高中阶段尽快指导学生重视和建构自己的生涯规划，使其服务于青少年个人发展就显得十分迫切。生涯规划不是暂时的、短期的，而是一种基于学生人生的职业考虑（谋划），因此，它的主要决定因素（内因）是来自学生自己的。因此，本研究中，我们充分尊重学生在自己生涯规划方面"自我分析、自定目标、自主实践、自我激励、自我评价、自我调整"，最终达到科学的、优化的、个性化的效果。从教育者（学校教育）的角度出发提出"高中生自我生涯规划能力提升策略的研究"是十分有意义的。

3．教师指导研究。指教师在尊重学生自我意识和自主性的情况下，利用教师角色的"特殊性"（师生关系、教师职业、年龄优势、知识占有、社会预判等）对学生的选择进行"建议、巩固、调整、影响"，达到科学性、有效性、前瞻性，实现学生"自我生涯规划"最优化的目的。

二、新高考背景下学生生涯规划能力提升的建构方法

（一）新高考背景下学生生涯规划能力提升的"六个有效接轨"

1．与高中教育要求有效接轨。以高一合格考为前提保持学科的稳定，不进行选课分科；高二进行选课；结合新高考的需要，保证学生在"高中—大学"这个发展轴上发展的一致性和连贯性。

2．与学校发展特色有效接轨。北京市第一〇一中学怀柔分校位于怀柔科学城核心地段，周边有多所高校和多家研究机构，区位优势得天独厚，课程资源十分丰富，学校把"科技·人文"作为发展特色，在指导学生生涯规划时充分考虑这一特点。

3．与学生个性发展有效接轨。时代的发展使人类社会由封闭转向开放，人们期望教育不仅能满足人与社会的基本需求，还希望它在面对和解决世界重大问题时，能够跨越文化边界，朝着多元、理解、开放的方向发展。

4．与未来社会发展有效接轨。一项研究报告认为，未来社会中 3G 工程师、网络媒体人才、同声传译员、物流师、系统集成工程师、环境工程师、精算师、报关员、注册会计师等职业可能会很受欢迎，甚至提出同声传译员是"21 世纪第一大紧缺人才"。未来的社会才是提供生涯规划的"基本空间"，这会对学生的选择产生很大影响。

5．与家庭的期望有效接轨。不同的家庭（家长）如教师家庭、医生家庭、公务员家庭等，对自己的孩子未来的职业会有不同的期望，一些职业特殊的家长也会有"特殊的期待"，这会影响孩子生涯规划的"自主性"。

6．与社会职业特点有效接轨。每个职业都会有"特殊性"，也就是说职业对从事它的人也有"选择性"，有些行业不是"我想选择就能选择的"，比如飞行员和海员等，这些也都会对学生的生涯规划起到很大的制约作用。

（二）新高考背景下学生生涯规划能力提升的"四个结合路径"

1．充分结合学生考试成绩和综合素质评价。为学生开设生涯规划指导课程，充分考虑学生的实际，将学生的个性发展和学习能力结合起来，指导一些特长生选择参加艺

术、体育高考，以求学生有一个更适合自身、更大的发展平台。

2．充分结合学校实际情况用好校内外资源。学校精准对标"百年科学城"建设要求，聚集核心教育资源，努力实现为怀柔未来的发展培养人才的目标。

3．充分结合学生家庭需要和社会需要。有些家庭希望孩子将来能继承家庭特有的"职业"，比如中医等，就可以指导学生报考中医药大学等学校或选择相关专业。有些学生喜欢社会上的一些"特殊制造"方面的职业，我们可以引导学生选择偏向工科类的学校或专业。

4．充分结合职业本身需要。根据学生成绩和身体素质的实际情况，我们可以推荐学生报考飞行员、体育院校或者军校等专业或学校。

（三）新高考背景下学生生涯规划能力提升的建构的实现过程

我们可以引导学生按照"自我规划、自我分析、自定目标、自主实践、自我激励、自我评价、自我调整、自我落实"的螺旋式上升的过程达到最合理、最科学、最优化的自我生涯规划状态。

1．编写教材上好课。学校按照《普通高中课程方案和语文等学科课程标准（2017年版2020年修订）》的课程安排指导意见和《国务院关于深化考试招生制度改革的实施意见》有关要求，开齐、开好学生指导课程，对学生生涯规划进行系统的指导。学生发展指导共计4学分，其中学生发展指导课程1学分，职业体验活动3学分，重点在高一、二年级实施，每周安排1课时。根据实际采用课堂讲授、专家讲座、社会实践等方式开展。其教材主要包括如下内容：

第一章　自我认识研究

第一节　喜欢干什么——职业兴趣

第二节　适合干什么——职业性格

第三节　能够干什么——职业技能

第四节　最看重什么——职业价值

第二章　学生选课研究

第一节　高中学科与大学专业

第二节　如何进行科学选科（结合高校招生要求）

第三节　高中生生涯实践和生涯管理

第三章　大学专业填报研究

第一节　国内高校概况（名校简介）

第二节　大学的专业分类和课程设置

第三节　新兴专业与新兴职业（未来最热门的职业推荐）

第四节　各高校的录取状况

第五节　高考志愿填报指导

第四章　职业行业体验研究

2. 开展系列活动。新高考背景下学生生涯规划能力提升的建构既需要立足于初高中的基础年级又要兼顾学生大学的学习生活，这期间"生涯规划"还是一个"变量"，受高考改革动向、社会结构调整、学生身心的变化等因素的影响。

（1）职业体验活动。我校要求每位学生都要参加一次职业体验活动，并记录体验过程，撰写体验感悟。学生可以根据意愿自主组成职业走访团，到企事业单位参观、访问和调查。通过体验或走访的形式，学生思考自己与该职业的匹配度，掌握通过真实的实践活动探索自己职业目标的方法。

（2）学生社团活动。我校还努力策划、组织与一些职业（专业）及职业（专业）能力有关的活动，让学生在活动中触摸到职业（专业），体验到职业（专业）。

（3）选课研究课程。学校制定《北京市第一〇一中学怀柔分校学生选课制度》和《北京市第一〇一中学怀柔分校选课研究手册》，规范我校的学生选课相关的机构组织、职责与制度、学生选课程序设置等。

（4）选考研究课程。学校通过家长会从社会、学校、家庭的视角出发，宏观地、全局性地对高考制度、学考选考、分层教学等家长关心的问题进行解读；学生发展指导教育团队通过生涯课程从自我认知的角度，通过个体的学业指导对学生进行帮助；班主任、任课教师通过班会等形式从学科特点出发对学生进行选考指导。

（5）升学研究课程。为了追求个性化的生涯教育，学校制定《新高考背景下高中生自我生涯规划能力提升的研究升学研究实施办法》，帮助学生设置合理的高考目标，及时修正自己的学业规划，并做好档案记录工作。

教师简介：

朱思克，正高级教师，语文特级教师，市级有突出贡献的中青年专家，市骨干教师，学科带头人。

发掘非智力因素是班级文化建设的核心任务

李从林

常常听到有人感慨，班主任不好当，既管生活还管思想，既抓成绩还抓交往，外加跑操还要站岗……的确，班主任日常事务繁多，经常累得身心疲惫，尤其是寄宿制学校的班主任，真的不容易！那么，班主任到底怎么当？他的核心使命又是什么？有人说班主任有三类："三流"班主任忙"维稳"，"二流"班主任搞成绩，"一流"班主任抓文化。我认为一名优秀的班主任不仅关注学生成绩，更关注学生成长；不仅善于布置教室，更善于布置心灵。优秀的班主任要充分发掘学生非智力因素，对学生进行思想洗礼、品质培养、情感激发和理想教育，通过先进的班级文化引领，培育优秀的可持续发展的人，落实立德树人的根本任务。

那么，如何通过发掘非智力因素来建设先进的班级文化呢？

一、班级管理的宏观架构

作为班主任，要建立班级管理的宏观架构，有班级发展的长远谋划。这种宏观架构，就是以班级文化建设为抓手，把"教"纳入"育"的大背景中，在学生的实践活动中践行立德树人。基于以上想法，班级管理宏观架构的三维坐标系统如下图：

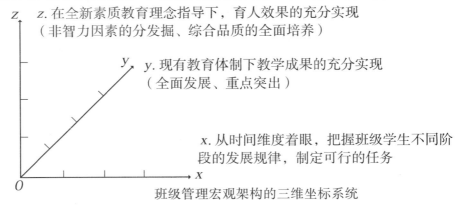

班级管理宏观架构的三维坐标系统

其一维是现有教育体制下教学成果的充分实现：强调全面发展，重点突出。学校不抓教学质量、没有办学成绩不能立足，社会也不会认可，这也是现实的需要。其二维是在全新素质教育理念指导下，育人效果的充分实现。强调非智力因素的充分发掘、综合品质的全面培养，学校不是高考的训练营。学生不仅要考高分，还应具有优秀的品质、健全的人格和健康的体魄。不提升学生的这些综合素养，学生将来的发展没有可持续性。其三维是从时间维度着眼，把握班级学生不同阶段的发展规律，制定可行的任务。根据学生、班级、学校的实际状况，确定每学期、每学年要实现哪些育人目标，学生在不同成长阶段有哪些需求，怎样才能把自己的工作和学校的发展、社会的需求结合起来。

班级管理的宏观架构形成后，班级的具体事务就可纳入这个坐标系中进行系统整合，形成具有连贯性、目的性的一整套方法。

二、激发学生的非智力因素

班级文化建设和班级日常管理密不可分。班级文化的系统建设、非智力性因素的充分发掘，就包含在班级日常管理的点滴中。下面主要谈一些具体做法。

（一）目标与个性

班级管理的目标定位是一个方向，它指引着师生一起朝这个目标努力。一个年级有好几个班级，把一个年级比作一列火车，这列火车跑得快，全靠引擎的带领。如果每节车厢都能自我产生动力，都在自主奔跑，整个年级变成一列动车，是不是能更加安全高速地奔向终点？同样的道理，一个有40名学生的班级又何尝不像一列火车。作为班主任，属于我的这列车该怎样跑？是慢车，是特快，还是动车？思考了这些，从班级管理的层面，班主任就有了要打造一列优秀动车的计划，那就是给班里40名学生安上最优质的引擎，加满"赏识"号燃料，让40节车厢自主产生动力。大家共同使这列动车过隧桥、穿迷雾、迎朝阳，奋勇驰向最终理想的目的地。

（二）格局与视野

对于40名个性不同的学生而言，什么才是"最优质的引擎"？如何引领他们驰向辉煌？什么样的引领才具有持久的号召力？对于这些问题，如果不深入思考并有效解决，"动车"计划必将陷入虚妄的纸上谈兵。从长远来看，提升学生综合素养是教育要实现的根本目标。班主任可以把以上思考提炼后，形成具有自己班级特色的"动车视野"：用未来引领、用高度召唤、用独立思想武装、用国际视野激发。"动车视野"的核心是打造优良的班风，目标是培育可持续发展的学生，切入点是对学生的合理评价，评价包含品质砥砺、理想激发等非智力因素。

每名学生都是一座富矿，都有自己美好的人生愿景。在激发学生内在非智力因素方面，我给学生两件"利器"：一件是"铁锹"，一件是"扇子"。用"铁锹"挖掘自身蕴藏的潜力，挖掘老师的能量；用"扇子"扇起信心的火苗，点燃自己激情、点燃老师信心。在这种激励中，学生能够弃轻狂、绝浮躁、抛自卑，整合最优质学习资源，寻找最广阔的成长舞台。

（三）环境与品位

高一开学，我将重点放在了学生的养成教育上。教书育人，重在立德树人。我将文明礼仪和道德修养教育贯穿班级管理，通过和语文老师协调沟通，引入国学经典，在班级开展"经典诵读"活动，让学生在反复诵读中，将国学经典、文化精髓融入血液，养浩然正气。我会利用班会时间，选择一些国学经典片段，带着他们一起解读。入芝兰之室，久而自芳也。环境对学生的成长有着潜移默化的影响。所以，班级文化建设也是养成教育的一个重要组成部分。我还在班级组建了图书角，种上了心愿树，绘制了文化墙，挂上了名言警句，营造儒雅的文化氛围，积极建设以"慎独"为核心文化的班集体。班级还种植了很多花草，甚至还养了一只小乌龟。这既丰富了学生的课余生活，也培养了学生形成热爱生命、尊重生命的正确观念。我还给他们上了一节"送人玫瑰，手有余香"的主题班会，引导他们去分享自己生活中充满正能量的所见、所为、所想，这时候，我们的班会课就变成了分享课，学生轮流走上讲台分享自己的见闻。养成教育中，我始终坚持教导学生做一个有爱心、有担当、知理守礼、一身正气的人。

（四）大事与小事

老子说："天下难事，必作于易；天下大事，必作于细。"在班级文化建设中，班主任要充分发掘学生的非智力因素，做好小事，成就大事，涵养班风。例如雨伞的摆放，下雨天，师生来教室上课，撑伞而来，收伞而进，如果我们随手乱放雨伞，就会导致教室湿滑而杂乱。而在日常班级文化建设中，我们把大道理融进小事中，学生们领会后能自主地处理好各种事务。每到下雨天，我班的师生不把雨伞带进教室，将其全部整齐地挂在室外窗台已经成为他们自发自觉的行为。细节决定成败，有时阻挡我们前进的不是远方的大山，而是鞋里的那粒沙子。下雨天，教室外窗台下一排排整齐的雨伞，是教学区走廊的风景，也是我们班级的文化。

再比如班牌，每个班级都有班牌，班牌也是一个班级的名片。但是班牌上墙之后，我们可能就极少问津了。自我任班主任以来，我们班级都设有精神文明委员一职，由团支部书记兼任，每天都安排专人去擦班牌，非常正式。有学生反映说，班牌不脏，没必要每天擦，这不是作秀吗？为什么要坚持擦班牌？因为我们擦去的不是灰尘，而是懒散懈怠，我们擦亮的不仅是这几个字，我们擦亮的是北京市第一〇一中学怀柔分校学子的信念、理想和追求。

班级里没有大事，像排座位、管迟到、交作业、出板报、开班会……都是小得不能再小的事，但是，哪一件小事不关乎学生成长？哪一件大事不是由许多小事组成的呢？

（五）交流与激励

班级师生之间、生生之间的交流无处不在，大家坦诚以待，既相互监督也相互帮助，既相互信任也相互激励。班主任除了与个别学生或整个集体面对面交流外，还借助周记、教学日志、卫生记录、集体活动、出勤统计等活页记录实现师生交流。在充分沟通、了解的基础上，以班级"动车"主题宣传栏为依托，班主任系统地做好对"动力之星""学科引擎"等同学的表彰，并以学年度为单位定时举行"动车回眸"活动，评出"班级十佳"。表彰激励一定要有奖状、证书等实物，以书面形式，形成完整数据。在三年中，我颁发了近五百张奖状。我颁发的不仅是奖状，更是信任。你给学生一次信任，也许会收获一次失望；你给学生两次信任，也许收获的还是失望；但如果你能真诚地再信任一次，也许能收获一路精彩。我认为表彰激励非常重要，一次成功的体验或许能改变一个人的一生。

三、班级文化的系统建设

在充分发掘学生非智力因素的基础上，班主任需要进行班级文化的系统建设。

第一，明确班级文化建设的目标和价值观。班级文化的目标应该以学生的全面发展为核心，培养学生的品德、智慧和创新能力。班级文化的价值观应该包括尊重、合作、诚信、责任等。在班级管理中，班主任要明确提出这些目标和价值观，并且通过班会课、活动安排等方式来引导学生理解和践行。

第二，建立积极向上的班级氛围。班级氛围是班级文化的重要组成部分，它能够激发学生的学习动力和兴趣。教师通过鼓励学生主动表达，营造出一个积极向上的学习氛围。同时，通过丰富多彩的班级活动，学生之间的交流和互动增强，使学生在快乐和友爱的氛围中成长。

第三，注重行为规范的培养。班级的行为规范是班级文化的重要组成部分，它能够引导学生形成良好的行为习惯和价值观。学校和教师应该制定明确的班级规范，然后通过教育和引导让学生理解规范的重要性。此外，学校和教师还可以通过班级会议、班干部的选拔等方式，让学生参与到班级管理中，培养学生的自我约束和自我管理能力。

第四，加强班级的沟通和合作。沟通和合作是班级文化的重要内容，它能够促进学生之间的交流和理解，培养学生的团队合作能力，既让学生有机会表达自己的想法和建议，又可以加强班级之间的交流和合作。

四、班级文化建设对学生发展的意义

按照杜威的理论，学习和发展是社会化过程的一部分，而班级文化则是学生在班级社会中共同形成的思想观念、行为规范和交往方式的集合。班级文化对于学生的发展和成长具有深远的影响。

首先，班级文化为学生提供了一个积极、和谐的学习环境。根据心理学家维果茨基的理论，学习是一种社会活动，学生通过与他人的交流和互动来获得新知识和技能。积极向上的班级文化可以激发学生的学习动力和兴趣，使他们更加愿意参与到学习中。其次，班级文化对于学生的品德和价值观的培养起着重要的作用，品德教育是教育的重要组成部分，而班级文化则是品德教育的载体之一。通过班级文化的引导，学生能够具备尊重他人、合作共赢、诚实守信等良好的品德。最后，班级文化对于班级凝聚力和团队合作能力的培养也起到重要作用，学生在社会化过程中需要与他人合作、共同努力，才能够实现个人和集体的发展。一个具有良好班级文化的班级，学生会更加团结，能够相互帮助和支持，共同协作完成各项任务。

综上所述，优秀的班级文化为学生提供了积极、和谐的学习环境，塑造了他们正确的道德观念和行为准则，也培养了学生的团队合作能力和社会责任感。因此，我们应该重视基于非智力因素的班级文化的建设，为学生创造一个良好的班级文化氛围，促进他们全面健康发展。

教师简介：

李从林，正高级教师，全国优秀教师，教育部名师领航班成员，北京市化学学科带头人，华南师范大学教师教育学部兼职教授，怀柔区教育系统优秀共产党员，怀柔区"名优教师"。

"智慧管理班级，助力学生成长"方法初探

田建霞

智慧，是能迅速、灵活、正确地理解和解决事情的能力。教育智慧是教师在教育活动中的一种系统整合的智慧，是具有解决各种结构性冲突并善于将内外各种因素实现优化组合的能力。班主任作为学生健康成长的引领者，在教育教学工作中起着重要的作用。随着教育形式的发展和教育对象个性的日益增强，智慧管理班级，助力学生成长就显得尤为重要。

一、"智"在开局

心理学家马斯洛提出"归属与爱的需要"是人的重要心理需要。作为班主任，我认为培养学生的班级归属感，就是要激发其作为群体成员的集体认同感。新组建的班集体的学生来自年级的各个班，学生学习能力各不相同，学生彼此之间缺乏了解，学生与我关系陌生……面对这样的现状，我注重"智慧"开局，激发学生归属感。

接班后，我重视第一次在微信中的自我介绍。在与学生尚未谋面之时，通过自我介绍，我要让学生感受到我的自信、真诚、胸怀、决心。我重视第一次往班级群发的图片。我不为邀功，只为学生能观察到教师在开学前打扫教室后教室的变化。我期望学生能发现黑板上的欢迎词，能感受到老师对工作的认真态度、对新班的深情，感受到老师像盼望自己孩子一样收拾好房间等待着他们。师生尚未谋面，但是班主任通过这种形式可以拉近与学生的距离，让学生对新班级充满期待。

我重视第一次班会的设计。学生走进新集体，我精心设计了学生介绍环节。介绍如下：初三（7）班的同学们，你们从不同的班级走来，带着你们的自信，带着你们的乐观，带着你们的坚强与勇敢……初三（7）班欢迎你们的到来，初三（7）班也会因你们而精彩。开学第一次见面，请你用"初三（7）班，来自某某班的优秀学生向你报到"开头，介绍自己在学习、锻炼、助人等方面最让你骄傲的一两个方面。学生在开学的第一次班会上，按照要求逐一站起来介绍自己。"初三（7）班，来自初二（6）班的坚强、自信的姜楠向你报到""初三（7）班，来自初二（1）班的踏实、上进的郅乔木向你报到"……同学们你方说罢我登场，一时间，感觉所有的优秀生都云集于此。在介绍的过程中，学生意识到这是一个非常优秀的班集体，他们为能在这个新集体中学习感到自豪与骄傲。作为班主任老师，我用欣赏的目光注视着他们，适时地对介绍的学生做一两句评价。"田雨润，初一入学我就认识你，你是攀岩项目的冠军，希望你今后能够在这个项目上取得更好的成绩。""刘可馨，你是小才女，在杂志上发表过作品，初三（7）班为你的加入

而骄傲。"……偶尔插入简短的评价让学生感觉到老师对学生很亲切、很熟悉，消除了学生对新接班教师的陌生感。

"智"在开局。在第一次教师介绍、第一次发送图片信息、第一次学生介绍中，我准确为新班级定位，让学生快速融入新班级中，快速消除学生的陌生感，激发学生的归属感和责任感，让他们意识到自己在班集体中的重要地位，从而让学生在心理上得到满足。

二、"智"在放手

陶行知说："民主教育是教人做主人，做自己的主人。"作为班主任，我相信每一个学生都有潜能。"智"在放手。班主任要激发学生的主体参与性，增强学生的责任感。

每次接手新班，我都会以各种形式来激发学生的责任意识。开学第一天，学生纷纷上台写下自己认领的班级事务。大到班长，小到电教员，从负责墙报到为班级浇花种草，班中"人人有事做，事事有人做"。民主管理的理念，让学生强烈地认识到自己是班级的主人，有责任建设好自己的班级。

作为班主任，我从班级建设、学生发展的角度在宏观上规划班级的发展；作为学生，自己的班级自己做主。推荐班干部、团员、优秀生，学生说了算；练习后情况分析、后续学科学习规划、组建周末学习小组，学生说了算；班级文化建设、班歌设计、活动组织等，都是学生说了算。

元旦是初三学生最期待的节日，联欢会是初三学生大展身手的机会。我在提出了"节目主题鲜明，反映核心价值观，形式多样"的要求之后，就做起了"甩手掌柜"。学生忙中偷闲，利用课间、回宿舍等短暂时间，编写歌词、排练节目和准备道具。"这节目，能不能变成说唱？""这小品，你们说的和谐责任在哪里？""这主题结合你们生活就太好了。"针对我的评价，学生反复修改，最后呈现了一场精彩纷呈的联欢会。

"智"在放手。我让学生在参与班集体管理的过程中成长。以生为本，增强了学生的责任感，激发了学生的创新思维，展示了学生特长，增强了班级凝聚力。

三、"智"在发现

生活即教育，为了更好地引导学生，教师要发现并抓住教育契机，满足学生需求。

（一）各项活动中顺势教育

建班之初，在开学第一课、期中期末检测、寒假、百日动员、第一次模拟、体考等重要时间节点，在国庆节、元旦、春节、清明节、端午节等重要节日，教师要抓住教育的契机，开展各种活动，对学生进行德育教育。假期是学生实现弯道超车的最佳机会，但是学生对于假期学习和生活的安排比较迷茫，渴望得到指导。我邀请来自名校、总校和怀柔分校的上届优秀生代表分享学习经验。通过交流，学生能够学到高效学习的方法、科学规划假期生活的方法，增加了实现理想的信心。假期中期，班干部组织学生召开"假期生活汇报会"，学生汇报假期计划的落实情况。通过汇报，展示优秀学生的做法，呈现他们的精神状态。学生之间可以相互学习、相互激励。

（二）社会热点中抓住教育契机

我还善于捕捉突然出现的社会热点和学生问题，抓住这样的教育契机，深入挖掘其中教育的因素，引导学生成长。

疫情给学生学习带来巨大困难。我敏锐地抓住这一契机，变困难为机遇，加强思想引领和学习指导，让学生居家学习保持良好状态。我组织学生开展家庭学习环境的布置活动。学生或写、或画或语音提醒，为自己创设备战中考的学习环境。在班会上，学生用照片或者视频方式展示自己的布置，并且向同学们介绍创作意图。我通过这样的方式来激励更多学生，让学生在居家学习期间更自律、更勤奋。

学生居家期间，我们还开展百日寄语活动。学生自写寄语来激励大家，例如，"在乾坤未定时，憧憬着自己是将来冲出的一匹黑马""在稍有懈怠时，意识到努力能遇见最好的自己"等。在一条条寄语中，学生发誓行遍书山，航尽学海，每天激情满怀，士气高涨。我抓住疫情期间学生居家学习生活这一契机开展活动，调动起学生学习的积极性，也使整个班级呈现积极向上的面貌。

疫情期间正是紧张的备考阶段，利用居家学习时间灵活、学习方式多样的特点，我在家长、学生中开展调查问卷，结合学生情况将学生分类，充分考虑学生的个体差异，满足学生多样化的需求，因材施教，让学生体会到成功的喜悦。疫情期间，我指定特殊的课表、布置特殊的作业、进行隔空的辅导等。总之，抓住这一契机，我为学生"量身定制"学习方案，为学生中考取得优异成绩奠定了基础。

四、"智"在借力

"智"在借力——提高学生的成就感。班级管理工作涉及面很广，工作内容纷繁复杂，单凭班主任一个人，他有时会感到分身乏术。解决问题最好的办法就是"借力"，提高学生的成就感。

（一）向家长借力

班主任可以发挥家长的作用，借助家长祝福视频、家长评语等形式助力班级管理工作，让学生看到家长的关爱与付出，提高学生心理的满足感。

（二）向学科老师借力

班级的班主任每月召开班教导会，把班级工作情况和存在的问题以及下一步措施等汇报给学科教师，让学科教师熟悉班级情况，同时激发学科教师的主人翁意识，让学科教师参与到班级管理中。疫情期间，为了激励学生学习，化学老师现身说法，用自己高三那年经历非典苦学考上大学的故事来打动学生；生物老师分享测试小程序更好地调动学生的积极性；中考前夕，心理老师开设了"调整心态、决胜中考"的心理辅导课，为学生缓解紧张的情绪。

（三）向学生借力

我会利用墙报、微信、班会等形式，宣传榜样事迹，发挥榜样引领作用，带动其他学生进步，提高学生的成就感和荣誉感。赵珈仪是我们班的"阳光女孩"。"老师老师，我今天外语考了80分，80分是我从没有想过的成绩。""老师，我牛不牛？物理差2分就满分啦！""老师，必须抱一下，我800米满分了！"中考压力面前，她心态总是很好，而且乐观开朗。我让她做快乐使者，帮我去排解学生的紧张情绪，用她的乐观感染每一名学生，让班级学生养成良好的心态。

（四）向社会借力

在辅导学生作文的过程中，我深切地感悟到学生生活的匮乏、社会知识的欠缺。要想让学生全面发展，提高学生作文水平，增加学生融入社会的成就感，我向社会借力。我引导学生要有"风声雨声读书声，声声要入耳；家事国事天下事，事事都关心"的责任意识。我教育学生不能仅局限于课本学习、课堂所受教育，还要通过参加社区公益活动，走进博物馆，收看新闻、纪录片等多种途径，去接触社会、体验生活，了解社会、感受文化，以社会为师，向生活汲取养分。学生将所见、所闻、所感诉诸笔端：曹语桐同学的作文涵盖传统文化、文化自信等内容，李昕琦在文章中写到为社区门卫送口罩的事情。向社会借力，提升了学生作文水平，提高了学生的成就感，让学生更具有使命与担当，使班级教育更具有时代感。

作为一名班主任，对班集体建设中的各项事务、对于不同学生出现的不同问题能够迅速、灵活、正确地解决，这是教师智慧的呈现。爱学生是产生智慧的根本。结合本班学生特点，发挥学生的主观能动性、创造性、艺术性管理班集体，用智慧助力学生成长，才能帮助学生实现个性化发展和全面发展。

参考文献：

[1] 刘婷婷. 让智慧在工作中徜徉：谈如何做一个智慧的班主任[J]. 基础教育课程，2015（10）：71-72.

[2] 黄步军，汤涛. 师生共同体：良好师生关系新模式[J]. 教育理论与实践，2021（17）：49-51.

[3] 王毅. 做一名会"偷懒"的班主任[J]. 教书育人，2013（7）：70.

教师简介：

田建霞，高级教师，北京市语文骨干教师。参加工作29年，参与国家级、市区级课题多项，撰写的论文、教学设计获得国家、市区级奖项。担任班主任24年，被评为北京市骨干班主任，曾获北京市"紫禁杯"优秀班主任一等奖。

班级建设刍议

徐海霞

寒假快结束，新学期即将开始前，我突然接到电话，说让我去教务处。我到了才发现分管副校长也在。校长开门见山："徐老师，高二（13）班班主任做了手术，校长办公会研究决定由您来接手该班。"我瞬时愣住，这个班我是知道的，全校"驰名生"多，总体成绩倒数。但大局观我还是有的，毅然表态"服从组织安排"。

在其位，谋其政。以前我是普通教师，现在我是"班主任"。虽说是因同事生病而导致走马换将，我还是颇有一种临危受命之感。"班级建设、班级建设、班级建设"，我坚定地默念着。因为我坚信一个班级综合实力的提升，尤其成绩的提升绝不是一蹴而就的，必须"兵马未动，建设先行"。当知道我成了新班主任时，学生很兴奋。在平时上课时，学生还是比较喜欢我的。有了广大且良好的群众基础，一场班级建设的序幕徐徐拉开了。

首先，摸清底数。没有调查就没有发言权，没有调查就没有科学的决策权。在教务处，我找到了学生中考入学成绩；向各科老师要到了学生高一到高二的所有成绩；在政教处，我拿到了"刺头"学生名单；在原班主任那里，我掌握了学生家庭基本情况。经过认真研究，每个学生的形象立体生动起来。

然后，拉网式谈话。按照学号顺序，利用午餐后、晚自习时间，我与学生进行一对一谈话。虽说很多学生在其他老师心中有比较固定的形象，但我还是相信眼见为实。得益于第一阶段的大摸底，我谈起话来游刃有余且有的放矢，很多学生咋舌："班主任，您怎么知道那些犄角旮旯儿的事啊？"拉网式谈话收益之大，始料未及，我获悉了很多学生不愿学、不想学、学不懂、成绩差的原因：有的是自暴自弃，有的是早恋，有的是讨厌老师，有的是家庭困难，有的是不喜欢老师差异化对待学生，也有的确实是学不会。

接着，重建班委会。一个班级要想良好有序地运转，干部队伍建设极其重要。之前在该班上课时，我发现班委会处于瘫痪状态，班长没有凝聚力，学习委员没有示范性……不过硬币皆有两面，正是由于现在的班委会发挥不了作用，所以重新组建班委会竟异常顺利。新的班委会在一次主题班会中宣布成立！新班委是精挑细选的：班长不是成绩最好但却是公认威望最高的同学，各委员分别是各科成绩最好的同学，他们职责明确，负责带领本学科成绩在平行班突围，且各委员都要拿出提升计划。当其他老师认为班委会不过就是那么回事时，我的新班委已高度统一了思想，铆足了干劲，撸起了袖子！

紧接着，建立家校通制度。家庭是孩子接受教育的第一场所，家长是孩子的第一任老师。通过谈话，我发现很多学生特别怕家长了解他们在学校的真实情况，甚至谎报学习成绩。班主任也不能充分了解学生的另一面。为了信息对称，我建立了家校通制度，每次考试，无论大小均会不同程度地通知家长，方便他们第一时间掌握孩子的最新学习情况，真正起到督促作用。

同时，让家长、教师进班会。我们班每周的班会课都会邀请 10 名家长、2 名任课教师参加，大家共同参与班级建设，并设有"家长大点评""教师大点评"环节，几乎每次班会都气氛热烈。每节班会课学生期待、家长重视、老师关注、班主任统筹，而且我们坚决不搞"三板斧"，确保任务永远在执行，我要的就是久久为功，持续发力。

趁热打铁，建立师生辅助卡。针对不同学生的实际学习情况，我带着学科专职委员亲自与各科老师商量，建立师生辅助卡。各科老师根据专职委员提供的学生名单，采取课堂提问多频率、课后作业分层次、错题重点吃小灶的方式稳步推进弱生提升计划。在教师进班会的"教师大点评"环节，各科老师还会根据辅助卡情况，点评重点帮扶的同学，经常会出现"一次点评学生脸红，二次点评学生汗颜，三次点评学生自豪"的场面。

班歌。国家有国歌，班级能否有班歌？经过大家集体遴选与投票，最终确定《步步高》为班歌。"没有人问我过得好不好，现实与目标哪个更重要，一分一秒一路奔跑，烦恼一点儿也没有少。总有人像我辛苦走这遭，孤独与喝彩其实都需要，成败得失谁能预料，热血注定要燃烧。世间自有公道，付出总有回报，说到不如做到，要做就做最好……步步高！"我记得特别清晰，每次唱班歌，总有同学眼圈有泪水。后来这首曲子，还变成了我们班每天早上的晨跑进行曲。

最后，其他手段。打破传统，我让学生自己创作教室标语，可以是大家喜欢的名言，也可以是自己写的凡人小语，条幅每两周一换。我鼓励学生设立自我警示卡，上面有自己的奋斗目标、竞争对手、座右铭、需要改掉的坏习惯等。通过上述系列措施，仅仅半个学期，班级就爆发了惊人的战斗力，我们击败了对手，我们成了平行班的领跑者，我们彻底摘掉了倒数的帽子！

班级建设是班级精神面貌、学生思想状态的综合体现，它聚焦在学生的学习态度、自律品质、思想道德品质等各方面核心素养上。班主任要通过确立班级的核心价值观、班级精神、班级道德等，努力构建充满尊重、理解、沟通、信任的人文精神，营造团结、和谐、奉献、进取的班级氛围，建立宽松、清新、充满人文关怀的班级文化，使全体学生快乐学习，快乐生活！

教师简介：

徐海霞，中学高级教师，全国优秀工作者、市教学能手，区兼职教研员，高考备考专家；所教学生地理高考最高 100 分，多次被评为"教学质量标兵"；获市区级基本功大赛一、二等奖；承担市区级公开课，在刊物上发表多篇论文；获得"全国创新型优秀教师""全国优秀科技辅导员"称号。

"马克思主义与中华优秀传统文化结合"的
班级管理实践

赵进步

何谓班级管理？管什么？理在哪儿？能否把管理更进一步理解为"引领"？用什么作为抓手去引领？习近平总书记提出，坚持把马克思主义基本原理同中国具体实际相结合、同中华优秀传统文化相结合。在实际的班级管理实践中，我们能否把习近平总书记提出的"第二个结合"运用到管理过程中呢？又应该如何应用呢？本文将立足于这一疑问，对此做一些浅显的探索。

一、整体与个体

马克思主义哲学认为，整体与部分（个体）是相互区别又相互联系、密不可分的，整体居于主导地位，部分的功能及其变化会影响整体的功能；我国古人也曾说"不谋全局者，不足谋一域"。这些思想观点都深刻表明了整体对个体的决定性作用。

在班级的常规管理中，整体就是班集体，它接纳着生活在这个集体中的每一个个体；个体就是班级中的每个学生，他们像细胞一样组成了班集体这个有形整体。从马克思主义哲学观点来看，班级和学生相互依存；从中华优秀传统文化角度来考量，班级对每个学生的发展具有决定性作用。因此，建设好班集体是班级整体和学生个体发展的重中之重。在班集体建设实践中，我把制度育人、文化育人和思想育人、环境育人相结合，塑造优秀班级整体，为个体发展打造优质平台。以思想育人为例，统一的思想是班集体的内在灵魂，是优良班风形成的重要途径，班集体的宣誓则成为使灵魂外显的重要手段。在班级管理中，班主任可以结合实际情况，召开班干部会议和全体学生会议，共同决定开展班级宣誓活动，以形成正确的舆论导向。然后，班主任引领班委迅速确定誓词并在班会上详细解读，让誓词"入口→入心→化行"。在实际操作过程中，班主任还要根据学生和班级的变化情况对誓词进行更新与调整。这样坚持下来，每天早晨班级洪亮的誓言在校园飘荡，一定会激励学生努力奋进。

有了优质的整体，就有了个体发展的广阔天空。学生在优秀的班集体中百花齐放，尽情展现自己的才华。体育才能突出的，在运动会上为班级挥洒汗水；艺术才能突出的，在班级黑板报上展示自己；有演讲、主持等才能的，学校艺术节的舞台必然少不了他们的身影；学习能力突出的，就在历次考试中贡献优异成绩为班级争光。

整体的发展推动个体发展，每个孩子的成长又助力班级的腾飞。一个班级中一旦形成了这种"整体与个体"健康快乐、和谐发展的关系，班级必将会形成统一的价值观和优良的班风；毕业时，班级中每个学生也一定会带着健康、阳光的心态与满意的成绩走出母校的大门。需要注意的是，整体和个体不是一成不变的。在班级的教学管理中，整体未变，仍是班集体，但个体则演化成每个学科和每个学生的学习状况。如果从更广阔的年级和学校的视域考量来说，班级则演化为个体，整体则变成了年级和学校。

二、严肃与活泼

"严肃"与"活泼"本是一对反义词，但被运用到班级管理中却并不矛盾，它们相统一、相生相长，其中蕴含着朴素的辩证法思想。

在班级管理中，"严肃"对应的是高标准、严要求。高一伊始，我建议班委带领全体制定班级公约。在序言部分写道：为凝聚班集体，约束同学们的不规范言行，建设"团结、守纪、文明、健康"的班风和"勤、实、主动、惜时"的学风，特制定本公约，供全体同学遵循。班级公约成为三年来我们班同学必须遵循的铁律和不容触碰的原则底线：为人必须正直、师长必须尊敬、学习必须努力、教室必须安静、生活必须节俭、卫生必须洁净、行动必须光明、考试必须诚信。在公约的规范之下，同学们迅速改变不良习惯，逐步塑造了优良有序、惜时且良性竞争的班风。

严肃不代表呆板，一根弦始终绷紧则容易断；严肃更需要活泼，一张一弛才是文武之道。而"活泼"效果的取得则需要老师的宽、爱和柔，正所谓严慈相济、张弛有度。在严肃班风、班纪的同时，班主任老师要放下架子，引领学生们阳光前行，与学生们一起快乐生活。在每天的早操、课间操上，我们要坚持与学生一起跑步，一起喊口号；宿舍内，与学生谈天说地，总结一天的得与失；学生犯错误时，不要用狂风暴雨式的呵斥对待他，而是要和学生进行柔风细雨的内心交流、心灵碰撞；学生取得成绩时，要记得及时送上热烈的鼓励，使热情激励的话语长时间萦绕在他的耳边和心头。我们要与学生同生活、共呼吸，一起享受学习与生活带来的苦与乐。这样的宽、爱和柔，无时无刻不在滋润着学生们的心灵，使他们在轻松愉悦的环境中走过了人生中最关键的高中三年，终于破茧成蝶，实现华美蜕变。

三、自律与自由

班级管理中还有一对矛盾统一体不得不提：自律和自由。自律是一种不可或缺的人格力量，没有它，一切纪律都会变得形同虚设。真正的自律是一种信仰、一种自省、一种自警、一种素质、一种自爱、一种觉悟，它会让你发觉健康之美，感到幸福快乐、淡定从容、内心强大，永远充满积极向上的力量。自由，通常指由自己作主，不受限制和约束。

在18世纪欧洲启蒙运动中，哲学家康德曾对这场影响全人类的思想解放运动做出经典总结，其中的"要自由，也要自律"更是振聋发聩。我国古代的优秀传统文化中，对于自身律己的论述更是比比皆是：从"克己复礼"到"存理去欲"，从"养天地浩然之气"到"留取丹心照汗青"，从"正心、诚意，修身齐家治国平天下"到"立心、立命，为往圣继绝学，为万世开太平"。丰富的优秀文化对班级中"自律和自由"的矛盾开解事半功倍。

从某种程度上说，班级管理的过程是引领学生自我约束的过程，班主任要引导学生学会自己约束自己，自己要求自己，变被动为主动。毕达哥拉斯说，不能约束自己的人不能称他为自由的人。自律并不是让一大堆规章制度来层层地束缚自己，而是用自律的行动创造一种井然的秩序来为我们的学习生活争取更大的自由。要自律，当然要有具体的要求，如提高自身素质，树立自尊、自爱、自强的自律意识，对学校、班级和个人都要有强烈的责任感，并且能够正确处理日常学习生活中的人际关系和矛盾冲突。再如在学习方面，一要独立，独立思考、独立解题、独立完成作业；二要自觉，自觉做好自己该做的事情，包括做好预习复习工作、上课专心听讲和按时完成作业。

自律能够提升自身修养，让自己在学习、生活和同学交往中更加游刃有余，这是当下的自律服务现实的自由；自律能够为学习创造更好的环境，也为在今后的工作和生活中养成良好的习惯打下基础，这是当下的自律拓展未来的自由；自律就是能够自觉地完成自己应该完成的学习任务、生活目标等，进而实现老师、家长的部分"解放"，这是自律"解放"他人的自由。凡此种种，都能说明"越自律，越自由"的深刻而丰富的内涵。

四、梦想与现实

每个学生都有自己的人生梦想，更有自己必须经历的人生现实。让梦想照进现实，让现实托起梦想，是班级育人的方向与任务之一。如何处理好梦想与现实的关系呢？

班级文化建设是每个班主任在进行班集体建设时都会关注的重点。在进行班级文化建设时，我们要始终注重唤醒并保护每个学生的梦想。我们可以把高中三年的学习历程比喻为追逐梦想的旅途，然后进行统一的班级梦想规划。其中，高一是"立梦之旅"，立梦看重习惯和学法养成；高二是"逐梦之旅"，逐梦看重坚持和落实；高三是"圆梦之旅"，圆梦更重理想与拼搏。在这一思想指导下，高中三年班主任要统筹安排好与"梦想"相关的系列班级活动。譬如，我们可以在高一上学期国庆节前后举办"我的梦想"演讲比赛，使学生们内心中的华丽梦想生根发芽。从小组内起，每名学生都要努力刻画自己的梦想，公开向同学们展示；小组内选拔的优秀成员在班级的舞台上光荣地描绘人生的梦想。我们还可以在高二上学期元旦前后和下学期劳动节前后，在班级内举办"逐梦在路上"的文化墙报展览与演讲比赛，让学生们身临其境感受自己逐梦的快乐与艰辛。高三阶段围绕"圆梦"，我们再设计宣誓、成人礼等系列活动，这样梦想最终必将成为现实。

在立梦到圆梦的过程中，我们要防止梦想流于梦想！在三年逐梦的过程中，我们必须坚持用活动时刻提醒学生们勿忘初心、牢记梦想；要时刻督促学生们为了梦想，做好实际学习中的点点滴滴。我们要让学生们始终谨记：立足现实才能实现梦想！

教师简介：

赵进步，高级教师，区骨干教师，北京市第35届"紫禁杯"优秀班主任。其讲授的课程"中国古代官员的选拔与管理"入选2021年度教育部"基础教育精品课"。编著有关于历史选择性必修系列教材的《高中优秀教案》，多篇论文发表在核心期刊上。

推开虚掩的门

——班级管理侧记

郭新闽

教育是一场修行，和学生们山水相逢，演绎不同的故事，邂逅不同的风景，和学生们共同成长，摆渡彼此的灵魂。

一、打开心门，学生用心培育

2021年我来到学校，受学校"为学生的一生发展奠基"理念的感召，担任了高中班主任。在此期间，我认真学习党的教育方针、政策，全面贯彻党的教育方针，不忘教育初心，牢记育人使命，模范履行岗位职责，扎实工作，锐意进取，廉洁从教，为人师表，爱岗敬业，甘于奉献。我秉承"严格规定，功夫到家"的管理理念，对学生们高标准、严要求，从军训到作息，从课前到课后，从学习到相处，事无巨细。最初学生们不理解：我为什么要求这么细？我为什么要求这样严？我们开班会，探讨什么是"严"，如何是"卷"。讨论热烈，最终达成共识：教室是学习的神圣场所，"卷"应该发生在精益求精的地方，而学习就是一件精益求精的事。一节讨论课，消弭了师生隔阂，学生们说，他们认同我的管理。

学生们崇尚荣誉，喜欢被鼓励，但是奖品总是千篇一律，调动不了他们的学习热情，打动不了他们的内心。通过调研，我发现学生们喜欢个性化奖励，于是我们表彰会的奖品变成了学生定制，需求千奇百怪，老师尽力满足。师生一起感受新奇，一起为奋斗者加油。鼓励产生生产力，激励产生凝聚力。每次运动会，我们都会精心组织，让班级成为"显眼包"；每次合唱节，我们都会别出心裁，让班级成为明星队。自然而然，学生喜欢这样的班主任。学生们说，他们喜欢这样的班级。

在班级管理上，我秉承为党育人、为国育才的理念，始终树立民主意识，"我的班级我做主"。学生们自己建班委，自由选小组，自主开班会，民主定章程。现在班级在管理的各方面，真正做到事事有人做，事事有人管；班主任只是班级的一员，与学生一起宣誓呐喊，共同遵守班规校纪。师生关系融洽，同学团结协作。学生们总是说，热爱这样的班集体。

二、找到窍门，习惯精心培养

学校教育，根基是爱，底色是成长，主题是学习。我们要善于发现每个学生的闪光点，培养学生们的好习惯。在习惯养成方面，我统一思想，提出"心不释卷，手不释卷"的要求；在日常行为上，营造"入班即静，入座即学"的氛围；在学习管理上，细分学习小组，制订小组目标计划，建立小组间的学习竞争机制；在尖优学生的培养方面，差异性管理，个性化指导；在后进生转化方面，实行错位发展，通过目标引领、榜样塑造，进行跟踪指导；在日常行为上，锻炼学生们的坐功，让学生们坐住板凳，静下心来；在体育锻炼方面，训练学生们的跑功，让学生们加强体育锻炼，健康成长，锤炼学生们的吼功，跑操声音响亮，晨读声音洪亮。

尊重每一位学生，认真倾听学生的想法和建议，尊重学生的个性发展。善待每一位学生，用真诚和爱心对待学生，循循善诱，积极引导。班级整体氛围积极向上，学生很有上进心，思想素质和学业成绩不断提高，学生学习的积极性得到了充分的激发。在好习惯的塑造上，班主任是导演，是造梦人；学生是主角和追梦人；班主任应和学生们一起感受好习惯带来的变化和惊喜，让学生们体验成功和快乐。

三、走出校门，家校真心合作

教育是家庭和学校的双向奔赴，要相信家长的爱和关注。班主任要及时组建家委会，组建家校合作群。班主任可以邀请优秀家长到校做报告，邀请热心家长参与班级管理事宜；学生们取得荣誉，班主任和家长在群里共享快乐；学生们遭遇困惑，单独和家长交流、沟通，及时家访。

疫情期间，家访减少，线上则成了主阵地。学生们居家学习，家长冲在教育的第一线，其间，家长群热闹不已。班主任线上解答家长的疑惑，隔空排解家庭矛盾，和家长结成联盟，组成统一战线，育人效果良好，拉近了学校和家庭的距离。

高中的学习节奏是紧张的，学生们难免出现心理问题。如疫情期间，有个学生和父母发生严重冲突，本人也出现了抑郁倾向。返校后，我细心和学生沟通，及时家访和家长交流，和学生一起面对困难，积极鼓励修正，学生慢慢从泥潭里走了出来。事后家长告诉我：怕我来，又怕我不来。其实来与不来，学生在那里，来就值得！学生告诉我，感谢我的坚持。我告诉他，爱父母，懂感恩，人间值得！

四、勇跃龙门，成长悉心呵护

学校是学生改造世界的模板。在紧张的求学生涯中，每个人都有一段扎根的时光，要尊重每个学生，俯下身去助力他的个性发展。要善待每名学生，倾听他的想法，走进他的世界，帮助他树立正确的"三观"，培养他对这个世界的责任和热爱、担当和情怀。

我所带的班级有着自强不息、勇争第一的班风，有着厚德自强、求知担当的学风，有着厚泽天下的宏伟志向。班级氛围积极向上，学生们求知若渴，思想素质和学习水平不断提高，诸多学生在电视媒体中露面，在国家级竞赛中获奖。我的班级多次被评为学校"优秀班级"和"怀柔区先进班集体"，我本人也多次荣获"学校教书育人奖""青蓝工程优秀班主任导师"，怀柔区"优秀班主任"等称号，同时我还被首都师范大学聘为硕士研究生"班主任见习指导教师"。

教育是一项充满挑战的工作，也是一项充满爱和智慧的事业，感恩遇见，感谢成全。我们不要静待花开，而要推开那扇虚掩的教育之门，迎接我们的满园春光！

教师简介：

郭新闻，中学高级教师，中国地理学会会员，山东省教育厅特级教师工作坊成员，菏泽市教学能手、市骨干教师、市兼职教研员、怀柔区教育系统优秀班主任，出版个人专著1部，主编地理辅导图书多部。

做一个幸福且"有心"的"孩子王"

苑欣悦

教育学家夸美纽斯说：教师是太阳底下最光辉的职业。怀着对光辉职业的美好憧憬，我踏上了三尺讲台，并且有幸一直担任班主任。工作中一半风尘仆仆，一半星辰大海，也许日常极尽琐碎，却浸满美好温暖。从初登讲台的忐忑不安，到现在的淡定从容，做老师最幸福的事莫过于在见证孩子成长的同时，也见证了自己的成长。在教育路上，我要做一个幸福且"有心"的"孩子王"，秉持决心、细心、共情心，静待花开。

一、决心：唯心之驰而不息

向着某一天终于要达到的那个终极目标迈步还不够，还要把每一个步骤看成目标，使它作为步骤而起作用。

——歌德

与孩子们相遇之初，就能感受到这是一群"个性十足"且"备受呵护"的小朋友。我们还没来得及彼此认识就进入了第一天的军训生活。从未经受过如此"折磨"的孩子们，在军训时连声抱怨。当晚我就和孩子们确定了班级名称：追梦7班。梦是用来追的，不是用来想的。我还和孩子们约定了要达成的第一个班级集体目标：成为标兵连！

第二天，我看到孩子们一改前日的疲惫不满，浸满汗水的脸庞写满了坚定。嘹亮的口号，响彻操场：追梦7班，奋勇争先，青春无畏，逐梦扬威！在军训成果展演上，如我们所期待的那样，我们拿到了班级的第一个奖状——全能标兵连。

有时，一个在孩子悲伤时鼓励的故事，就能让他在无法坚持时有继续走下去的勇气和动力。小亮是我们班级的一个小胖子。最开始军训时，他常常掉队，总是闹着要回家。正式开学跑操后，他总是在最后一圈或两圈的时候落队。于是，我给他写了一个卡片：约定一周为限，每次坚持进步一点点。从那之后，一直到毕业，小亮再没落过队，一直都在跟着队伍正常跑操。

在学习上，每次考试后我都会与孩子们共同制定目标。通过三年中的每一个小目标的逐步实现，孩子们脚踏实地，最终追梦成功！在历次考试中，追梦7班稳居年级第一。在这个过程中，孩子们纯真的目光逐渐变得坚定，将班级的荣誉感和个人目标达成紧紧联系起来。

二、细心：毫厘之优定乾坤

阳光普照世间万物时，它并不会在意每朵花是否散发出幽香与芬芳；它所在意的是光线的每一个细微的部分，是不是都给了花瓣最温暖的触摸。

—— 张万祥《给年轻班主任的建议》

为了帮助刚进入新校园的孩子们尽快适应，我们共同制定了量化评比的班级账，从学习、生活全方位制定评比标准，由值日班长对班级每日整体情况进行记录。每个人都希望从他人那里获得对自己工作和学习的反馈，特别是权威人士给予的反馈。反馈可以强化学习者的学习动力，从而提高学习效率。教师的反馈对学生的学习有很重要的促进作用。详细的记录，每周准时发送到班级群和家长群，方便家长了解孩子学习的真实情况。量化评比提供的每日课堂表现、学习活动的即时反馈实际上是对学生每日学习的一种肯定，可以激发学生进一步实现美好愿望。

毫厘之优定乾坤。在细心全面的关注下，教师不光重视学生的分数，更重视学生的身体、生活和精神的成长，重视生命的独立和发展。小轩，来自单亲家庭，与父亲生活。他在军训中生病了，再加上第一次离开家心理脆弱，一直在哭。联系完他爸爸之后，我就将他送回寝室，将他安置好，给他掖了掖被角，倒了一杯热水。我这样的一个举动，一瞬间温暖了孩子的内心。我发现这个孩子非常内向，不善于表达自己，但是他会以他自己的方式对老师表达关心。比如，在我嗓子哑了的时候，他会在我旁边走过时，不经意地扔下一句"老师，您注意点儿嗓子"，略带责备，但充满关心。我开始鼓励他多多表达自己，与同学进行交流。一段时间后，我发现他慢慢地开始一点点放开自己。当学生得到细微的关注时，教师不经意间便在学生心中洒下了最诚挚朴实的爱。

三、共情心：存我心者将心换心

在每个孩子心中最隐秘的一角，都有一根独特的琴弦，拨动它就会发出特有的声响，要是孩子的心同我们发生共鸣，就需要同孩子的心弦音调一致。

—— 苏霍姆林斯基

家校协同，是帮我们摸清每个孩子的捷径。我主要利用线上线下家长会、定期家访和问卷匿名反馈等方式在班级内搭建有效的家校沟通和合作的渠道。

开学初，学生小宇在课间操跑步时，突然说腿疼。面对小宇的突发状况，我跟孩子说能坚持尽量坚持，孩子坚强地回到队伍继续跟着跑步。本以为事情告一段落，结果晚上就接到孩子妈妈的电话，说孩子从学校回来还是感到腿疼。我建议让孩子去医院看一下，但小宇妈妈怕耽误课程拒绝了。第二天，我看孩子明显腿部不适，于是抓紧跟小宇妈妈联系带孩子去医院检查。第一次检查结果是扭伤，第二天孩子拄着拐杖来到了学校。望着孩子一瘸一拐的背影，我再次拨通了家长的电话，劝说家长带孩子再去详细检查。这次终于查出问题，是骨裂。小宇妈妈来到学校后，一改之前的态度，情绪激动，扬言要为孩子的骨裂讨个说法。她以一种恼火的状态出现，在无法达成她诉求的情况下，我很难与她平静沟通。我耐心地安抚了家长："我可以教几十个孩子、几百个孩子，但是家长您只有一个孩子。我理解您的焦虑，您先回家好好照顾孩子的腿伤，也平复一下情绪。"我们要给家长一定的时间冷静思考，切换状态。与德育校长汇报后，我仔细梳理工作流程，发现并不存在失当的处理。我再次约见了小宇妈妈，开门见山地表达："小宇这段时间腿受伤，您非常着急，我能理解。虽说我只是孩子的老师，但是我对他的爱是与您一样的。我爱的第一个孩子不是我的孩子，而是他们。小宇被诊断为骨裂后，我也非常着急，但我们的当务之急是让孩子在没有心理压力的情况下，努力配合治疗。"在人际交往中，表露是具有互惠性的，对他人的自我表露也会促使他人自我表露，能让双方更积极地互动。小宇妈妈听了我的表述后立刻就说："确实是，孩子这段时间在家特别沮丧，一是担心自己的成绩退步，二是担心自己的腿再也无法站立，整天愁容满面，全家人也跟着每天唉声叹气，他奶奶天天流泪。"每个家庭的情况都不一样，所以不管发生什么事，我们在与家长交流时，一定要倾听家长的心声，了解情况以后才能找到有效的应对方式。有时某些家长为了孩子可能会对老师提出不合理的要求，这是因为他们对教师的内心世界不了解，双方沟通不够顺畅。这次谈话之后，我在班级里安装了网课设备，让小宇在居家休养期间也能顺利上课；与小宇要好的同学，我嘱咐他们多与他联系。在和小宇进行电话沟通时，我表达期待，希望他早日回到校园里。在和小宇联系的过程中，我感受到他正慢慢变得开朗起来，跟我聊天的内容也逐渐多了起来。而每次我跟小宇沟通后，小宇妈妈都会向我积极反馈孩子的状态。家校共育，将心换心，以情共情，才能构建有心的教育共同体。

怀着这三颗心，我成为一个虽然辛苦但很快乐的"孩子王"，融入了学生，成为一个可以传授知识并能与孩子打成一片的"大孩子"。每天与最纯真的笑脸在一起，听着孩子们对我说"老师，我帮你""老师，我喜欢你"。孩子们上课时认真的模样、课间奔跑嬉闹的身影、阳光灿烂的笑容、天真无邪的话语，成为我的心之所向，也成为我坚定前行的最大动力！

古之师，传道授业解惑也；今之师，育人育心育己也。给孩子们一束光，照亮他们向上向善的前方，在追梦路上做一个有心人，去点亮一个又一个灵魂。

参考文献：

[1] 郑丽萍. 做学生的朋友：班主任工作之我见[J]. 华章，2010（14）：103-111.

教师简介：

苑欣悦，中学历史一级教师、怀柔区优秀班主任。获青年教师基本功大赛一等奖，北京市首都原创课程辅助资源征集一等奖，北京市初中历史教师专题培训优秀成果一等奖，北京市义务教育阶段优秀作业案例及作业设计二等奖。

积极心理学在高中班级管理中的应用

尹志远

在当前素质教育背景下，学校越来越重视学生心理素质培养和心理健康教育，很多学校设置了心理课程，开展了心理健康教育的辅导与咨询服务，帮助学生处理成长中所遇到的心理问题和心理障碍，希望他们的身心能够健康发展。调查显示，中学生存在较多的心理问题，如焦虑、抑郁、自卑、孤独等。其中焦虑和抑郁问题最为突出。笔者在长期的班主任工作中发现，虽然学校越来越重视学生的心理健康问题，但是每年在学生中经医院诊断患抑郁或焦虑等精神类疾病的学生比例却在不断增加。班主任作为班级的管理者，也是学生成长路上长期的陪伴者，在日常的班级管理工作中，要潜移默化融入心理健康教育，引导学生养成积极乐观的态度，营造积极幸福的学习生活环境，这可以有效预防学生不良心理倾向和心理疾病的产生，促进学生身心健康发展。

一、什么是积极心理学

谢尔顿和劳拉·金对积极心理学的定义为：积极心理学是对人的潜力、美德等积极的品质进行研究的一门科学。它的研究对象是"普通人"，与传统心理学针对"病理式"的研究不同，它主张用"积极的""和善的"眼光去面对和解释人的潜能、动机，甚至存在的问题，强调要通过积极的手段对存在的问题做出回应，以获得积极的意义。积极心理学重视对心理疾患的预防，预防主要是通过塑造个体诸如乐观、热情等积极品质来抵御精神疾患。心理学的任务在于能够有效测量个体的积极心理品质，弄清楚它们的形成途径，并通过恰当干预来塑造这些心理品质。塞利格曼等学者在对积极心理学的讨论和研究过程中确定了它的三个主要研究领域：积极的情绪体验、积极的人格特质和积极的组织系统。

二、积极心理学应用于班级管理的必要性

随着时代发展和科技进步，高中班主任需要提供多样化的班级管理方法，以提高学生的心理素质，帮助他们形成正确的意识和价值观念，为学生提供良好的成长环境和教育保障。

积极心理学关注人类的幸福体验，注重促进"积极力量"的发展和提升，致力对人类积极情感、个性等的发掘和培养，倡导人们以积极、发展的眼光看待事物。积极心理学与班级管理进行结合，更能满足学生的需求。因此，笔者尝试将积极心理学应用到班级管理中，让学生能够在一个积极、向上的班级氛围中培养正确的意识和把握正确的方向，这为他们的健康成长提供了有力的保障。

三、积极心理学应用于班级管理的策略

（一）以生为本，积极转变管理理念

在传统的班级管理工作中，班主任是班级的管理者，班会及各种活动的组织过程基本上是班主任的"一言堂"；班主任过于重视学生学习成绩，班会以及各项活动都是围绕提升学生学习成绩展开的。当今教育的最终目的是立德树人，培养德智体美劳全面发展的人才，培养学生终身学习的能力。班主任应当及时转变自己的管理理念，"以生为本"就是要在教育过程中逐渐弱化教师的主体地位，高度重视并发挥学生的主体性作用，调动学生的主动性和创造性；在班级管理过程中以学生为主体，调动学生的积极性，激发学生的主动性，促进学生"积极的人格特质"的形成。例如，班主任在班会课前拟定一个合适的主题，鼓励学生积极参与到班会课的设计和组织过程中，体现学生在课堂中的主体地位，增强学生学习的动力；再比如鼓励学生积极参与学校组织的施光南艺术节、"一二·九"合唱节等。各种实践活动，可以培养学生的团队合作精神、分工协作能力以及社交能力，增强学生的自信心。

（二）欣赏教育，建立良好的师生关系

班主任与学生之间的关系，直接影响班级管理效果及教学活动效果。要想取得理想的班级管理效果，班主任就要重视良好的师生关系的建立，用欣赏的眼光看待每一名学生。

首先，班主任要留意观察学生的行为举止、穿着打扮等，分析学生在学习、生活中的各种表现，并抓住合适的时机与学生平等交流，以欣赏和期望的眼光进行引导，实现学生健康成长与发展。在与学生交流过程中，班主任也应保持积极的态度，欣赏和激励学生，使学生清楚班主任的目的，对班主任更加信赖，从而有效提高学生的积极性，为各项活动的开展打下坚实的基础。

其次，班主任要关注学生的开心、快乐、甜蜜等积极情绪，调动学生的主动性和创造性，在各项活动中塑造学生积极的人格特质，和学生建立良好的师生关系。

例如，有一名男生学习成绩虽然很不理想，但是他总是在换完座位准备放学时帮助同学做完值日再走，我针对此事在班级中对他进行了表扬，之后好多同学也加入了帮助学生做值日这个行列。这不仅增强了他的自信，也培养了其他孩子的互帮互助精神。由此可见，良好的师生关系能够为班级管理活动的开展打下坚实的基础，充分提高课堂教学的有效性，推动学生成长与发展。

（三）积极乐观，重视班风班貌建设

良好的班风班貌可以使学生在学习活动中形成积极乐观的心态，使学生更好地参与到各项活动中，促进其健康成长。对于班风班貌的建设，班主任可以让全班同学共同参与，集思广益，充分体现学生的主体意识和调动学生的积极性。

1. 建设班级文化墙。可以根据班内学生的爱好和特长进行分类。文化墙一方面展示学生崇拜、敬仰的人物，另一方面可以结合学生的成长成绩成立学生明星榜。学生明星

榜可以按周进行更新，这样可以增加学生上榜被表扬的机会，每名学生都会以积极乐观的心态欣赏和期待榜上的名字。

2．建设板报墙。这面墙一方面需要按照学校整体计划设计和更新内容，另一方面还要结合班级学生兴趣爱好与特长进行设计。板报墙要充分展现学生积极向上的发展成果。

3．成立学习互助小组。首先，小组成立时小组成员为自己组起一个积极向上的名字。其次，每个小组内部都有各个学科的优势带头人，大家优势互补，既有自主学习又有团队合作，有利于培养学生的创新思维和批判思维，同时每周在文化墙上展示本周内各组取得的成绩，学生能看到自己的进步并以积极乐观的态度对待自己的努力。积极乐观的态度，可以避免学生因学习压力过大而产生一些不良情绪，可以提高学习效率。因此，班主任和学生共同努力，营造积极、健康、向上的班风班貌，既能促进学生自主健康发展，又能使班级内部更加和谐、团结，从而提高班级管理的有效性。

（四）突出期望，完善班级管理体系

完善的班级管理体系可以使班级管理更加有序、高效，为学生提供一个良好的学习和成长环境，促进学生健康成长和全面发展。

1．重视班委会成员的培养。从高一入学后的军训开始，班主任就要思考班委会成员的选拔，仔细观察学生在各项活动中的表现，以学生自荐、投票选举的方式选出班长、体育委员、团支书、学习委员、纪律委员以及各个学科的课代表，然后通过培训，培养和提高班委会成员的责任感和工作能力。在班委会成员行使工作职责的过程中，班主任给予班委会成员充分的信任和期望，尤其是期望，能对学生产生潜移默化的影响，让学生向着班主任期望的方向发展。

2．制定个性化的班级规章制度。在遵守学校和年级规章制度的基础上，由班委会成员提议，全体学生通过投票的方式制定本班的规章制度，例如早操的集合时间、早晚自习的进班时间、课堂与自习课的纪律、年级集体活动时的纪律等，用学生自己制定的规则约束学生的行为，为营造良好的班级氛围保驾护航。

3．建立奖惩制度。同样，由班委会成员提议，全体学生通过投票的方式建立一套完善的奖赏和惩罚制度。奖赏制度既是对学生的激励，也是班主任对学生成长和进步的期望，会对学生产生积极的引导；惩罚制度是底线，班主任的激励与期望会让学生努力不去触碰这些底线。

在班级管理中，班主任强调对学生的期望，培养学生自我认知意识和自我管理能力，发挥学生在班级管理中的作用，促进学生健康成长和发展。

（五）幸福教育，重视家校沟通合作

积极心理学研究的第三个方面是积极的组织系统，它为获得积极的情绪体验和形成积极的人格特质提供了支持。学校和家庭属于积极的组织系统。在班级管理工作中，班主任要重视家校沟通，及时与家长进行交流，发挥家庭教育在学生成长中的重要作用。

现在，班主任与家长的沟通方式多种多样，如电话、微信、家访、学校开放日等。通过这些方式，班主任一方面可以和家长交流学生在学校的表现和在家里的情况，另一方面也可以鼓励家长在学生的成长和发展中发挥积极的作用，多一些理解和鼓励，为学生提供积极健康的发展环境，减少学生的压力。例如：曾经有一个孩子成绩不太稳定，每次考完试家长都会批评孩子，"你为什么没有别人考得好""你为什么没有进步""你为什么退步了"等，家长总是不理解孩子，因此孩子和家长的关系很僵，孩子成绩直线下降。后来，我通过与家长沟通，改变了家长与孩子的沟通方式，让家长在放学后问问孩子在学校有哪些快乐的事情，有什么需要家长帮助的，等等。这样的沟通方式让孩子的压力和紧张感得到了缓解，孩子的成绩大幅度提升。心理学家认为，亲密的关系能增加家庭成员的幸福感，提升幸福体验，让学生拥有健康的心理和人际关系。所以班主任、家长之间要积极合作与沟通，共同为学生创造一个有爱、幸福的学习环境，使学生快乐地学习，充分发挥自己的潜能，促进学生健康成长和全面发展。

综上所述，将积极心理学应用到高中班级管理工作中，是将教育的重点放在对学生"积极品质"的促进上，强调教育并不只是纠正学生的错误、发现学生的问题、克服学生身上的缺点，还要引导学生对自身积极品质有正确的认知和评价，促进学生的"主动发展"，将培育学生的优点作为教育的根本目标，让学生感受幸福，提升学生的积极情绪体验，增强学生自信心和自尊心。学生自主管理班级能够培养学生的自我控制能力、自我调节能力以及团队合作精神。学生的潜力得以充分开发，个性得以展示，学生从中发现自己的长处并得到更多的成长机会，从而实现健康成长和全面发展。

参考文献：

[1] 李璟．积极心理学视野下的中职校班级管理研究[D]．福州：福建师范大学，2019.

[2] 牛振辉．浅谈高中班主任班级管理策略[J]．求知导刊，2023（21）：5-7.

教师简介：

尹志远，正高级教师，河北省生物学科骨干教师，河北省优秀班主任，被河北省教育出版社聘为教材培训专家，主持省级课题1项，参与市级课题1项，撰写国家级论文2篇，省级论文多篇。

铸灵魂教育，做智慧班主任

姚 晶

做了三年的副班主任，十四年的班主任，我和所有的班主任一样，每天都在忙碌着、思索着、改进着、提高着……其实也谈不上经验，我只是把自己的一些做法和心得同大家分享一下，不足之处，我们一起探讨。我将从个人能力提升和经营班级智慧两个角度进行分享。

一、用坚持和勤奋提升能力，让学生亲师信道

（一）提升教学能力

所有的班主任都应该明白，学科教师才是我们的第一身份。优秀的班主任首先是一位优秀的学科教师，很多时候学生对班主任的认同是源于课堂的。要想征服学生，首先必须在专业上让他们信服，学生信服你，甚至崇拜你，变成你的"迷弟""迷妹"，你说的话他们才会听，你的要求他们才愿意去做，管理工作就会事半功倍。班主任无论工作多忙，一定要在学科教学能力上下功夫，实实在在的教学能力才是我们的安身立命之本。

（二）提升管理能力

班主任是学校最小的管理结构单元，我们的管理对象，是一个个性格各异并且处于青春期发展变化的学生。没有千篇一律的教育方法，十年前的管理模式也不适用于十年后的情况。管理的手段、方式和方法都要随着不同的学生、不同的时代进行调整，这就要求我们了解现在学生的心理特征，与时俱进地学习和掌握科学的管理方法，因材施教，对症下药。

（三）提高行为素养

孔子曾说："其身正，不令而行；其身不正，虽令不从。"言传是身教的基本方式，身教是言传的有效手段，言传身教相辅相成。作为一个班主任，我的教育心得是：事事从自己做起，要求学生做到的，我一定先做到。我规定学生早操提前两分钟到操场，学生开始颇有怨言，规定之后，我每天至少提前三分钟到达，后来两年内所有的早操，学生全部准时到位。虽然大家"夸"我"身残志坚"，但学生逐渐接受了早操的要求，并且在等候早操的时候各司其职，快速进入学习状态；我要求学生六点前进入教室上晚自习，我也在此之前进入教室；关键的时间节点我一定会出现；晚自习值班期间我也会认真做题和工作……这样的一些举动，会比我们用更多的语言去说教效果还要好。

二、用爱心和智慧经营班级，让学生健康成长

我觉得班主任工作就是一个和学生斗智斗勇的过程，既要有爱心又要有智慧。我把班主任工作归纳为以下几个要点：以学习为中心，以德育和安全为重点，以常规管理为核心，以育人先育德为班级理念，以抓好问题学生为突破口，以人为关怀为感情纽带，以搞好班级活动为凝聚力。

（一）秉承育人先育德，践行教育无处不在

秉承"先做人，再做事，后做题"的学生发展理念，在培养学生学习成长力的同时，我更加重视心灵成长力和道德成长力的培养。我觉得助力一个孩子的成长，不仅是为了高考分数，更重要的是培养他们形成正确的世界观、人生观和价值观，让学生懂得"小赢靠智，大赢靠德"，要有感恩的心，有宽容的心，做人要大气，不斤斤计较，脚踏实地才是最真的。我觉得一个孩子三观正，心态好，这是成才的必要条件。所以，我的教育心得是：培养三观正、心态好、积极向上、懂得感恩的孩子。

高三学生的学习压力和心理压力会比较大，所以在高一和高二的时候我就有意识地调整学生的心态，让他们以乐观积极的姿态踏入高三。我秉持着一个治班理念：教育无处不在，要准确把握教育时机。班会课是德育教育的主阵地，但是我更喜欢抓住小细节、小契机。上学期疫情防控需要统计全班学生的共同居住人信息，可能由于业务不太熟练，我统计了整整一个晚上，但是电脑突然出了故障，所有资料都没有了。我觉得这是一个非常好的教育良机，我问学生："如果是你，你会怎么做？"有的学生说："把电脑砸了。"我告诉他们，人生肯定会遇到一些不尽如人意的突发事情，这时候我们要冷静下来，懊悔和生气解决不了问题，我们要想办法解决问题，向前看，一切从头再来，没什么大不了。每当学生遇到不如意的事情时，我会告诉他们："黑和白之间还有无数种灰。"现实世界并不是非黑即白的，中间还有很多过渡地带，偶尔的失利不见得是坏事。我希望用这些小的契机，让学生在潜移默化中增强抵抗挫折的能力。

（二）重视凝聚力建设，打造良好的班风

"团结一心，必打胜仗。"班级的团结，是良好学习氛围的前提，是班级共同进步的保障。所以我的教育心得是：用归属感，打造强凝聚力的班集体。我在班级管理中采用民主集中制原则，一些不涉及班级导向的问题，我尽量采用民主的办法，我也常用"咱家"来代替"班级"。比如，我会常说"咱家有这样一件事需要大家一起商量……"让学生有主人翁意识，把班级的事情当成自己的事情。在大型活动中，我会让学生组织活动，全班共同参与，齐心协力。结果很重要，但我更在乎的是在活动过程中学生的相互了解和沟通，更在乎的是学生凝聚力和荣誉感的增强。每年教师节时，我组织学生为每一位任课教师送告白卡片，培养学生的感恩意识，增进师生情感，学生也变得很有情义。

（三）树立目标意识，适当制造仪式感

仪式感，是用庄重、认真的态度对待生活中的每一件事，让我们所做的每一件事都有意义和价值。我的教育心得是：学习也是需要"仪式感"的。目标是一个人前进的方向和动力，在学生树立目标的过程中，我是这么处理的：高一开学一个月以后，我指导学生思考自己的前进方向，给自己制订一个长期目标——考什么大学。我鼓励学生，目标不要太简单也不要太不切实际，最好是"跳一跳能够得着"的。人要有梦想，万一实现了呢？我们定制了一个梦想盒子，全班同学将梦想写了下来，郑重地放在了梦想盒子里，并请崔校长将梦想盒子埋在了教学楼门前的枫树下，希望我们的梦想生根发芽，茁壮成长。

为了不使理想落空，我要求学生把目标细化，做到每个阶段都有目标。我要求学生每学期都制订中期目标和短期目标，力争天天有目标。中期目标是期末目标，短期目标是月考阶段目标。每个人把目标粘贴在班级板报上，相互监督。我们班级通过成立六个学生互助学习小组，选择成绩好、认真负责的班级干部担任组长，实现了互助式的学习，提升了学习效率，推动学生把达成目标的念想变成行动，形成"比学赶帮"的学习氛围。特别是在网课期间，互助学习小组发挥了积极作用。期末时，我会反馈学生目标完成情况。完成目标的学生有奖励，没完成目标的学生接受惩罚。我还设置了颁奖典礼，精心准备颁奖词，通过这种"仪式感"，让学生不把目标当儿戏，促使他们完成目标。

（四）建好教学统一战线，用好班级干部

我的教育心得是：与任课教师建立教学统一战线，促进教育合力的形成。作为班主任，我要帮助任课教师树立威信，帮助任课老师与学生形成良好的师生关系。我要与各学科教师沟通、联系和交流，及时了解学生的课堂表现、作业质量，分析学生在各科存在的问题。一方面，我要加强学法上的指导，协助任课教师有针对性地辅导；另一方面，我也要通过问题的反馈，做到与任课教师思想互通、方法互容，客观地评价每一位学生。我认为找学生谈问题做到有理有据，问题处理得会更好。

班级干部是班主任的"左右手"，在选择上一定要"稳""准"。这届班级干部的选择，我征求了初中班主任田建霞老师的意见。田老师非常热情地给我介绍了学生的情况，给了我非常中肯的建议。结合学生的自我意愿，我组建了以一个班长五个副班长为核心的班委会，分工明确，职责细化。为树立他们的威信，我把握大方向，放手让他们去做，做他们坚强的后盾，出现问题我会主动承担责任，消除他们的后顾之忧。同时，我也会总结和反思不足，提出改进方法和措施。

（五）做好无障碍沟通，准确把握教育切入点

1. 用理解与学生沟通

我带过的班，有高一新组建的，有打乱重新分的班级，还有中途接手的班级，无论哪种班级，我都会先充分了解并研究学生之后再"出手"。做学生的思想工作的关键在于找到教育的切入点，直接"切中要害"。我的教育心得是：教育一定要"知彼"，全方位地了解学生，然后进行教育，不能简单、粗暴。我带过的每一个学生，他们的脾气秉性我几乎都了解，结合他们的性格特征，有针对性地进行教育，往往能达到事半功倍的效果。

由于我校是寄宿制学校，所以我将自己定位为：生活中的慈母，学习中的严师。我会经常和学生沟通他们在生活中遇到的问题并及时帮助他们解决困难，对学生成长过程中出现的"小纠结""小郁闷"及时发现、及时疏导。开学伊始，班级一个女同学由于不适应住宿的生活，提出转学的想法。我多次和孩子畅谈，走进孩子心里，让孩子感受到爱和关怀，之后帮助孩子调整习惯，晚上到宿舍陪她聊聊天，做同宿舍其他孩子的工作，孩子顺利过渡，融入集体，成绩稳步上升。其实我们真心对待学生，学生是能感觉到的。在和学生的沟通过程中，我也能发现班级的动态，将一些不良的倾向消灭在萌芽阶段。每次大型考试之后，我会让学生进行自我反思，填写反馈单，对尖子生和成绩起伏比较大的学生进行重点关注，主动找他们谈话，把握问题，解决学生困惑。

2．用共情与家长沟通

我的教育心得是：一定要形成家校合力。做了这么多年的班主任，从我作为一个孩子妈妈，再到我作为一名学生家长，我才深刻体会到家长的无助与迷茫。所以，在处理涉及家长的问题的时候，我会换位思考，从家长的视角分析问题、解决问题，尊重、理解家长，尽力与学生家长建立良好的关系，共同研讨教育孩子的最佳办法，形成家校教育合力。家长的支持与信任，会使班级管理取得很好的教育效果。

以上就是我的几个不成熟的心得体会，希望和大家一起探讨行之有效的教育方法。漫漫教育之路，且行且思，我还要继续成长！

参考文献：

[1] 叶澜．教育概论[M]．北京：人民教育出版社，2006．

[2] 袁振国．当代教育学[M]．北京：教育科学出版社，2004．

[3] 余丽．反思性学习在教师专业发展中作用的研究[D]．广州：华南师范大学，2003．

教师简介：

姚晶，高级教师，怀柔区骨干教师，入选省"卓越教师"培养计划，奥数优秀教练员、大庆市劳动模范、大庆市巾帼标兵、教学能手。所教学生有20余人考入清华大学、北京大学，所带班级一半以上学生考入985高校。

浅谈中学新任班主任的班级管理工作策略

秦梦霞

党指出，要在深化课程教学改革，转变育人方式上下功夫。但是从现状分析来看，传统的工业化时代教育方式并没有从根本上改变，中学阶段班主任在管理过程中的一些问题依然对青少年整体教育形势有较大影响。笔者将从新任班主任实际面临的问题出发，针对性提出解决问题的措施。

一、新任班主任面对的问题

（一）自身工作思路不清晰

明确的工作思路，是做好一项工作的基本前提。但是不可否认，很多老师在工作之初，是缺乏明确的工作思路的。刚当班主任的时候，每位老师心里都非常忐忑，担心思路不清楚，虽然经常向有经验的老教师请教，在书本中寻找答案，在一些学生骨干那里总结特点，但是仍然会遭遇一些挫折。比如，第一次组织班会，新任班主任可能会洋洋洒洒写下很多豪言壮语，但是就如何帮助同学们适应小学生到中学生的身份转变、学习上如何科学改进等方面没有什么建设性意见，这就会导致第一次班会效果较差、大家昏昏欲睡的结果。归结起来就是工作思路不够清晰。

（二）教学对象掌握不清楚

初任班主任，很多老师踌躇满志，希望通过自己的努力"桃李满天下"。然而在开展工作过程中，新任班主任经常事倍功半，许多努力不被理解，最容易出现的问题就是没有准确掌握教学对象。他们的教学对象不是不懂事、不懂道理的小学生，也不是对自己未来有清晰规划的大学生，而是似懂非懂的中学生。新任班主任如果不对教学对象进行调查研究，不了解教学对象的特点，就没有办法制定有针对性的措施。带班之初，如果新任班主任想当然地把教学对象当作小学生来管，很多同学的积极性并不会被激发；或是走向另一个极端，班主任把大家当作大学生来管，完全依靠自觉，这又是非常不可取的。在班级管理过程中，新任班主任需要找到适合这个年龄段的相关教育理论，并及时考证如何守正创新、宽严相济，在实践中慢慢掌握初中学生的各类特点。

（三）总结过程反思不及时

经常反思总结，是在工作中不断取得进步的有效手段。然而，在教育教学过程中，新任班主任容易陷入繁杂的事务性工作中，并且缺乏定期的反思总结，进而在管理学生事务、面对学生成绩起落时感到迷茫，这样反而丧失了及时解决问题、提升教学和育人水平的机会。部分新任班主任由于很想把工作做好，就会出现不同程度的焦虑状态，每次学生考试成绩出来时第一时间就去问自己班里的综合成绩、单科成绩。学生考试成绩要是好，新任班主任就洋洋自得、沾沾自喜；如果学生考试成绩不理想，新任班主任就会垂头丧气、陷入迷茫。其实，这些态度都是不正确的。这些新任班主任并没有认真总结学生考试成绩出现问题的原因和教训，更没有从自身出发反思问题。

（四）家校共育应用不经常

党指出，要统筹学校家庭社会教育，在家校社协同育人上下功夫。学校教育面临"两大危机"：一是伴随着网络化、信息化、虚拟化世界的快速发展，人们的实体生活空间日益被压缩，人们赖以生存和成长的劳动、实践生活越来越少；二是随着互联网教育的普及，人们进入了人人可学、处处可学、时时可学的学习化时代，出现了"非学校化"教育趋势，家庭教育的地位更加凸显。基于此，统筹学校、家庭、社会教育日益重要。然而，在现实中，我们经常发现家庭教育和学校教育脱钩、没有密切配合，甚至是理念相悖的问题，这对青春期孩子的成长进步非常不利。例如，部分家长对老师的提醒互动无动于衷，甚至产生了逆反心理，出现了一味把孩子交给学校或者单纯护短的问题，走向了两个极端。

二、解决问题的策略

（一）做好理论积累，初步掌握方法

理论是行为的先导。提升个人水平的捷径就是积累和学习。学习马克思主义教育理论，学习习近平新时代中国特色社会主义思想和习近平文化思想，学习科学的教育方法和心理学知识，这些内容中都有关于教育的非常科学的总结和要求。我们需要做的就是首先在理论上有所了解和积累，而后才能更好地开展教学实践。

（二）做好谈心谈话，及时摸清底数

教育工作，从根本上来说还是做人的工作，这一点毋庸置疑。定期和随机开展谈心谈话，是及时掌握学生思想动态、摸清底数的有效手段。真正让学生做到无论做什么、想什么、有什么困难和疑惑，都能够第一时间和我们讲，我们才能够第一时间想出对策，确保在可控范围内开展好教学教育工作。要做到这一点，新任班主任还要针对学生的性格和行为特点，因材施教，找到最适合他们的教学方法，精准发力。

（三）及时做好复盘，定期扬长避短

每一堂课、每一次考试、每一次谈心谈话，对于我们班主任来说都是一次复盘总结的机会，因为课堂反映、考试成绩、学生思想都是班主任工作表现的镜子。通过经常性的反思总结和复盘分析，班主任能够发现自己在教学、考核、管理过程中出现的问题和好的做法。有问题的及时改进，有好的经验及时发扬，做到扬长避短。

（四）做好家校联系，实现共育双赢

家校共育是未来教育的一个大趋势，没有孤立的教育者，只有自我封闭的僵化思想。我们育人者始终要认识到，我们的目标和家庭、社会是一致的，都是为了培养合格的社会主义建设者和接班人。在课堂教育中融入思政教育，在家访中融入学校管理，在交流中让家育和校育相互融合，不断提升共育双赢的效益。

三、结语

中学新任班主任想干能干，未来必将大有作为。这就需要他们在认真思考和总结的过程中，不断提升育人能力和个人水平，真正把工作做扎实，为教育事业不断做出新的贡献。

参考文献：

［1］陆海富．班主任班级管理的艺术［M］．长春：吉林大学出版社，2010．

［2］韩开湘．探析初中班主任管理工作中的问题与对策［J］．考试周刊，2013（44）：190-191．

教师简介：

秦梦霞，一级教师，2021 年怀柔区道德模范，2023 年怀柔区优秀班主任。多次做区级展示课，参与撰写的案例《七上六单元 —— 插上想象之翼，学写文章》《七下六单元 —— 一起向未来，学会快速浏览，感受探索之美》发表在《中小学单元作业设计指导与模型样例》上。

爱的力量

何 力

　　新学期伊始,我来到了全新的寄宿制学校——北京市第一〇一中学怀柔分校,担任了初一(4)班的班主任,这对我来说真是个巨大的考验。

　　怀着忐忑的心情,我迎来了新生报到的一刻。全班32人,却有1人没有按时来报到。我立即给家长打电话,得知该学生竟然是忘了报到的时间。在其他孩子把住宿的事情安置好后回到教室之际,忘记报到时间的傅同学终于来到了教室。我面向全体学生问了一句:"谁带傅同学去认识他的宿舍?"话音刚落,只见一个男生快速地冲出座位,同时高声嚷着:"我带他去!"其他学生大笑起来。我立即明白这两个人的关系不一般,而且这两个人也应该不是"一般"的学生。根据座位顺序,我知道了冲出来的学生也姓"fù",只是是这个"付"字。

　　日后看来,我当时的判断极其准确,这二"fù"真的是全班32人中最让我头疼的两个学生。

　　今天我要说一说在教育付同学的过程中,班主任付出爱而取得的成效。

　　报到后的第二天,全校师生早起去一〇一中学本部参加开学典礼。在车上我特意叫付同学和我坐在了一起,开始了对他的了解。不问不知道,一问吓一跳。我的第一个问题是:"谁给你报的这个学校?"他答是自己。这让我稍感意外。我又问:"你愿意住宿,不想家吗?"他答:"有什么可想的,在家里也是我一个人待着。"看他愿意畅谈,我就继续问了下去。我了解到,他的妈妈是他爸爸的第二任妻子,但也和第一任一样,已经和他爸爸离婚几年了。他有一个同父异母的姐姐,大他七八岁,脾气暴躁,从小就经常打他。父亲整天在外忙着挣钱,母亲的近况他知道得不多,姐姐在网吧上班,所以平日在家的只有他一个人。自己在家的时候,他就以网络游戏打发时间,而且全部是玩战争类带有暴力色彩的游戏。特殊的家庭环境和暴力的网络游戏造就了他本人对外界的无端敌视和暴躁的性格。他在小学时经常打架,而且每次打架,他的父亲、姐姐及姐姐的未婚夫都会偏袒他。因打架和学习成绩等原因,他在小学留级一年,因此比同班的孩子大一岁。在交谈的过程中,我还发现他有一个严重的问题,就是与人交流时语言不流畅,表达能力欠缺,而且对别人的语义理解也存在一定问题。

　　面对这样一个孩子,我的心情很复杂。一个多小时的行程,在交谈中很快就度过了。针对他最突出的问题,即暴力倾向明显的情况,趁着良好的交谈氛围,临下车前,我和他约定:"你已经是初中生了,从今天开始进入了人生一个崭新的阶段,遇事要动脑思考，不能像小学生那样意气用事了，不能以打架的方式来解决问题了"。他说："老师，从来没有人和我说过这么多话，我答应您！"为此，他还和我三击掌，以证承诺。但我心里知道，这个约定只能起到暂时的约束作用，先把开学这一段紧张的时期度过，日后再想办法改变他。

在我的时刻关注下，为期一周的综合素质训练安然过去，而他在我关注的目光中，时时在纠正着自己的站姿、走姿。虽然他走步时常踩不上节奏，站立时的小动作也不少，但我看得出他是真的在努力做到最好了。在训练总结时，我和教官一致同意付同学成为全班三名最佳优秀学员之一。这件事给了他一次不小的触动，让他知道不是人人都瞧不起他，他对外界的敌视减轻了一些。

学校开始正式上课了。他的知识基础很差，他在课堂上也逐渐坐不住了。开课之前我已经和各科老师介绍了他的情况，同时密切关注他在各科课上的表现，发现问题及时谈话，尽量把影响缩小在最小范围内。由于这些关注，他可能在我身上找到了母爱的感觉，所以每周的住宿生活结束以后，双休日在家的时候，他都会给我打很长时间的电话，有时晚上八九点钟他还会打来电话，而且我听周围的声音就知道他还在外面。他在电话里也没讲什么实质性内容，我明白他就是想找人说说话。这是一个缺少家庭关爱、在寂寞中长大的孩子。每次我都耐心地听他絮语，碰到合适的时机就进行及时的疏导。慢慢地，在学校，他和同学们的交流越来越多了，但同时由于同学间的交流，问题也出现了。

一个课间，另外那名傅同学急匆匆地闯进办公室大嚷："何老师，打起来了！"我立刻跑到教室，只见付同学如一头暴怒的雄狮，双目圆睁，脖子上青筋暴凸，双手举着一把椅子站在那里，周围是几个男同学在拼命地拽着他。我大声地命令他放下椅子，他顺从地放下了，然后随我来到了办公室。我问了才知道，是因为另一名同学说了他一句"你小学就不是一个好学生"便让他蛰伏多日的自卑感和暴躁的脾气一下子爆发了出来。我问他："这个同学是你的仇人吗？""不是。""那你怎么要用椅子去砸他？你想过这把椅子砸下去的后果吗？""没有……但他瞧不起我！"我把另一名同学也叫来，当着两个人的面分析了事情的起因，首先批评了另一名同学言辞不当，那名同学也主动道了歉。然后我仔细分析了付同学在处理这件事情上方法的欠妥，以及可能产生的严重后果。他认识到了自己的错误，在我的引导下，向另一名同学道了歉。

这件事让我认识到，光从他一个人入手，解决不了根本问题，要想把他从以前的阴影中解放出来，需要更多人的关心和爱护。

一方面，应该引导全班同学学会宽容、接纳与帮助他人，这也是形成班级凝聚力的一个契机。于是，在一次午休时，我让一位任课教师找付同学谈作业问题，然后在班里召开了一次小型班会，教育同学们不要用歧视的眼光看待任何人，而要以发展的眼光去看待一个人，并回顾付同学从报到那天开始的表现，让他的小学校友进行对比，大家一致认为付同学有了很大进步，并纷纷表示以后会更好地接纳他。

　　另一方面，我经常打电话联系付同学的妈妈，与她谈孩子的现状，谈孩子的进步，谈孩子的成长过程中家长参与的必要性，谈青春期的成长对一个人一生的重要性，等等，希望其与孩子多做交流。这位妈妈可能意识到了问题的严重性，有一次主动到学校来找我交流了很长时间，表示以后会经常关注孩子。开学大约一个多月后，有一天付同学高兴地告诉我，他妈妈回来看他了。我告诉他，父母之间的问题是他们的事儿，但他们都是爱你的，希望你表现得更好。那段时间，他明显特别高兴，开始积极参与班级的各项活动，上课也能跟着老师听讲，并主动回答问题。可见家长的关爱对孩子是多么重要！

　　随着时间的推移，他与同学们之间相处的融洽程度逐渐提高，告他状的人越来越少。有一次，班里一个男生忘了带饭卡，付同学主动借给这名同学饭卡让他吃了一周，我知道后在班内对他进行了表扬，他说："我是班里的'大哥'，应该照顾'小弟'！"还有一次，他放在教室里的吉他，课间不知被谁碰到了地上，摔坏了。那可是他心爱的东西。这事儿要是放在以前，他一定会暴怒地查找肇事者，不仅要揍人家一顿，还要让人家赔吉他。但这次他竟然只是在班里问了问，还是别的同学把这件事告诉我的。我问他打算怎么处理这件事，用不用我调查清楚后找人赔他吉他。他说不用，自己修就行了，谁也不是故意的！从仇视一切到宽容别人和主动帮助别人，这是多么令人可喜的变化呀！

　　转眼到了期中总结阶段，在评班级进步之星时，许多学生提付同学作为候选人，他自己竟害羞地说："我不行！"但大家举手通过了这个提议，他获得了这个奖项，证明了他的进步，证明了大家对他的接纳，同时也证明了我们的班集体已经初步形成了良好的班风和集体荣誉感。

　　正当我偷偷地松口气时，不久之后，付同学竟又发生了一次打架事件。

　　这次是因为元旦联欢会准备节目的事。我们班有4名同学报了一个街舞节目。那天晚上，付同学就在宿舍里嚷"我也会跳街舞"，然后就跳开了，吸引了其他宿舍的学生去看。但有一名男生没有去看，同时表现出了自己的不屑，说他是"显摆"，被付同学听到了，两个人打了起来。

　　对这件事，我的思考是，离异家庭的孩子特别想引起别人的关注，想获得爱；同时，又特别敏感和自卑。他非常在意别人对他的看法，总怕别人瞧不起他。怎样把他从这些狭隘的思想中解放出来呢？学习，引导他学习，让他把主要精力集中在学习上，同时增大阅读量，让书中的思想来促进其思想的转变。于是，我给他规定了任务：每天背10个英语单词，第二天我要听写；我让他认真读学校规定的阅读书目，有时间我还让他给我读语文课文，提高其语言表达的流畅性；我也会指导他做一些数学小测验。这样做了一段时间之后，他放在学习上的精力明显增多，在不久后的期末练习中，虽然他的成绩还在后面的位置，但其各科分数和名次比期中练习都有了提升，语文已接近班级中等水平。他自己也感受到了进步，表现得很高兴，还小小地翘了一次尾巴，说考得不如他的同学拖了班级后腿，被我批评了。他因期末的进步又一次当选了"进步之星"！

家长、各科老师和同学们都感受到了他的进步。我知道这是爱的力量促使他发生了转变。父母的疼爱、老师的关爱、同学们的宽容接纳之爱、一〇一校园的厚重博大之爱共同塑造了一个日有所长的付同学。

在班级管理工作中，班主任经常会遇到有各种问题的学生，问题背后的原因多种多样。作为班主任老师、班级工作的管理者，我知道每一个孩子都需要关爱，尤其是在寄宿制学校上学的学生。深入孩子的内心，找到背后的原因，对症下药，解开孩子心灵之锁，让每一个孩子健康成长，是我们应尽的职责。但是，由于班级容量大、教育教学工作任务繁重、其他事务性工作的干扰等原因，我们很难关注到每一名学生。付同学的转变让我们看到了爱的力量在一个人成长过程中的巨大作用。作为一名教师，前面的路还很长，但我愿意继续探索，付出关爱，因为每一个孩子都应该有一个幸福的人生！

教师简介：

何力，地理高级教师，曾获得"怀柔区最美乡村教师"和"百名师德先进工作者"称号。所写论文多次获国家级、市级、区级奖项。被评为全国优秀辅导员两次，北京市优秀辅导员三次，怀柔区教学基本功笔试一等奖。

用放大镜看优点，用透视镜察内心

王俊蓉

　　新学期开始了，作为班主任，我带领着我的新学生，开始了为期一周的军训生活。烈日炎炎下，在教官的带领下，同学们聚集在操场上，喊着响亮的口号，挺着笔直的腰板，迈着整齐的步伐，这或许是一个班级最理想的表现。但是班级中总有一两个学生不能和其他学生保持一致，步伐跟别人不一致，动作缓慢，闲言碎语，不听指挥，班里的小琦就是这样的学生。在整个军训过程中，小琦不仅在很多方面都做不好，还不听老师和教官的指导，甚至短短几天时间就开始出现逆反的行为，我试着用平和的心态跟他私下交流，但是他像小刺猬一样，浑身锋芒，把自己保护起来，对老师带有抵触的情绪，使我无法与他进行良好的沟通。我想如果我跟小琦不能建立良好的师生关系，那么我将无法对其进行教育，这将会成为我班级管理的一个难点。所以，之后一段时间，我对小琦格外关注，我想了解他，走进他的内心，对其进行有针对性的教育。

　　在刚开学的一段时间内，小琦就出现与同学相处不融洽、上课违反纪律、顶撞老师等各种问题。一次体育课上，小琦和邻班的一名学生发生争执，老师进行调解，小琦对调解结果不满意。因此，我约谈了小琦的家长，也想借此机会从家长那里更深入地了解一下他的基本情况。家长了解情况之后，就开始严厉地批评教育小琦。我本以为他在家也是一个叛逆的孩子，没想到此时面对妈妈的批评，孩子低着头站在那里一动不动，时不时抬头看一眼妈妈，眼神中透着不安，时不时走到妈妈跟前，拽着妈妈胳膊，哀求妈妈不要生气，是自己做错了，看起来是一个很乖巧懂事的孩子。与此同时，他也会时不时看向我，但是眼神中透出的却是愤怒。家长走后，小琦对我说："老师，我不喜欢你，以后我有什么做错的地方您直接批评我，不要告诉我家长，尤其是我妈妈，因为我妈妈身体不好，您不要让她生气。"我心平气和地告诉他："老师知道你是一个孝顺父母的好孩子，老师找你家长谈话，一是想更进一步了解你的情况，帮助你进步；二是父母是你的监护人，他们必须知道你在学校的表现。你父母对你肯定寄予很高的期望，如果你在学校好好学习，尊重老师，团结同学，那么老师也会把你在校的优异表现告诉你父母，他们也会为你感到骄傲和自豪。如果你在学校犯了错误，老师也会第一时间对你进行教育，但是你要接受老师的教导，并积极改正，这样我也就没有必要告知你的家长了。今天之所以这样，主要是因为你屡次犯错，不接受老师教导，这才是你最大的问题。如果你真的心疼父母，那你就做好自己，用自己优异的成绩和良好的表现去回报他们，而不是把过错归咎于老师。"听完这番话，小琦点头并敷衍地说："嗯嗯，是的。"显然，我的这次教育并没有起到效果。但是通过这件事，我了解了他有一个优点，就是孝顺父母。但是，由于他从小没有养成良好的行为习惯，还是会犯一些错误惹父母生气，所以他也会感到内疚。小琦的这一优点，也为我后续对其教育提供了新的思路。之后，我跟小琦沟通了几次，我们约定，老师会每周把他在学校的突出表现告诉家长；同时，老师也会监督和教导他的错误之处，非必要不通知家长。当然，我也跟家长进行了私下沟通，家长支持我们对孩子的教育。如果孩子犯了错误，我也会提醒家长关注并教育，但是家长要转变教育方式，由原来的粗暴批评变为温和教导，并寄予期望。之后，小琦每周都会在学校做一些力所能及的好事，如主动打扫卫生、帮助同学等。我也会在班级里表扬他，放大他的优点，每周都打电话告诉家长他本周在校的良好表现，并给予肯定；同时，家长也会向小琦传达我对他的表扬。我察觉了他内心的需要，他需要表扬和鼓励，更需要来自父母的肯定，所以我会放大他的每一个优点、每一次进步，满足他的内心需要。在表扬和鼓励中，孩子也不断进步。

在这种教育方式下，一学期过去了，小琦在朝着积极向上的方向发展。学期末，小琦的宿舍被评为优秀宿舍，我给他们宿舍发了一张奖状。小琦拿到奖状，爱不释手，征求宿舍同学的意见："这张奖状暂时先由谁保管呢？"其他同学都同意由小琦保管，因为他是宿舍长。他特别激动地告诉我："老师，这是我得到的第一张奖状，我很珍惜，也特别高兴，下次我们还会争取优秀宿舍称号的。"这一次，我看到他是发自内心的高兴。

班里的同学小飞，该他做值日的时候，他总是以各种借口不做值日，让和他一起的同学帮他做，或者敷衍了事，不认真做。同宿舍的小泽实在看不惯他的这种行为，所以，他趁同学们都不在的时候搞恶作剧，说是要惩罚小飞。后来小飞发现自己的东西被扔到了垃圾桶里，就问是谁做的，没有人承认，于是他就告诉了老师。因为这件事只有小泽一个人知道，况且宿舍是比较私密的空间，如果小泽不承认这件事，我也很难查清楚真相。但是，小泽把这件事的前因后果告诉了小琦，并告诉小琦不能把这件事告诉任何人，更不能告诉老师。小琦知道后，就劝导小泽自己主动找老师承认错误，并告知小泽，他的出发点是为了让小飞改正自己的错误，但是处理方式不对，应该给老师解释清楚，并承认错误，老师一定会理解的。小泽意识到了他的行为是错误的，但是不敢主动承认，小琦经过再三思考之后，决定把这件事的经过告诉我，他说："我觉得小泽是有正义感的，只不过，他的处理方式不对。"他向我举报小泽，并请求不要太严厉处理小泽，因为他觉得有些愧疚。我表扬了小琦："你也很有正义感，并且你还学会了如何处理问题，明辨是非，老师很欣赏你。"我后续在班里把这个事情当成故事讲给大家，让同学们去评价小琦、小泽、小飞三位同学的行为，同学们一致认可了小泽和小琦的优点，也指出了小飞和小泽的缺点。通过这件事，小飞也认识到了自己的问题，并决定以后要改正；小泽也知道了自己的处理方式不对，并给小飞道歉；小琦同学的正义感和正确处理问题的方式得到了同学的认可，他也为自己感到骄傲。从此，班里学生的正义感越来越强烈，班级氛围朝着积极向上的方向发展。每次发现小琦的优点，我都会放大优点表扬他。在一次次的表扬中，小琦越来越有自信，充满正能量，并感染着身边的同学。我为他的蜕变感到欣慰和骄傲。

每个学生，在他们的生命中，都蕴藏着一座丰富的"金矿"。他们有的擅长交际，有的热心助人，有的热爱劳动，有的善良正义。但他们的这些优点，往往会被成绩一般或较差的表象掩盖，使我们难以发现他们潜在的优势，以至致使一些学生失去了信心，失去了许多展示和发展自我的机会，而这对学生今后的生活与学业有着很大的影响。作为教师一定要独具慧眼，善于察觉学生的内心需求，善于挖掘学生的优点，哪怕是微乎其微的一点优点，教师都要给学生充分的肯定和鼓励，并一点点放大优点，一种成功之感便会在学生心中油然而生。放大它，肯定它，表扬他，让学生看到自己的长处，学生就会多一份自信，少一份自卑，多一次成功的机会，奇迹就可能出现。

参考文献：

[1] 荆荣琴. 放大学生的优点[J]. 教学与管理：小学版，2005（4）：23.

[2] 郑世忠. 放大学生的优点[J]. 思想政治课教学，2009（2）：46.

[3] 程学卫. 放大学生优点 改进教育方式[J]. 贵州教育，2016（5）：46-48.

教师简介：

王俊蓉，硕士研究生，中学一级教师，怀柔区骨干教师。曾多次开展区级展示课，多次辅导学生参加中小学生气象知识大赛，获得国家级二等奖一次、北京市一等奖两次。

用心培育抓管理　榜样引领促学风

肖　睿

班主任既是一个班级的领头羊，也是班级班风和学风的建设者。对于刚进入中学生活的学生而言，中学是一个陌生又熟悉的环境。从军训的第一天开始，我就主动和学生聊天，谈学习，谈他们在小学的一些学习和生活习惯，对学生的一些最基本的情况做到心中有数。这对于后期的班级管理、学生的分类管理是很有帮助的。同时，我也给每位学生规划在中学阶段如何学习、怎样学习，帮助学生树立学习目标和学习信心，鼓励学生并告诉他们，中学是新的起点，即便是小考失利，只要中学好好学，愿意学，初中三年后也一定会收获一个满意的果实。

班主任作为班级的一分子，一起和学生打扫教室卫生、清洁区卫生，让学生对于"班主任"这个词不再陌生，不再恐惧，让班主任成为他们的朋友。这样，老师与学生之间的距离才能拉近，老师说的话他们才会听、愿意听。

俗话说：优秀的孩子都是夸出来的。初中的学习不是只靠踏实就能成功的，更重要的是个人能力。每个学生都是一块璞玉，我们要努力去挖掘他们的潜力。对于学习比较吃力的学生，一定要从多角度、多方面去看待。我们可以从纪律、卫生等多方面去表扬学生，尤其是在每天的班务时间段，当着全班同学的面去表扬，并掌声鼓励学生，让学生感觉到自己在班级中的重要性和在老师眼里的存在性。

班干部是班主任的左膀右臂，培养一批有责任心、有爱心的班干部是很重要的。如果劳动委员失职，教室卫生就会变得脏、乱、差；纪律委员失职，教室里面就会乱哄哄；课代表失职，老师的教学效果可能就要打折扣；学生干部带头违纪，在班级产生的负面影响远非普通学生能比。所以说，一个班级的管理不仅需要班主任，还需要一批勇担责任、严于自律的学生干部。只有这样的班级管理团队，才能带领班级走向进步。

人都是有从众心理的，学生也不例外。当班主任把班级的事务性工作捋顺之后，就要发挥优秀学生的榜样作用了。

这时，班主任要充当好伯乐的角色，找准班风的"引领者"，让这些人充当班风建设的"星星之火"。引领者的人数，肯定是多多益善。其实，我对班风"引领者"的要求也很简单——高标准地完成常规和日常学习的各项要求。只要他们做好自己，就会对周围的同学起到正面辐射、积极引领的作用。

让家长信任学校，信任我们，这样对我们班级的管理也会有很大的帮助。鼓励学生多找老师答疑解惑，对于自己近期在个别学科中遇到的问题，及时和老师沟通，让老师针对自己的问题提出一些可行的解决方案；或者鼓励学生多和同学商量，多沟通，不要在学习当中积攒问题。我之前常常会向外求问题的原因，总执着于孩子们的成绩高低，常规工作上有什么不妥的地方，甚至会揪着一些小问题不放，有时候会久久不平静甚至愤怒，慢慢地内耗自己，消耗了很多精力，无法用饱满的精力投身到其他更重要的教学和管理工作中。如今，我慢慢地发现，我们是否可以转变一下解决问题的方向呢？是否可以由外求转向内求呢？我们可以尝试着多多内求，提升自己，在一次次的内心突破中让自己不断获得宁静。慢慢地，我感受到，我们宁静了，孩子们也就宁静了；我们安乐了，孩子们也就安乐了；我们专注了，孩子们也就专注了。

《孟子》强调"行有不得，反求诸己"。《大学》强调"格物，致知，诚意，正心，修身，齐家，治国，平天下""自天子以至于庶人，壹是皆以修身为本"。可见"修身"的重要性，当我们重在提升自己的内在品格与心性的时候，我们会豁然开朗，会很"神奇"地感到一切外在会水到渠成，管理教学会更加放松自如。有人讲"教师们要松、静、匀、乐"。这样看来，不无道理，我们内心安乐富足、平和宁静了，孩子们也会受到教师磁场的感染，也会慢慢地发生变化。当然我并不是强调"无为"，而是强调诚意修身下的"有为"。当我们把焦点放在诚意、正心、修身上的时候，对于处理一些繁重的管理和教学工作，会发现有"四两拨千斤"之感，处理起来既轻松又高效。凭借语文学科优势，这个道理我也经常在教学中向学生渗透。孩子们受到教师的影响，慢慢由外求也转向向内求，由跟别人"斗争"转向与自我"斗争"，时时刻刻注意自己的"起心动念"，尽力改变自己不好的习气，提升自己内心的正能量。慢慢地，班级的氛围变了，变得更加稳重而宁静了。的确，自己内在的改变，一定会换来外在的改变。如果我们外在改变不明显，我们需要反思，可能是我们内心的突破还不够。想要班级什么样，教师就先要什么样，需要以身垂范，用内心感召。

教师简介：

肖睿，任教5年，担任初中地理备课组组长，4年班主任工作。一直以来潜心教学，关爱学生，勇于创新，积极参与课改，打造适合班级教学的高效活力课堂。多次开设校级、区级公开课，课堂上善于调动学生的内驱力，帮助学生感受求知的快乐。

浅谈班级管理

于洪臣

班级管理是教育的基层管理，是学生教育的重要环节之一。班主任平时工作忙碌，关注学生的早操、早晚自习、课间操，可谓兢兢业业、不辞劳苦。可结果却是班主任喊累，而学生不理解老师。这种保姆式、警察式的班级管理模式，在一定程度上淡化了学生对班集体的责任感和义务感，打消了学生的主动性和创造性。所以要做好班主任工作就要进行大量细致而深入的研究，需要有智慧、有技巧、有方法、有爱心，为学生的健康成长及学习保驾护航。

一、班级管理要有预见性

中国有句古话："人无远虑，必有近忧。"就是说，无论做何事，要想稳妥成功，都需要有一定的预见性。班级管理也是这样的。

很多时候，班主任觉得自己好心好意为学生好，学生却不理解，感觉付出"真心"没有得到相应的"回报"。这在很大程度上是因为没有站在学生的角度看问题，没有掌握班级的实际情况，没有了解学生背后的真实想法。不能走进学生的内心，教育就不能达到预期的效果。比如，周末返校回来有个别学生的作业没有及时完成，班主任不能不做调查，上来就批评或者惩罚。我们也要考虑作业布置的合理性与不同学生的实际完成能力，或者学生是否有其他特殊原因导致没有完成作业。学生是偶然一次没有完成还是经常不完成，这些都需事先想清楚，做好预案，否则盲目批评，往往事与愿违。随着工作经验的累积，班主任对班级常规问题的预见能力一般问题不大，但一些不常见的突发问题，对班主任的应急处理能力是一个很大的考验，一旦处理不好可能会产生一系列连锁反应。班主任若想提高对班级问题的预见能力，就要善于观察，看看学生的表情、行为、动作是否有异样，做到及时了解，在事情发生前处理是最好的方式。有些事情可能我们在事前没有发现，一旦发生后，我们不要慌乱，先平复好心情，控制好情绪，按照事情的轻重缓急与学校规范的流程去做，一定不要擅自处理。同时，我们在平时要注意收集整理一些相关的突发事件的案例与处理流程，研究分析，务必要掌握学校的应急处理程序，熟悉基本的教育法规，做到心中有数，有法可依，有据可凭。当然，我们还要积累处理突发问题的经验，处理后再去思考：为什么会发生这样的事？我们的处理措施是否有优化的空间？以后怎么做好类似问题的疏导与处理？最后，在认真思考与分析后，总结形成自己的教育心得，做好类似问题的预防与解决预案。总之，在班级管理中，凡是能早做准备的事情，就不要事到临头再去应对。各种事情，最好都要有预案，这样无论班级管理中出现哪种问题，我们应对起来都会更专业、更从容。

二、班级管理学会"迈小步"

"欲速则不达"，班级管理也是如此。班主任如果心急，想把发现的问题一下都解决，往往达不到预期的效果，而且会影响班主任工作的积极性。所以，在班级管理中，班主任要学会"迈小步"，比如班级纪律，有些不太严重的问题，可以假装没看见，有意识地先放一放，先留心观察，不要轻易处理。如果问题是偶尔出现，可找合适的时机委婉提醒；如果情况继续，甚至有些严重，再去管一管。这就是"迈小步"。这样过一段时间，你也许会发现学生的整体自觉性有进步了。不要急于求成，追求一步到位。学生是有思想的个体，他们是"人"，不是只要输入固定指令，就能很快按照我们的要求去做的"机器"。再比如班级出现早操迟到现象、口号不够响亮、上课进班比较慢等一些问题，我们要逐一去解决，不能一下说出很多问题让学生去改正。这样，学生心里也很难接受，可能会出现抵触情绪，效果也不会理想。因此，我们要学会"迈小步"，按照轻重缓急先解决一个问题，再逐渐解决其他问题。这样才能让学生在心理上接受，逐渐改变不良习惯。虽然效果会慢一点儿，但是坚持这样做下去，就会发现带班越来越轻松，班级管理效果越来越好。

三、班级管理要有爱心

在教育教学中，教师对学生的爱应该是一种发自内心的、自然的、真切的喜爱之情。当学生感受到你发自内心的关爱时，师生关系会更融洽、更和谐，学生的兴趣会更大地被引发，学习积极性、主动性会得到更充分的发挥。在平时，当班内有些学生学习进步了、坏习惯得到了改正时，我是发自内心地高兴，这种高兴要远比班级成绩进步来得真切。当班内有些学生出现了问题，学习上动力不足，或者心理上有压力时，我真的是发自内心地着急、担忧、生气，这种着急要远比班级出现问题来得厉害。同时，我也注意挖掘学生的一些不引人注目的"闪光点"，选择有利时机，适当加以表扬、鼓励；当他们犯了错误时，我尽量用谈心、交换意见和鼓励改正的方式代替批评，保护学生的自尊心，让学生树立"自立、自强、自信"观念，让每一位学生爱学、乐学。如果我们还要像父母关心孩子、幼儿园老师管理孩子一样去爱护和管理高中生，那显然是行不通的，也是不可能与孩子形成共鸣的。我认为对学生真正的爱应该是在思想上与他们共鸣，在精神上给予他们深层次的渗透与扶持，这些才是他们更迫切需要、更深刻、更难忘的东西，对其人生的意义也更深远。距离和独立是爱的前提和基础，更是一种对学生人格的尊重，即使是再亲近的人之间也应该保留这一点，一旦没有了这种尊重，没有了这个距离，越过了这个尺度，往往深受其害。与学生交往过于"推心置腹"，和学生"打成一片"，时间一长，老师身上的角色意识会淡化，学生就会慢慢忘记老师的身份，把老师当作所谓的"朋友"。一旦平衡感建立起来，学生就会质疑你的任何管教行为，甚至出现逆反心理。当老师失去管理学生的权威时，在学生的眼里也就失去管理的合理性基础，这时，就会带来很多后续的教育与管理难题。对于这一点，年轻老师要尤其注意。因此，老师与学生保持适当的距离，是非常必要的。在班级管理与教育教学中，有些事情是不可以做的，特别是无视班规地放纵学生，做了就是失去了作为老师的原则和立场，学生就会轻视你。对于一些出了名的"问题学生"，要敢于下重手整治；对于一些学习好、品德优的三好生、班干部等更要一视同仁，严格要求，他们违纪了，班上的学生更是睁大了眼睛看着你怎么办，这时候必须坚持原则。规矩和原则才是班主任爱的脊梁。

四、班级管理要学会放手

良好的班风对学生有很大的影响。有经验的班主任要把班风建设当成重中之重来抓。作为班主任，要注重利用一切机会，如主题班会、学校活动、板报、班训、两操、运动会等进行正面教育引导，形成正确的舆论导向。良好的班风和习惯是实行班级自我管理的坚实基础。想要实现学生的自我管理，首先要相信学生，相信自己的学生是最棒的，以更快、更高、更强的标准激励学生，使学生在潜移默化中形成"我是最优秀的、我能成为最优秀的"坚实思想，时刻以优秀学生的标准严格要求自己，做就要做最好。老师的信任能时刻使学生处在积极的心理暗示中，极大地激发学生的创造力。平时的两操、运动会、"一二·九"合唱等一些活动让学生去组织，激发学生的内在潜能。对学生而言，给他们一个机会，会还我们一个惊喜。没有目标的班级缺乏竞争力，建班之初，要在班主任的引导下，根据班级情况共同制定班级目标和各种班级制度。班级目标包括常规管理目标和班级学习目标。在制定班级目标和班级制度时，一定要强调学生的主体地位，让学生充分参与，以增强学生的自主意识和实现目标的自觉性。有了目标，学生自我管理有方向、有奔头、有动力；有了班级制度，学生自我管理有法可依、有章可循。学生的自我管理不是弱化甚至忽视班主任的管理作用，而是要求班主任能把握班级发展趋势，避免自我管理随意化、无序化，以致陷入自我管理的误区。

总之，班级管理不是一件容易的事，因此班主任要严格要求自己，勤观察、勤督促、勤指导，要积累更多的方法来管理班级，使班级沿着正确轨道顺利发展。

教师简介：

于洪臣，中学高级教师，市优秀教师，东北三省四市命题员，多篇论文获得省市级一等奖，指导的学生多人在全国地理科普知识大赛中获奖，被评为全国优秀科技辅导员，所带班级高考成绩优异。

学生工作无小事　一枝一叶总关情

——新课改背景下高中班主任工作的一点儿探索

李　璟

新课改要求教育教学工作的开展做到"以学生为本"，这无疑对班主任工作提出了更高的要求，班主任育人工作的开展要为学生德智体美劳全方位发展奠定基础。

一、年轻班主任开展学生工作的优势与劣势

高中生正处于人生的关键时期，面临着高考的压力与成长的困惑。他们的内心世界非常丰富，思想活跃，个性鲜明，各方面能力都在迅速增强。与此同时，这一时期的学生也容易出现逆反心理。年轻教师刚刚结束单纯美好的校园生活，步入工作岗位，重新回到了高中校园，实现了角色转变，由学生转变为班主任。这一群体与学生年龄差距较小，更容易理解学生，与学生共情，与学生有更多的共同话题，更容易与学生打成一片，获得学生的喜爱。但与此同时也产生了一些问题，比如年轻班主任与学生之间的相处过于随意，缺乏距离感，学生对年轻班主任缺乏敬畏之心，等等。

二、教育教学都要抓，双管齐下树威信

显然，班主任在学生面前缺乏威信十分不利于班主任开展班级管理工作。那么如何解决年轻班主任在学生面前缺乏威信这一问题呢？

在请教了经验丰富的班主任师父后，我决定严抓班级常规管理。班级作为一个小集体，需要明确的规章制度来约束班集体成员的行为活动。高中生可沟通性比较强，大部分学生是可以讲通道理，做通思想工作的。我利用班会时间对学生进行思想教育，使学生认识到我们是一个集体，每个人都想在班集体中收获进步，班集体的荣誉离不开每一个同学的付出，而首先应当做到的便是遵守班规。在班规公布并执行后，早晚自习前的到班时间、值日分工、作业收发等，班级常规管理中的每一项工作都有了依据与参照。学生基本能自觉遵守班规。对个别违反班规的学生则按照师生共同商定的措施督促其改进。班主任在这一过程中起到监督作用，其在学生面前的威信自然而然就树立起来了。

除严抓班级常规管理外，年轻班主任还可以在课堂上用丰富的学识、高超的授课艺术让学生折服。高中阶段的学生相较于小学与初中，更加看重自己在学习上的收获。从这一角度看，在高中阶段，赢得学生尊重的最佳方式就是在课堂上凭借专业技能"征服"学生。由此可见，学科教学能力的发展和班主任育人工作的开展是相辅相成、相互促进的。要想成为一名优秀的教师，教学与育人"两手都要抓，两手都要硬"。

三、班级管理无小事，坚守"三心"得始终

树立威严之后，班主任工作如何进一步开展？

班级管理只需要严就足够了吗？不是的，严只是班级管理的一个方面。严抓管理可以帮助年轻班主任迅速确立班级管理的大框架，让学生有较强的规则意识，便于之后班级管理工作的开展。班级管理工作的核心还是"以学生为本"。"以学生为本"是指班主任工作的出发点要以学生的身心健康、全面发展为基准。班主任应从内心深处尊重学生，认识到学生是独立的、有思想的、有尊严的个体。学生在成长的过程中，难免会出现各种各样的问题，作为班主任要巧妙引导，而不是粗暴打压。在这个过程中，班主任要有"三心"，即爱心、细心、耐心。

所谓爱心，是指班主任对每一个学生都充满关爱之心，在日常生活中关心爱护他们，真心实意地关心他们的学习与生活。我所任教的学校是一所寄宿制学校，从周一到周五，从早晨的早操到夜晚的查寝，班主任几乎全天陪伴在学生身旁。学生在学习与生活中出现的任何问题都会第一时间反馈到班主任这里，可以说，班主任是学生校园生活的"大管家"。一个班级中有四十多个学生，每个学生每天可能会出现不同的问题，可以说班主任的工作担子是很重的。这样一项工作，没有打心底里的对学生的关爱之心，是难以做好的。年轻班主任怀着崇高的教育理想，重新回到熟悉又陌生的高中校园，对教育事业充满热情，爱工作，更爱学生。就这一点而言，年轻班主任开展学生工作是有其得天独厚的优势的。

年轻班主任对学生的关爱之心体现在学生学习与生活的方方面面。当学生饭卡丢失，手边又没有现金进行补办时，班主任常常借给学生钱补办饭卡；当学生因丢失物品而难过沮丧时，班主任会积极地将失物招领信息发布在学校各个学生工作群，努力帮学生找回；当天气渐凉，学生因衣衫单薄而感冒，请假离校时，班主任会把自己的外套给生病的学生披在身上；当周五放学后，学生因手机没电无法打车回家时，班主任会主动帮学生打车，之后跟家长确认学生是否已安全到家。班主任对学生的关爱之心不仅体现在校内，即使出了校门，看见学生遇到困难，班主任也会主动为其提供帮助。

如上所说，班主任工作任务重且事项繁杂，单凭一腔热血是不行的，还需要细心。细心是指班主任要留意学生学习与生活中的点点滴滴，真正做到心细如发。正所谓"学生工作无小事，一枝一叶总关情"。每一个学生背后都是一个家庭，只有把学生日常生活中的小事落实好，才能成为让学生放心、让家长安心的班主任。

因此，班主任要细心。这对于年轻班主任来说，是挑战更是锻炼，在一定程度上会促使年轻班主任迅速走向成熟。在熟悉了班主任日常工作后，年轻班主任应主动去关注细节，把工作做细。例如，在学校组织体检时，班主任应提前向家长了解学生有无晕血、晕针、低血糖的情况，做到心中有数，在学生体检时及时陪伴，避免意外发生。又如，对于班级内因身体原因需要乘坐轮椅或者使用拐杖的同学，班主任要密切关注，尽最大可能为这部分学生争取便利。例如，为这部分学生申请使用教师电梯；及时向学校提交

学生病历及假条，为学生申请中午留在教室休息；和学校门卫取得联系，为家长接送学生上下学提供便利；等等。再如，为因病请假在家的学生开设网课，及时关注班级的视频会议是否在线，为确保学生听课质量，自费购买相关软件的会员，等等。

除爱心与细心外，班主任工作还需要耐心。耐心是指对待育人工作不急躁、不厌烦，始终耐住性子。高中阶段的学生正值青春期，各方面还不成熟，行为上有时会出现叛逆的特征。例如，面对老师的关心不发一言，甚至出言顶撞；违反校规校纪，被老师多次提醒后仍然不改；等等。对于这一类学生，我们要保持耐心，充分利用我们的年龄优势，努力走进学生心里，做通学生思想工作。

保持耐心，能够帮助我们发现问题背后的深层原因，从而从根本上解决这个问题。这里要提到一件令我深有感触的剪发事件。这学期的 12 月，我接到学校德育处通知，我班某位学生在学校仪容仪表检查中被认定为头发不合格，班级量化因此而扣分，该生需要把头发修剪合格后再找德育处老师查看。接到通知后，我找了该生谈话，跟他强调要遵守校规校纪，通知其周末回家修剪头发。次日早上，我接到了该生父亲的电话，学生父亲反映学生回家后称班主任在头发这件事上针对他。家长情绪有些激动，言谈中表示"孩子如果有问题，支持老师进行批评教育；但如果孩子被误解，受了委屈，家长肯定要找学校了解情况"。

面对家长的质疑，我迅速调整了心态，以平和委婉的语气向家长解释事情始末：这次仪容仪表检查不经过班主任，由德育处老师完成，班主任这边只收到了一张不合格名单，因此，不存在故意针对该生的情况。向家长解释清楚事情原委后，家长态度好转了很多，也说出了自己对孩子在学校生活的担忧，"老师，我们家孩子最近觉得压力很大，待在学校很压抑，不想去上学。我们知道学校是好学校，老师是好老师，但我们孩子本性不坏，他也是好孩子，为什么会变成现在这样呢？您能不能找时间和孩子聊一聊？"了解到家长的需求后，我先安抚了家长的情绪，并允诺找孩子谈话。

在找该生谈话前，我做了简单的梳理：为什么这个学生说班主任针对他？是不是我在处理这件事时没有顾及学生的情绪，从而让学生觉得自己被针对？这个学生不配合剪头发的根本原因是什么？背后的原因会不会和家长所反映的"厌学情绪"有关？

见到学生后，我先就其觉得被针对这一心理感受耐心地做了疏导。不再顾虑班主任针对他之后，学生放松下来，开始倾诉自己对学校临近期末检查仪容仪表一事的看法。学生直言道："开学初让剪头发，我非常配合，为什么这学期都结束了，还要我剪？"面对学生提出的疑问，我及时调整自己的情绪，积极引导学生思考：

师："学期期末检查同学们的仪容仪表，是班主任老师提出来的吗？"

生："不是，是学校。"

师："对呀，你直接把自己放在学校的对立面，当然会觉得待在学校不开心，不想在学校学习了。学校检查仪容仪表也是为规范同学们的言行举止打下基础，避免同学间的攀比，让班级内部、年级内部、学校内部都能做到整齐划一。你中考前不是非常努力，特别想上咱们学校吗？现在好不容易考进来，能在这里读书学习了，肯定是对这里有归属感、认同感的，你说是不是呢？"

生：（频频点头）

师："这周班级刚刚拿了这学期以来的第一次流动红旗。这次检查仪容仪表，咱们头发不合格就扣掉了 2 分，这 2 分不是你个人的 2 分，是整个班集体的 2 分。所有同学都在努力做好自己的事，想要为班级的荣誉贡献一份力量，我们是集体的一分子，也应当如此，而不是去抹黑集体。"

生：（有所触动）"老师，其实我不想剪头发真的是有我自己的原因的。您看我的头发，它是天生自来卷，我没有烫发，也没有染发，只不过我的头发确实比较蓬松，看起来就比其他人的头发更长、更厚。老师，您再看看我的脸型，如果头发特别短，我真觉得我接受不了，之前就有同学说我是'尖嘴猴腮'，我听了特别不舒服，特别不想来学校。"

和学生沟通到此处，我才真正了解学生抵触剪头发的原因。接下来的沟通中，我引导学生正确认识自己，接受自己，消除孩子对剪头发一事的心理障碍。一番沟通之后，该生周末回家后自觉剪短了头发。

这件事让我认识到，班主任工作特别需要耐心。学生出现的各种问题背后，也许隐藏着更深一层的原因，只有洞悉深层原因，才能更好地帮助学生更正自己的观念，这样一来不仅能解决当下的问题，还能更好地引导学生健康成长。

四、结语

我深知，作为一名带班不到两年的年轻班主任，在班主任工作上，我需要学习的还有很多很多。路曼曼其修远兮，吾将上下而求索。今后我将继续保有对教育事业的初心，发挥年轻教师的优势，多看相关论文、专著，不断提升理论修养；遇到实际问题时，保有爱心、细心、耐心，虚心向经验丰富的老教师们请教；必要时寻求家长协助，做好家校沟通，共同助力学生成长。我会继续主动学习，积极探索，争取早日成为一名优秀的班主任。

参考文献：

[1] 关永明.新课改背景下高中班主任德育工作理念及方法探究[J].教育教学论坛，2017（27）：62-63.

[2] 谢南晋.新课改背景下如何做好高中班主任管理工作[J].教育教学论坛，2013（20）：17-18.

教师简介：

李璟，硕士研究生，高中语文教师，承担课题研究、公开课等学科教研任务，多次指导学生参加语文学科活动并荣获奖项。

松弛感
——教师幸福的源泉

李 玫

一、追本溯源——明确幸福内涵

何为"幸福"？字典里有两种解释，名词意为"使人心情舒畅的境遇和生活"，形容词意为"（生活、境遇）称心如意"。无论是名词还是形容词，幸福都是每个人渴望的人生境遇。而"职业幸福感"是指主体在从事某一职业时基于需要得到满足、潜能得到发挥、力量得以增长所获得的持续快乐体验。周华在《提升教师职业幸福感的思考与校本化实践》一文中曾言："一个没有幸福感、没有积极向上心态的教师培育不了阳光乐观的少年儿童，紧张焦虑的情绪如果在教师群体中弥散，必然影响一个学校的教育生态和未来发展。"由此观之，教师的职业幸福感不仅涉及自身的需求，更与学生和学校的发展息息相关。

那如何获得或者提升教师的职业幸福感呢？笔者认为做一个有松弛感的老师才能更好地感受幸福、把握幸福。这里所说的"松弛感"不等于"躺平"，也不同于"内卷"。"躺平"意味着降低欲望，远离竞争，擅于放弃；"内卷"则是无理性的、无实质意义的消耗。而松弛感，它首先承认了我们世俗的欲望——你完全可以渴望成功，不过你要慢慢来，且要豁达地接受任何一种结果。

对教师而言，松弛感即为对学生有要求，但要相信花开有时间；对自己有要求，但不内耗。只有这样才能拥有幸福感，给自己和学生带来更好的提升。

二、花开有时——将学生邀请进生命里

于教师而言，影响幸福感的外界因素最直接的就是学生。《师说》有云"师者，所以传道受业解惑也"。学生作为学习的主体和教授的对象，每一次的进步都使我们的职业成就感、幸福感上升，进而感叹自己的付出有了成果。罗扬眉等人也指出"教师在完成其教育教学目标的过程中，深刻认识自我、接纳自我，充分发挥教育教学潜能，体会到实现自我价值与社会价值的满足感与成就感，是教师在工作中体验到实现论幸福感的重要基础。"

但是，人与人在交往的过程中不可能无摩擦，更何况是与未成年的孩子进行沟通与交流。他们有自己的年龄特质，有自己的个性和主张。当上课前进入教室，看到未擦的

黑板，满屏的数学题，让你无法插入自己学科的文字时；当你正在慷慨激扬地讲授自己认真备课的内容，但在众多孩子中找到一个奋笔疾书写其他学科作业的同学时，教师很难不生气。对于学生永远记不住的做过的题、学生成绩的下降、学生的不理解，教师很难不焦虑。这个时候教师需要调整心态，相信问题总有解决办法。

但调整心态不是放纵，不是自我麻痹，而是要合理引导。比如面对满屏的数学题，不妨让他们找到数学和本学科的关联，学科融合从来不是空话。笔者曾经让学生从黑板上未擦的三棱锥图案中找与语文学科的关系。学生思考良久，未得出结论。笔者做了以下阐述：

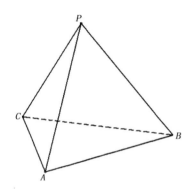

"三棱锥底面的点 A、B、C 就像每个人人生的起点，而顶点 P 则是每个人人生的终点。人从出生开始只有一件事是已定的——死亡。但我们可以选择自己的人生道路，获取自己的幸福感，实现自己的人生价值。比如屈原自投汨罗江选择死亡，而苏武牧羊选择生存，虽然道路不同，但他们都表明自己爱国的志向。"

教师给出范例以后，学生自我思考，寻找论据。除教师所举正例外，逐渐有同学举正反对比事例。这样可以让学生为自己的议论文蓄力，同时引导学生树立正确的价值观。

当所有人阐述完毕，笔者把黑板擦干净，提问："现在人生还剩什么？"生回答："没有了任何痕迹。"师进一步指出："正如泰戈尔所言，'天空没有留下翅膀的痕迹，但我已飞过'，我们要努力留下自己的印记，做一个有责任感的人。正如我们接下来所学的主人公一样。"最后引到自己所教学科。自此再无因黑板不擦而导致师生矛盾的问题发生。

"智者乐水"，有松弛感的老师应像水一样灵活包容，允许学生犯错，但要淡然引导，明确花开有时，于生于己都有利。

三、教学相长——教师自我解蔽

哲学家罗素曾言："幸福，显然一部分靠外界的环境，一部分靠一个人自己。"言外之意是教师应关注自身状态，寻求自身幸福。曾经有学生问："老师，您的职业生涯我现在都能看到尽头，讲课本、看学生，您觉得有意思吗？为什么还想当老师？"我说："但是你们是不一样的啊！"他愣了愣，若有所思地点头。但是现在再回看我的回答，还是浅薄了，我把所有的幸福都寄托在学生身上，把学生的进步与发展当成自己的进步与发展。

教师应当自我解蔽，自我提升。追溯先贤，其实答案他们早已告诉我们。《论语》中孔子曾言"回也非助我者也，于吾言无所不说"，孔子的这句话既有对颜回的遗憾也有喜欢。颜回对孔子的教诲无所不悦，同道中人自然欢喜。但学问之道贵在问，师生缺少了在对话碰撞中深化思考、共同进步的可能性，道不能提升，自然遗憾。笔者在讲述"松弛感"的议论文写作时，学生推荐熊逸先生写的《王阳明：一切心法》，笔者立刻提到"我去买来看。"但是学生说："老师，您不要着急，您可以从我这里拿书看前言，如果您觉得需要再买。"我突然领悟，我是在讲"松弛感"，但是我教授的是知识，可学生自己已落实在行动上。她教会了我生活态度，教学相长就是如此。

陶行知先生说："所以我们做教师的，必须天天学习，天天进行再教育，才能有教学之乐而无教学之苦。"因此教师的幸福感还应源于自我的提升。

教师的学习是成人的学习，具有社会性和情境性。教师提升自己专业素养的角度可以是多方面的。抓住一切可学习的机会，参加区里的教研、市级的培训；教师多关注"我做"，而忽略"我为什么做"；多读一些理论性的书籍，但是不能妄想一个理论解决所有问题。读书的目的是解决问题，提高自己的精神追求，提升幸福感。此外，教师共同体的建立也格外重要。总校引领的学习，教研组的学习，备课组的集体备课都是一个个共同体的范例。我们现在提倡学生应用自主、合作、探究的学习方式，我们是这样要求学生的，现在何不以身作则呢？转换心态，从"被安排"到主动，从"要我学"到"我要学"，内心松弛，不纠结、不设限，才能步履不停。

当然，教师生涯也少不了评职称的过程。我们可以渴望成功，每位老师都希望自己的职业生涯发展迅速。但是这不等于"内卷"，这里的"内卷"是不认可别人的努力，抱有"他还不如我"这样的思想，这样不仅有损同事关系，更是对自己的一种内耗，从而渐渐产生怠惰心理。《孟子·公孙丑章句上》有言："仁者如射，射者正己而后发。发而不中，不怨胜己者，反求诸己而已矣。"意思是有仁德的人就像射手，射手先端正自己的姿势然后才放箭；如果没有射中，不怪比自己射得好的人，而是反过来找自己的原因。教师应明确松弛感的核心是长期主义，我们不断提升自己的能力，提升学生的能力，对得起自己的良心即可，幸福感自然有所提升。

四、动静相宜——师生健康体魄

毛泽东在 1917 年发表的《体育之研究》一文中提出"文明其精神，野蛮其体魄"。一百多年过去了，这个道理不仅没有过时，甚至更为重要。不仅对学生重要，对教师也同样重要。现在学校体育馆的标语"每天运动一小时，健康工作五十年，幸福生活一辈子"说的就是这个道理。

身体健康在疫情时期显得更为突出。发烧的老师、咳嗽的学生都让人担忧。除此之外，由于职业特殊性，大多数教师都处于亚健康或患病状态。咽炎、颈椎病、胃肠疾病、静脉曲张更是成为教师"职业病"。究其原因是教师没有时间、没有意识锻炼身体。与其说没有时间，不如说教师想把所有的时间都用来上课、批改作业、辅导学生，提升自己的职业成就感，等反应过来，已经伏案工作几个小时没有运动；当有意识想要运动的时候，也还是想把时间拿出来批改作业、备课，认为只有这样才是对工作的负责。但是这恰恰本末倒置了，只有健康的身体才是工作的基础。法国思想家蒙田曾言："只要失去健康，生活就充满痛苦和压抑。没有它，快乐、智慧、知识和美德都黯然失色，并化为乌有。"健康是工作的基础，没有健康，所有的教育理想和职业成就都是空中楼阁，都是泡沫，更不用谈幸福了。

叔本华曾言："人类所能犯的最大错误就是拿健康来换取其他身外之物。"作为教师，应该拥有松弛感，我们在教育行业发挥自己的能量，是持续的、接连不断的，而非爆发式的、短暂性的。运动会让我们的身心愉悦且健康，为幸福打下良好基础。

五、总结

习近平总书记曾说："每个人心目中都有自己好老师的形象。做好老师，是每一个老师应该认真思考和探索的问题，也是每一个老师的理想和追求。""松弛感"是一位好老师应努力拥有的境界，它能使我们获得职业幸福感。

参考文献：

[1] 周华. 提升教师职业幸福感的思考与校本化实践[J]. 江苏教育研究，2023（18）：11-14.

[2] 罗扬眉，袁雨莲. 基于实现论取向的中小学教师职业幸福感问卷的编制[J]. 教师发展研究，2023，7（4）：93-101.

[3] 习近平. 做党和人民满意的好老师：同北京师范大学师生代表座谈时的讲话[J]. 人民教育，2014（19）：6-10.

教师简介：

李孜，毕业于北京语言大学汉语言文字学专业，硕士研究生。参与国家级课题 1 项、市区级课题 4 项，先后在《语言战略研究》《语言规划学研究》发表论文，多篇案例在市区比赛中获奖。2023 年被评为怀柔区优秀青年教师。

心是一朵花，爱来浇灌它

——班级管理中学生心理辅导应对策略

刘晓琛

随着时代的发展，教师不再是单纯的传道、授业、解惑的角色，而是逐渐成为学生的朋友、交换意见的引领者。学生需要的不仅是知识，更需要心理的关爱和情感的交融。

入职至今，已经是我第三年承担班主任工作了。通过探索与实践，我深深认识到班主任是班级的组织者和管理者，他们和学生接触的次数最多，时间最长，最有利于做学生的心理教育工作。因此，班主任是学生最好的"心理医生"。班主任可以通过与学生的交流和沟通，让学生科学地调整心理状态，培养学生乐观稳定的情绪、开朗坚强的性格、广泛的学习兴趣、探究和创新的精神、不怕困难敢于争取的优良品质，为他们的未来发展打下良好的心理基础。只有心灵的花朵绚烂绽放，学生才能更好地去完成学业，迎接生活中的巨大挑战。因此，心理健康工作是班主任工作的重中之重。

一、多一些陪伴

在高一新生刚刚入学时，我最快乐的事情就是放学时与学生谈天说地。作为一名新手班主任，我总是希望每时每刻陪伴在学生身边。即使是午休和放学的时间，我都会回到班级和学生坐下聊聊。到了高二，由于走班次数增多，我与学生见面的机会越来越少，但是我依然愿意在课间和课后，了解学生的生活和爱好。在网课期间，班级一名男同学因为情感问题陷入了迷茫和困惑，身为班主任，我并没有急于批评他在网课期间分心不认真学习，而是与他深切探讨了一下什么是"爱"，成年人如何正确处理自己的情绪和感情。梳理了情绪后，学生非常感动地说："十分感谢您，我觉得心情好多了。"

除日常的陪伴外，作为班主任也可以多参与学生组织的活动，与他们共同享受欢乐的过程。高二时，班长组织策划了具有中国传统特色的社团活动，我也积极担任了社团活动的指导老师，我们共同完成了社团宣传和社团展示。在班级话剧节表演中，我也参与了每一个小组的话剧制作。与学生共同分享他们每一个成长瞬间，可以让班主任快速融入班集体中，成为班级的主心骨。

二、多一些关注

班级中总有一些"特殊"的学生，有些是已经确诊了患心理疾病的学生，有些是在特殊时间段焦虑的学生。对于这些学生，班主任要给予特殊的关注。对于已经确诊了患心理疾病的学生，关注和回访应该是一项长期的工作。每学期开学初，我都会与特定的几个学生家长联系，了解孩子假期在家的状态。在开学后，每隔一段时间与家长沟通，反映孩子的在校情况，做到特殊学生"一生一档案"。若发现孩子无法融入班集体，或者想脱离班集体，可以让他们在班级中多多找"存在感"。比如，利用班级活动，调动班级氛围，让该学生承担班级活动里面的重要角色。通过这样的方式让学生找到自己在班级中的角色和位置。除此之外，也要发挥班干部的作用，让他们带着落单的学生融入班级氛围。在对待特定时间段焦虑的学生，除给学生更多鼓励外，还要及时向学校和家长反映学生的状态，寻找学生焦虑的原因。在一次考试前，一个女同学因为考试压力大，不想到校上课，在多次沟通无果后，我选择了写信的方式，用真诚的文字与学生沟通联系，果然，在那之后，学生的状态有了好转。

三、多一些责任

除关注和陪伴学生外，还要培养学生的责任心。既然他们身边有很多因为心理健康问题需要帮助的朋友，那就更应该去了解和研究心理学的知识，引导学生由自身出发，承担更多社会责任。因此，我鼓励班级的刘同学组织成立了心理社，撰写了《高中生线上心理咨询现状初探》的论文。王同学组织拍摄了关于关爱抑郁症群体的宣传片《活着》。这些活动不仅让学生学习到了更多的心理学知识，同时也可以让学生学会自我剖析、自我调适、自我疏导，甚至自我提高。让所有学生都能以积极、乐观、向上的心态面对生活、学习，更能让他们学会关心社会中特殊群体，学会承担社会责任，这也是班主任应该做的事情。

总之，对中学生进行心理健康教育应是全方位、多角度的，是发展性、预防性和矫治性并行的。只有有效地维持学生心理健康，才能使中学生更好地学习、生活、做人，从而达到提高中学生的心理素质和综合素质的目的。心是一朵花，爱来浇灌它。陪伴 19 班共同成长的路还很漫长。无论何时何地，我都希望与班级的学生共同成长，做一个合格的聆听者，努力做学生信任的老师，走进学生的心中，种下一颗种子，开出一朵花。

参考文献：

[1] 王士俊．初中班级管理中学生心理健康教育的研究[J]．新课程，2022（30）：220-221．

[2] 徐国治．初中班级管理中学生心理健康教育的研究[J]．学周刊，2022（11）：178-180．

[3] 路承智．对新形势下中学生心理健康教育的策略初探[J]．智力，2021（27）：169-170．

教师简介：

刘晓琛，毕业于吉林大学文学院，高中语文教师，曾获得怀柔区 2002 年中学教师基本功大赛纸笔测试二等奖，获 2020 年 China Thinks Big 全球青年研究创新项目先锋导师称号。

班风建设　从心开始

仝玉山

彩旗、展板、气球、横幅彰显着运动的活力和积极进取的班级文化。同学们时不时地在自己位置上站起来为赛场上的运动员加油助威，几个忙碌的身影不时地穿梭在同学们中间，班长在组织同学写稿件，体委在组织运动员检录。一切都有条不紊，热烈而有秩序地进行着。不停歇的广播时而将我们班的奖项送入老师和每一名同学的耳朵里、心坎上。每当此时，大家都要欢呼、庆祝一番。运动成绩和精神文明的双料收获一扫上届运动会我的尴尬和苦涩。

鲜明的对比让我深刻地体会到聂耳的"脑筋若无正确的思想的培养，任它怎样发达，这发达总是畸形的发达。那么一切的行为都没有稳定的正确的立足点"这句话的正确，以及思想引导在高中生教育上的重要作用。高中生的思想教育除了需要班主任直接说教，更需要营造和谐的班级环境、良好的班级风气，借助班级文化潜移默化地感染学生。正如戈登·德莱顿和珍妮特·沃斯在《学习的革命》一书中说的，如果一个孩子生活在批评之中，他就学会了谴责；如果一个孩子生活在鼓励之中，他就学会了自信；……如果一个孩子生活在诚实和正直之中，他就学会了什么是真理和公正；……如果一个孩子生活在真诚之中，他就会头脑平静地生活。

因此，以"班风"为核心的班级文化建设对于一个班级，特别是对塑造学生健全的人格、优美的灵魂具有重要意义。

班风，是指经过长期深入细致的教育和严格训练，在班级中形成的一种行为风气，是班级中大多数学生的价值观念、思想觉悟、道德品质、意志情操和精神风貌的共同反映。自然界中的风，无形无色，看不见，摸不着；然而其一旦形成，则可缘山阿，舞松柏，疾飞怒号，无处不至；并且具有撼山石、折林木、摧枯拉朽之巨大力量。同样，班风虽视之无形、听之无声，却是一种巨大的教育力量，时时刻刻对全班学生起着熏陶感染、潜移默化的作用，推动着班集体的形成、巩固和发展。

那么如何建设班级的班风呢？班风的建设必须从学生的思想和内心入手。班风建设应该"从心开始"，做到知心、交心、塑心，使每一名同学形成正确的价值观、高尚的思想品德、积极的精神风貌，最后实现形成良好班风的目标。

一、知心

知心就是了解班级学生的整体心理特点和个性心理特征。高中生最主要的整体心理特点是自主性。高中生随着身体发育的迅速成熟，自我意识明显增强，在心理和行为上表现出强烈的自主性，迫切希望从父母、老师的束缚中解放出来。他们具有很强的自信心和自尊心，在对人生与社会的看法上，也有了自己的主张。他们不满足于父母、教师的讲解或书本上现成的结论，对成人的意见不轻信、不盲从，要求有实事求是的证明和富有逻辑的观点说服他们。他们对许多事物都敢于发表个人意见，并常常坚持自己的观点。

但事实上，他们还并不成熟，在理智、情感、道德和社交等方面还未达到成熟的指标，生理与心理存在不平衡性。另外，他们还存在任性、自我约束力差、意志力薄弱、情绪化、感情用事等问题。

整体心理特点可以从书本上得来，而个性心理特征的了解就要融入学生，全方位地参与到学生的学习、活动中去。

运动会、艺术节等大型活动，是了解班级学生的个性心理特征的重要渠道。每次运动会，我都全程参与，扮演一个引导者和观察者的角色，引导所有同学积极参与，观察不同学生的表现。比如，运动会前，我领着大家设定目标、设计方案，让同学们畅所欲言。这样的讨论不仅产生了好点子，而且让我了解了不同学生的思想、性格特点。在准备过程中，我给不同的班干部分配具体的任务，之后观察、了解他们完成任务的态度、过程、方式、结果等。千差万别、丰富多彩的行为表现体现着学生们各自不同的个性心理特征。这些都是我们进行班风建设的基础和立足点。

除了学校的这些大型活动，我有时也针对性地"整点儿事"。比如，安排大扫除、设计班会、发调查问卷等。这些都有利于我了解学生的个性心理特征。

了解了学生的心理特点，就可以设定班风的具体目标。比如我带的是平行班，平行班学生相对来说，学习习惯不好，自制力差，有些同学也没有考大学的目标，但是他们品质并不坏，也有很强的自尊，而且更希望获得荣誉。所以我给班级设定的班风目标是：大部分同学有正事，班级有正气，有正确的集体舆论，有正面典型，同学团结互爱，有高度的集体荣誉感。如果我带的是重点班，我设定的目标就会更高一些，不仅有正气，而且力争每个同学都有正事，都有明确的奋斗目标，勤奋好学，全体成员能够遵守纪律，都有适度的自尊感、高度的集体荣誉感和责任感，有争创一流的决心和信心。如果是英才班，目标就又不一样了。

"知心"只是形成良好班风的第一步。接下来还要做到"交心"，学生"亲其师才能信其道"。

二、交心

交心除了指班主任和学生建立良好的、和谐的个人关系之外，更重要的是培养学生对班主任、班集体的认同感和归属感。根据马斯洛动机理论可以知道：人都有归属与爱的需要。心理学家指出：青少年倾向于寻找能确定自我价值的组织，有很强的归属心理，如果他们不被班级接纳或认可，年轻冲动的洪水就会冲垮并不牢固的理智之堤。于是，我利用各种活动和日常的管理给学生创造参与班级事务的机会，并给予他们恰当的肯定、积极的鼓励，力求让更多学生体会到其在班级的价值。当他在这个集体中得到尊重，获得认可，他对这个集体的认同感和归属感自然就产生了。比如我班有个叫李某的学生，自卑紧张，心态非常不好，但是画画不错。我就号召班委把设计运动会展板的任务交给他，他也很认真地完成了任务。在运动会总结班会上，我给予了他高度评价，并带动全班给予他热烈的掌声。显然他被我的认可和大家的掌声感动，后来主动来找我谈心，他说"我对大家来说也是有用的，大家也挺喜欢我的"。这是他高二以来第一次主动和别人深入交流。

学生对班主任、班集体形成了认同感和归属感，才会融入班集体中，才会主动接受班风的影响，教师的塑心之举才有意义。

三、塑心

那么应如何塑造学生美好心灵，形成优秀的班风呢？

第一，用正确的人生态度、价值观引导。比如，这两年来我在班级一直倡导"做个有素质的学生"的价值取向，学生应该有理想、有责任心、有荣誉感，善良、正直、宽容，自律、自尊、自强，有诚心、有恒心、有信心，重视自己应该做的每一件小事，持之以恒，直至成功。于是，出现了劳动委员石某某和值日生一起值日尽责的举动，杨某利用晚上九点到九点二十的休息时间帮助第二天的值日生把地扫出来的善良举动。他们的行为更是在无形当中感染了其他同学，值日变成了大部分同学的一种习惯。运动会上，为了班级荣誉，同学们积极上项。整个运动会没有人缺席或"逃跑"，每个人都在自己班的位置上热烈地为赛场上的运动员加油助威。班干部认真负责，积极准备和操持各项事务。最后我们班取得了运动成绩和精神文明的双丰收。良好的班风就在这样的过程中逐渐形成，并逐步促进良好学风的形成。高一时，班级成绩从上学期期末开始稳居同层次第一；高二时，班级成绩也一直名列前茅。

第二，建设一支有正事、有执行力的班干部队伍。一个好的班集体的建立，一支好的班干部队伍是必不可少的。我选择班干部的标准是有正事，思想正确、积极，在同学中有威望，有执行力，并且能很好地和班主任沟通。一个好的班干部队伍是优秀班风形成的有力保障。

第三，树立正面典型，发挥"领头雁"的作用。榜样的力量是无穷的，让那些品学兼优的同学正确的价值观、高尚的道德品质、积极的精神风貌、坚定的意志、刻苦的学习态度、恰当的言行举止得到肯定和鼓励，在同学们中起到示范和带头作用。这样，班风便会蒸蒸日上。

第四，发挥班会思想教育主阵地的作用。精心设计，认真组织，力求每开一次班会都有实际的效果。前段时间，校长倡议各班召开班会，帮助同学树立高考目标。以此为契机，我们将人生理想和高考目标结合起来，召开了一次生动、有实效的班会。全体同学背诵了"教室一角，半平圣地，孕育缤纷理想；人生一程，三载寒窗，奠定人生未来"的励志对联，启发同学们思考自己的高考目标。我朗诵了《破茧成蝶，我的北大之路》的生动文章，使同学们感受了浪子回头到北大的刻苦、艰辛而又幸福的过程。其中的一句话"坚持不住的时候，再坚持一点儿"已经成了同学们的口头禅。这个班会产生了良好的效果，就连一向厌恶补习旧课的罗某某为了大学目标也开始补习高一落下的内容了。即使是在平行班，也能看到课间有很多同学在研究问题的风景了。

班级文化是一个班级的灵魂，而班风又是这一灵魂的核心。它具有自我调节、自我约束的功能，对学生具有教育、引导等功能，它潜移默化地影响着学生的行为。加强班级文化建设，形成良好的班风对一个班级来说至关重要。

教师简介：

仝玉山，中共党员，毕业于北京师范大学汉语言文学专业。曾获市级"语文教学标兵"、市级优秀教师、优秀班主任、中语会科研先进个人、市级骨干班主任的称号，多篇文章在国家级语文核心期刊上公开发表。

"特殊世界"通达"普遍世界"的道路

——教育纯粹理论与实践反思

唐 诗

一、理论与实践的定义

"理论"（theoria）一词在希腊文中最原始的意义是作为一个代表团或团体的一员参与某种崇奉神明的祭祀庆祝活动。不参与这种神圣的活动，静观其变，静思冥想，这是不可能的。理论就是实实在在地参与到一个事件中来，实实在在地到场。

在古希腊，理论与实践的差别只是两种不同生活方式的理论与实践，实际上都是以人的存在、人文的现实生活为前提的。本源之学说，不以距离实践为表征，而以接近实践为表征。又曰理论不反于实，而统于实。

对于实践的定义，一般我们认为，一种行动具备以下方面即可称为实践。第一，它源于一种不完善或一种困境，它改变这种困境，却不消除这种不完善；第二，人通过这种行动获得了自身的确定性，但这种确定性不是直接出于人的不完善性，而首先是通过其行动达到的。例如，劳动就是这种意义上的实践。人类存在的最早的见证告诉我们，人类从来就生存于那种原始的，必须通过改造自然来获取基本生活资料的必要性中，而他们的技能却完全不是直接源自这种劳动的必要性，而是产生于他们改造自然的共同行动中。

二、教育理论与教育实践的关系

关于理论与实践的关系，众学者已经给出了很多答案。

宁虹、胡萨在《教育理论与实践的本然统一》一文中认为，教育理论与教育实践分离，根源不是在于它们之间的距离，而是在于没有意识到它们在性质上的本然统一。叶澜在《思维在断裂处穿行：教育理论与教育实践关系的再寻找》一文中认为，理论和实践在教育学中的性质，本质上是人的实践的关系问题，它是和我们的认识主体，也就是人联系在一起的。学者们时常忽略对主体的研究，因此，我们应该把研究的重心向理论与实践的主体转移。

关于主体，主要分为三类人。这三类人分别是教育基础理论研究者、教育应用理论研究者和广大教育实践者。

第一类人是教育基础理论研究者，他们研究的理论与实践脱节并不是方法论的问题。有人认为这是因为研究者经常使用思辨的方法，而没有用实证方法去研究。事实上这种观点本身就带有一定的偏见性。因此我们要考虑研究视野的问题，突破仅以业界已形成的理论为研究对象的局限是必要的。研究人员需要有生成性的思维方式，对于原有理论框架做出修正。另外，还需要突破学科范围和研究层次两大壁垒，把生动的时代实践纳入理论视野，才能对理论与实践做出新的贡献。基本理论对于实践的指导作用也许是间接的，但是它更具有总领性、本源性、动力性。

第二类人是教育应用理论研究者。理论学习的内容往往被应用理论研究者的实践所忽视。这带来应用理论研究人员的个人内在理论中相应理论背景的缺乏和相对滞后，因此很容易造成理论与实践的脱节，所以应用研究人员也应该具有理论修养和敏感性。

第三类人即广大教育实践者（教师）。一直以来，一线教师的理论学习与教育实践存在着一定的问题，包括教师不能很好地掌握教育基本理论，忽视理论学习；另一方面，教师不能把自己的实践转换成个人内在理论，而教师学习也只停留在表面或者有着功利化的因素（评职）。所以应该提倡解放教师潜能和教师认识，让教师作为研究者，让个人实践理论与教育发展息息相通。

根据叶澜老师的分析，要想打通教育理论与实践的关系，必须从主体入手，通过加强三支队伍的自我学习与自我更新来实现教育理论与实践新型关系的确立。

三、广大教育实践者应该从理论出发还是通过经验学习

这个问题归根到底是理性主义和经验主义的哲学问题，是一个哲学认识论的问题。理性主义认为知识或真理的来源是人的理性推导，从理智中获得；而经验主义认为真理来源于对外部世界的感官经验。教师的经验，来源于教师在学校教育场景与家庭、社区等日常生活场景中可能获得的多种教育经验。从这些经验中学习即经验性学习是教师学习的一种重要形式，它是教师建构个人教育知识、学会教学的重要途径。经验性学习有两种，一是自发的经验性学习，一是自觉的经验性学习，它的主要措施是经验反思与经验重建。

这并不是说我们教师学习只来源于经验学习，而是我国长久以来重视教师理论学习，而常常忽视教师的经验学习，甚至认为经验学习不值得一提，这就阻碍了教师的专业发展。通过探讨教师如何从经验中进行学习和提升，可以深化人们对经验性学习的认识，从而对教师知识增长有更深入的认识，最终利于教师的专业发展。

从现象学的角度来看，我们可以这样理解："特殊世界"通往"普遍世界"的道路有这样两条（不仅是这样），一条是纯粹理性的理论指引，一条是现实反思的道路。对教师而言，前者是对理论即教育学原理的深刻理解，包括对教育本质、教育目的的深刻理解等；后者是对自己教育行为的不断反思，而不是在实践中以经验为依据进行教学。

纯粹理性，即理论。从词源学即可看出理论具有一种超越特殊的神圣性。而陈振华在《论教师的经验性学习》一文中提到，不仅我国的教师教育课程被批评为理论化过重，一些西方国家的教师教育课程也存在"过分理论化"的问题。以英国为例，二十世纪六十至八十年代，教育学科特别是哲学、心理学、社会学在英国教师教育课程中一直占据统治地位。它是基于这样一个假设，这些学科能够提供一些概念框架，能够帮助专业教师了解自己的职责，为他们在学习中获得学位（degree）打下基础。但由于教育学科的理论知识具有抽象性，对于大部分问题都不能给一线的老师以解答。

在提高学校教育水平新要求的压力下，这种教师教育课程的学科基础在二十世纪消亡。理论化的教师教育课程假定了理论知识具有先天的优势，实践者"熟能生巧"式的"小伎俩"，是应用这些理论知识来解决实践中出现的问题的所谓的"实践性知识"。理论确实具有先导作用，理论为我们描述了教育最理想化的模式是什么样的，教育者如果对于教育都没有深刻的见解，那就难以正确地教育学生，实现自身的专业化发展。理论在一定意义上是教育的普遍世界，教师没有理论，就相当于是在"特殊世界"中，这样会遮蔽教师对于一些教育本质的理解和准确掌握，遮蔽了教育者应该有的敏锐目光，进而阻碍其走上真正的专业发展道路。因此，笔者认为教师教育不能弱化理论的重要性，还是要坚持理论先行，如果教师掌握了理论却不清楚在实践中如何去做，那是不是可以理解成教师还没有真正深刻地理解理论。就像在古希腊哲学意义上，理论兴趣与实践行动之间是相互蕴涵关系。从最高意义上看，只有那种活动于思想领域，并且仅仅为这种活动所决定的人，才可以被称为行动者。

然而，由于教育的本质是实践性的，所有教育理论都要去实践场域试水，现实的教育场域是动态的、复杂的，那教师除了学习理论，增强自己对于教育以及学科的深刻理解，还需要怎样从"特殊世界"走向"普遍世界"呢？如果教师能有意识地克服自身境域的局限，或许能开启其在此境域中的重新判断与行动的可能性空间，教师也因此能成功地驾驭其整个生活。这种超越就需要教师的行动反思。面对儿童、教材、学校乃至世界发生着的日新月异的变化，如何有效地教学，是每个教师回避不了的难题。但是，凭个人经验是不能准确判断的，也不能有所作为。

依据现象学理论，教师只有摆脱个人经验的成见，才可能以新的目光观看教学或教育之本源。这种目光的转向，首先依靠的是一种态度的转向，也就是由自然的反省的态度转变，也就是"反思型实践者"。

从现象学的视野重新理解教师反思时，我们发现在日常经验意义上的教师反思，事实上是指一种"反思行为"，也就是教师事后对自己工作的审视、分析、批判或对自己经验的总结，这样的反思行为是在事后发生，不可能与实践相伴随。但是，当反思能够作为一种意识时，教师的反思意识就能够始终伴随着教师的教育实践活动，始终贯穿于教师日常的具体工作之中，并始终主导和指导着教师的教育教学活动。正是由于教师具有这样的反思意识，教师在与学生的交往中，面对丰富、具体的教育情境，才能抓住教育的机会，表现出一种对教育意义的敏感和自觉。

参考文献：

[1] 陆杰荣，杨伦. 何谓"理论"？[J]. 哲学研究，2009（4）：81-87.

[2] 宁虹，胡萨. 教育理论与实践的本然统一[J]. 教育研究，2006（5）：10-14.

[3] 叶澜. 思维在断裂处穿行：教育理论与教育实践关系的再寻找[J]. 中国教育学刊，2001（4）：1-6.

[4] 陈振华. 论教师的经验性学习[J]. 华东师范大学学报（教育科学版），2003（3）：17-24，35.

[5] 朱晓宏. 重新理解教师的实践境遇[J]. 当代教育科学，2007（9）：27-30.

[6] 底特利希. 本纳. 普通教育学：教育思想和行动基本结构的系统的和问题史的引论[M]. 上海：华东师范大学出版社，2006.

教师简介：

唐诗，怀柔区学科带头人，曾赴英国高校和美国高中进行教育交流访问。曾获"一师一优课"教育部级优课和省级优课奖项；海淀区"风采杯"教学设计与作业设计一等奖；海淀区基础教育课程建设优秀成果一等奖；海淀区"十三五"优秀教育科研成果一等奖；等等。

高中学生发展视域下的初中生习惯养成教育

唐先红

教育家叶圣陶说："什么是教育，简单一句话，就是要养成良好的习惯。"在一定意义上，可以把人的成长过程看成习惯养成的过程。那么，学习的竞争就变成了学习习惯的比赛，一个好的习惯可以让孩子终身受用。从高中学生发展的角度来看，在初中阶段需要培养学生具有良好的行为品质和学习习惯，学生才能更好适应高中学习的要求。

一、主动学习是高中生最重要的学习品质

高中学习需要学生具有更强的主动性，规划自己的学习任务，分配自己的学习时间，强化自己的薄弱环节。在初中阶段，老师以"贴身"指导为主，学生学习的依赖性很强，大多还没有完全养成主动学习的好习惯。通过对我校高一新生学习状态的观察，我们发现，在进入高中的开始阶段，有很多学生在学习上仍然喜欢被动地接受老师的"安排"，时刻需要老师"无形的推手"督促，一旦松开手，学习往往也就停止了。主动学习的习惯养成主要在于以下几方面：

养成课前预习的习惯。大部分学生是不会预习的，以为预习就是看看书、画画重点，这种预习收效甚微。教师要结合导学案或者预习提纲，认真指导并教会学生预习的方法，使学生能在课前掌握基本概念，厘清教材知识脉络，抓住核心任务，在教材中勾画重点内容，绘制思维导图，做到能解决一些基础问题，减小新课学习的压力。

养成学会规划的习惯。初中学习一般仅局限于完成老师布置的作业，课外延伸拓展作业较少。进入高中后，不少同学以为完成作业就是学习的全部，教师一定要让学生知道，除了完成教师批改或检查的作业，还要思考哪些内容要复习，哪些内容要预习，哪些学科知识要归纳，哪些弱项要加强，这些都应该列入自己每天的学习整体规划之中。这些规划不是一天就能完成的，它是一项长期的任务。如果把学习看成被动完成当天的任务，学生是难以适应高中学习的。

养成勤思多问的习惯。相对于初中而言，高中的学习内容更加深刻，需要理解的内容更多，有了不会的问题首先是要主动思考，"学而不思则罔"说明了思考的重要性。当苦思冥想还不能解决问题的时候，要主动寻求老师或同学的帮助。在对高一学生的观察中，我们发现到办公室问问题的学生并不多，课下同学们互相讨论问题的场景也很少见。教师需要多鼓励学生思考问题、提出问题，能够主动去解决问题。勤思、好问的习惯是需要老师刻意引导才能逐渐养成的。

二、高中生活需要唤醒自我意识

学生从初中跨入高中只需要经历一个短短的暑假，但暑假前后的两个月正是初中生自我意识觉醒期。中考之后填报高中的选择，暑假中模糊杂乱思想的沉淀，与同学和老师的交流，这些因素使得他们似乎在一夜之间"长大"，这种"长大"就是自我意识的觉醒。高中阶段的学习和生活需要这种觉醒，需要他们经常保持自我反思、自我调整的状态。

多自我审视。学习过程中经常思考，我有何优点？我的缺点是什么？如何才能扬长避短？甚至可以就自己未来的职业规划做一些思考。自我审视会让学生对自己有比较客观清晰的认识，有利于学生确定明确合适的目标，减少盲目与忙乱。

要树立自信心。进入高中之后，学生的成绩会有很大的变化，无论学生的成绩如何，都要让他们充满信心，以积极的行为和心态面对学习和生活，无论何时，不能让精神破产，不能让信心崩盘。洛克菲勒说："我们不可以决定风的方向，但我们可以调整风帆——选择我们的态度。"

只为成功找方法，不为失败找借口。在高一的几次考试中，总有一些学生因为初中选科等原因，为自己没考好找到"合理"的解释，就像落水的人抓住的一根绳子，久而久之，就会形成习惯，习惯于自己的"合理"解释。可是，如果是学会了游泳呢，还需要那根绳子吗？所以，不要养成做不好事情先找借口的坏习惯，那会使仅有的一点动力逐渐化为乌有。不要解释为什么没做好，而是应当思考，我需要怎样才能做得更好？

三、适合自己的方法才是最好的方法

高中和初中相比，学习内容的差异很大：简单记忆的少了，需要理解的多了；模仿重现的少了，需要知识迁移的多了；验证已知的少了，探索未知的多了。所以，进入高中以后，学习方法和学习习惯的养成就非常重要。但学习方法也因人而异，方法无对错之分，适合自己的就是最好的，有些共性的方法是需要学生坚持下去，并逐渐养成习惯的。

养成会听课的好习惯。学习成绩优秀的同学听课效率一定很高，而不会听课、不重视课堂听课的同学，很难取得好成绩。怎样才是高效地听课？第一，要跟上老师的思路不掉队；第二，不能只记笔记忘了听课，宁可笔记记不全，也要先听老师讲，笔记要记思路和重点；第三，听课过程中有思考，要在知识的联系和理解上下功夫。

养成一天一清的好习惯。当天的学习任务当天完成，不把疑难问题、布置的作业留到第二天，因为第二天还有新的学习任务。如果疑难问题不断积累，最终学科知识会出现大漏洞，那些平时"欠下的"，考试的时候就会无情地出现在试卷中。"今日事，今日毕"，简单的一句话，做起来需要恒心、毅力与坚持，使其最终成为自己的日常。

让错题本变成学习宝典。多数学科都要备有一个错题本，把自己知识上、方法上、解题习惯上的错误记下来，把学习的体会感悟记下来，把自己对章节内容的小结记下来。坚持做下去，一个错题本就成为学生学习的宝贵资源库。

以上所述，是站在高中学生成长发展的角度，对初中学生在习惯培养上的理解。尽管初中阶段并不需要提前学习高中知识，但是好习惯的养成越早越好。当然，好习惯的养成并非朝夕之功，需要长期不懈地坚守。美国作家杰克·霍吉在《习惯的力量》一书中说："行为变成了习惯，习惯养成了性格，性格决定命运。"

从这个意义上说，拥有好习惯就是拥有了幸福的人生。

教师简介：

唐先红，教育硕士，高级教师，安徽省教师资格认定专家库成员。

继往开来

——2020 年开学第一次班会

魏洪波

主持人：2020 年元旦班会上，我们每个人都抽取了由大家亲手制作的贺年卡，这是一份来自同学心底最真挚的祝福，是一份不能用金钱衡量的情义，更是新年伊始的美好期盼。今天我们终于迎来了新学期的第一次班会，这份等待因为加长版的假期似乎被期待了好久好久。因为突如其来的新冠疫情袭击了英雄城市武汉，影响了全国人民生活，让这个年味增加了许多苦涩，改变了我们的生活和学习方式。为了战疫，全国动员参与，一批又一批"逆行者"不计个人安危，迎难而上，奔向祖国最需要的地方，走进战疫最危险的前线。他们仁心仁术，大爱无疆；他们驰援武汉，义不容辞；他们一往无前，勇于胜利。他们用自己的生命筑起大堤，守卫着我们的健康安宁！作为一群特殊而又庞大的群体，被呵护培育的祖国栋梁——我们在校的同学们，理应好好学习，报效祖国。让我们主动融入这场战役，在战疫洗礼中快速成长，为国家和民族积聚力量。今天，让我们继往开来，用自己的方式表达心声，把最美的玫瑰送给最美的人！

第一组发言主题：同心战疫情，感恩逆行者！（学会感恩）

一、战疫的主力军

面对这场突如其来的疫情，冲在一线的是医生，是护士，是警察，是军人，更多的是共产党员。相继赶来的各省援鄂医疗队全部由党员组成，全部是主动请缨。共产党员，在疫情面前毫不畏惧，勇敢担当，成为守护国家、守护人民的第一道防线和主力军。雷神山、火神山医院建成后，由军方接管收治危重病人。军方派出各个战区不同兵种医疗队前往支援湖北。他们全部是党员，甚至很多人是参与过防治 SARS 的。作为军人、老党员，他们的出现无疑让每个人吃了一颗定心丸。

二、伟岸的擎天柱

此次疫情，我们应感谢火神山、雷神山，应感谢钟南山、李兰娟、王辰、陈薇、乔杰、张伯礼、仝小林、黄璐琦等业内著名院士。火神山、雷神山两座医院是中国速度的象征，仅用 10 天时间建成；各位院士笔直的脊梁，则是此次战疫的擎天之柱、定海神针。他们伟岸的身躯是苦难中的坚持与守护，他们是中国最耀眼的明星。

三、城市的黄玫瑰

由于新冠疫情的蔓延，在这人人唯恐"避之不及"的形势下，曾经繁华的街道上几乎无人。可你仔细望去，有几个橘黄色的身影却始终如一。不论局势如何，不论人流量是否减少，不论晴雨，他们总是如期出现、从不缺席。他们戴上口罩，拿起扫帚，肩负起了"城市美容师"的大任。环卫工人，你们是"城市的黄玫瑰"，是社会生活的"马路天使"。你们的存在，让城市少了一份污染，多了一份整洁；少了一份冰冷，多了一份温暖。

第二组发言主题：假如我是XXX！（进入角色）

一、我是武汉市市长

武汉是这次疫情的中心暴发点。作为武汉市的市长，我必须挺身而出！

根据国家紧急指令，武汉疫情最为严重，需要采取非常手段。对我来讲，这是一次空前的挑战！首先，我赶紧召开会议，收集各方面情况，综合做出判断，安排好各个部门的工作。其次，为防止造成更广泛的疫情蔓延，在经过防疫专家、医学院士的科学分析后，毅然做出封城的决定，并报请市委研究决策。第三，考虑到武汉市的医疗资源有限，必须请国家出手支援。于是，果断向省政府和国家报告具体医疗需求，如增加专业医护人员，请求全国人民给予物资援助，包括口罩、食品等，还有派出志愿者。第四，迅速组织各种人力物力财力，妥善安排人们按规定检验、隔离、观察、治疗等，做好服务保障工作。只有我们团结一心、坚定信心，没有什么是不能打败的！

二、我是快递员

我是一个普普通通的人，我是一名快递员。而此时，医生、护士、快递员、门卫却成了危险系数极高的职业。我要将人们网购的物品完整地送到他们手里，这是我要做到的。因为，送达的不仅仅是物品，可能是人们保证自己安全的"保险"，可能是人们在"暴雪"中最需要最急缺的"炭火"，也可能是期待这次战役打赢的心理暗示。但最重要的是，我的存在，传递着全体人民对战胜疫情这一最大困难的决心！我相信，只要力所能及地为别人、为社会、为国家做出奉献，一个普通劳动者也可以在平凡岗位成为顶天立地的英雄！

三、我是社区保安

社区内新增了几个便民点：超市，菜市场等。我的职责是站在大门口，守护整个社区的安全。偶尔可以换班，离开门口，去居民家里走访、巡逻，统计居民家庭成员外地返乡详细情况，记录他们行踪的来龙去脉，重点关注重点疫区返乡的人，了解细枝末节，才能保证社区安全。对于社区内的孤寡老人，我会特意每天去看望，确保重要时期老人的身体健康。对购买感冒药的居民，我会跟踪调查，每天统计体温，确保疫情没有扩散到我所在的社区。与此同时，我还会参与到消毒工作中，每天进行三次消杀，分别在早上六点、中午十二点、下午六点，保证在人员流动的区域没有病毒存在。

第三组发言主题：17 年后（展望未来）

一、华夏诺亚方舟

17 年前，中国带领世界各国人民，共同战胜了新型冠状病毒。今天，又一类似病毒席卷全球，世界又把目光聚焦到中国。而同样不出意料地，中国人民又贡献出中国智慧和中国方案——华夏诺亚方舟。而担当华夏诺亚方舟总体设计的，正是华夏大学工程学专业博士毕业 6 年的我。

方舟宽 2 千米，长 3.24 千米，有 20 层，500 万个房间，可容纳 1 000 万人。里面各类设施齐全完备，就是一个现代化的海上移动城市。方舟里面分成若干个功能区，可以有效应对各种突发情况。以医疗区为例，智能科技已经不需要医护人员操控，完全由电脑自主操作，不仅具有人性化的服务，医疗水平更是一流。诊室的医生由机器人担任，它会经过检查诊断，提供最准确快速的治疗方案。护理机器人可以轻松自如地同时照顾好几十位住院患者，且 24 小时丝毫不懈怠。它的头顶有一个堪比微生物的红外线针孔摄像头，360°无死角环视，避免病人发生突发状况。而且它的脑子里储存了上万种紧急治疗方法，完全有能力处理突发事件。华夏诺亚方舟上的医疗功能区，可一次性收治两千名病患，一周之内治愈。作为世界负责任的大国，中国还免费为各国患者医治，担负所有后勤给养物资，并负责患者出入方舟的接送。中国的倾力付出，使得这次疫情很快过去了。中国这种能够集中力量办大事的体制优势，使得中国治理模式广泛传播，中国国际地位更加巩固，华夏诺亚方舟得到世界范围内的支持和更多建造。我也成为博士生导师，开始培养更多有志青年，共同为中国发展和世界和平贡献力量！

二、17 年的巨变

17 年后，如果发生了现在一样的瘟疫或者流感，应该会有更先进的方式。也许未来的病人，根本不用去看医生，而是用一个非常细小的机器人，让它从病人的嘴里钻到肚子里，机器人会把病人身体里面的病菌全部杀死，这样就可以避免手术给病人带来的痛苦。但是十年、百年、千年的科技成果，需要我们用双手去创造。飞天遁地绝非一时之功，而是千百年科学成果的累加。

三、隐形的守护者

距离上一次大型病毒感染——2020 新型冠状病毒感染已经过去了 17 年，人们过着平静的生活，没有再被任何病毒侵袭。医学科技人员创造了智能机器人，每家每户一台，不会疲惫不会厌倦，日复一日监测着我们的健康。至于我们，被称为超级人类，是不老不死的人类，伤口会自动愈合，毒药毫无作用，我们血中大量的修复酶可以治愈一切病症。我们虽然极其稀少，但愿意为普通人治愈病症。

故事要从 17 年前说起，那时的我很普通，一不小心感染了新型冠状病毒，由于当时医疗手段不是很高级，这种病毒的治疗也只能看个人体质，而我很不巧，刚感染十几天肺部迅速衰竭，呈晕眩状态，濒临死亡之时却自动痊愈，我明白，这是我触动了体内超级人类的基因，成为一个极其稀少的人类品种。

"快，现在情况紧急，没时间跟你解释了。"今天，又一次暴发了类似 17 年前的疫情。虽然超级人类可以用血液救人，但毕竟我们是极为稀少的且不能一直输出血液，如果一个超级人类在零下 36 摄氏度环境中生活，他将失去修复酶的作用，若此时血被放干，他将进入休眠状态。正因为这样，医学科技人员只能和我们一起研究解决方案。好在我们的血产生速度极快，加之现在高超的医疗技术，这场疫情竟不到一个月便结束了。我们超级人类也被普通人一点一点认可，社会也保持着良好的状态。

"丁零零！"我从梦中醒来。

班主任评语：

1．感恩今天，我们应该记住英勇的战疫英雄。他们冲锋陷阵的背影上，写满了一种伟大的精神，这种精神叫科学、专业、无畏、担当。

2．我们要与自然和谐相处，大自然不需要人类，而人类需要大自然。疫情过后，希望大家树立健康观念和生物安全意识，多科普健康知识，多一些忧患意识。

3．西方人才培养模式注重这些特质：知识面、创造力、适应性、独立性和实践能力。东方人才培养模式注重的特质是：逻辑思维、知识深度、重视读书、统一规范和集体主义。未来的人才可能是集东西方培养模式之长的像图钉一样的"T 型"人才：既有广度，又有深度。我们要坚守初心，下定决心，满怀信心，永葆恒心，向先进科技进军，为国家、为社会、为人民谋求更多福祉！

教师简介：

魏洪波，中共党员，正高级教师，化学教研组组长，从教 24 年。曾获北京市骨干教师，辽宁省省、市、区骨干教师，区首席教师、名教师称号，北京市怀柔区高中化学学科带头人和优秀班主任。

让学生真正成为班级的主人

李春华

"文武并用，垂拱而治。何必劳神苦思，代百司之职役哉？"这是魏征在《谏太宗十思疏》中对成功的君王的定义。我认为这对我们班主任也有借鉴意义，一个忙碌的"班头"未必是一个成熟的班级管理者。在班级管理中，班主任要以学生为本，根据孩子的生理和心理特点，让学生的个性得到张扬，让其表现，让其参与。只有当班主任由全方位的管理者向顾问、助手、参与者转变时，才能充分调动全班每一个学生积极参与到班级管理中，使每一个学生成为班级管理的主人。

一、民主建班，以理制班；以人为本，自主管理

1. 学生是班级目标的制订者

"没有规矩，不成方圆"，注重发挥学生的主体作用，并不是不要管理制度，而是要让学生在班主任的间接调控下自主管理，自主教育。学生是班级的主人，班主任的职责应该是协调引导，而不能是包办一切，应该给学生最大的自主权。

班训班规的形成，传统的做法是班主任拟定条款，这样在一定程度上会让学生形成逆反心理，产生一定的抵触情绪，收效不大。我的做法是：入学初，先在班级内讲优秀班集体的事迹，让学生明白制订一套切实可行而又能推动班级发展的班训班规的必要性和重要性；然后通过个人建议、小组讨论、班会等形式，引导学生反复斟酌，共同制订出既符合校情、班情，又能让全班同学共勉的、起到激励警戒作用的班训、班规。从学习、纪律、卫生、礼仪、行为规范等方面，提出了明确而具体的目标和确保目标实现的措施。由于这些目标和措施完全是由同学们自己商定的，有切实可行的近期目标，也有高瞻远瞩的远期目标；所以同学们在完成时，就显得更主动，更有信心，更得心应手。班训、班规制订出来了，不实施等于一纸空文。作为班主任，应引导全班学生学习班训、班规，要求他们自觉按要求去做，互相督促，勉励自己，使其成为班训班规的实施者。

2. 学生是班级工作的管理者

教育家斯宾塞说过这样一句话："记住你管教的目的应该是养成一个能够自治的人，而不是一个要让别人来管理的人。"作为班主任，应让学生明确：全班每个同学都是组成班集体的一分子，应积极主动地群策群力，热爱、关心班集体，为搞好班集体出谋献计，为班集体增光添彩。

在班级管理中，班主任更要转换视角，把学生看成参与管理者而非受管理者，在学校班级的各项活动中主动"让权"，激发他们的主体意识，从而让学生最大地发挥主动性和创造性。在班级管理中我执行班干部定期轮换制，它能使每位学生都有在各自不同

的岗位上为他人服务的机会。我对每位学生干部的工作总是给予热情的指导和帮助，努力培养他们处事及应变的能力。我还常按学号顺序要求每位学生都担任一天临时班主任，负责一天的各项工作，让他们理解班主任工作的辛苦。通过锻炼，学生的自我管理能力逐日提高，班级也形成了一个人人有职有责，个个参与管理，团结拼搏的良好氛围。班长全面负责，副班长分片包干，委员及科代表分抓各线，形成面、线、点一体的管理机制，这样分工细致，管理具体，班集体内大到学习纪律、出勤纪律、集会纪律等，小到教室、公区的清洁，教室的门、窗、椅等公物的爱护，均逐一落实到人。做到班级管理有章可循，有据可查，使得班级日常各项管理工作条理化、规范化、系统化。

古人说得好："水能载舟，亦能覆舟。"班委不实行"终身制"，同学们有权选出自己认可的班委，更有权罢免班委，也就是说，班委同学的工作时时刻刻受全体同学的监督。另外要说明的一点就是，不管是在试用阶段，还是运行阶段，都要真正体现学生的主体作用，但并不是班主任可以放任不管，相反，班主任的主导作用是决不可忽视的。班主任要起到指导、疏导、引导的作用，只有这样，班级管理工作才能正常运行，才能向着更健康的方向发展。总而言之，要在全面了解学生的基础上，充分发挥每个学生的特点和优势，使每位学生感到"英雄有用武之地"。

我从下棋中得到这样一个启示：一个班集体就像一盘棋，集体中的每一个成员就像一颗棋子，怎样各显其能，全在于班主任的调动指挥。在班级管理中，班主任应发挥参谋作用，让所有学生担任职务，这样每个棋子，每位学生都能扬长避短，施展自己的才能。

二、尊重个性，用发展的眼光看待每一名学生

1. 教师的正确引导，使学生健康成长

学生的个性没有好坏之别，关键在于正确的引导，要使学生健康地成长，首先要从尊重个性方面去努力。中学生处于生理、心理的变化期，希望得到尊重，但他们又处于独立性和依赖性、自觉性和幼稚性错综矛盾的时期，常常会出现冲动的情绪行为。教师对待犯错误的学生要有耐心，要想方设法地帮助他们去改正，让他们懂得这是成长中的必经阶段。

英国教育专家约翰·洛克曾经说过这样的话："你要他的心里接受你的教导或者增加知识，你就应使他保持一种安闲逸静的气性，你不能在一个战栗的心理上写上平正的文字，正同你不能在震动的纸上写上平正的文字一样。"这段话启发我，在批评学生时应注意时间、场合、方法、态度，让师生之间形成一种宽松气氛，为学生接受教师批评创造良好的心理环境，这样才能收到良好的效果。争取做到不在全班同学面前公开批评学生，不使他们难堪；少把学生请到办公室来批评，以防在别人面前伤害他的自尊心；不停止讲课批评学生，避免造成大部分学生反感；批评的语言诚恳，语气温和，方法灵活多样，有时讲故事启发，有时让学生自己总结，有时表扬其他同学来达到批评个别同学的目的，对于自尊心较强的同学，当他已经意识到自己的错误时，一个暗示的眼神可能比指责性的批评更有效。但这种宽容与尊重并非无原则地迁就，而是一种相互尊重

的师生关系。对于批评，我的做法是严责其过，宽容其人。严责其过是为了让学生明白自己错在哪里，宽容其人是为了保护学生的自尊心，使其拥有改正错误的信心。公正的、考虑周到的、非伤害性的批评能使他们更清楚地认识错误，使其一步步学会控制自己。我在班上曾经开展了"无批评日""无批评周"的活动，各组之间展开竞赛，如果哪个同学无意中犯了错误，则让他为集体做一件好事，在和谐欢愉的气氛中，学生培养了自律的习惯和自我约束的能力。

2．教师要做涓涓的细流，春风化雨润物无声

一个称职的班主任，应经常用"假如我是一个学生"这样的话来提醒自己，仔细考虑自己的每一句话、每一个行动将会引起学生什么样的反应。应用心理换位并不是一件易事，它要求班主任要经常深入到学生中去，去留心他们的言谈举止，体验他们的喜怒哀乐等心理变化。熟练地掌握这种方法本身就是一种创造性的工作，它会给教育者带来极大的乐趣。用心灵换位的方法去感知，用心灵实现的方法去观察，使教师的工作像涓涓的细流，淌入孩子们的心田，使他们茁壮成长。无论什么人，受激励而改之，是很容易的，受责骂而改之，是不大容易的。

通过学生大胆参与班级管理，建立健全班集体的过程已变成了一个学生自我教育的过程，一个自身能力提高的过程，一个朝气蓬勃的集体自主诞生的过程。学生既是受管理者和受教育者，又是班级的管理者和教育者，从而真正成为班级的主人，这样，班主任就真正达到"垂拱而治"的理想境界了。

时代在变，学生的成长环境在变，教师应该构建与孩子平等沟通的平台，少用一些成人的标准去要求学生，学会揣摩学生的心理，多一些与学生的沟通。虽然开始很难，过程也很坎坷，但经过实践一定能有收获。哪个班里都会有个别学生太"顽皮"，要时刻告诉自己，不要放弃任何一个学生。每一个学生都是独特的存在，衡量优秀的标准不仅仅是学习成绩，只要我们给予学生足够的空间和信任，每个学生都会绽放不一样的精彩，让我们一起耐心些，再耐心些。我们要仔细研究学生的个性特点，捕捉他们的闪光点，时刻激励他们，使他们有勇气告别昨天的不良习惯，勇敢地面对人生。作为老师，身上所肩负的是使命也是责任，故心之所向，无问西东；理想在彼岸，风雨兼程，一往无前；洒下耕耘的汗水，就能收获丰硕的果实！

教师简介：

李春华，中学历史高级教师，河北省骨干教师，河北省优秀班主任，河北省"三三三"层次人选拔尖人才。现任北京市第一〇一中学怀柔分校历史教研组组长，北京市骨干教师，获北京市怀柔区教学金质奖章、区教学质量标兵，是区学科教学带头人。

校园足球对中学生心理健康的影响研究

钟 迪

在青春期，中学生由于受到身体发育、内心发展以及学业等方面的压力的影响，容易产生心理健康问题。一份调查研究表明，中学生中，有中度心理问题倾向比例为 7.7%，有轻度心理问题倾向比例为 55.4%。如果在这一时期，中学生心理问题没有得到解决，其心理问题就会转变为心理疾病，更有甚者会造成自杀的情况。学生心理健康的良好与否能够直接的影响到学生能否健康地成长。因此，学校应该加强心理健康服务，以此减少学生出现心理健康问题的情况，促进学生能够良好健康地成长。这是所有教育工作者应该着重面对的现实问题。保证学生的心理健康，学校一方面需要加强专业的心理健康教育；另一方面，需要在日常的生活当中，培养学生用积极的心态去面对困难和挫折，达到"润物细无声"的状态。体育由于其自身特殊的功能，在这一过程当中，可以帮助学生有效地调节心理状况。学生可以在体育活动当中增强体质，陶冶情操，消除不良情绪，以此减少心理健康问题。体育活动虽然能够有效地减少学生的心理健康问题，但是由于体育项目属性以及不同的运动强度不同，对心理健康问题所起到的作用也是不同的。

一、研究对象与方法

（一）研究对象

本文以北京市怀柔区中学足球班学生与普通班学生的心理健康状况为研究对象，其中足球班进行足球基本技术、攻防转换、比赛对抗等教学，实验周期为 16 周，每周 2 次；普通班按照正常的教学任务进行。实验对象共 60 人，足球班 30 人，普通班 30 人，其中男生 15 人，女生 15 人。

（二）研究方法

1. 文献资料法

本文根据研究的需要，通过查阅学校图书馆相关的纸质书籍，利用中国知网、万方、维普等检索数据库，检索查阅关于心理健康、足球与心理健康、中学生心理健康等方面内容的文献资料，并对此进行整理、重点阅读和归类分析，为本次调查提供理论基础。

2. 问卷调查法

本文通过在教学实验前后发放心理健康量表，学生现场填写、回收的方式测定受试者相关数据。问卷发放与回收情况参照表 1。心理健康量表采用国际公认的《症状自评量表（SCL-90）》。

表1 调查问卷统计表

	发放份数	回收份数	有效份数	回收率%	有效率%
足球班问卷	30	30	30	100%	100%
普通班问卷	30	30	30	100%	100%

从表1中可以看出，足球班问卷和普通班问卷回收率和有效率分别为100%，问卷的回收率和有效率均满足研究的需要。

对《症状自评量表（SCL-90）》中10个因子：躯体化症状、强迫症症状、人际关系敏感症状、抑郁症状、焦虑症状、敌对症状、恐怖症状、偏执症状、精神病性症状以及其他症状都实行五级评分制（本文对其中5个因子进行重点阐述）。分数越高，表明相应症状越严重，越需要重视。具体得分与相关症状表现程度见表2。

表2 得分—症状程度对照表

分数	M<2	2≤M<3	3≤M<4	M≥4
程度	基本无症状	轻度症状	中度症状	偏重症状

3. 实验法

足球班进行足球基本技术、攻防转换、比赛对抗等教学，普通班按照正常的教学任务（课程大纲中规定的教学任务）进行，分别进行16周的教学练习。在16周的教学实验前后，分别使用《症状自评量表（SCL-90）》对足球班和普通班的情况进行综合测试，在测试的过程中测试员要随时进行观察和记录，在实验结束之后对前期所测数据进行综合分析。

4. 数理统计法

先利用 Excel 表格统计实验前后所测得的数据，然后运用 SPSS25.0 对所得测量数据进行统计和分析。以组为单位，对实验前的数据统计结果采用独立样本 T 检验进行判定；实验后组与组之间的数据比较使用独立样本 T 检验，组内使用配对样本 T 检验的方法进行检验。

二、研究结果

（一）心理健康概念界定

苗军芙等在《心理健康教育》一文中认为，"心理健康"是指人的内心功能状态……体现在情绪、需求、认知等的稳定状态，是一种真实的自我内心活动状态。刘华山在《心理健康概念与标准再认识》一文中认为，心理健康指的是一种心理状态。在这种状态要求下，个体能够发挥出顽强的自我生命力、积极的心理状态，以及对于陌生环境的积极适应能力，长此以往能够激发个人的身心潜质与积极适应社会的能力。

王长生在《青少年学生心理问题成因及矫正之我见》一文中认为，越来越快的生活节奏和越来越大的竞争压力给青少年带来了沉重的心理负担，从而在面对变化的环境、较大的学习压力时容易遭受挫折，进而产生恐惧心理。而且随着网络的飞速发展和普及，目前有一些娱乐性质的电视节目和影视剧若有若无地映射出不正确的价值取向，甚至会有一些带有暴力、色情内容的网络游戏等充斥在学生生活之中，这些毫无疑问都会在不同程度上对中学生心理健康产生不利的影响。

综上观点，强调了个人的成长、潜能的挖掘、个体协调等方面。心理健康定义众多，综合各家观点，本文认为，心理健康是一种内外协调，知、情、意表现与环境一致，积极、持久的一种心理状态。

（二）足球班与普通班实验前心理健康测试结果

表3　足球班与普通班实验前各因子及总均分一览表

因子	足球班实验前	普通班实验前	P 值
人际关系敏感	2.08±0.33	3.04±0.32	0.051
抑郁	2.10±0.23	2.09±0.34	0.061
焦虑	2.08±0.13	2.06±0.32	0.054
敌对	1.67±0.49	1.63±0.45	0.835
其他	2.10±0.46	2.06±0.52	0.514
……	……	……	……
总均分	3.02±0.09	3.04±0.16	0.632

注：P<0.01，具有非常显著性差异；P<0.05，具有显著性差异；P>0.05，不具有显著性差异。

从表3中可以看出，足球班与普通班在实验前的检验结果（P>0.05），说明足球班和普通班学生在实验前的心理健康因子测试均无显著性差异，即表明分组科学合理。但是，可以清晰地看出北京市怀柔区中学足球班学生与普通班学生的心理健康水平较低，除了敌对因子得分低于2分，其余因子皆大于2分。

（三）普通班实验前后心理健康测试结果

表4　普通班实验前后各因子及总均分一览表

因子	实验前	实验后	P 值
人际关系敏感	3.04±0.32	3.03±0.30	0.271
抑郁	2.09±0.34	2.06±0.35	0.722
焦虑	2.06±0.32	2.02±0.30	0.122
敌对	1.63±0.45	1.63±0.44	0.106
其他	2.06±0.52	2.03±0.50	0.101
……	……	……	……
总均分	3.04±0.16	3.01±0.10	0.481

注：P<0.01，具有非常显著性差异；P<0.05，具有显著性差异；P>0.05，不具有显著性差异。

从表 4 中可以看出，普通班在 16 周实验后，心理健康各因子与实验前心理健康各因子相比，数值变化并不明显。经过数理统计得出检测结果，P 值大于 0.05。由此说明，普通班按照正常的教学任务教学，学生的心理健康因子测试不具有显著性的差异。这也反映出传统的教学安排很难改变学生已经形成的固定的心理情况。

（四）足球班实验前后心理健康测试结果

表 5 足球班实验前后各因子及总均分一览表

因子	实验前	实验后	P 值
人际关系敏感	2.08±0.33	1.89±0.32	0.000
抑郁	2.10±0.23	1.98±0.34	0.032
焦虑	2.08±0.13	1.87±0.32	0.022
敌对	1.67±0.49	1.43±0.45	0.006
其他	2.10±0.46	1.93±0.52	0.021
……	……	……	……
总均分	3.02±0.09	2.34±0.16	0.031

注：P＜0.01，具有非常显著性差异；P＜0.05，具有显著性差异；P＞0.05，不具有显著性差异。

从表 5 中可以看出，足球班在 16 周实验后，心理健康各因子与实验前心理健康各因子相比，数值变化幅度较大。经过数理统计得出检测结果，P 值小于 0.05，其中人际关系敏感因子结果 P 值更是小于 0.01。由此说明校园足球练习对于促进中学生的心理健康具有重要的作用。

（五）足球班与普通班实验后心理健康测试结果

表 6 足球班与普通班实验后各因子及总均分一览表

因子	足球班实验后	普通班实验后	P 值
人际关系敏感	1.89±0.32	3.03±0.30	0.000
抑郁	1.98±0.34	2.06±0.35	0.002
焦虑	1.87±0.32	2.02±0.30	0.002
敌对	1.43±0.45	1.63±0.44	0.001
其他	1.93±0.52	2.03±0.50	0.002
……	……	……	……
总均分	2.34±0.16	3.01±0.10	0.000

注：P＜0.01，具有非常显著性差异；P＜0.05，具有显著性差异；P＞0.05，不具有显著性差异。

从表 6 中可以看出，在 16 周实验后，足球班心理健康各因子数值比实验后普通班心理健康各因子数值的变化更加显著。经过数理统计得出检测结果，P 值小于 0.05，其中人际关系敏感因子结果 P 值更是小于 0.01。由此说明与普通班教学相比，足球班教学更能改善学生的心理健康状况。

三、对研究结果的分析

从测试结果可以看出足球班在 16 周实验以后，得分总体明显下降，在实验前、后测得的数据差异显著（P<0.05），可以说明校园足球练习可以改善北京市怀柔区中学学生的整体心理健康状况，提高其心理健康水平。

（一）人际关系敏感

人际关系敏感的个体具有的最明显的特征是个体表现出来的不自信，在与他人进行交往的过程中表现尤为突出。本次足球教学，实际意义是以足球练习为契机，给学生提供一个相互交流、相互沟通、相互借鉴的学习机会。在此过程中，同学们慢慢学会了心平气和地沟通，在沟通、交流中不断加深对彼此的理解和信任，逐渐发现对方的闪光点，学会欣赏别人，同时也学会肯定自己。同时，可以减轻防备心理，使同学之间真诚地进行沟通。

（二）抑郁症状分析

通常来讲，绝大部分人会在某一阶段有情绪不佳的状态，以至于表现出不良的情绪变化，严重时会表现出不同程度的抑郁情绪。研究表明，人在抑郁时会表现出对自己的生活感到无趣，对自己的现状感到不满，对身边的事物漠不关心，严重者会出现多疑、悲观、伤心等不良反应。

足球班与普通班的学生在实验前都有轻度抑郁症状，经过 16 周实验后，足球班与普通班的学生抑郁症状都有所改善，且足球班由实验前的轻度抑郁转为无相关症状。通过教学观察发现，大部分学生都能够全身心投入练习，在练习过程中逐步领会校园足球学习的特点和要领。学生在放松的状态下练习，自然而然会获得愉悦的体验，从而减轻抑郁程度。

（三）焦虑症状分析

焦虑是外界环境突然改变、重大事件来临之前或者遇到危险等情况下，机体出现的一种应激反应。16 周实验后，足球班的焦虑因子数据相比于普通班大幅下降，表明足球班学生在接受足球学习以后，焦虑症状维度的分值较实验前明显降低。

（四）敌对症状分析

敌对情绪一般是指个体对身边的人和事物产生的一种紧张而不适的反应，从而产生的一种防御心理。

从测试结果可以看出，足球班学生的敌对情绪更明显，经过足球教学，足球班敌对症状的得分减少，统计学检验表明足球学习能够改善足球班学生的敌对症状，提高其心理健康水平。普通班实验前后无变化，可能受实验时间的影响以及受周围环境的影响，对于普通班敌对因子的原因有待进一步探究。

（五）其他症状分析

其他症状主要反映了个体近一周的睡眠及饮食情况。从实验结果可以看出，足球班学生在接受足球学习以后反映睡眠饮食维度的分值明显降低，足球班在教学实验前、后所测得的数据差异非常显著。可以说明足球的技能教学、攻防转换、比赛对抗等教学能够有效地改善学生的睡眠饮食情况，促进其心理健康发展。

四、结论与建议

（一）结论

通过 16 周的教学实验，普通班学生的心理健康各因子以及总得分有所下降，但是变化并不明显；而足球班学生在实验后各因子及总均分都较实验前有大幅度的提升，其中人际关系敏感因子最为显著。说明普通班传统的教学安排对于学生心理健康无显著影响，而校园足球练习对于学生的心理健康具有重要的作用。

（二）建议

教学实验证明，16 周足球教学能够有效改善学生的心理健康状况，无论是心理健康水平较低的学生还是心理健康状况较好的学生都可以通过学习足球提高其心理健康水平。因此，可以考虑将校园足球作为学校进行学生心理健康教育的一种有效手段，以足球学习交流的形式为学生提供一个人际交往的平台，分享彼此之间的心得体会，增加学生间的共同话题，锻炼其交际能力，提高学生的人际交往水平，提高生活质量，为学生心理健康建设开辟新的路径。

参考文献：

[1] 付继玲，万宇辉，孙莹，等. 中学生视屏时间、心理亚健康与自伤行为[J]. 中国心理卫生杂志，2013，27（6）：468-472.

[2] 苗军芙，张金宝. 心理健康教育[M]. 青岛：中国石油大学出版社，2007.

[3] 刘华山. 心理健康概念与标准的再认识[J]. 心理科学，2001（4）：481-482.

[4] 王长生. 青少年学生心理问题成因及矫正之我见[J]. 新课程研究（教育管理），2007（2）：58-59.

[5] 袁立新，张积家，林丹婉. 班级环境对初中生心理健康的影响[J]. 中国学校卫生，2008（1）：59-60.

[6] 李杨. 课外体育活动对高中生心理健康影响的研究[D]. 大连：辽宁师范大学，2019.

教师简介：

钟迪，中共党员，毕业于首都体育学院。承担体育与健康教学工作及啦啦操社团指导工作，曾获得怀柔区高中体育教师优秀教学设计一等奖，北京市优秀教练员，指导学生获得全国啦啦操竞赛、北京市青少年体育竞赛、怀柔区艺术节等多个奖项的一等奖、二等奖。

依托科学实践活动开展劳动教育的研究

苗 琼

教育部于 2016 年颁布《中国学生发展核心素养》，文件以核心素养培养为目标，提出在学生教育当中，劳动意识的培养应当作为实践创新素养的首位。但从实际教学情况来看，劳动技术教育处境较为尴尬，一方面学生缺少劳动参与积极性，未能建立起劳动素养下的健康价值观，另一方面学校在开展劳动教育时也存在教育资源配套不足，课时安排不够的困境。依托核心素养培养，寻求劳动教育教学模式创新成为当前教育升级的重要议题。

一、劳动教育面临困境

针对中学学校劳动教育以及学生劳动素养情况展开调查，结果显示：学校劳动教育教学资源供给低下、重视程度不够、课时安排少；中学生普遍存在劳动素养不高，劳动参与度不足的现象。受以上因素影响，目前劳动教育在培养学生劳动价值观和劳动素养方面未能起到实质性作用。

（一）学生整体劳动素养不高

调查统计发现，中学生能够接触到的劳动环节相对较少，他们主要的生活场景是家庭和学校。在学校环境中，学生绝大多数时间参与学习，仅有少部分时间参与较为简单的学校卫生劳动；在家庭环境中，绝大多数学生偶尔或从不做家务，经常做家务的学生数量占比极低。缺少劳动参与，学生对于劳动的认知判断也存在偏差，部分学生对于劳动和劳动者没有什么特别的感受，甚至有部分学生受到一些错误思潮影响，认为劳动低下，对于劳动产生强烈的厌恶情绪。

（二）学校劳动教育课程配套不足

学校对于劳动教育的重视不足，每周劳动教育课时不足 2 节且频繁出现占用情况，导致劳动课开展十分困难。与一般课堂教学不同，劳动教育强调亲身实践，需要拥有大量安全有效的配套教学资源，但从学校的资源配置情况来看，劳动教育资源严重短缺，大部分劳动课为室内理论教学，实践课程也是以学校大扫除为主，缺少与劳动素养目标一致的教学内容，整体教学质量偏低。

二、科学实践活动应用场景下劳动教育课程创新策略

相比于劳动教育，科学实践活动内容丰富、创意十足、学生参与度高，对学生吸引力巨大，同时科学实践活动类型多样，强调实践环节，在应用实践层面与劳动教育教学

特色不谋而合。对于劳动教育学科创新来说，将其融入科学实践活动场景中能够有效节约教学资源，同时带动学生参与劳动的热情。

（一）优化科学实践课程内容，激发学习兴趣

伴随校本课程模式的大面积推广，在进行一些学科的教学时，学校可以结合自身的教学特色编订相应的教学课程计划，例如，可以将劳动教育融入科学实践活动中。为了使科学实践与劳动教育实践紧密结合，激发学生的学习兴趣，课程内容的设置可以以前沿科技、趣味科学等为方向，将科学实践与劳动实践紧密结合起来。

比如学校可以开设航天天文知识类的科学实践活动，学生参与科学实践，了解卫星、航天器、空间站等的工作原理。通过制作模型等实践活动，直观感受宇宙速度与卫星发射之间的关联，增强学生对于航天知识的理解。在这个过程中，劳动教育便可以将模型制作、实验观察、数据记录等，作为劳动实践内容。组织学生参与劳动，从一方面来说，学生能够基于科学探索，更主动地参与到制作劳动中，从另一方面来说，劳动成果能够提高学生的成就感，帮助学生正确认识劳动的价值。

（二）充分利用科技实践基地

以科技馆、少年宫等为代表的科技基地为科学实践活动提供了丰富的活动场景，有条件的学校还可根据校本课程情况创建本校的科技教育基地。基地以实践教育为主要功能，相关配套设施完备，能够满足不同数量、不同教学内容的实践需要。劳动教育可以尝试将教学内容与科学实践活动内容进行融合，构建"科研实验+劳动制造"一体化的课程体系。例如 AI 科技实践活动项目，就可以与软件编程、劳动实践相互结合，劳动课程便可以在 AI（人工智能）原理与实践操作学习之后组织学生参与到软件编程和机械维护等劳动项目中，让学生结合所学习的 AI 原理来参与软硬件层面的管控，提高自身的专项劳动技能。

对于学校劳动教育配套资源不足的问题，学校可以参考当前高等院校普遍采用的"校企合作"模式，尝试从中学教学特征出发，与优秀社会企业、公益机构建立合作关系，通过政府扶持，共同参与到劳动教育资源配套中来。例如，政府主管单位可以将劳动教育基地建设作为重点发展项目，引导社会企业履行自身社会责任，为基地建设提供支持。学校之间可以采用共享劳动教育基地的方式，充分利用现有的基地资源，为学生提供专业化水平高、教育质量高的劳动实践项目。

（三）邀请专业人士参与指导

有条件的学校，可以邀请在科技大赛获奖的中学生、辅导教师、评委专家等，参与到学生科学实践活动的指导中来。他们具备较强的科学实践能力，同时对于学生的学习需求也更加了解。邀请他们参与到科学实践活动当中来，能够制订更精细的科技劳动教育内容，站在学生角度开展劳动活动，提高劳动教育质量。

三、结束语

长期以来，劳动教育在学校教育当中缺乏重视，课程开设和教育效果均不容乐观。一方面，学生自身缺少对于劳动的正确认知，没能形成积极参与劳动的热情；另一方面，学校自身未能提供给学生高水准的劳动实践场景，未能有效进行资源配套。为了能够充分发挥劳动教育在学生成长当中的作用，教育系统可以尝试将劳动教育课程纳入科学实践活动环节当中，借助科学实践活动本身的创新性，引领学生产生参与劳动实践的热情，同时借助共享手段，优化利用科技实践基地，为劳动教育实践培训提供硬件支持，使学生能够接受高水准的劳动教育。

参考文献：

[1] 王倩，纪德奎. 中小学课堂教学中劳动素养培育的困境与路径探析[J]，当代教育论坛，2021(6)：108-114.

[2] 王玉香，杨克，吴立忠. 大中小学青少年劳动状况调研报告：基于全国 30 省份 29229 名学生的实证调查[J]. 中国青年研究，2021（8）：41-49.

[3] 曾焕琼，黄春燕. 科学思维下的劳动教育途径设计：以蘑菇种植为例[J]. 教育与装备研究，2021，37（5）：25-27.

[4] 陈卫东. 如何有效地组织学生开展生物学科技实践活动[J]. 生物学教学，2019，44（1）：60-61.

[5] 傅永超，董景娇，朱炎. 重视科学实践 提升科学素养：以《爱沙尼亚国家课程大纲（2014）：自然科学》为例[J]. 中国现代教育装备，2021（22）：63-66+72.

[6] 陈建熔. 新时代劳动教育背景下的通用技术有效教学探析[J]. 中学教学参考，2021（33）：26-27.

教师简介：

苗琼，高级教师，曾获北京市机器人大赛十佳科技辅导员。主持北京市教育学会课题 1 项、怀柔区规划办课题 1 项，参与市区级研究课题 4 项，在国家级期刊发表论文 4 篇。

高中物理教学中生涯教育的渗透策略

刘雨菲

生涯教育是指教育者根据受教育者的认知水平、思维能力和生涯发展期的特点，引导受教育者认识自我，挖掘自身的兴趣、优势、潜力，找到自己的擅长领域。高中生涯教育旨在为学生提供职业信息、专业信息，开展专业选择和职业选择指导，帮助学生把握自身特质与专业、职业之间的联系，培养学生的生涯规划意识，提升学生的生涯规划水平和生涯决策能力。

学生在"3+2+1"的新高考选科模式下，选科是否客观和合理直接关系着学生高中生涯学习的顺利与否，进而影响大学的专业选择，甚至关系到未来的职业生涯发展。因此，高中学校开展生涯教育是重要且必要的。但是，期望生涯教育起到良好的效果，仅依靠现有的生涯规划课程和学校开办的讲座是远远不够的，还必须将生涯教育在各个学科中进行渗透。"渗透"在《现代汉语词典》中的解释之一是比喻一种事物或势力逐渐进入其他方面。既然是渗透，就要保证原来的事物不被打乱，也就是说在物理教学中渗透生涯教育，要保证不打破原定的物理教学体系，不能专门占用课时，而是要在教学的点点滴滴中渗透，达到"润物细无声"的效果，从而促进学生的发展。为此，笔者总结了四种在物理教学中渗透生涯教育的策略，这四种策略以课前、课中、课后三个角度为切入点展开，下面将详细阐述。

一、多媒体素材导入中渗透生涯教育

多媒体素材指的是视频、图片、音频等能够在教室的多媒体工具中呈现出来的材料。

课堂引入是指在一节课的开头，由教师组织的环节，是引导学生快速进入学习状态，把学生的注意力吸引到课堂相关主题上的重要环节。因此，想要让学生快速地投入课堂，课堂引入的设置是需要教师花费心思的。为了调动学生的兴趣，我们可以采取一些能直接刺激学生视觉、听觉的方式，比如播放视频资料、音频资料或是展示图片等。教师备课环节选择视频、音频、图片资料的时候，可以选取既与课堂知识相关，又恰好能够用作生涯教育的素材，在激发学生求知欲的同时，加强学生对生涯规划的认知和理解。下面笔者分别以人教版普通高中教科书物理必修第一册第三章第5节"共点力的平衡"和必修第三册第九章第4节"静电的防止与利用"为例，结合该策略，设计融入生涯教育的课堂导入。

给学生展示山西悬空寺和不丹虎穴寺的图片，如图1、图2所示。

山西悬空寺位于山西省大同市浑源县恒山金龙峡西侧翠屏峰的峭壁间，以如临深渊的险峻而著称，始建于北魏后期，距今有一千五百多年。悬空寺利用力学原理半插飞梁为基，巧借岩石暗托，梁柱上下一体，廊栏左右相连，曲折出奇，虚实相生，给人一种十分危险的感觉，但建筑的承重能力和受力情况远超人们的想象，它内部有着独特奇妙的结构，因此整个建筑非常牢固。与之类似的建筑还有不丹的虎穴寺，它建造在海拔3300米的悬崖上，远远看去，山巅上的寺院仿佛和山岩融为一体。这些令人称奇的建筑能出现在我们的视野里，当时负责建筑整体结构的工匠们，也就是如今我们所说的结构工程师们功不可没。这些建筑为什么能够稳固地悬挂在陡壁上？其中蕴含了怎样的力学原理？让我们一起走进今天的内容——共点力的平衡。

图1　山西悬空寺　　　　图2　不丹虎穴寺

物理中的静力学与土木工程息息相关，所以，这一节课的引入以建筑界的奇观为切入点，向学生展示图片。学生在观看图片的时候，仿佛身临其境感受力学的神奇。介绍建筑的同时，教师也在给学生创设一个问题情境，让学生在这个情境中感受本节知识在实际生活中的应用，同时也对与土木工程相关的生涯信息有了更进一步的认识。

一直以来，雷电经常给地球上的生物和人类文明带来毁灭性的打击，雷电灾害因此也被称为"电子时代的一大公害"。雷电发射的冲击波以及猛烈的电磁辐射等物理效应，可以在瞬时造成毁灭作用，导致人员伤亡、建筑物击毁、通信设备受损等。小时候，我们常常被告知，打雷的时候不能站在大树下面、不能撑伞，否则容易被雷击中，但是为什么城市中高大的写字楼等建筑却可以在雷电天气免受其难呢？采取了什么办法使它们避开了雷电呢？

物理教师给学生展示建筑物上的避雷针图片（如图3所示），并播放避雷针"引雷"的视频。

其实这得益于防雷工程技术人员、安全技术防范工程技术人员们缜密的分析和设计，正是由于这些技术人员的存在，我们的建筑、航空运行设备等才能在雷电天气下保持安然无恙。同学们如果在平时的生活中仔细观察，就可以发现身边的很多高大建筑物的顶端通常都有一根细细的金属棒，并且在刚才的视频中，我们看到，这根金属棒似乎把雷电吸引了过来，为什么看起来好像"引雷"，实际上却达到了避雷的目的呢？我们通过学习今天的内容，一起来揭秘其中的原理。

图 3　建筑物上的避雷针

这个案例通过一张避雷针图片和一个避雷针引雷视频，既引出了这一节的重要内容——静电平衡的特点以及尖端放电，又渗透了生涯教育。通过教师的介绍，学生不仅全身心地投入课堂学习中，而且了解到了与静电防止的物理知识相关的职业，学习体验良好。这也达到了在保证教学体系稳步进行的前提下融入生涯教育的目的。

二、物理名人品析中渗透生涯教育

物理学的发展是从古至今一代代科学家们细心观察、悉心钻研、刻苦实验得来的，不同研究领域的物理学家们在各自的领域内发光发热，共同推动了物理学科的繁荣发展。成功不是一蹴而就的，他们的身上有着共同的品质和素养，那就是对于科学的严谨态度和持之以恒的精神。在物理教材中，有很多章节提到了推动物理学前进和科技发展的人物，因此，教师在讲到这些课题时，可以将教材中提及的名人逸事作为渗透生涯教育的关键点，讲述他们背后物理新发现的趣事，还可以选取与本节内容关联的代表性人物，介绍他们的职业和生涯经历，更重要的是通过讲述他们的事迹，挖掘成功需要的职业态度、品质和能力，让学生明白个人素质对于生涯发展的关键作用。学生在学习典型人物的优点的同时，也可以思考自身的个性品质，更全面地发现、认识自我，寻找适合自己的个性和能力的职业。下面以人教版普通高中教科书物理必修第二册第七章第4节"宇宙航行"为例，对该策略进行详细说明。

在讲述这一节的"人造地球卫星"这个板块时，穿插科学家的故事。

我国航天事业的发展是无数的科学家们开拓创新、不断进取的结果，大家肯定听说过这样一个名字：钱学森。我们的课本中也提到了他。20世纪40年代，钱学森已经是力学界、核物理学界的权威和现代航空与火箭技术的先驱。在中华人民共和国成立后，他放弃了在美国的名利和地位，经历百般阻挠后，毅然决然地踏上了归国之路，投入祖国建设的事业中，经过夜以继日的努力，终于，在 1970 年 4 月 24 日，我国第一颗人造地球卫星"东方红一号"发射成功，中国航天史开创了新纪元。他怀揣着热爱祖国的心，保持着对科学认真、负责、严谨的态度，引领着中国的科技事业突破无数难题，最终走在技术的前沿上，他也因此被称为"中国航天之父"。

讲完钱学森的经历以后，教师给学生简要介绍航空动力装置设计工程技术人员这个职业，让怀揣航天梦的同学找到可以实现梦想的一条路径。同时，教师还要引导学生在故事中体会钱学森同志身上不畏艰苦、开拓进取、在国家面前牺牲自我利益的精神，激励学生在实现梦想的路上全力以赴，鼓励学生积极投入祖国未来的建设中，为国家的发展贡献自己的力量。

在讲述这一节的"载人航天与太空探索"板块时，可以给学生讲一下中国载人航天的发展史，选取中国第一位进入太空的航天员杨利伟和第一位进入太空的女性航天员刘洋作为典型人物渗透生涯教育。

杨利伟在高中毕业后考入空军第八飞行学院，毕业后分配至中国人民解放军空军某部，先后成为空军某师强击机、歼击机飞行员。1998 年，他被选拔为中华人民共和国第一代航天员；2003 年 10 月 15 日，他乘坐"神舟五号"宇宙飞船进入了太空。刘洋在 1997 年考入空军长春飞行学院，成为一名女飞行员，毕业后被分配至中国人民解放军空军航空兵某师，成为一名运输机飞行员。2010 年她入选为中国第二批航天员，2012 年 6 月执行"神舟九号"载人飞行任务，成为中国第一位进入太空的女航天员。想要成为一名航天员，需要经过一系列艰苦的训练：基础理论训练，掌握基础的理论知识；体能训练，飞船中的环境不同于地球，航天员要拥有比常人更强的身体素质，因此也要进行更严格的训练，如长跑、转椅等；超重耐力训练，模拟飞船起飞时的环境，让航天员在这样的状态下保持冷静和清醒以便执行任务；失重训练，模拟飞船绕轨运行时的失重环境，让航天员适应这种环境下的生活。

在对这两位名人的介绍过程中，教师还可以顺便介绍一下我国有哪些航天大学，使学生了解中国载人航天史的发展，并且认识到成为一名航天员需要具备的素质，激励学生好好学习相关理论知识，积极锻炼，保持良好的身体素质，为实现梦想做准备。

三、习题情境编制中渗透生涯教育

理科内容一般需要通过习题进行知识点的总结和巩固，习题能够让学生将所学知识运用到实际的问题解决中，帮助学生将知识点吸收内化。《普通高中物理课程标准（2017年版 2020 年修订）》中针对学业质量作出了以下说明：试题的任务情境要与生产生活、科技发展等紧密联系，要关注物理学前沿与成果应用；要探索设计与现实相关的问题情境。教师在设计习题时，应该把教学内容巧妙地融入生活情境中，让学生从情境中筛选关键信息，抽象出物理模型，再对问题进行解答，这样可以锻炼学生的理解、分析和思维能力。

情境的设置与生产生活关系密切，而生涯教育的内容也和社会生活密不可分，所以想在物理教学中渗透生涯教育，从情境入手是一个很好的方法。物理教师在命制习题时，应寻找一些能体现职业信息、职业态度的情境。这样，学生在做题的过程中，不仅能锻炼与学科相关的思维和能力，而且有身临其境之感，能把所学知识与生活实际联系起来，进而了解该部分学科知识与哪些行业关联，或者是与学科知识对应的职业所需的素质与能力。以下面这道题目为例：

2020 年 7 月，中科院宣布 5 mm 光刻机技术突飞猛进。光刻机是生产大规模集成电路的核心设备，其曝光系统最核心的部件是紫外光源。在抗击新冠病毒的过程中，大量使用了红外体温计测量体温。关于红外线与紫外线，下列说法正确的是（　　）

    A. 只有高温物体会辐射红外线

    B. 只有低温物体会辐射紫外线

    C. 红外线的衍射本领比紫外线强

    D. 红外线光子的能量比紫外线大

这道题目的本质是考查学生对红外线与紫外线的波长、频率等性质的掌握，但是在题目设计时，把这个问题放在了红外线、紫外线在科学发明、生产生活中应用的背景中。学生在做题的时候，不仅巩固了相关的知识内容，更能了解红外线、紫外线在实际生活中的用途，从而探寻与之对应的职业，如红外热成像工程师。学生用物理知识解释生活现象，在生活中运用物理知识。

四、实践活动中渗透生涯教育

随着社会的不断发展，人们逐渐意识到实践活动对于学习的重要性。教育部在 2017 年 9 月 25 日印发了《中小学综合实践活动课程指导纲要》，其中指出职业体验为综合实践活动的 4 种活动方式之一，并特别强调综合实践活动课程与学科课程的结合。在物理课程的实践活动中渗透生涯教育，有助于学生更深入地体会职业，了解职业内容和职业素养，发现自己的兴趣所在和能力特质，更深层次地认识自我、发现自我。

实践活动可以是上面所说的职业体验，还可以是课后实践作业、实地参观等。物理教师可以在与学校报备的情况下，带领学生去天文馆、科技馆、博物馆等地方，帮助学生获得职业体验。例如去天文馆，学生可以亲自体验天文望远镜，了解其中蕴含的物理原理的同时还能感受一下天文学家的工作；或者是在科技馆的航天区域，参观飞船模型，体验航天员在太空中的生活环境。教师还可以通过布置课后实践作业渗透生涯教育。这些方式都可以让学生真正地走入真实情境去体验、去感受，不再依托视频、图片或者语言，学生的主动地位更加明显。

参考文献：

［1］朱红红.物理教学视角下学生的职业生涯教育策略［J］.中学物理教学参考，2020，49（14）：41.

［2］刘彤，李俊儒，郝睿.核心素养背景下高中物理情境化习题设计［J］.物理教学探讨，2023，41（1）：38-41.

教师简介：

刘雨菲，毕业于湖南师范大学学科教学（物理）专业，于2023年参加工作，现担任八年级物理教师。

物理课堂中渗透心理健康教育

辛权利

一、重视实验课教学，以一些典型有趣的实验激发学生的学习兴趣

对于八年级学生来说，物理是一门新学科，他们带着浓厚的好奇心和求知欲来上课，如果处理不好物理课堂，会使孩子失去学习物理的兴趣。教师在上课前应精心设计，要有一个良好的开端，在上第一节课时就对学生言明物理对于每一个八年级学生来说都是启蒙学科，大家不存在什么基础差异，且物理与其他学科联系不大，就像百米赛跑一样，大家都在同一起跑线上，你们都是我的新学生，我对每一个学生都会一视同仁，平等对待。帮助学生树立学习的信心，可以在上新课前用几个典型的实验把学生带入物理学科的大门，在上课时对学生说，我们先来看个"魔术"，然后拿出一个杯子和一张纸让学生检查一下是不是普通的杯子和纸，接着将杯子装满水，把纸放到杯子上面，再问学生，杯子倒过来后纸会不会落下？水会不会流出来？让学生议论一会儿后，再做倒杯纸托水实验，此时学生都会发出赞叹声，感到一种从未有过的惊异和喜悦，兴趣是最好的老师，是学习的一种极大的推动力。在物理教学中，我利用有趣的物理实验来激发学生的兴趣，以大量的演示实验、实例研究物理知识和方法。选择一些能够引起学生兴趣的实验，如纸盒烧开水实验；用手摸静电球，让头发竖起来的实验；"流星雨"小实验；筷子提米实验等。学生对这些现象一时无法解释，教师又暂时不做解释，这就引起了他们学习物理的兴趣。这些直观的演示，可激发孩子们的好奇心、求知欲及高涨的情绪，为新课的讲授奠定了良好的基础。

成功的体验与学习形成良性循环，学生有兴趣才会主动，然而学习兴趣的持久度取决于成功的体验，我在课上的时候主动点拨学生，成功激活其兴趣助其发展。在备课时要时时想着学生，讲课时要时时关注学生，辅导时要时时主动关心学生。课堂上，让学生体验到成功的喜悦，从而对学习和生活充满信心和勇气。让学生在表扬和鼓励中获得学习的信心和力量，增加成功的体验，使一次或多次的成功成为学生的学习动力。课外，我经常找学生闲聊，如"上课还听得懂吗""今天作业做好了吗""今天表现不错，再努力点儿""今天早上来得这么早"等，经常给予学生鼓励性的语言。通过对班级中典型的学生的帮助转化，使其从学生中异军突起，从而使大多数学生看到希望，通过一点转化一片，实现大范围提高。做好榜样的示范带头作用，让学生感到有实实在在的例子，有成功的经验可以借鉴。

二、以名人学习的曲折经历激发学生的学习

结合课本内容，向学生介绍一些大科学家学习的曲折经历。在平时我就注意收集学生较为熟悉的物理学家的学习历程，如爱迪生曾被学校教师们一致认为是一个笨蛋，不是读书的料，他在班上读书不到三个月就被学校教师们一致通过让他退学，他失学后通过自学最终成了发明大王。爱因斯坦读小学时，除物理外其他学科成绩都很糟糕，被同学们戏称为"憨直农夫"，但是经过不懈努力他成功了。他们的学习也经历了曲折和失败，在学习过程中不管任何人都会遇到曲折，关键是要有百折不挠的精神。我们有些同学虽然现在成绩一般，但将来说不定就是"爱迪生"和"爱因斯坦"，只要同学们肯付出不懈努力，就有机会成功。

三、让学生参与课堂教学活动

营造平等和谐、生动活泼的课堂教学氛围，充分发挥教师的主导作用和学生的积极性、主动性，是实施心理素质教育的前提。物理课堂强调学生的全体参与，以学生为主体，努力营造人性化的教学环境，积极开展师生、生生互动式的教学活动，充分尊重学生，只有这样，学生才会自觉接受教师的指导。另外，在课堂教学过程中，教师要通过生动幽默的教学语言、直观形象的学习材料、新颖有趣的教学手段，刺激学生的多种感官，激发他们的情感，培养他们持久的学习兴趣；在课堂教学中，教师要敢于放手，让学生参与课堂教学活动，让他们体验学习的愉悦和成功的艰辛，不断增强自主学习的心理需求。

师生角色转变，注重个体的存在，传统的教学过于强调教师的地位，教师是知识的传递者，是教学的中心。在教学中学生被动地以最大限度来接受教师提供的知识，使自己成为接受知识的容器，成为复制知识的传声筒，丧失了个性思维的发展，丧失了创造性的发展，失去了个性情感的体验。新课程要求学生在课堂上敢想、敢说、敢做，敢于向老师发难，真正实现教学过程中"学生为主，教师为辅"的课堂形式，从而实现对每个学生的关注，把学生培育成会独立思考的人。

四、精心创设学习情境

情境不仅是"一种刺激"，而且是与教学目标相照应的知识活动，是以真实情境为基础的一种人为优化的场景。这种有意识创设的、优化的、有利于学生发展的客观情境，在教师的语言的启迪下，可使学生置身于特定的心理情境，不仅促使全班学生全神贯注地认知，而且激发学生有情感地主动参与学习。如在讲摩擦时可让学生回忆在家匀速直线拉手推车时，同样重的车走在水泥路上和土路上的感觉、用力情况，找出用力不同的原因；在同一水平面上拉重车和轻车的用力情况，找出用力不同的原因，从而引导学生分析影响摩擦力大小的因素。用学生熟悉的情境会让学生主动参与讨论，因为学生有生活亲历，现象直观，结果易得。

五、在教育要求上要与家长保持一致

在课下的时候，要尊重学生家长，虚心倾听学生家长的教育意见；要与家长保持密切的联系；要在教育要求和方法上与家长保持一致，做好与家长的沟通工作，家庭教育的重要性是不言而喻的，教师必须处理好与家长的关系，加强与家长的联系与配合。在物理教学中渗透心理健康教育的方式方法有很多，只要教师将心理健康教育的思想贯穿于课堂教学，就有利于激发课堂教学的活力和生气，有利于提高课堂教学的质量和效率，为学生健康成长铺设好绿色通道。

教师简介：

辛权利，中学一级教师，参加"十三五"规划课题《"互联网教育"背景下数字科学家计划理论与实践研究》的子课题《探究教学模式下的物理重难点突破研究》研究，该项目被评为优秀等级。

成为幸福的信息技术教师

赵嫚莉

在当今信息化时代，信息技术作为一门重要的学科，扮演着促进教育创新和发展的关键角色。幸福的教师在信息技术教育中扮演着至关重要的角色。他们的幸福感不仅直接影响教学效果，也影响学生对信息技术学科的学习兴趣和态度。因此，教师的幸福感与信息技术教育密切相关，只有教师拥有幸福感，才能更好地引导学生学习信息技术，促进教育的健康发展。

一、影响教师幸福感的关键因素

（一）自我反思和成长

幸福的教师始终在反思自己的教学实践，通过不断学习和发展来提高自己的专业能力。教学中，我发现及时有效的课后反思可以大幅提高课堂教学效果，从学生的反馈中寻找改进的机会，通过反思不断优化教学方式和内容，让学生发挥潜能，助力信息素养养成。这样的自我反思让我感受到了教学中的成就感，增强了幸福感。

（二）职业认同和职场满意度

教师的职业认同和职场满意度对于教师的教育教学质量和个人发展具有重要意义。提升教师的职业认同和职场满意度不仅需要学校和社会的关注和支持，还需要每位教师积极主动地去追求个人的发展和职业满意度。只有教师的职业认同和职场满意度达到一定的水平，才能更好地开展教育工作，为学生的成长和社会的进步作出更大的贡献。

（三）学生关系和连接

与学生建立良好的关系是教师幸福的重要因素。记得刚参加工作的第一年，班里有个女生因为体重的问题感到自卑，很少与同学和老师交流。信息课上，我发现她的电脑绘画能力很强，于是我鼓励她参加北京市师生电脑作品大赛，在辅导她的过程中，从沟通作品创作到她主动分享她的生活，我与她慢慢建立了信任和理解，她创作的作品获得了北京市中学组一等奖，从那以后她就是班里的绘画主力，她也越来越自信了，同时也收获了高中同学间的友谊。作为教师，我们要通过关注学生的个性和需求，创造一个积极和温暖的学习环境，收获师生相处的幸福感。

二、提升幸福感的实践建议

根据对教师职业幸福获得原因的分析，我认为可以从教师能力提升、心态构建、师生关系三个方面努力，提升教师幸福感：

（一）继续学习和专业发展

1．关注信息技术学科课程发展新动向。新的一轮课程改革更加重视学生综合素质的发展，重视培养学生的解决问题能力与创新能力，教师应该及时调整教学内容和方式，以满足学生的学习需求，提高教学效果。

2．提高专业技能，更新教育教学理念。通过参加专业发展课程和研究项目、与同行分享经验和教学资源等方式，不断提高专业技能，以提高教学质量。

3．建立一个反思性学习的过程。教师可以通过课后反思总结自己的教学过程，思考其中的成果和改进空间，不断进步和提升。

（二）保持积极的心态

1．正确认识自我。教师应认识自己的优点和缺点，不断改善和提升自己的教学能力，以更好地指导学生。

2．热爱生活，寻找工作中的乐趣和成就感。教师应学会正确的情绪调节方式，确保工作与生活的平衡，并寻找适合自己的应对压力的方法。保持心态开朗，从而更好地辅导学生。完成一次师生配合度非常高的教学所收获的幸福感和满足感真的是难以言喻的。

3．培养热情与动力，为学生创造乐趣课堂。通过鼓励学生积极参与教学活动、创造愉快的教学氛围，教师也能体验到工作中的快乐与成就感。班级管理中，我会用照片、视频来记录学生的校园生活。当我设计信息课堂教学时，这些记录就很有可能成为良好的素材，融合到教育教学中去，让教育和学生的生活相通，构建良好的生态课堂。

（三）关注学生发展，建立和谐的师生关系

1．关注学生的成长和进步。作为教师，我们应该注重提供积极反馈和鼓励，与学生建立良好的关系，理解他们的需求和兴趣，激发学生的学习兴趣和积极性。

2．兴趣是最好的老师。通过观察学生的兴趣点，根据学生的兴趣点设计任务，提高学生的参与度和学习效果。例如，在信息技术课中，我喜欢从学生的兴趣点和擅长点出发，来引入我的教学内容，这样能非常好地调动他们的积极性，学生能做到乐于学、主动学，进而提高课堂的教学效率。

3．构建和谐师生关系。在生活、学习方面给予学生关注和关心，营造和谐的师生关系，从而增进教学效果和提高学生成绩。

信息技术教育的发展需要幸福的教师来推动。成为一名幸福的信息技术教师需要不断努力学习和提升，倾听学生的需求和建议，保持良好的心态和师生关系。只有教师拥有幸福感，才能更好地教育引导学生，激发他们对信息技术的兴趣和热爱。希望本论文的讨论，能够引起更多人对教师幸福感与信息技术教育之间的关联的关注，为教育事业的进步和发展贡献力量。

参考文献：

［1］苏彤，张鹏．教师教育智慧培育的个体价值与路径［C］．2019年中小学素质教育创新研究大会论文集，2019：260-261.

［2］张陆．中小学教师教育幸福的结构及测量［D］．武汉：华中师范大学，2007.

教师简介：

赵嫚莉，信息技术学科教师，怀柔区经济技术创新标兵，怀柔区优秀共产党员，怀柔区第四届人大代表、人民陪审员，两次获得区级教师基本功大赛一等奖并做区级展示，制作微视频获得中央电化教育馆全国一等奖。

基于机器人制作探究班级劳动教育

——以"小型水域自动化救援设备"为例

张琴苑

　　劳动教育课程开设的本质目的是落实"以德树人"的教育任务，在《关于全面加强新时代大中小学劳动教育的意见》中明确提到要科学合理构建新时代劳动教育体系，在加强劳动教育的同时，要正确把握劳动课程育人的总方向，要以学生身心特点为基准线，结合当地实际发展情况，开展劳动教育活动，因此，作为教师要正确解读劳动课程设置的真实要求，要注重学生劳动技能的培养，将学校在劳动教育中的主体引导作用落到实处。现今社会，以机器人为代表的研究正在高速崛起，我国的相关政策和教育资源也开始往这个方向倾斜，且在相关领域有了长足的进步，机器人发展进入新时代，基于此，机器人制作在劳动课程中的应用也被赋予了更为长远的实践意义。

一、机器人制作探究劳动教育的必要性

　　科学技术从发展角度来说，无论是现阶段还是未来阶段，都是生产力竞争的关键要素，对国家实现长远战略部署有着举足轻重的意义。机器人是一种技术力量的体现，可以预见，机器人制作也将成为未来科学技术发展的新方向。机器人作为一种新的智能劳动模式，凭借其强大的记忆能力、精准的判断能力、较强的感知能力以及旺盛的精力等，在很多方面都发挥着巨大的作用。机器人在一定程度上替代了人们在劳动过程中的脑力劳动与体力劳动，而且这部分的替代行为正在影响着人类的生活方式，给予了人类生活方方面面的便利。在机器人产生替代行为的同时社会也产生了新的劳动需求，机器人从开始研究到最终制作，从前期推广到后期培训，从投入使用再到调整创新，都与人类的操作息息相关，因此，这又给社会发展创造了新的劳动价值。机器人使得社会劳动需求发生了翻天覆地的变化，也使得传统劳动教育模式不再适应社会发展需求。劳动教育想要顺应时代发展，教师的授课形式和授课内容就必须与时俱进，与当下社会发展环境环环相扣。且当下有不少有关"机器人时代将是未来的新时代"的声音，这也从侧面说明了机器人智能劳动的重要性已经开始在社会发展中体现出来，学生作为社会未来发展的主力军，应尽早接触机器人相关知识，进行简易机器人制作，从现实上去感知机器人智能劳动对生活的重要影响。

二、机器人制作对劳动教育的影响

机器人制作与劳动教育相结合,这对教师的教学方式和教学内容都有了更高的要求。首先,劳动教育工具的智能化,使教学场景发生了变化,课堂不再是唯一的教学地点,学生通过劳动虚拟场景的设置,达到了将知识与实践有效结合、劳动教育与技能知识有机融合的目的,这改变了以往劳动实践教学中缺乏实践场景的陈旧模式,使得劳动教育的实践思路得到了拓展,学生的创新能力得到了良好锻炼。其次,机器人制作在劳动教育中的应用,能够促使学生从感官上直接获取劳动相关知识,提高学生的劳动认知能力。以往的劳动教育模式中,学生的认知主要是从看和记两方面着手,对知识的理解与记忆缺乏实例研究和分析,大部分停留于经验知识认知层面;而机器人制作在劳动教育中的应用是以学生自身认知为逻辑出发点,在教师的引导下,一方面学生通过机器人制作劳动实践不断地提升自己的劳动技能,另一方面,在虚拟的劳动实践场景里,学生的劳动潜能得到激发,学生认知方式更为高效、合理。最后,机器人制作作为新兴学科知识,对以往的劳动教育观念产生了重大冲击,机器人在多个领域的应用,对劳动需求市场产生了重大影响,劳动教育要重新审视"需要培养什么类型的人才"这一本质教育问题,围绕这一思考,教师对教育内容作出科学调整,以求让学生适应日新月异的社会发展要求。

三、机器人制作渗透劳动教育案例分析

机器人制作在高中阶段属于不常见的实践课,但是机器人课程的理论性也不是很强,对于学生而言,树立正确的劳动技术使用观念才是重点,且结合劳动教育理念,实例印证更具有实操性。教师出示一组我国有关部门发布的事实数据,上面显示我国每年死于溺水的人数约为 57000 人,这个触目惊心的数字说明几乎每天都有 150 多人因为溺水而丧生,其中一部分人是在救人的过程中牺牲,而大部分人是由于救援不及时失去生命。学生通过直观数据意识到及时救援以及依靠现代技术力量进行救援的重要性,在树立起珍爱生命的意识的同时,学生希望依靠自己掌握的知识去做一些力所能及的事情,去对社会这一消极现象进行改变。

(一)从现象角度激励学生劳动能力的发展

在机器人制作成为新的劳动形态的背景下,知识和技术在生活中所呈现的优势不断凸显,劳动教育需要引导学生改变以往的劳动观念,激励学生潜在的劳动能力得到发展。在"机器人可以改变现状"的教学环境里,教师通过视频或图片向学生展示一些人工智能技术在现实生活中的应用场景,让学生就目前已经服务于市场的机器人进行联想,同时可安排学生就现代机器人设备进行亲身操作和体验。教师抛出第一个讨论话题,即"你认为哪些脑力劳动和体力劳动将会被机器人替代,哪些不会被替代?"组织学生以小组为单位进行讨论,同时以小组代表发言的形式就这个问题举行班级辩论赛,学生通过相

关讨论和辩论，会提出许多机器人影响现实生活的例子，学生对机器人的实际效用开始有了清晰的认识。教师再抛出第二个讨论话题，即"为适应当下以及未来智能劳动形态的工作，我们需要具备哪些方面的劳动能力？"由此引导学生对劳动的意义重新进行审定，激起学生的劳动创新意识。

（二）从现实分析角度帮助学生树立正确劳动品质

劳动教育的本质目的之一是引导学生通过知识探索和实践的方式，形成良好的劳动品质，如勇于创新精神、艰苦奋斗精神、专心致志精神以及乐于服务精神等，让学生在实践的过程中养成终身学习的能力，时刻做好建设社会的准备。机器人制作在劳动教育上的渗入使教学资源发生了改变，让劳动教育的场景不再拘泥于教材和书本，教学素材变得多元化、真实化以及现代化，也让教师的授课方式不再局限于以往的课堂教育。因此，在"小型水域自动化救援设备"的案例里，教师就溺水问题引导学生对小型水域环境进行分析，并提出两个问题。问题一：在对落水人员进行营救时，由于自身能力有限，盲目下水容易造成更多伤亡，如何利用现代技术降低救援风险？问题二：如何在保证自己安全的情况下，提高他人生命的存活率？想要提高制作机器人的效率，学生需要以现实为基准，对数据资料进行反复采集和分析。因此，学生需要对小型水域从不同的角度进行拍摄和对比，而通过大量采集真实水域照片，机器模型建立的准确率得以提高。从数据采集的过程来看，机器人的模型训练需要从不同角度对素材进行反复拍摄和对比，非常考验学生的观察能力、细心处理能力以及忍受能力，在执行的过程中，学生专心致志、精益求精的劳动品质得到了良好的锻炼。

（三）从模拟实践中提高学生劳动技能

机器人制作和劳动教育融合的过程，也是虚拟空间在现实环境中进行实证的过程。机器人制作在劳动教育里的最大优点在于其有益于开发学生的个性，即学生独有的个人学习能力。学生根据自身学习情况、知识诉求以及优势来进行学习，从而获得相关的劳动技能。在"小型水域自动化救援设备"的案例里，通过对数据进行系统有效的分析后，学生整理的技术思路为：设计一款具有防水功能的自动化救生圈，运用 Arduino IDE 编写相关程序，同时配合 UNO 开发板，采用红外线连接蓝牙实行手柄遥控技术，施救者通过 3D 建模与打印技术，对自动化救生圈实现有效控制，施救者通过遥控手柄，移动救生圈对被困者施救。模型制作出来以后，学生进入设备测试阶段，学生通过水上测试，来验证这款自动化救生圈是否有效。学生通过测试得出结论，施救者可以通过手柄遥控将救生圈放在被困者的位置，连接空心杯电机驱动风扇可以有效控制救生圈前进的方向，不足是当水域环境发生不可抗力的外界环境因素干扰时，救生圈不易操控，会改变运行轨迹，稳定性不够。学生通过反复调整与试验，最终使得救生圈达到了较为理想的救援效果。在这个过程中，学生除对目标进行推理外，还要就其社会服务影响进行分析，学生的创新能力、协调能力、问题解决能力以及动手能力都得到了培养，劳动技术层面和知识层面都得到了锻炼。

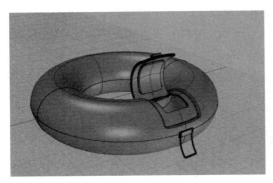

（四）从实施结果中帮助学生树立正确价值观

劳动教育过程本质是"育人"过程，高中阶段学校劳动教育的重点是如何依托课程设计引导学生正确理解劳动精神，形成正确的劳动观，而机器人制作是以劳动成果为向导，使学生在意识形态上注重劳动价值，从价值取向方面来说，两者都强化了教育的目的，都充分体现了育人价值理念。一方面，在劳动课程当中实践，增强了学生的社会责任感，使学生意识到科学技术的重要性，激发学生的探索和创新精神；另一方面，教师通过合理引导，使学生学习空间扩展延伸。教师将机器人与劳动技术进行了融合，同时，教师通过机器人制作引导学生走在知识探索的道路上，意识紧跟创新步伐，使学生尽早感知社会对人才的实际需求，提前对自己劳动技能进行规划。教师还要鼓励学生对机器人制作劳动成果进行验证，即积极参加相关机器人创新大赛，如以"童心向党赞祖国 科技筑梦迎未来"为主题的智能创意大赛。机器人制作实践课程中，学生"小型水域自动化救援设备"即为参赛作品，在科技研发人员的指引下，学生的劳动精神和劳动技能都得到了进一步的强化，同时，与时俱进、创新探索的劳动理念也潜移默化地植根于学生内心。

（五）从多元化评价中进行劳动教育

评价是机器人制作教学活动的重要组成内容，对学生发展的指导意义举足轻重。要构建全面的评价系统，就要从多方面综合考虑，要带有一定的客观性，从多元化角度将劳动素养作为要素在评价体系中体现出来，而且这部分评价结果需要作为学生综合能力的考查依据。因此，可将机器人制作课程评价分成三方面，即产品性能评价、体验评价以及劳动素养评价。产品性能评价包括系统设计原理分析部分、应用结构设计部分、组装调试部分、水上试验部分以及数据质量部分，每个部分的比值为20%。而体验评价的主体为学生、课程指导教师以及相关研发人员。体验评价的评价方式和评价表格可由指导教师设置，评价主体们依据评价标准对被评学生进行评价，并将评价的结果反馈给学生，促使学生对设计进行改进。劳动素养评价方面，评价的记录过程应包括展示部分、演讲部分和参加相关比赛部分，而评价的标准里应包含劳动探究态度部分、创新部分、劳动技能部分以及劳动意识部分。探究态度部分即学生是否能理性运用科学知识，创新部分即学生是否能借助新技术创造新的劳动价值，劳动技能部分即学生在制作机器人的过程是否精益求精、突破自我，劳动意识部分即学生在机器调试过程中的劳动是否规范。和以往的评价体系相比，这三个方面的评价内容更为全面，三者之间各有侧重，互相交织，能帮助学生对自己形成全面的认识，提高学生的劳动素养。

四、结束语

总而言之，随着时代的进步，机器人制作运用于劳动教育的前景是广阔的，相关实践也证明，以机器人制作为探点，进行一系列的劳动教育教学方式改革，对学生的影响是积极的，在机器人制作的过程中，学生参与的积极性得到提高，劳动技能学习的主观性得到加强，劳动探索精神和创新精神都得到了良好的锻炼，这与国家倡导的"注重实践，知行合一"教育理念是高度一致的。作为教师，应当与时俱进，深化劳动教育改革，有效将机器人制作与劳动教育衔接起来，以此促进学生综合素养的提升。

参考文献：

［1］苏颖．基于水下机器人实践的高中劳动教育模式探究［J］．中国现代教育装备，2020（14）：18-20.

［2］杨颖．人工智能时代劳动教育的突破与创新探究［J］．文学少年，2020（25）：208.

［3］王毅，王玉飞，吴嘉佳．人工智能时代的劳动教育：内涵、价值与实现路径［J］．当代教育论坛，2021（2）：97-106.

［4］陈苏谦．人工智能背景下高校劳动教育的创新研析［J］．齐齐哈尔大学学报：哲学社会科学版，2020（11）：60-63.

［5］周美云．当劳动技术教育遇到人工智能：审视与超越［J］．上海教育科研，2020（2）：9-13.

教师简介：

张琴苑，硕士研究生，任职期间曾获得教育部2023全国中小学教师国培项目的优秀网络培训课程奖，连续两年获得北京市优秀教育信息化应用成果展一等奖、北京市中小学信息技术应用能力提升工程优秀教学案例、怀柔区中学教师基本功大赛一等奖。

英语文学阅读教学中美育的渗透策略

刘 佳

英语教学要始终围绕素质教育的宗旨，将提高学生的学习热情与自信、端正学生的学习态度作为教学的第一目标。在英语教学过程中，教师要指引学生了解不同国家在文化上的差异，学习、理解和鉴赏中外优秀文化，同时培养学生的家国情怀，帮助学生树立正确的世界观、人生观和价值观。美育是素质教育的重要组成部分，涵盖了道德情操与素质涵养方面的教育，教师在英语教学中要深入挖掘英语语言的美感，融合其文化，对学生进行美学教育，让学生在学习英语的过程中形成健康的思想品德和崇高的文化情操。笔者就如何营造初中英语文学阅读中的美感，将美育融入英语课堂教学，谈一谈自己的看法。

一、教师是发现美的引导者

（一）语言美

初中英语教学和其他学科不同，其他学科相对较具体，具有确定性，而英语由于文化差异而显得较抽象。一名合格的初中英语教师应当具备标准的英语口语能力，在结合语境的同时，使用恰当的语调、语速也是必不可少的，规范的口语带有一定的节奏感。学生在教师规范口语的影响下，感受英语发音的韵味，从听觉上感受英文的美。比如 *Amy the Hedgehog Girl* 选自《典范英语8》，讲述了女孩艾米（Amy）喜爱刺猬，派克先生（Mr. Peck）则讨厌刺猬，艾米想出妙计，通过智慧改变了派克先生对刺猬的偏见，为刺猬创造了更好的生存环境的故事。教师引导学生用 WALTeR 分析法深入分析小说人物的性格特点。WALTeR 分别代表 Character's Words，Character's Actions，Character's Looks，Character's Thoughts 和 Other Character's Response。学生根据提示词汇，从文本中找出相应的细节，根据这些线索推测并分析人物的性格特征，在潜移默化中，学生能够逐渐体会到英语口语的美感。兴趣是最好的老师，在兴趣的指导下，学生会喜欢讲英语，敢于讲英语。

（二）字母美

与以往不同的是，随着科技的发展，多媒体设备课件代替了原始课堂的黑板板书，因此，学生面对更多的是冰冷的印刷字体。然而，练就一手好的英文是学生必不可少的一项技能。我建议教师在使用多媒体设备的同时，不要忽视黑板板书的作用。板书是教师课堂教学思路的缩影，更是教材的另一种展现形式。板书中英文字母的美能够顺应学生的猎奇心理，视觉上的美感能加深学生对知识的印象，引发学生对美的思索。此外，一个令人赏心悦目的版面，有利于培养学生的审美能力，这也是培育学生美感的重要内容之一。

（三）打造情趣课堂，重视阅读的语言环境

阅读教学过程中，教师要善于创设语境，营造出真实的、有生气的、具有审美情趣的阅读氛围，既要重视对阅读内容的层层剖析，又要讲究教学的艺术性，以学生喜欢的方式开展教学活动，以充满意境美、情趣美的方式设计课堂教学，让阅读有质感、有活力、有温度。为此，在教学中，我会借助信息技术及互联网平台，在阅读中嵌入微课、线上作业、网络英语游戏、直播等新的学习形式，以趣味、多元、互动的阅读方式，激发学生真实的情感体验，让学生在课堂中有读的愿望、说的想法、学的欲望。在使用应用话题式教学方法进行英语教学的时候，为了提升其应用效果，教师还需要确保话题的趣味性，毕竟只有充满趣味的话题才能引起初中生的兴趣，在激发学生兴趣的同时有效促进教学目标的实现。为此，教师在为学生设计英语话题的时候，一定要结合学生的兴趣点、实际生活以及热点话题来为学生设计出有针对性的话题内容，这样才能真正有效地提高学生学习兴趣，优化初中英语的教学实效。例如，在对学生进行"Unit 2　What time do you go to school？"这一单元的教学时，可以直接利用歌曲导入趣味话题，通过歌曲的旋律来吸引学生的注意力，再借助图片为学生展示出短语"go to school"，以此来引出话题词汇教学。待学生对其他短语有一定了解，再让学生进行实践操练，同时学会自主总结时间的表达方式，并且借助道具来说出具体时间，从而有效巩固学生关于时间表达法的学习，真正让学生在寓教于乐的话题式教学课堂中掌握英语教学内容，有效优化英语教学效果。

二、在表达中感受语言的美感

读写是我们与语篇产生联系、进行交流的直接途径。所谓阅读，自然要以学生的"读"为主体，教师要以丰富多彩的朗读形式，让语篇得到最优化、最美化的体现。然而，在实际阅读过程中，由于课程进度以及考试的需要，很多教师硬生生地把以学生为主体的阅读课上成了以教师为主体的讲读课，把重点放在了"讲"上，讲词汇、讲语法、讲结构、讲内容，教师讲完了，课堂教学也就结束了，学生很少有开口朗读的机会，更不用谈朗读形式的多元化与个性化了。阅读是一个"沙里淘金"的过程，而读写则是这个过程中最有趣的部分。

在学生通过自我表达这种方式表述的过程中，教师可以组建一个在学生中互相纠错的小组，通过找错误这个环节，让学生对自己出错的地方印象深刻，从而加深正确记忆。另外，通过这种纠错方式，同学之间可以找到彼此的不足，通过别人的错误来警醒自己，以此增强记忆，弥补自己的不足。引导学生用英语进行交流，可以更加有效地改善现在初中生"哑巴"英语的状况，让学生在实践中感受到英语口语的魅力和字母的美。

我们可以从布置课后作业入手，教师设计以下写作任务，供不同层次的学生选择。以《典范英语8》中 *Amy the Hedgehog Girl* 为例：

1．叙述故事，培养对文本语言和内容的整合、概括能力。Retell the story in the name of Mr. Peck.

2．评价人物，培养学生多视角看待人物，对人物评价持批判性态度。Try to understand the title *Amy the Hedgehog Girl*，and describe Amy's character. Give some reasons to support your statements.

3．关联实际，从某一角度探讨文章主题意义。Write a story about you and an animal you love. Refer to what you've learned in this story to make your writing touching.

4．迁移运用，立足于对真实问题的思考和表达。给朋友写一封信分享这个故事并告诉他你的阅读感受。

三、渗透文化教育，展现英语的内在魅力

语言是文化的载体。英语不仅是以英国、美国为主的西方国家的交流媒介，还承载着西方的传统文化、生活习惯、社会背景等，它是轻盈的，也是厚重的。因此，在英语阅读过程中，教师要直视英语教学中客观存在的文化差异，利用微课、交互式电子白板、互联网等平台，开设文化板块，补充社会背景知识，让学生对西方文化有一个更加系统的认识，消除他们的阅读障碍，让学生对俚语、惯用语、语境的表达与表现有具体的认识与了解。同时，教师可以借助绘本、影视剧视频、英语儿歌、英语综艺节目等，给学生带来更多西方本土的语言内容，以更具刺激性的视听体验，丰富阅读课堂，渗透文化教育，促进学生文化素养和品格的形成与发展。人教版新目标（Go for it!）义务教育教科书英语九年级全一册"Unit 5　What are the shirts made of？"的单元语言目标是谈论物品的原材料和原产地等。本单元的阅读部分是介绍中国的三种传统工艺——孔明灯（sky lanterns）、剪纸（paper cutting）和中国陶土（Chinese clay）。教师在设计本部分内容的课堂教学时，应兼顾学生的听、说、读、写等技能的训练。阅读之前，教师调查学生对这三种传统工艺的了解程度，为了不影响学生发言的积极性，允许他们用中英文夹杂的方式表达。接着，教师分别用自己放孔明灯的视频、厦门著名剪纸艺人叶以乐的视频《剪纸30年，以纸为乐，赋予作品生命之美》（在厦门金砖会议上，他用这门艺术向国外朋友展示了厦门之美）、《令人惊叹的陶土工艺制作过程实录》三段视频让学生更多地了解这三种传统工艺。

四、结论

总之，美才能触及人的灵魂。在初中英语阅读教学中，教师要从美的视角出发，从美的层次出发，让阅读更加有质感，让阅读变成一种愉悦的享受。教师要充分考虑初中

生日益发展的审美需求，尊重他们的独特体验，在词汇、词义、语法、惯用法等表层知识上，引领学生品味语言的内在美，感受语篇的情趣，让他们的情绪随着故事、文字的变化而变化，以此培养学生的英语素养，发散学生的英语思维。

参考文献：

［1］王小霞．浅谈初中英语教学如何培养学生美感［J］．海外英语，2020（11）：130-131．

［2］颜妮娜．寓美育于初中英语教育［J］．毕节师范高等专科学校学报（综合版），2002（1）：37-39．

教师简介：

刘佳，北京语言大学硕士研究生，英语专业八级，区级骨干教师。参与多项市区级重点课题研究，多篇论文和教学案例获得市区级奖项。曾获得"优秀班主任""教学质量标兵""优秀青年教师"等荣誉称号。

初中英语作业设计与实施中的美育渗透

梅 园

一、作业设计中渗透美育的重要性和必要性

在全面推行素质教育和新课程改革的今天，《中共中央 国务院关于深化教育改革全面推进素质教育的决定》指出："美育不仅能陶冶情操、提高素养，而且有助于开发智力，对于促进学生全面发展具有不可替代的作用。要尽快改变学校美育工作薄弱的状况，将美育融入学校教育全过程。"《国务院关于基础教育改革与发展的决定》也指出，实施素质教育的内容之一，是要使学生养成健康的审美情趣和生活方式。这两个"决定"都强调了美育在学校教育中的重要地位，也对学校教育中的美育实施要求做出了阐述。

学生完成作业也是一种学习活动，有效的学习活动不仅是温故而知新，还应培养学生形成正确的审美和价值观，为学生创造自主学习的机会，为学生搭建开发潜能、张扬个性的宽阔平台。

因此，在布置作业时，英语教师也要积极寻找美育的契机，将教材内容和美育内容结合起来，开展审美教育，通过学科知识实现个体审美的发展，进而为个体长远发展奠定基础。

二、人教版英语八年级上册 Unit 8 作业设计中的美育渗透

（一）学情分析

本单元的学习对象是八年级的学生，在七上"Unit 6 Do you like bananas?"和七下"Unit 10 I'd like some noodles"与"食物"相关的话题中，学生初步了解了可数名词、不可数名词的概念，能够分辨并正确使用一些食物名词的可数和不可数形式以及最常见的西方食品，对中西方饮食文化的差异有了初步的认识。在其他单元对于祈使句、how much、how many 以及表示序列的副词都有所了解。本单元围绕新的话题"cooking"，巩固以前学过的语言知识，让学生既能产生学习兴趣又会感到简单易学。

（二）作业类型

以短周期练习类（书面作业）、拓展类（绘制示意图、思维导图）和实践类（制作美食、拍摄视频）作业为主，巩固和内化所学知识和技能，以个性化作业（分层式作业和自主性作业）面向全体，兼顾差异考虑学生的最近发展区需要激发学生的认知挑战。

（三）设计意图

本单元着眼于大观念、大任务、真实性、实践性核心理念，围绕单元大观念主题"舌尖上的英语，饮食中的文化"统领下的两个小主题"我是美食家"和"我为家乡美食代言"设计作业。尊重每位学生的个体差异，努力使每位学生得到最大限度的发展，使做作业的过程能真正成为学生展示自我、升华自我的过程，同时使学生能够体验到学习的快乐，进而实现完成学习目标上的持续发展。通过完成各项作业使学生在完成作业的过程中进一步加深对中西方饮食文化的基本差异的了解，感受家乡至味，唤醒学生心中的乡情，激发"我为家乡美食代言"的热情，弘扬中国传统美食文化。遵循新课程理念，通过在真实的生活情境中完成作业，以巩固和拓展延伸学习目标，强化学生对知识与技能的迁移应用能力，让学生在用中学，加深对食物制作相关知识的内化与理解，促进知识的迁移与运用，促进深度学习的发生，推动实践，成就更好的生活，取得更大进步，真正用英语讲好中国故事。

（四）作业使用

本单元学习主题的作业以个人完成作业为主。设置文字稿撰写、菜谱设计、食物制作等作业，每课时作业时长在 20 分钟之内，实践类作业延长上交时间。作业都是在学习完课时内容之后布置。

（五）分课时作业设计及实施环节说明

第一课时 Section A 1a—2c 作业案例

本课时是单元主题下的第一课时（听说—Section A 1a—2c），课题为"我是美食家"（I love cooking!）。

学习目标：

◇能区分可数名词和不可数名词，并能借助量词表达食物的数量；

◇能运用 How many/How much 对可数名词或不可数名词的量进行提问；

◇能正确使用祈使句发布制作步骤的指令；

◇能恰当运用表示顺序的副词表示制作步骤的先后顺序。

（1）留作业、评价标准及说明

1）作业内容：

作业1："我是小厨师"之如何做一份你最爱的水果奶昔或者果汁、豆浆呢？写下需要的食材和步骤，与大家分享吧！

Let's make a _____ milk shake!

Words bank: ➡ Ingredients 材料 ↻

Introduction: (Share your milk shake! 可小视频录制）

How to make a _____milk shake?

（First, Next, Then, After that, Finally...）

作业2："我是美食家"之如何做一份你最爱的水果/蔬菜沙拉呢？写下需要的食材和步骤，与大家分享吧！

Let's make a _____salad!

Words bank ➡ Ingredients 材料 ↻

How many:

How much:

Introduction:(Share your salad! 可小视频录制）

图1 学生课堂学案

2）作业要求：2 个作业可根据自己实际情况选做，注意可数名词和不可数名词的区分、祈使句的使用以及顺序副词描述制作步骤的先后顺序的使用，作业时长约 15 分钟。

3）作业设计分析：

作业 1：《英语课程标准》要求学生应能使用常见的连接词表示顺序和逻辑关系并简单描述事件。该作业主要是训练学生运用 first，then，next，after，finally 等关联词来描述事物发展的过程。在学习有关美食的语篇时，要求学生通过图文并茂的形式记录一道菜的制作过程，培养学生用英语解决问题的能力，同时也能激发学生的学习兴趣。学生可观察图片，在书面上体现奶昔制作所需食材与数量，关注可数名词、不可数名词以及量词的概念，最后运用祈使句描述奶昔制作步骤，包括练习动词和动词短语的使用。本项活动是对学习内容的巩固复习和拓展延伸，通过这项练习，引导学生巩固祈使句，以及对生活中常见食物名词可数和不可数的区分，还有量的表达。

作业 2：该作业主要是训练学生运用关联词来描述事物发展的过程。在学习有关美食的语篇时，要求学生通过图文并茂的形式记录一道美食的制作过程，也可拍成视频，培养学生用英语解决问题的能力，同时也能激发学生的学习兴趣。学生可观察图片，在书面上体现沙拉制作所需食材与数量，关注可数名词、不可数名词以及量词的概念，最后运用祈使句描述沙拉制作步骤，包括练习动词和动词短语的使用[3]。本项活动是对教材内容的巩固复习和拓展延伸，通过这项练习，引导学生巩固祈使句，以及对生活中常见食物名词可数和不可数的区分，还有量的表达。

本案例为短周期练习类作业。关注点为单元学习目标、课时学习目标与作业设计的关联性，明确作业设计的针对性，同时本案例也体现了作业设计的层次性和实践性。

4）评价标准：

表 1　学生自评

本次作业目标	借助思维导图可视化工具，提升词汇学习效果，掌握单元主题核心词汇和词组，并应用序列词和祈使句描述食物的制作过程。
形式	听 □　　说 □　　读 □　　写 □
任务层级	学习理解 □　　应用实践 □　　迁移创新 □
完成时间	＿＿＿＿＿ 分钟
完成方式	独立完成 □　　合作完成 □
提交时间	当天 □　　＿＿＿＿＿ 天后
自我评价总结反思	出门条 EXIT TICKET 　　Now I know＿＿＿＿＿＿＿＿＿＿＿＿ I am still confused about＿＿＿＿＿＿＿＿＿＿ 　　本次作业完成评价　　not bad ★　　good ★ ★　　wonderful ★ ★ ★

表2　教师评价

评价等级	评价标准
合格	基本能够在描述食物制作过程时准确使用量词、名词单复数形式和表示序列的词汇，基本能够正确使用祈使句，有少量语法错误。
良好	能够介绍菜品的名称以及菜品所需的原材料及用量，并能介绍菜品制作流程；发音基本准确，有少量发音错误。制作过程中注意安全和卫生，菜品尚可。
优秀	文字稿和口头汇报表述准确，语言丰富地道。能正确区分和运用可数名词与不可数名词；能准确运用量词描述菜品所需各种原材料的用量；能恰当使用表示序列的副词及祈使句描述菜品的制作过程。在视频展示环节，能够介绍菜品的名称，并介绍菜品所需的原材料及用量，并能流利且清晰地介绍菜品制作流程；发音准确，声音洪亮，仪态优雅。制作过程熟练且注意安全和卫生，菜品美味。

（2）做作业、评作业及说明

1）作业1 作业展示：

图2　作业1学生视频展示

作业2 作业展示

How to make a yummy fruit salad.
Ingredients: one apple, two bananas, three oranges, a small watermelon, a cup of yogurt and two spoons of honey

Let's make it then.
· First, peel the apple, oranges and the bananas.
· Second, cut up all the fruit into small pieces, and put them in a dish.
· Then, mix the yogurt and two spoons of honey together.
· Finally, pour the mixture onto the fruits.

OK, let's eat it then!

二(3) 覃盈研

图3　作业2展示1书面作业

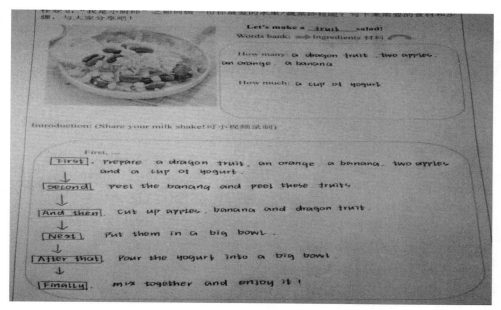

图4 作业2展示1 书面作业

图5 作业2展示2 沙拉制作视频

2）作业批改—评价：

以上三位同学作业为优秀，文字稿表述准确，语言丰富地道。能正确区分和运用可数名词与不可数名词；能准确运用量词描述菜品各种原材料的用量；能恰当使用表示序列的副词及祈使句描述菜品的制作过程。在视频展示环节，流利且清晰地介绍菜品制作流程；发音准确，声音洪亮，仪态优雅。将课上所学知识实际运用到课下的真实情境中，自主运用能力和实践能力强。

三、作业实施改进与反思

作业的布置与单元学习主题、单元学习内容和学生学习生活紧密联系在一起，体现了课堂、作业的整体性和一致性。通过学生作业反馈，达到了回忆强化课上所学内容的效果，将学习重点落实到书面和实践上，加强了新的语言知识的内化与巩固，且有部分学生能够进行知识的迁移运用，从课上所学奶昔制作到用英语描述豆浆和果汁的制作过程并录制视频。学生能够将学习内容和生活联系起来，在完成作业的过程中，不断实践、反思、修正。美育不仅是"美"的教育，也是培养学生想象力和创新意识的教育，美育的创新属性应是美育课堂评价环节的重要内容。该作业设计，在引导学生感知美、鉴赏美的同时，给予学生创造美的机会。在学生展示合作成果过程中，激发学生的创新活力，塑造其健全人格、家国情怀和文化自信。

不足之处，要注意设计更加灵活多样的题型，设计中要注重学生的探究。"美"的定义是宽泛和多样的，"美"的元素也是多维的。应多挖掘和展示英语作业中的各种"美"，在真实情境中让学生感知美、鉴赏美和创造美。通过这些"美"的载体加强美育熏陶，充分发挥"以美育人"作用，这是实施美育的价值所在。巩固类作业是以熟悉掌握知识为主要目标，所以应该是所有学生都要完成的，对于英语学习来说，积累知识十分重要，能够帮助学生打好扎实的英语基础，促进学生持续发展。

参考文献：

[1] 教育部．英语课程标准[M]．北京：北京师范大学出版社，2003：34-36.

[2] 罗晓杰．英语教学与教研[M]．哈尔滨：黑龙江人民出版社，2003：45-46.

[3] 龚亚夫，罗少茜．任务型语言教学[M]．北京：人民教育出版社，2003：78-79.

教师简介：

梅园，北京语言大学硕士研究生，英语专业八级。多次参与区级校级公开课，设计的课后活动和作业案例3次获得北京市一等奖。

不忘初心　一路耕耘

——做一个幸福的教师

孙　越

　　"教师是太阳底下最光辉的职业"这句话是我作为一名教师,一直铭记在心里的话。作为一名高中英语老师,我深深地体会到教师职业的崇高与伟大。在教育这片热土上,我始终坚守初心,一路耕耘,努力做一个幸福的教师。教师的幸福感不仅来源于个人的思想认知,还来源于个人成长道路上的收获积累以及受到的帮助。另外,教师的幸福感也来源于学生的成长。教师只有在思想认知上摆正心态,保持积极向上的态度,在实践工作中能够积极克服困难,在耕耘的道路上不断突破、不断努力,才能够最终对个人的职业产生高层次的认同感,在认同中感受到作为一名老师的幸福。

一、提升个人思想道德水平

　　作为一名高中英语老师,提升个人思想道德水平的重要性有以下几个方面的要点。首先,高尚的道德情操是为人师表的基本要求。老师的一言一行都会对学生产生影响,因此,具备良好的道德修养能够为学生树立榜样,培养教师正确的价值观和人生观。其次,思想道德水平的高低决定了教育质量的好坏。一个思想道德水平高的老师,能够更好地理解学生、关爱学生,从而更好地指导学生的学习和成长。此外,提升个人思想道德水平也有助于老师更好地履行教书育人的职责,培养出更具社会责任感和担当精神的新时代好青年。因此,不断提升个人思想道德水平,是每一位老师义不容辞的责任[1]。教师的思想道德水平直接关系到学生的健康成长,因此,我在实践工作中始终注重提升自己的思想道德修养。具体来讲,作为一名高中英语老师,在新时期的英语教育中,不仅要注重引导学生掌握英语理论知识,学习语言运用方法,更需要注重面向学生开展德育教育,以跨文化交流、文化自信培养为契机,对传统的英语课程内容进行梳理和分析,并以此为基础,形成系统性的教学思路,在常规英语课教学中渗透思想道德教育,设置多样化情境,引导学生体会中西方文化的差异,进一步宣传推广我国优秀的传统文化,提升学生的文化自信,提高学生对我国传统文化的认同感。

二、思考教育工作意义

　　作为一名教育工作者,应当深刻地思考教育的意义,只有明确教育的意义,才能在个人的本职工作岗位上克服困难、突破瓶颈,更好地完成教育工作任务。不同的任课教师对教育意义的感受和理解可能存在差异。作为一名高中英语老师，我对教育意义的体验主要集中在促进文化交流、实现文化传播两个方面。教育工作从本质上来说，是对人思想和行为的约束、引导的过程，只有在教育工作中明确学生的主体地位，并且按照学生的个体差异和多样需求落实教育工作，才能够最终实现育人的目标。从这个角度上来说，教育工作是一项要持续完善并且处在不断变化中的神圣而伟大的事业。我认为，教育的意义在于培养德智体美劳全面发展的社会主义建设者和接班人。作为教师，要为学生的成长负责，为国家的未来负责。

三、探寻个人成长道路

作为一名教育工作者，探索个人的成长道路非常重要。具体来说，个人成长能够不断提升自我，使教师在教学上更加游刃有余，提高教学效果。个人若能够实现不断地学习和成长，会更利于为学生树立良好的榜样，达到为人师表的效果。另外，个人自我成长也能够帮助教师更好地理解和体会学生的需求与感受，从而为学生的学习和成长提供更加有效的意见和建议。由此可见，教师的个人成长对教师完成好教育工作任务也发挥着非常重要的作用。我作为一名高中阶段的英语老师，在个人成长的道路上，既注重加强理论学习，提高业务能力，更注重与学生进行充分交流，在教育中寻求个人新的成长空间。尤其是对于高中生来说，学生已达到一定年龄层次，是即将步入社会的群体。因此，其个人的学习感受，个人的思想认知都更加真实而深入。在与学生交流的过程中，虽然我是以一名教师的角色存在，但也从学生的身上学到了学习中珍贵的品质，看到了学生在学习中的付出。这种教师和学生共同促进的成长过程，使我更加了解学生，也使我在了解学生的基础上找到了更加适宜的教学方法，充分地认识到以学生为主体，尊重学生个体差异在教书育人中的重要作用。从教师个人成长的价值上来讲，教师的成长是教育事业发展的重要支撑。我一直把个人成长作为教育工作的重要组成部分，通过积极参加各种教育培训和学术交流活动，学习先进的教育理念和教学方法。同时，我也重视教育科研工作，通过课题研究和论文撰写等方式，不断提升自己的学术水平和教育实践能力。在个人成长的过程中，我也注重反思和总结自己的教育教学经验，不断调整和改进自己的教育教学方式和方法。

四、克服职业倦怠

克服个人的职业倦怠，对于长期处于教师工作岗位上的人来说是提升工作动力、保持饱满的工作热情的重要条件。作为一名老师，在长期从事教育工作的过程中，我充分地体会到了教师肩上的责任之重。所谓责任越大压力越大，尤其是作为一名高中阶段的英语老师，我感受到了很大的工作压力。在日常工作中，若与学生的沟通出现问题或在与家长沟通过程中产生分歧也不免使我产生职业倦怠的情绪，个人的情绪控制和情绪调节在巨大的工作压力下也面临着一定的挑战，但当我回望个人的工作经历，思考个人从事教育工作的意义时，我在充分地感受到教育工作者的艰难的同时，也会回忆起作为一名老师在生活中所收获的珍贵的肯定与鼓励。这一切的感受都是我克服职业倦怠心理的重要动力。同时通过在日常生活中与其他教师的沟通和交流，我发现，职业倦怠问题是高中老师普遍存在的问题，如何克服职业倦怠，在日常教学工作落实时寻找新的思路、新的方法，不断更新个人的教学感受、优化学生的学习感受，是我在未来的教育工作中应当把握的关键要点。作为高中阶段的老师，我相信许多老师都会面对繁重的教学任务和学生管理压力，时常会感到疲惫和无助。然而，我始终坚信，只要积极面对，职业倦怠是可以克服的。为了克服职业倦怠，我首先调整了自己的心态。我学会了在忙碌的工作中寻找快乐和满足感，时刻保持积极向上的心态。同时，我也注重合理规划自己的工作和生活，保持工作与生活的平衡。我尽量抽出时间进行适度的锻炼和休闲活动，以保持身心健康。此外，我还主动寻求同事和家人的支持与帮助，共同应对职业倦怠带来的挑战。

五、结语

"不忘初心，一路耕耘"是我在教育事业中坚守的原则。作为一名高中英语教师，我将继续提升个人思想道德水平，思考教育工作意义，探寻个人成长道路，克服职业倦怠。我相信只要坚持不懈地追求教育的真谛和自我价值的实现，我们都能成为一名幸福的教师。让我们一起为教育事业的发展贡献自己的力量！

参考文献：

［1］拉巴卓玛，旦增措姆．聚焦核心绽芳华 深耕教研共成长：2023 年全区主题教研活动圆满举行［J］．西藏教育，2023（12）：2.

［2］温云富．教学行为视角下青年化学教师专业成长的差异及成因探析［J］．化学教与学，2023（18）：70-75.

［3］丁大永．立德树人在高中英语写作教学中的渗透策略探究［J］．学周刊，2023（24）：114-116.

教师简介：

孙越，中共党员，硕士研究生，高中英语一级教师。

改善厌学情绪，助力孩子学有所成

杨洁琼

进入初三，我总能收到家长不断发来的信息："老师，孩子都上初三了，这不好好学习考不上高中，可怎么办啊？我们真是拼尽全力在培养他啊，咋就不争点儿气呢？"每当听到家长这些无奈的求助，我的内心也是一片焦急，拯救这些不爱学习的孩子，对班主任而言，确实是一项不小的挑战。如何挽救那些挣扎在厌学边缘的孩子，让他们摆脱厌学情绪，逐渐回归学习的正轨，是我一直思考的问题。

所谓厌学情绪，就是孩子对学习产生的厌烦情绪。大多数情况下，考试的时候就是孩子们厌学情绪最强烈的时候。一旦在考试中没有达到自己理想的成绩，孩子们就会产生失落沮丧的情绪，长久之后，会逐渐失去对学习的热情，对学习产生抵触和排斥，进而反感学习。在课堂上的厌学情绪表现为走神、发呆、开小差、不交作业，等等。这样的孩子要时常面对老师和家长的批评和指责，无法做到快乐地学习，由此，厌学情绪也随之产生。

我所带的班级是普通班，班上一共36名学生，男生19人，女生17人。在整个班级中，能做到积极主动学习的同学大约15人，剩余的同学或多或少都会有不同程度的厌学情绪或者对某一学科产生厌学情绪。为了改变班级这种现状，我从孩子和家长两方面入手，找到了解决学生厌学情绪的方法，现分享如下：

一、清除自卑心理，帮孩子找寻内驱力

由于个体差异，每个孩子的思维力、理解力、记忆力是不同的，这就使得他们感知到的学习难度也截然不同。有些孩子在学习上就像搭上了顺风车，一往无前，轻轻松松就能学得很好，也因此在一次次的成功体验中更乐于学习；而有些孩子在学习上虽然辛苦努力，但始终表现出吃力的状态，很少有成功的体验，因而面对学习常常产生畏难情绪。随着年级的升高，学习的内容越来越难，知识量越来越大，成绩不好的孩子的学习体验会越来越差，逐渐产生自卑心理，会严重怀疑自己的能力。除此以外，有时外界也会对这些成绩不好的孩子持有不友好的态度，批评指责时常发生。因此，通过大人们的态度，这些孩子们就会全面否定自己，把学习方面的弱势扩展到对自己全盘的否定，觉得自己一无是处。

奥地利著名心理学家弗洛伊德曾经说过，孩子在童年时期的很多经历尽管会随时光淡忘，但是这些情绪感受会留在他们的潜意识之中，在无形中，作用于他们，影响着他们。基于这个角度，针对孩子们由于学习上的自卑导致的厌学情绪，我组织了一系列的

主题班会，例如《悦纳自己》《不给自己贴标签》《我有权利做自己》等，让学生认识到每一个生命个体都是独一无二的，你已经做得很好了，要允许自己犯错，不必苛求完美；在学习上的弱势并不代表你这个人一无是处，你在其他方面还有很多优点，只不过你自己没有意识到，要有意识地认识到自己的优势；在学习上，我们做到勤奋努力即可，出现错误的地方，或者说考试没考好的时候，我们可以把不会的题挑出来弄懂，并调整一下学习的方向和方法，这样学习成绩自然会慢慢提升。在日常的学习生活中，我也是细心观察，尽量捕捉同学们的优点与长处，积极鼓励，让同学们找寻自己内心的力量，变大变强。

通过班会课上的讲解以及课后与同学们进行一对一的深谈，同学们的认知慢慢改变了，将自卑情结扼杀在了摇篮里，变得阳光自信，学习上动力十足，在月考中有 7 名同学进步较大，成绩明显提升。除此以外，班级整体学习氛围被带动，每个同学都像装了小马达，蓄势待发。

二、改善亲子关系，做学生代言人

当今社会，太多父母陷入了教育焦虑状态，以为只要孩子学习好，将来就能考上好大学，有份好工作，就能收获成功的人生。因此一旦孩子在学习上出了点问题，家长就会表现得怒不可遏，歇斯底里。原本母慈子孝的家庭氛围，瞬间变得鸡飞狗跳，更严重的还有家长被气得生病住院。遇到这种情况时，父母总说孩子不理解父母的苦心，殊不知这样紧张的亲子关系，也给孩子们的成长带来了很多困扰，导致了很多孩子逐渐表现出厌学情绪，越学越没动力。因此，要想改变孩子的厌学状态，接下来的重点就是如何让家长真正地了解孩子，与孩子建立良好的亲子关系。

孟同学，有一定学习基础，但是成绩位于班级中下等。网课期间，他经常不在线，老师提问时也无人回答。在一次网课上，老师提问时突然听到家长的辱骂声，说的大概是他没听课，在屏幕后面偷偷打游戏。回到学校后，他也是经常趴桌子睡觉，每天浑浑噩噩，不怎么学习。对于这样有基础而又不愿意学的孩子，如果因为厌学而走向歧途真是太可惜了。于是，我主动邀请孟同学的家长来学校面对面地交流一下孩子的学习问题。通过沟通，我了解到，这个孩子小学时很听话，每天放学路上都和妈妈一起拼单词，积累了大量词汇，其他各科成绩也表现不错。但是升到初中，进入青春期后，孩子变得越来越叛逆。面对孩子的叛逆，家长无法接受，只想尽早把孩子拉到学习的正轨上来。可是父母越说，他越不听，亲子矛盾不断升级，父母的抱怨、指责、批评越来越多，孩子在学习的轨道上也是渐行渐远，一提学习，家里就是鸡飞狗跳，父母束手无策。

为了改善孟同学和父母的亲子关系，让孩子在家里有个宽松愉悦的环境，这次我站到了孩子一边，当起了学生的代言人。对于父母的这一番话语，我表示理解，但是也告诉了父母青春期孩子的特点，即身体、心理都发生着巨大变化，他们的叛逆，实则是自我意识的逐渐形成，并不是一件坏事。当孩子遇到学习和生活中的困难与挫折时，十分需要父母无条件地支持与关爱。父母需要接纳孩子的不良情绪，引导他们正确地释放，而不是完全地对抗。父母平时在家里要少一些唠叨，在孩子需要的时候，要多给予他们一些帮助。

孟同学的父母听从了我的建议，当时就表示为了孩子能改善厌学情绪，早一点回归学习正轨，即刻从自身做起，改变自己的做法。他们当着我的面向孩子承认了错误，对自己之前的做法给孩子带来的伤害表示后悔，答应今后要给他自由成长的空间，不再对孩子唠叨指责，对孩子表现好的方面积极鼓励并表扬。

两周过去后，孟同学的数学成绩以每周 10 分的幅度在提升，英语周测考进了班级前三名，其他学科也有所提升。当我把这个好消息告诉家长时，家长回复说：多亏您的指点，真的很感谢您，不仅要在学校教孩子，还要教我们家长怎样教育好孩子，终于看到点希望！看到孟同学的进步，我用同样的方法又陆续帮助了十几位同学逐渐从厌学情绪中走出来，积极投入到初三备考中。

苏霍姆林斯基说过：教育艺术的基础在于教师能够在多种程度上理解和感觉到学生的内心世界。作为班主任，我们要放下架子，利用一切可以利用的时间、机会听听学生的心声，听听他们的想法，注意他们的情感变化，让学生充分展示自己的内心世界，使学生真切地感受到教师的关爱。只有这样，学生才能在学习的道路上披荆斩棘，一路前行，学有所成。

参考文献：

[1] 劳伦斯·斯坦伯格. 与青春期和解：理解青少年思想行为的心理学指南[M]. 孙闰松，译. 北京：人民邮电出版社，2019：187-191.

[2] 刘利广. 青少年积极心理学[M]. 北京：中国商业出版社，2021（1）：13-16.

［3］维吉尼亚·萨提亚. 新家庭如何塑造人[M]. 易春丽，叶冬梅，译. 北京：世界图书出版公司，2018（10）：336-337.

教师简介：

杨洁琼，怀柔区级骨干教师，中学高级教师，文学学士。参与多项市区级重点课题研究，多篇论文和教学案例获得市区级奖励。

"小王"不是"小霸王"

张丽莉

背景:

2020 年新学期的开始有些不平凡,作为一名刚入职的新班主任,线上教学模式的调整给我提出了更大的挑战。线上教学、线上育人、家校合作都让我深刻地感受到线上教育模式正迅速在时代浪潮的裹挟下进入实践操作阶段,迫切需要教师提高信息技术应用能力,以保证与学生顺利沟通。作为教师,我们无时无刻不在通过"爱"和"专业能力"与学生沟通,引领学生的成长;我们无时无刻不在通过"家校合作"这一纽带和桥梁与家长沟通,形成家校合力,共助学生成长。家校合作育人在教育教学领域是永久的话题,居家学习又对家校合作提出了新要求。教师和家长在网络上的沟通更加频繁,而此时有效的家校沟通,也成了学生有效学习和健康成长的保障。

案例:

网络授课开始后,陆续有学生家长返回到自己的工作岗位,此时家长一边要工作,一边心中还挂念着家里的孩子,有的家长甚至早出晚归无暇顾及子女。有的学生虽然有爷爷奶奶等老人照顾,但由于老人往往只是能够保证孩子的温饱,在学习上却有心无力。而面对即将进入青春期的孩子们,家长的说教往往收效甚微,有的孩子甚至已经比较叛逆,不再只是温和顺从;而对于那些比较懒惰,没有良好学习习惯的学生来说,网课效果往往也大打折扣。这不,小王妈妈的"求助"微信和电话就时不时地在我耳边响起……

"张老师,小王在家里就一个劲儿地上网,也不主动完成作业……我愁啊……"

"张老师,小王在家里都变得冷漠了,经常就一个人待在屋里,也不和我沟通,我一着急就和她吵架,现在我们的关系都有点儿紧张了……"

……

类似这样的话语经常出现在我和小王妈妈的微信或者电话中,在小王妈妈的语气中,我读到了一些无奈、心疼和担忧……

小王刚来初一年级的时候,我看到的她是个乐天派,善良的她每天乐呵呵的,喜欢笑、喜欢和同学们打成一片。经过一段时间的努力,初一上学期结束的时候,她的成绩突飞猛进,在班里和年级都名列前茅。但是网课一开始,她就变了个模样,经常不能按时完成作业，上课也不怎么积极发言……结合我观察到的日常表现和小王妈妈的反馈，我分析了一下，小王正是网课期间的"困难户"学生：起床困难、上课困难、完成作业困难……究其根本，还是因为没有建立起良好的学习习惯，因此离开了学校的学习环境，整个人就变得懒散起来。

针对小王的情况，在仔细思考之后，首先我将工作的第一步放在了和小王妈妈的沟通上。我表示对她遇到的问题非常理解，帮助她分析目前出现问题的原因，缓解她的焦虑，然后给家长支支招，并表明通过我们合作助力一起来看看效果。之后将工作的第二步放在了小王身上，接到我的电话，刚开始她有点羞涩，我没有责怪她，而是在综合了小王妈妈的反馈、小王平时的表现和她自身情况的基础上，跟她聊天，仔细地询问了她最近在学习和生活上有没有遇到什么困难。然后借机我问小王："你在班里是班干部，作为班干部咱们要想带领好别人，自己应该怎么做呀？"她顿了一下，说道："起到带头作用。"我及时地肯定了她的答案。之后我又借机引导她一起制订一日计划，在计划上写清楚都在什么时间使用电子产品以及奖励和惩罚的措施……从那以后，小王在居家学习的时间安排上逐渐有了改善和进步。这使小王妈妈开心了许多！

然而理想是丰满的，现实总是骨感的，我们的小王同学坚持了没两天，又开始反复了……学习的状态时好时坏，小王妈妈的微信接踵而至，"在家里坚持两天又不按作息表来了，作业常常写到深夜，还是管不住自己玩电子产品……说多了还跟我冷战不说话"，而且随着网课时间变多，和小王有同样或者类似问题的同学也开始出现，眼看着"小王"就要变成"小王们"，为了避免"小王们"成为家里的"小霸王"，我也不断探索和找到了一些相应的方法。比如：每天晚上在班级群里公布"红星榜"成为家校互动反馈的固定方式，每天按时提交作业的同学可以获得固定数量的红星，捍卫自己的红星荣誉，激发学生相互竞争的斗志，而家长也能及时了解到每天孩子提交作业的情况，和我一起合作起到了双向监督的作用。而没能及时完成作业的同学，我则给他们一个小小的"奖励措施"——第二天得比别人起得更早参加早读！有的同学乍一听以为这是惩罚，但是我告诉他们这是一个让他们证明自己能做好的一个机会。像小王那样的"交作业困难户"突然就积极了，而且是一种逐渐趋于稳定的积极。可能在"小王们"的世界里，交作业再困难，也比不过早晨从舒适的睡梦中觉醒困难吧！看来制度的保障还是很重要的！

而对于小王妈妈的其他反馈，也正好反映了一些学生网课期间居家学习容易出现的普遍问题。于是我也在书上和网上查阅了很多资料，其中北京卫视推出的《老师请回答》大中小学生同上一堂课给了我很多的启发。基于家长的反馈，我班的学习共同体小组每周进行主题组会。这个"主题"从何而来呢？其实就来源于家长反馈给我本周最突出的问题。比如：各小组进行了"订立手机契约""如何学会和父母相处""学会感恩"等主题的小组会，在小组会上，我们会邀请小王，或者那些和小王一样想要学习却总是被自己的坏习惯拖住的同学们发表看法和观点。在家长会上，我会搜集一些打造和谐亲子关系的妙招提供给像小王妈妈一样在亲子关系上有困惑的家长。就这样，从"小王"到"小王们"，他们的学习更加规律，学习效率也稳步提高。小王妈妈观察到孩子的变化也很开心，于是她也更加勤奋地学习如何更好地和孩子沟通，也总喜欢和我聊天探讨如何教育孩子。

评析：

由此可见，网课期间，家校联合育人的作用显得更为突出和重要。小王妈妈的及时反馈让我在关注学生日常表现的基础上，能够及时了解孩子居家学习期间我看不到的那些问题，这样才能有的放矢，及时发现问题，解决问题。在网络授课期间，自主性强、学习习惯好的孩子很快凸显出来，也有大部分学生像小王一样，尚未建立起良好的学习习惯，惰性又比较强，离开了学校环境的约束和监督，就不能很好地约束自己。其实像小王这类学生，内心是希望能够不断进步，希望自己的学习能够越来越好的，但是却在真正落实的时候管不好自己。如果此时不能及时疏通引导，这类学生就容易产生逃避情绪，浑浑噩噩下去。

因此，对于这一类学生，我们不要急于定性，要认识到这是孩子在成长过程中会出现的正常问题，不要轻易给孩子贴标签，而是用发展的眼光看待他们的成长，并且注意关爱和鼓励他们。有时候一句暖心的问候胜过千万句责骂，会起到意想不到的效果。学生听到老师温暖的话语，也会不好意思起来，从而有助于巩固学生的积极行为。另外，我也更深刻地认识到教育需要春风化雨般的关心，更需要制度的有效管理。在网课期间和家长对话的过程中，我不断完善我班有关网络学习的各项措施和制度，不断增强制度的严密性和连贯性，从而不断提升教育教学效果。最后，我还时不时地给家长支支招，促进亲子关系发展。

苏霍姆林斯基曾说过："儿童只有在这样的条件下才能实现和谐的全面的发展，就是两个教育者——学校和家庭，不仅要一致行动，要提出同样的要求，而且要志同道合，抱着一致的信念，始终从同样的原则出发，无论在教学的目的上、过程上还是手段上，都不要发生分歧。"因此，家庭与学校的全面配合，家长与教师的全面配合，才能促进家校联合育人，从而助力孩子的全面健康发展。

参考文献：

[1] 黄景. 教师身份·教师能动·教师自主：二十年从教经历的反思[J]. 教育学术月刊，2010，8（9）：27-31.

[2] 胡洁雯，吕芳慧. 大学英语改革中的教师自主性研究[J]. 现代教育科学（高教研究），2010（4）：170-172，175.

[3] Satu. An action-oriented perspective on caring leadership: aqualitative study of higher education administrators' positive leadership experiences[J]. International Journal of Leadership in Education，2013，16（4）：482-496.

教师简介：

张丽莉，毕业于北京师范大学教育学部，发表 SSCI 及国内其他期刊教育类文章数篇，热爱教学，善于钻研，秉承"教育即生活"的教育理念。

让心灵的瓦尔登湖阳光灿烂

尹 玲

亚里士多德认为，人们应该追寻一个有意义的目标，即"幸福"；梭罗认为，"幸福"就是拥有瓦尔登湖般明净灿烂的精神家园。那么，何谓"幸福"的教师？我认为是热爱并享受育人之乐，精神富有、生活知足的教师；是在充实的工作与生活里，追寻并感悟到快乐的真谛，谦和自信、诚实率真的教师。具体来说，阐释如下：

一、上善若水，点亮朝晖

幸福的教师首先是一个善良有爱的人。在教师职业生涯之初，他便由衷地热爱这份平凡又神圣的工作，能够和学生和谐相处。在工作中，即便遇到顽皮的学生所制造的棘手问题，他也能保持心平气和，缓解工作中的烦恼和焦虑。面对学生时，幸福的教师以平行视角交流，因为他明白人无完人，尺有所短，寸有所长的道理，所以不会不切实际地幻想学生个个都完美无缺；也不会为情绪所控制，给予学生差别对待或者主观臆断的评价。相反，他具有同理心和悲悯之心，视天地万物为值得尊重、关爱的生命；他具有欣赏和远视的眼光，尊重大自然的规律，能够理解、包容人、事的差异；他明辨是非，具有正确的价值观和良好的判断力，凡事能够推己及人，给学生的人生以光明的指引。因此，拥有仁善之心的教师，善于以一颗平常心面对眼中个性迥异的孩子，即便是有缺点的孩子，在他眼中也是"被上帝咬了一口的苹果"。这样的教师关爱每一个孩子，用心培育健康健全的生命，如春风化雨，滋养万物生辉；如流水淙淙，弹奏幸福的音符。

清朝李慈铭有《朝中措》一词："一年无事为花忙，赢得几春光。卖到街头红药，正看绿树阴长。桃先桃后，梅棠杏李，次第丁香。为问先生日历，只馀花事本章。"

此词中，词人化身为一位幸福可爱的花农：他在倾心养花，在不同的日子里享受着各种花儿次第绽放的喜悦。同理，在教育的百花园里，一个幸福的教师也会对不同"花期"的学生一视同仁，他善于发现学生的禀赋潜力，致力于发展他们的独特个性，并在对不同"种子"、各种"花树"的辛勤耕耘、悉心呵护中体验为人师者的幸福。两千多年前，孔子以仁爱之心因材施教，无贵无贱，无长无少，弟子三千拜于门下，孔子皆循循善诱，七十二贤桃李竞芳，其乐融融。所谓"福往者福来，爱出者爱返"，当师者放下心中改造学生的执念，才会顺应自然，呵护天性，以爱心包容、欣赏学生。潜质各异的个体，仿佛春兰夏荷、霜菊雪梅，教师要懂得在不同的月令培植爱护；同学少年，如同初升朝阳，教师要以一颗善良宽容之心点亮他们，才会沐浴幸福之光。

二、美美与共，交相辉映

幸福的教师不仅以爱心育人，还与时俱进，关注自我成长和自我价值的实现。对于学生来说，他不是目送者，而是同行者。假如年华流逝对教师来说仅仅意味着挥别一届又一届学生，目送他们升入高等学府深造，而自己凝滞闭塞、呆板守旧，那么，这种显性价值的零增长会使教师陷入一种职业倦怠和迷茫。因此，幸福的教师必然是可持续发展的教师，有明确的自我认同感；幸福的教师不消耗自己，而是以科学、先进的思想及时更新、升级自己，努力探索成长的空间。在经济领域有一个著名的"波浪理论"，按此理论，浪有两种发展方式：驱动浪和调整浪，驱动浪是主导波浪形态的浪，大多数驱动浪以推动浪形态出现。但推动浪的两个子浪必须不可重叠，同时推动浪的一个子浪不能最短。这个理论包含了大自然的一些基本规律，可以在教育领域中理解为：教师只有勇于摒弃单调重复，无畏新的机遇挑战，才能像驱动浪那样，在推动前浪的同时，自身也一直前进在欢乐的海洋。

教育家陶行知曾说："有些人做了几年教师便有倦意，原因固然很多，但主要的还是因为不好学，天天开留声机，唱旧片子，所以难免觉得疲倦起来。唯独学而不厌的人，才可以诲人不倦。要想做教师的人把岗位站得长久，必须使他们有机会一面教，一面学；教到老，学到老。……越学越快乐。"学无止境，教也无止境。随着岁月渐长，幸福的教师依然会保持着良好的学习习惯，满怀奋发前行的向往与激情。在信息时代，科技飞速发展，人工智能（AI）的替代性日益明显，因此，幸福的教师一定能顺应时代浪潮，保持终身学习的观念，丰富学识，修炼内功，创新自己的教学手段，不停刷新人生的高度。在精心培育芝兰玉树的同时，自身也枝繁叶茂，赏心悦目。

另外，心理学中有个术语叫"思维闭环"，指的是人们在思考问题时，会陷入一种固定的思维模式，从而导致陷入困顿。对一个教师来说，思维闭环会造成画地为牢，壅塞郁结，这无疑会妨碍教师自身创造力的发挥。因此，作为一个教师，只有走出闭环思维，摒弃机械单调的乏味重复，从不停止探索的脚步，时刻汲取智慧和生命的美味养分，对新知识新气象满怀好奇与欣喜，不断升级观念，方能不断重塑自我，发现更美好的自己，保持丰沛的活力和创造力，洋溢自信与幸福的光彩。

三、返璞归真，心境澄明

除了爱心育人，专攻术业，幸福的教师更注重向内自修，涵养心性。因为教师的工作主要在立德树人，在这一过程中，教师更多的是情绪价值的输出，而常常疏于自身的心理建设和心灵养护。实际上，对于一个成年人来说，面对着工作和生活的双重压力，尤其是教师职业的超负荷情况，如果不善调剂，往往会导致内心的冲突，产生挫败感。因此，幸福的教师懂得及时给心灵放假、设法为自身赋能，让自己保持率真自然、恬然安适的精神状态——这种自愈能力是非常可贵的。诸葛亮曰："夫君子之行，静以修身，俭以养德，非淡泊无以明志，非宁静无以致远。"因此，幸福的教师善用时间，把有限精力用在有趣有意义的事情上，不耽溺于琐碎杂念；幸福的教师轻装简行，不迷失于身外之物，而是在亲近大自然和美好的人、事的过程中，修养身心，砥砺品格。孔子心怀仁德，上下求索，《论语》记载，孔子在齐听到《韶》乐，三月不知肉味。他感叹道："没想到音乐欣赏竟然能达到这样的境界！"《韶》乐是赞美舜的乐章，是当时的经典古乐。至善至美的音乐以其穿越时空的感召力，陶冶着他的心灵，修养着他的心性，使孔子在此后很长时间内食肉而无味，可见他对于美好事物的追求和喜爱。而孔子探求道的态度大致如此，虽然周游列国推行自己的主张无功而返，但他退而讲学杏坛，即便粗茶淡饭、曲肱而枕，也能得其乐，是其心境使然。

"问渠那得清如许？为有源头活水来。"幸福的教师简单纯粹，不随波逐流、不人云亦云；幸福的教师悦纳自己，不空虚浮躁，不以物喜悲。古人云："三径余闲，还将书读；一春无事，只为花忙。"正因为有精神的滋养，在日复一日的庸常生活里，他秉持朴素的人生哲理，自洽安适，在平平淡淡的时光里发现世间的美好，让幸福之花绽放在丰盈澄澈的心田里。

总之，幸福是一种和谐心态，也是一种人生修为。梭罗在《瓦尔登湖》一书中这样写道："我一直坐在洒满阳光的门口，沉湎于希望之世界。四面是松树、漆树和山胡桃树，鸟儿在周围歌唱，不时掠过屋顶……"随着四季变化、日出日落，在瓦尔登湖畔，所有朴实有趣、充满智慧和阳光的生命，都如此欣欣向荣、令人赞叹，引发哲思。莽莽世间，个体渺小如沧海一粟，为人师者，幸福并不在于轰轰烈烈，而在于用心感受职业生涯中点滴美好的细节。作为一名平凡的教师，尽管探索幸福之路漫漫，然而，当你携真善美同行，让金色阳光洒满心灵的瓦尔登湖，幸福的感觉就会和谐循环。

参考文献：

［1］张禹隆．基于艾略特波浪理论的量化投资研究［J］．海峡科技与产业，2022，35（4）：14-16，33．

［2］陶行知．陶行知全集［M］．成都：四川教育出版社，2005．

教师简介：

尹玲，中学高级教师，怀柔区语文学科带头人。从教 26 年，指导学生在全国中学生"新概念"大赛、创新作文大赛等总决赛中，多次获全国一等奖。

立德树人当需"三位一体"

朱春伶

一、立家长之德，奠基幸福生活

家庭是教育的始发站。家庭教育伴随人的一生，影响人的一生，是人成长、成才、成人的奠基工程，是国民教育体系的重要组成部分，是社会和学校教育的基础、补充和延伸。

成功的家庭教育不仅需要物质的给予、精神的关爱，更需要品行习惯的培养。一项统计表明，在全世界 500 多名诺贝尔奖得主中，有 13 名诞生在 5 个家庭中。通过对这几个家庭的跟踪研究发现，这些人具有一个共同特征，就是都拥有良好的家庭环境，接受过良好的家庭教育。同时也发现有些获奖者虽然家庭清贫，父母文化水平一般，但他们在家庭中都养成了良好的品行习惯，学到了不屈不挠的精神，培养了坚韧不拔的毅力，在精神层面，他们足够富有。我们的孩子不可能都获得诺贝尔奖，也不可能都成名成家，但是良好的品行习惯、富足的精神生活、良好的人际关系和基本的生存技能是每个人都应具备的。而这些，不是老师教出来的，而是正确的家庭教养方式熏陶感染出来的。

我们常说"有什么样的父母，就有什么样的孩子"，孩子犹如一台复印机，我们试想，家长张口就说脏话，孩子何来文明意识？家长带着孩子闯红灯，孩子何来规则意识？家中争吵不断，孩子何来友爱意识？诸如此类情况，令人深思。当然我也看到过有小学生没有随父母一起闯红灯的场景，我为孩子点赞，更为孩子担忧，如果这个孩子的父母没有意识到自己的问题，结果可能有两个，被孩子鄙视或效仿。鄙视的结果是父母失去了榜样作用，也就失去了话语权；效仿的结果是孩子觉得规则是可以不遵守的，老师的话是可以不听的，甚至道德的底线是可以逾越的……所以，教育孩子身教重于言传，父母要做到言行一致、知行合一，要有自主意识，更要有社会担当。"立德树人"，从家庭开始。让家庭成为真正的温馨港湾、幸福摇篮、扬帆之舵；让孩子能够融入社会大家庭，成为有品行、有品位、有责任、有担当的优秀公民，将来才能担当起家庭和社会的责任，创造幸福的生活。

二、立教师之德，领航精彩人生

学校是承载希望的列车。孩子在校学习阶段，是其行为习惯养成的关键时期，也是孩子人生观、世界观、价值观形成的重要时期，这一时期的教育对一个人的未来发展至关重要。"立德树人"，首先需要教师具有良好的师德。在学校与孩子们接触最多的成年人是教师，尤其是班主任老师，而讲师德不仅是教师不打骂学生、不变相体罚学生那么简单。"师者，所以传道受业解惑也。"作为教师，我们用心教会学生学习、教会学生做人、教会学生做事，才能尽显我们的高尚师德。

教会学生学习，我们的老师都会尽心尽力。教会学生做人和做事，往往被一些老师忽略。殊不知，一个会做人、做事的孩子，他的学习品质和学习能力一定不会差。新版《中小学德育工作指南》为我们明确了不同学段的工作目标。如果从小学至高中我们都能认真落实相应的工作目标，那么必将让孩子受益一生。以初中为例，教育目标是：教育和引导学生热爱中国共产党、热爱祖国、热爱人民，认同中华文化，继承革命传统，弘扬民族精神，理解基本的社会规范和道德规范，树立规则意识、法治观念，培养公民意识，掌握促进身心健康发展的途径和方法，养成热爱劳动、自主自立、意志坚强的生活态度，形成尊重他人、乐于助人、善于合作、勇于创新等良好品质。显然，这些目标的实现，可以通过多种途径。但无论通过哪种途径，作为教育教学活动的管理者、组织者和实施者，我们首先应该具备这些高尚的品质和致力于教育的责任感、使命感以及合作乐群的工作态度和公正无私的从业精神。

以课程育人为例，我们可以充分发挥课堂教学主渠道的作用，在传授知识的同时，将中小学德育内容细化落实到各学科课程的教学目标之中，融入渗透教育教学全过程。道德与法治课责无旁贷，语文、历史、地理老师也能利用课程中语言文字、传统文化以及历史、地理常识等丰富的思想道德教育素材，潜移默化地对学生进行世界观、人生观和价值观的引导。那数学、科学、物理、化学、生物等学科是不是也能对学生的科学精神、科学方法、科学态度、科学探究能力、逻辑思维能力和勇于创新求真务实的思想品质进行培养呢？音乐、体育、美术等学科亦是如此。同时，地方课程和校本课程的开发与运用，更加丰富了教育资源，只要我们认真思考、深入挖掘，可以将德育渗透到教育教学的各个环节之中。

作为教师需要有培养孩子成为家庭人和社会人的大智慧、大情怀，在自己的岗位上，心怀大爱、恪尽职守，让孩子知识丰富起来、能力增长起来、精神富有起来，就是对师德最好的诠释。

三、立社会之德，净化成长空间

社会是人生漫长征程的伴侣。没有人能脱离社会这个大空间，它也同样影响着每个人的发展，社会教育对未成年人的成长至关重要。荀子曾说："蓬生麻中，不扶自直；白沙在涅，与之俱黑。"我们也都听说过"孟母三迁"的故事，然而我们不可能都像孟母一样为孩子而三迁居所，择邻而居，更何况是信息时代、电子产品当道的今天。

如今绝大多数孩子不再参与我们当年的同伴游戏、家务劳动和田间劳作，课余时间几乎交给了一部似乎无所不能的手机，沉迷其中。网络游戏，使一些孩子迷失自我；短视频兴起，有些孩子成为一些人炫耀和赚钱的工具……我们不可否认手机确实给我们的生活带来了极大的便利，但手机在方便生活的同时，却也隐藏着诸多隐患。还好，一些有识之士已经认识到了这一点，开始整顿网络市场，重视网络安全。我们期待动员全社会的力量，尽快净化网络环境，还孩子们一个纯净的成长空间。

如何让孩子脱离手机的羁绊，生活丰富起来，精神丰盈起来，完善的社会服务必不可少。如节假日学校运动场馆对外开放，社区为孩子提供健康的娱乐环境和设施，博物馆、展览馆对孩子免费开放……

总之，实现"立德树人"的根本任务，学校教育至关重要，家庭和社会教育也必不可少，坚持"三位一体"，让它们互为补充、相互促进，才能实现教育效益最大化。

教师简介：

朱春伶，高级教师，从教 30 年，担任班主任 15 年，怀柔区教育系统优秀共产党员、首届首都"资助育人"优秀工作者。教育教学论文多次获得国家、市区级奖励。

教　学　篇

基于生态智慧课堂的人文教育课程的实施与研究

张 雪

摘 要：生态智慧课堂是走向核心素养的教与学的核心要求，它关注基于生活主题的学科实践活动，关注基于学科品质的思维生长，关注经历不同层次提升的终极目标。课堂建构必须体现探究、创新、协作与问题解决的过程，从传输知识、培养能力到形成相应的思维、启迪智慧、点化生命的高度，关注学生在项目式学习、真实情境下的审美问题、活动和评价的有机结合。问题是成功学习的本源；活动是感悟有效方法、完成任务中的整合统一，作用于学习的基点；评价是智慧学习的保障。学科教学要突出文化意义和价值意义。课程设置要让学生在探索中学习知识、培养技能、发展智力、培育人格。

本课程基于生态智慧课堂的理念和精神，立足学情，结合教学实际，努力开发全面教育的课程模块，使学生获得思考问题、解决问题、拓展开放性思维的思路和能力；致力于形成立体的发展性课程结构体系，使分科课程与综合课程、必修课程与选修课程、文化课程与活动课程结合，并设置以指导学生进行专题研究性学习的综合实践课程、专题研修课程，从根本上保证素质教育的实施。课程构建以学习领域知识、课程的功能、学生素养的发展目标为依据，形成课程建设思路，根据"三位一体"课程目标体系，开发富有人文特色的课程。课程内核突出四个关键词：全面、基础、陶冶、创造。

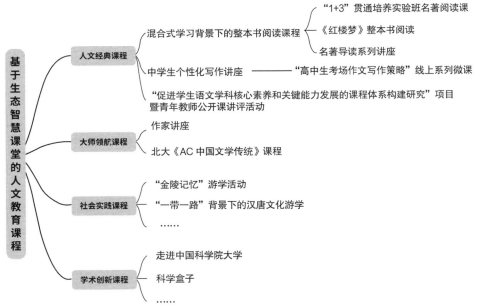

关键词：生态智慧课堂 人文教育课程 实施与研究

一、引言

2019 年 2 月 23 日中共中央、国务院印发了《中国教育现代化 2035》，这是我国第一个以教育现代化为主题的中长期战略规划，提出了推进教育现代化的八大基本理念：更加注重以德为先，更加注重全面发展，更加注重面向人人，更加注重终身学习，更加注重因材施教，更加注重知行合一，更加注重融合发展，更加注重共建共享。并提出总体目标：到 2035 年，总体实现教育现代化，迈入教育强国行列，推动我国成为学习大国、人力资源强国和人才强国，为到本世纪中叶建成富强民主文明和谐美丽的社会主义现代化强国奠定坚实基础。其中着重提出建成服务全民终身学习的现代教育体系，可见未来国家需要的是有独立思考能力、有发展创新能力的终身学习型人才。

二、生态智慧课堂的内涵

课堂教学是教师教与学生学的共同活动，是学校教育的中心活动。

"教学"由教师的"教"与学生的"学"两类活动结合组成；双方及其活动的关系性质不是主次关系，而是互为依存，缺一不可的。既不能从目的直接推论出活动的组成以什么为主，也不足以从教学活动组成的意义上区分出"教"与"学"的主次，更不能将教学活动归化为学习活动。只有将"教学"作为一个整体单位分析，才能认识教学过程中师生活动关系的内在不可分割性、相互规定性和交互生成性。教学活动的过程是生成过程，要用生成论的思想方法去认识动态的教学过程，不能用构成论的方法得出"教"与"学"的主次之分、从属之别。

而课堂教学的内涵特征是学校教育的基本组织形式，是学生在教师指导下系统掌握文化科学知识、发展智力、提升能力、锤炼品格、形成个性的活动。课堂教学对"个别教学"而言，是教育史上重大的教学方式变革，最大的优点是通过集体授课扩大了教育对象，使相互学习和交流成为可能，提高了教育效率。最大的短板是对学生的个性化差异不够关注。

而生态智慧课堂探索的起点是回归原点：教育的本质是成全与唤醒，是帮助学生发现自己的潜能、唤醒学生的自觉，是要发展学生已有的东西。如果我们不倾听学生的声音，我们的教育将难以进步；了解学生的心声，满足学生的需求，与学生共创个性化的学习，是教育应该努力的方向。课堂教学的真谛：让学习真实发生，让生命健康成长，让智慧得到启迪。课堂的生态属性：尊重、唤醒、激励和发展生命是课堂教学永恒的主题，课堂应营造有利于生命投入的学习生态环境，师生彼此尊重，自由和谐，圆融共生。课堂的智慧属性：启迪智慧是课堂教学的价值追求，课堂要激发个体生命潜能，唤醒生命智慧，提升思维品质，丰富情感体验，培养健全人格。

现今来自教育变革的挑战是面向未来的教育，其中一个挑战是"人性化"的教育。智能科技时代的挑战不再是技术的革新，而是人的"人性化"与机器的"人性化"之间的关系，"知识中心主义"会淡出教育的舞台，道德、情感培养等将成为我们未来教育中最为重要的任务。我们需要用教育去避免机器被人利用成为控制和奴役人类的工具，去消除机器最终取得对这个星球的控制权的隐患。一个挑战是"个性化"的教育。人类社会从工业化走向信息化，教育必然从标准化走向个性化，未来教育是要培养孩子成为一个独特的人，让他真正成为他自己，教育就是要帮助每个孩子走向属于他们自己的成功，每个人都有一套由自己的知识、能力、人生经历和情感构成的独特结构来引领自己走向成功，而且每个人的成功方式都是独一无二的，没有一种成功可以复制。还有一个挑战是"智能化"的教育。未来教育必然架构于信息化环境下，人工智能、大数据、虚拟现实等现代科技将深度介入教育的全程与全域。教育文化、教育理念、教与学的方式以及教学环境、内容都将呈现智能化的显著特征。

课堂教学研究的着力点指向"内涵探求"而不是"模式研究"，因此我校开展了基于核心素养的"生态智慧课堂"实践研究。"生态智慧课堂"是我校在坚守自我教育理念的前提下提出的创新性课堂教学，是我校为了能更好地把握教育综合改革的趋势，落实核心素养的要求，实现卓越担当的人才培养目标的课堂追求。生态智慧课堂关注每一个鲜活的生命个体，教中有学，学中有教，彼此依存，动态转化。它是教师和学生共同作为学习者的一种生态化混合式学习，目标指向师生生命成长。

生态智慧课堂一方面推动教育观的变革：从育分到育人、从知识到能力再到价值观，教育必须向有利于学生的持续学习和终身发展回归。一方面推动教师观的变革：学生选择课程在某种程度上意味着选择教师，从而对教师的专业素养和专业能力构成了巨大的挑战，提升教师的教学能力和水平是关键因素。此外，还推动教育的结构性变革：基于核心素养，重构育人模式和教育生态。主要体现在以下几个方面：第一，选择性课程。丰富性和分类，分层，特色。第二，主动性教学。自主、合作、探究与自我展示。第三，综合性评价。多一把尺子，多一批人才，百花齐放。第四，自主性活动。自醒到自为，自立到自强。

生态智慧课堂是走向核心素养的教与学的核心要求，它关注基于生活主题的学科实践活动，关注基于学科品质的思维生长，关注经历不同层次提升的终极目标。课堂建构必须体现探究、创新、协作与问题解决的过程，从传输知识、培养能力到形成相应的思维、启迪智慧、点化生命的高度，关注学生在项目式学习、真实情境下的审美问题、活动和评价的有机结合。问题是成功学习的本源；活动是感悟有效方法、完成任务中的整合统一，作用于学习的基点；评价是智慧学习的保障。学科教学要突出文化意义和价值意义。课程设置要让学生在探索中学习知识、培养技能、发展智力、培育人格。

我们认为在中学阶段，在注重培育学生科学素养的同时，必须突出人文教育。今天的人文教育，已经超越了传统的个人人格养成的内涵，增加了科学人道主义的追求，更要突出公民意识、国家意识、社会责任感、国际理解。这是我国的中学生站在当今的国际舞台上，应该具备的素质。

面对我国当前价值观多元、人文教育不足的现状，北京市第一〇一中学总校经北京市教委批准，于2010年成立人文实验班，探索基础教育阶段强化人文教育、培养创新人才的经验。实验班的培养目标是：培养人文素养与科学精神兼备的创新人才，即全面发展、人文见长、知行合一的人才。学生经三年研修，基础宽厚、境界高远，具有扎实的科学素养、浓厚的人文情怀、强烈的社会责任感，对人文社会科学怀有持久的兴趣，具备突出的社会实践能力和创新潜质，其精神世界根植"人"和"人类"意识，能以科技与人文的融通与共建，发展未来社会。北京市第一〇一中学怀柔分校学习总校的教学实践，构建实验班，从课程建构、教学整合、文化建设几方面，研究普通中学基于生态智慧课堂的人文教育课程的实施推广。

三、人文教育课程的设置

（一）课程目标的设定

课程建设注重弘扬人文精神，以人的综合发展为根本目标。课程目标价值取向定位于强调掌握基础知识、方法、技能，培养创造性思考的能力，强调情感陶冶的价值取向。它既培养学生扎实的人文基础，又培养其良好的科学素养。

（二）课程内容的设计

本课程基于生态智慧课堂的理念和精神，立足学情，结合教学实际，努力开发全面教育的课程模块，使学生获得思考问题、解决问题、拓展开放性思维的思路和能力；致力于形成立体的发展性课程结构体系，使分科课程与综合课程、必修课程与选修课程、文化课程与活动课程结合，并设置以指导学生进行专题研究性学习的综合实践课程、专题研修课程，从根本上保证素质教育的实施。

课程构建以学习领域知识、课程的功能、学生素养的发展目标为依据，形成课程建设思路，根据"三位一体"课程目标体系，开发富有人文特色的课程。课程内核突出四个关键词：全面、基础、陶冶、创造。

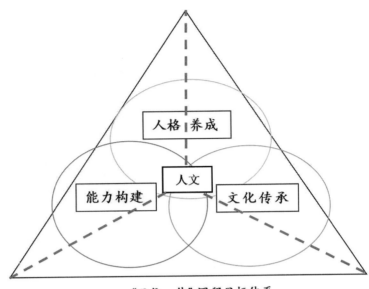

"三位一体"课程目标体系

具体课程特点如下：

搭建一体多元化的特色课程体系，学校主要根据人文与社会学科逻辑、学习者的取向、社会因素等几个方面进行课程组织。学校为这个实验班设置的主要课程包括三大类：

一是普通高中国家基本课程和校本选修课程。

二是学校研发的高端人文学科课程，包括文学、历史、哲学、经济、环境保护与人类可持续发展等；人文学科高端实践课程，如国内外的人文考察、社会调查等；人文学科类高端课题研究；等等。

三是学校研发的必要的自然科学学科课程。这项课程的开设，重在提升实验班学生的科学素养，促进其综合素质发展。为尊重学生的个性发展，这些课程又分为必修课程和选修课程两大类。

我校紧紧跟随总校步伐，设计人文教育课程，在课程里进行生态智慧课堂的实践，将二者完美地结合在一起。

（三）课程评价的确定

实行过程性评价、定量结合定性评价、个体内差异评价。以质性评价整合取代量化评价，评价不仅重视学生解决问题的结论，而且重视得出结论的过程。重视对学生学习潜能的评价，立足于促进学生的学习和充分发展，为"适合学生的教育需求"创造有力的支撑环境。

调动学生主动参与评价的积极性，改变评价主体的单一性，实现评价主体的多元化；建立由学生、家长、社会、学校和教师等共同参与的评价机制。

1．模块修习评价

（1）模块考试的范围及命题要求

语言与文学、数学、人文与社会、科学四大领域科目的模块考试，实行闭卷考试；技术、艺术、体育与健康、选修 II（校本课程）领域科目的模块考核方式，根据科目及内容的特点实行闭卷笔试、开卷笔试、口试、实验、实践活动、调查报告、研究报告、论文等。

（2）模块学分认定的方式及要求

语言与文学、数学、人文与社会、科学四大领域科目的模块学分认定，实行过程性评价和终结性评价相结合的考查方式。其中过程性评价考查学时完成、作业情况和学习情态三方面，终结性评价根据阶段测试和模块终结考试成绩评定。

技术、艺术、体育与健康、选修 II（校本课程）领域科目的模块学分认定，实行过程性评价，考查学时完成、作业考核、学习态度等。

（3）社会实践与社区服务评价

开展系列综合实践活动和社区服务，并将考查结果计入综合素质评价系统。

2．活动课程评价

以 CIPP 评价模式（决策导向或改良导向评价模式）为主要评价方式，即注重背景、输入、过程、成果四个评价环节，尤其是注重对活动实施的过程性评价，即学生是否以"活动实践者"与"主动实践者"的角色参与活动。对于学生是否达到活动课程实施的目标，不是用分数线性排序的方法进行单一评价，而是从能力、素养、智能等多方面进行相对综合评价。

希望经过培养，实验班的学生能表现出独立、自省的人格特征，真挚、强烈的人文情怀，宽广、包容的文化视野，探究、创新的实践能力。他们对社会热点的关注是自觉而深入的，不仅有想法而且有行动。一批高学历青年教师脱颖而出，快速促进了教师队伍的发展。学生在文化积淀、人格养成、自主学习、合理规划、责任担当、实践创新等方面的素质逐步提高。

四、人文教育课程的具体实施

（一）混合式学习背景下的整本书阅读课程

我校在 2020 年 9 月为学生开展了"《水浒传》《红楼梦》整本书共研共读"课程。在本次项目中，教师共研课程，从文学价值、教学价值、难点解决策略、教学案例展示四个方面为教师提供整本书怎么读、怎么教的问题。学生共读课程，考虑到学生的阅读基础参差不齐，学校为参与整本书阅读的全体学生选择了 15 个不同难度的学习任务，帮助不同学生解决整本书怎么读、怎么学的问题。

整本书阅读线上课程的学习弥补了教师在理论方面的欠缺，但是在教学过程中还存在困惑，教师们经过沟通，确定了学校线下活动开展的时间和内容。线下活动共开展 4 次，分别为任务群、《朝花夕拾》、《红楼梦》、《乡土中国》的课堂实践活动，邀请了北京教育学院人文与社会科学学院院长吴欣歆教授进行听评课指导。

整本书阅读课程的引进，为教师的整本书阅读教学提供了理论支撑、方法支持、课程样例指导，在教育教学上对老师们的帮助显而易见。通过几次课例研讨活动，教师通过线上整本书阅读共研共读课程的学习，对理论的转化水平和课堂的操作水平都有了显著提高。

整本书阅读学生共读课程，以任务驱动的方式带领学生对整本书抽丝剥茧，避免了学生乏味地阅读，在阅读文本和理解文本上有了方向指导，学生读书的兴趣就浓郁了，共读课程的学习也在一定程度上启发了学生对文本的鉴赏能力，使他们找到了适合自己的阅读方法。视域和思想域的扩展，促进了学生对中华优秀传统文化、革命文化、社会主义先进文化的深入学习和思考，有利于他们形成正确的世界观、人生观和价值观。在整本书阅读项目培训中，在教师的指导下，北京市第一〇一中学怀柔分校生成了大量的学生作品资源，在作品中，我们能够看到学生通过线上课程的学习，有了一定的文本解读能力，阅读层级也不断提升。学生的作品和课堂表现也反映出学生阅读的思维发展水平在不断提高。

（二）《AC 中国文学传统》课程

北京市第一〇一中学怀柔分校于 2020 年秋季学期开展了《AC 中国文学传统》课程。由北京大学考试研究院 AC 中文课程研究员，中文系研究员张一南老师授课，预科年级利用周日下午进行同步直播学习，高一、高二年级利用周末空闲时间进行线上学习。

在本次项目中，教师参与包括中国文学传统和强基计划中古文字学部分的"北京大学扬帆启航系列教师培训（中级课程）"，了解新高考改革与强基计划，学习文体与文学史观、创意写作与小说分析、阅读积累与优化交流等内容，力求帮助教师进一步把握语文新高考方向，帮助学生更好地成长。

学生参与线上课程，课程以《中华活页文选》为教材，以《搜神记》、《世说新语》、陶渊明诗辞赋、卢思道诗文、王勃骈文、杜甫诗、韩愈诗文等为文本基础，辅以思考性作业，帮助学生更直接、更系统地对中国文学传统开展研究性学习。

（三）校本特色课程

1. "1+3" 贯通培养实验班名著阅读课

"'1+3'贯通培养实验班名著阅读课"面向"1+3"贯通培养实验班学生，旨在落实整本书阅读，扩大阅读面，要求学生做好摘记、摘抄或剪贴，写读后感、读书心得、学习随笔等。它引导学生逐步适应高中阶段以自主学习为主的学习方式，根据学生的特点，鼓励学生自主阅读、自由表达，激发问题意识，引导学生体验发现问题与解决问题的过程，通过探究性学习帮助学生养成独立思考、质疑探究的良好习惯，进一步提升学生思维的严密性、深刻性和批判性。

这种课程指导学生通过分析《老人与海》中的人物与重复性的情节，总结出分析小说人物、明确小说主题的基本方法；通过梳理《雷雨》全剧内容，体味戏剧冲突，心怀悲悯，体味人性复杂，学习从多角度剖析文学作品中的人物形象；阅读《边城》，体味诗意语言，梳理重点情节，探究小说世界环境、文化、人物中蕴含的美与悲；阅读《欧也妮·葛朗台》，品析小说中的场景描写对人物塑造的作用，学会通过了解社会背景理解小说文本的相关描写、情节与主题；初读《乡土中国》；细读《红楼梦》1—30回，培养阅读兴趣，把握作品主题，梳理主要情节，感受不同人物的形象特征，初步体会各章回中蕴含的文化内涵；完成《论语〈选读〉》日常积累任务，背诵重点篇目，结合练习巩固字词积累，深入理解《论语》的内涵与现实意义。

这种课程旨在通过整本书阅读提升学生对各类文本的领悟能力。连续两届的"1+3"贯通培养实验班学生都在北京市中考的语文科目考试中取得了优异成绩；进入高中阶段学习后，"1+3"贯通培养实验班学生的领悟能力明显优于未经"1+3"贯通培养实验班培养的同学。

2.《红楼梦》整本书阅读

"《红楼梦》整本书阅读"是一门专为学校高一学生开设的选修课。课程共计 10 课时，学习方式包括教师讲解、学生小组合作探究、学生展示等。目前该课程已实施一轮，广受好评。

课程的主要内容包括：厘清人物关系、对关键章节进行文本细读、分析主要人物形象、把握小说情节结构、品味《红楼梦》中曲词的美、讨论个别曲词的隐喻意义等。教师首先进行《红楼梦》导读指导，在学生阅读之初为其提供切实可行的阅读建议。例如，从了解小说的结构入手、从梳理小说的主线切入、从分析人物形象入手等。紧接着，带领学生对前五回进行细读，梳理人物关系，熟悉小说环境，通过解读判词对人物有一个初步的了解。随后，基于学生阅读兴趣和阅读过程中遇到的疑难问题，带领学生分析《红楼梦》中的主要人物，在这一过程中教给学生分析人物形象的方法，帮助学生读懂人物，读懂主题。

本课程的实施打消了学生对《红楼梦》这一大部头文学作品的畏难情绪，激发了学生的阅读兴趣，使学生在课下能主动对其进行阅读、讨论；为学生提供了可行的阅读方法，帮助学生形成和积累自己阅读整本书的经验；满足学生的兴趣发展与个性成长的需求，为学生提供了交流展示的平台。

课程实施较为顺利。基于对学情的紧密关注、准确把握，不断调整授课内容与形式，在完成教学任务的同时，很好地激发了学生的学习兴趣。授课方式多样化，充分发挥学生的主观能动性。除了一些较难理解的、知识性的内容需要由教师讲授外，课堂更多地留给了学生。设置学生感兴趣的问题，鼓励学生开展小组合作，将组内讨论的成果以PPT的形式在班级展示；对于组内有争议的问题，则鼓励学生去文本中寻找依据，各抒己见，让不同的意见观点交流碰撞，从而促进学生对小说主题的理解。

学生在修读误程的过程中，接连学习了多种分析人物形象的方法，并积极应用，以问题为导向不断阅读文本，培养了"去文本中寻找答案"的意识，从分析人物形象入手，对小说主题有了更深层次的理解。

本课程的实施激发了学生的阅读兴趣，打消了学生的畏难情绪，带动起学生研读《红楼梦》这一大部头古典小说的"热潮"。

（四）公开课和讲座

1．名著导读系列讲座

（1）《红楼梦》整本书阅读系列讲座

《红楼梦》整本书阅读是高中语文课程学习中必不可少的重要组成部分，是高一下学期语文教学的重中之重。统编版高中语文教材必修下第七单元为《红楼梦》整本书阅读单元。为了更好地帮助学生阅读《红楼梦》，建构阅读长篇小说的方法和经验，我校于2022—2023学年秋季学期邀请到总校的韩璐老师，在线上为预科、高一、高二年级全体学生带来"如何进行《红楼梦》阅读"主题系列讲座。通过聆听讲座，学生们对《红楼梦》一书的阅读兴趣高涨，展开了主动阅读、高效阅读、科学阅读，牢牢把握住重点人物和有关情节，逐步形成了成体系的阅读方法。

（2）《论语》整本书阅读系列讲座

《论语》阅读是高二学年语文教学的关键任务之一。为了更好地帮助学生阅读《论语》，准确理解字词含义，积累文言文句式特征，把握文句章旨，我校于2023—2024学年秋季学期邀请到总校的韩璐老师，在线上为同学们带来"如何进行《论语》阅读"主题系列讲座。讲座的开展，帮助学生们对《论语》一书中的章旨进行准确理解，从而更好地品读《论语》这部儒家经典中的古人智慧，体会儒家思想的含义。

2．中学生个性化写作讲座

（1）记叙文写作专题讲座

记叙文写作是高中语文课程学习中必不可少的重要组成部分。高一年级的语文教学安排中学生以练习记叙文写作为主。为了更好地提升学生们的记叙文写作水平，我校于2022—2023学年秋季学期邀请到总校的语文学科备课组长王如老师，在线上为同学们带来一场以"如何写好记叙文"为主题的讲座。

通过聆听讲座，学生们对记叙文写作有了更深的了解，一定程度上打消了对写作的畏难情绪，对如何创新立意、如何使立意更深刻有了新的认知，并自发把王老师讲座上讲授的构思方法、写作技巧运用到日常写作、考场作文乃至竞赛作文中，取得了优异成绩。

（2）议论文写作专题讲座

议论文写作是高中语文课程学习中的重要组成部分。高二年级的语文教学安排中学生以练习议论文写作为主。为了更好地提升学生的议论文写作水平，我校于 2023—2024 学年秋季学期邀请到总校的王如老师，在线上为同学们带来以"如何写好议论文"为主题的讲座。

通过聆听讲座，学生们对议论文写作有了新的认知，一定程度上打消了对议论文写作的畏难情绪，对如何审准题目、如何使文章切题、如何对整篇文章进行架构、如何使立意更深刻等问题有了新的认知，并自发把王老师讲授的构思方法、写作技巧运用到日常写作、考场作文中，取得了优异成绩。

3."促进学生语文学科核心素养和关键能力发展的课程体系构建研究"项目暨青年教师公开课讲评活动

北京市第一〇一中学怀柔分校与北京师范大学合作开展了"促进学生语文学科核心素养和关键能力发展的课程体系构建研究"项目。全面优化现有课堂教学，基于新课标、新课程、新教材，构建系统的课内外整合的整本书阅读语文课程体系，增加实践性课程，丰富学生实践活动。采取深入持续跟踪的课例研究范式，聚焦教学设计和教学实践的课堂教学指导，帮助教师从根本上转变教学观念，提升教学能力，落实立德树人目标。

北师大专家王彤彦老师、计静晨老师先后为全体初、高中语文教师开展了语文教学讲座，无论是对刚踏入教育行业的青年教师，还是对奋斗在教学一线多年的老教师而言，一系列教研教学活动都让大家收获颇丰，可谓满载而归。

此外，我校语文组与北京师范大学合作开展了青年教师改进项目讲评课活动。目前已有多位青年教师参与了改进项目，该活动提升了学校青年教师教学能力，促进青年教师发展成长。

（五）语文综合实践活动

组织学生参加语文实践活动，如"世界读书日"主题阅读系列活动、硬笔书法比赛、演讲比赛、辩论会、文学社团、朗诵社团、话剧社团、微电影社团、参观访问文化名人故居、文化古迹等。

1."世界读书日"主题阅读系列活动

为了响应党的二十大报告强调的"加强国家科普能力建设""深化全民阅读活动"，2023 年 4 月 23 日，北京市第一〇一中学怀柔分校举办了"世界读书日"主题阅读活动，活动共分为荐读小报展示、书签展示、校园朗读和读书漂流四个环节。荐读小报展示环节，同学们精心绘制了荐读小报，推荐一本自己最喜欢的书，用简短的文字介绍图书的主要内容，图文并茂地展示了自己的阅读体会。书签展示环节，预科和高一两个年级的同学亲手绘制精美书签，摘抄自己最喜爱的一句话，分享自己的阅读感悟，师生共同参与书签制作和展示。校园朗读环节，在校园一角，紫藤花下，学生们手捧自己喜爱的图书大声诵读，琅琅读书声，青春少年时。在捧起书本的瞬间，字里行间，人我两忘。图书漂流活动吸引了很多同学的关注，同学们将自己推荐的图书带到学校，资源共享，跨班级跨年级互换自己喜欢的图书，让书籍成为沟通的纽带，成为交流的桥梁。习近平总书记在多个场合都强调要加强读书学习，爱读书、读好书、善读书，把学习作为一种追求、一种爱好、一种健康的生活方式，深入推进全民阅读，建设"书香中国"。

2. "探月中秋语数英"主题手绘报

2023 年 9 月，为庆祝即将到来的中秋节与国庆节，高二语文组组织学生以"探月中秋语数英"为主题，以语文学习小组为单位完成手绘报。学生们积极合作，开动脑筋，将语、数、英三个学科的学科因素融合在手绘报中，并辅以图画、色彩等，将手绘报精彩呈现。

3. 高二年级辩论赛

为锻炼同学们针对问题的理解能力、辩证思考能力和语言表达能力，2023 年 11 月，我校高二年级以一场场班级辩论赛为同学们带来思维的碰撞。辩论赛的辩题依次为"人类是否将毁于科技""是否可以以成败论英雄""经济发展和环境保护是否可以并行"。

赛前，同学们做了充分的准备，积极查找资料，小组积极讨论，为辩论的精彩埋下了伏笔。辩论赛揭开序幕后，首先由双方辩手发表各自的观点。在追问环节中，双方辩手都向对方提出了犀利的问题，比赛愈发精彩。每一场都令人印象深刻。评委们分别评选出了每场的获胜方和最佳辩手。比赛中，高潮迭起，场上场下常常响起热烈的掌声。

此次活动使学生们学习到了辩论的技巧，提高了语言表达能力，也让学生们认识到，需要全面、辩证地看待生活中遇到的问题。

4. 高一、高二年级朗诵比赛

为深入贯彻党的二十大关于深化全民阅读活动的重要部署和习近平总书记致首届全民阅读大会举办的贺信精神，进一步推动怀柔区青少年学生阅读活动深入开展，营造良好的校园读书氛围，在怀柔区教科研中心高中、成职教研室王晓然老师的组织下，北京市怀柔区举办了"怀柔区第三届经典诗文诵读展示活动"。

接到活动通知以来，北京市第一〇一中学怀柔分校校领导予以高度重视，学校德育处、电教组等给予了活动开展的诸多便利条件，高一、高二年级语文备课组紧锣密鼓地准备起来。

为迎接本次盛会，我校高一年级语文备课组于 11 月 5 日举办"诵经典·致青春"主题活动，为本次盛会挑选朗诵"种子"。经过激烈角逐，我们挑选出 20 名学生，组成两支朗诵队，代表高一年级出战，最终分别荣获特等奖和二等奖。

高二年级的学生日常学习较为紧张，高二语文备课组充分利用学生课余时间，积极组织学生排练。从最初带领学生一字一句地读稿，纠正学生字音；再到给学生示范如何用朗诵的语音语调传递情感，利用休息时间带着学生一遍遍练习；再到陪伴学生在寒冬夜里于学校大礼堂中进行彩排，一遍又一遍，发现一个又一个细节问题，和学生一起讨论分析，共同探寻解决问题的方法……功不唐捐，玉汝于成。尽管练习时间非常紧张，由张雪、李孜、李可云、李璟四位老师指导的《如愿》最终仍在展示环节取得了特等奖的优秀成绩。

（六）学生作文竞赛获奖

2023 年，我校组织高中部学生参加了第二十届叶圣陶杯全国中学生新作文大赛。叶圣陶杯全国中学生新作文大赛由教育部批准、中国当代文学研究会主办、中国当代文学研究会校园文学委员会和中国少年儿童新闻出版总社有限公司《中学生》杂志社承办，是我国中学生写作与校园文学创作的一个标杆、一面旗帜，大赛以"弘扬叶圣陶教育思想，助力语文课程改革；倡导中学生健康写作，发现与培养文学新苗"为宗旨，提倡"生活化内容、个性化表达、多样化风采"的写作理念。

经本校推荐、大赛组委会组织专家严格评审，我校彭禹鑫同学获得省级一等奖，钟宛芮、孙璐瑶、何怡奇等同学获得省级二等奖，杨奕、柳萱、苏彤霏、王怡芸、王薪源等同学获得省级三等奖。陈姿旭老师荣获指导教师省级一等奖，李璟老师荣获指导教师省级二等奖，仝玉山老师、于岩老师荣获指导教师省级三等奖。

与此同时，2023 年下学期，我校预科、高一、高二全体学生参加了由教育部批准的第十六届全国中学生创新作文大赛初赛，其中 61 名同学取得了名次。

全国中学生创新作文大赛，由中国写作学会主办。大赛每年向教育部报备申请，获得批准后面向全国高中学校及学生开放报名，是语文学科规格较高的全国性竞赛。我校预科、高一、高二学生参加了此次比赛，经过大赛评委会的评选，我校 61 名同学在北京赛区初赛中取得名次。一等奖 11 名，二等奖 21 名，三等奖 29 名。张雪老师、符冬妮老师、陈姿旭老师、李璟老师荣获北京赛区初赛指导教师一等奖。

按照大赛实施办法，初赛一等奖及以上选手获得晋级区域决赛资格。我校学生在北京赛区决赛中取得优异成绩，共计 9 名学生获得省级决赛奖项。其中，一等奖 2 名：邢家瑜，邓筱磊。二等奖 2 名：李欣儒，孙璐瑶。三等奖 5 名：汪海洋，王冠匀，刘馨祺，马静仪，穆昱彤。张雪老师、符冬妮老师荣获北京赛区决赛指导教师一等奖，李璟老师荣获北京赛区决赛指导教师二等奖，陈姿旭老师荣获北京赛区决赛指导教师三等奖。

按照大赛章程，区域决赛一等奖及以上选手获得晋级全国总决赛资格。我校邢家瑜、邓筱磊两位同学代表学校参加第十六届全国中学生创新作文大赛总决赛，皆荣获全国总决赛三等奖。

优秀成绩的取得离不开老师们的坚守与奉献。我校语文组秉持着"以读促写，以文化人"的理念，先后开展各项活动，如"世界读书日"主题阅读系列活动、名著导读系列讲座、中学生个性化写作课程的实施与研究等，坚持将读与写落实于日常，切实提高学生的创新思维、审美情趣和人文素养，增强学生语言文字应用能力，培养具有语文学科特长和创新潜质的优秀学生。

五、人文教育课程的主要创新点

北京市第一〇一中学怀柔分校立足总校经验，努力建成地区最好的学校，家门口的好学校，争取进入北京市海淀区一流名校的行列。同时，我们要努力跟世界对话。没有教育理想，必定没有理想的教育。我们要有教育梦想，勇于定一个高的目标。要办一所真正意义上的国际学校，跟世界一流高中、一流大学建立联系，实现对话。"我们每天所做的一切都将影响孩子的一生。"要让学生从"学会"到"会学"，从被动到主动，培养学生的文化底蕴。

参考文献：

有《中国高考评价体系》《中国高考评价体系说明》《普通高中语文课程标准（2017年版 2020 年修订）》，语文课堂教学、写作教学、作文备考等方面的近百篇文章、近百部书籍，如：

[1] 叶圣陶. 叶圣陶语文教育论集[M]. 北京：教育科学出版社，1980.

[2] 朱建军. 中学语文课程"读写结合"研究[D]. 华东师范大学，2010.

[3] 张大均. 教学心理学[M]. 重庆：西南师范大学出版社，1997.

[4] 董蓓菲. 语文教育心理学[M]. 上海：上海教育出版社，2006.

[5] 刘淼. 作文心理学[M]. 北京：高等教育出版社，2001.

[6] 巢宗祺. 关于语文课程性质与基本理念的对话（一）[J]. 语文建设，2002（07）.

[7] 倪文锦，谢锡金. 新编语文课程与教学论[M]. 上海：华东师范大学出版社，2006.

[8] 王尚文. 语文教育学导论[M]. 武汉：湖北教育出版社，1994.

[9] 倪文锦，欧阳汝颖. 语文教育展望[M]. 上海：华东师范大学出版社，2006.

[10] 刘淼. 当代语文教育学[M]. 北京：高等教育出版社，2005.

教师简介：

张雪，高级教师，语文教研组组长，北京市骨干教师，北京一〇一中教育集团学术委员会委员，怀柔区高三出题专家。辅导的多名学生获全国、市级征文比赛，朗诵比赛一、二等奖。多次参加市区级研究课、省区市级讲座交流，承担或参与多项国家级省区市级课题，获得多项国家级、市区级荣誉和奖项。

各美其美　美美与共

——浅谈初中语文教学中的美育实践

梁彩玲

摘　要：语文学科在促进学生审美发展的过程中有着特殊的功能，本文从文学阅读中的朗读教学和创意表达中的写作教学两个方面来谈自己在语文教学中的美育实践。

关键词：语文教学　审美教育　美育实践

"兴于诗，立于礼，成于乐"，中华民族自古以来重视美育对人和社会发展的重要意义。2018年9月10日，习近平总书记在全国教育工作会议上的讲话中强调要全面加强和改进学校美育，坚持以美育人、以文化人，提高学生审美和人文素养。

《义务教育语文课程标准（2022年版）》中阐述了语文的课程性质，即"语文课程应引导学生热爱国家通用语言文字，在真实的语言运用情境中，通过积极的语言实践，积累语言经验，体会语言文字的特点和运用规律，培养语言文字运用能力；同时，发展思维能力，提升思维品质，形成自觉的审美意识，培养高雅的审美情趣"，再次强调了培养审美情趣的重要性。

《义务教育语文课程标准（2022年版）》"核心素养内涵"中关于审美创造的叙述："审美创造是指学生通过感受、理解、欣赏、评价语言文字及作品，获得较为丰富的审美经验，具有初步的感受美、发现美和运用语言文字表现美、创造美的能力；涵养高雅情趣，具备健康的审美意识和正确的审美观念。""核心素养的四个方面是一个整体。语言是重要的交际工具和思维工具，语言发展的过程也是思维发展的过程，二者相互促进。语言文字及作品是重要的审美对象，语言学习与运用也是培养审美能力和提升审美品位的重要途径。语言文字既是文化的载体，又是文化的重要组成部分，学习语言文字的过程也是学生文化积淀与发展的过程。在语文课程中，学生的思维能力、审美创造、文化自信都以语言运用为基础，并在学生个体语言经验发展过程中得以实现。"可见，语文教学中的审美培养是以文本为基础的。因此初中语文教学要通过审美教育，教育学生怎样感知、理解、鉴赏、评价美，进行美的创造，树立正确的审美观，培养健康的审美情趣，形成崇高的审美理想。

下面我从文学阅读中的朗读教学和创意表达中的写作教学两个方面来谈谈自己在语文教学中的美育实践。

一、朗读，感受文本的语言之美

重视朗读是我国语文教学的传统。古人云，"书读百遍，其义自见""熟读唐诗三百首，不会作诗也会吟"。叶圣陶先生说："叙事叙情的文章最好还要'美读'。所谓'美读'，就是把作者的情感在读的时候传达出来。这无非如孟子所说的'以意逆志'，设身处地，激昂处还他个激昂，委婉处还他个委婉。"在朗读中使学生的审美感知的指向隐含于审美对象的美，激发起审美主体心理上的喜怒哀乐的情绪反应，让学生体会到语言美和情感美。

部编版语文教材七年级上册第一单元的主题是"自然之美"，所选课文描绘了多姿多彩的四季美景，用文学语言营造了富有诗意的情境，抒发了古往今来人们亲近自然的情怀和对生活的丰富感受。本单元的教学要求是要重视朗读，在朗读中感受语言的美。要把握好重音和停连，体会声韵和节奏；边读边想象文中描绘的画面，领略景物之美。例如第一篇课文朱自清的《春》，是一篇非常适合朗读的课文，文中描写了春草图、春风图、春花图、春雨图、迎春图五幅春景图。如春风图："'吹面不寒杨柳风'，不错的，像母亲的手抚摸着你。风里带来些新翻的泥土的气息，混着青草味儿，还有各种花的香，都在微微润湿的空气里酝酿。鸟儿将窠巢安在繁花嫩叶当中，高兴起来了，呼朋引伴地卖弄清脆的喉咙，唱出宛转的曲子，与轻风流水应和着。牛背上牧童的短笛，这时候也成天在嘹亮地响。"通过触觉、听觉、视觉表现出了春风温暖柔和的特点。在教学中通过指导学生朗读，注意语速、语调、节奏、停连，让学生在自己朗读的时候仿佛听到了一支充满活力的春天交响曲，感觉到春风的柔和，闻到了春风的芳香，看到一幅充满春天气息的图画。

部编版语文教材七年级下册第二单元的主题为"家国情怀"。家国情怀，是人类共有的一种朴素情感，它意味着热爱祖国的大好河山，热爱家乡的土地人民，愿意为保家卫国奉献自己的一切⋯⋯它是国家和民族的精神凝聚力。这个单元所选的都是表现家国情怀的作品，能够激发我们的爱国主义情感。本单元的教学要求是继续学习精读，应注重涵泳品味，尽量把自己"浸泡"在作品的氛围之中，调动起体验与想象。所以在学习《谁是最可爱的人》的时候，我们采用情境朗诵、分角色朗读的方式进行教学。在这抑扬顿挫的情境朗读中，学生能够做到深入体会文章所表达的对志愿军战士的崇敬热爱之情。

通过对课文的朗读，学生对文本的美有了基本的体验与感受。部编版语文教材八年级上册第二单元的主题是"生活的回忆"，本单元课文，或深情回忆，叙述难忘的人与事；或怀景仰之情，展现人物的品格与精神。它们是过往时代生活的记录，又可成为未来人生旅途中的宝贵财富。学习这些课文，有助于我们了解别样的人生，丰富自己的生活体验。在这一单元中，同样需要创设朗读情境，指导学生朗读。第二篇课文是朱德的《回忆我的母亲》，这样的长文需要给学生时间去做精读训练，但同样需要给同学朗读的时间，让学生体会文章的情感。余映潮老师在其《阅读教学"好课"的基本特点》中的"特点三，课中活动成形"中写道：课中活动成形，是说学生的课堂实践活动要有时间的长度。如课文《回忆我的母亲》活动三，朗读背诵训练，即要求学生当堂背诵课文第 15、16 两个自然段，时长为 10 分钟。这样的长时间的保证，就叫作"课中活动成形"。在这样的长文教学中，余老师仍然提倡当堂朗读背诵，可见朗读是最实用的感受语言之美的方法。所以，朗读就是将文本声音化，通过朗读，把握文本的音韵美，并能创造性地表达文章思想感情，更有利于学生感受语言之美，从而培养学生的审美能力。

二、写作，培养学生的情趣之美

（一）观察生活的细节，提高审美能力

观察是一种感性认识活动，是有意识、有计划、比较持久地认识某种对象的知觉活动，是人对客观事物的一种主动的认识形式。"读万卷书，行万里路"，夏季来临，我带着学生们来到校园的紫藤萝下，让他们去观察紫藤花，让他们去体会宗璞《紫藤萝瀑布》中所描写的紫藤萝的美，体会生命的美。"'我在开花！'它们在笑。'我在开花！'它们嚷嚷。"学生们仿佛看到了那一朵朵紫藤萝花变成了一个个开心的笑脸，也体会到了作者飞升出的另一个自我。秋天来了，校园里的银杏树变成一片金黄。秋风过后，校园里铺了厚厚的落叶，我引导学生去捡拾自己喜欢的叶子，在上面写上喜欢的诗句，贴在纸上，做成自己喜欢的样子，于是教室的墙壁上便有了一片金黄的诗的园地，美其名曰：留住秋天！在这样的观察中，学生们逐渐拥有了一双发现美的眼睛。

（二）记录生活的瞬间，积累生活素材

在写作中，有了观察的意识，还得有记录的意识，这是一个最好的积累素材的方式。通过直接观察体验将所见所闻记录下来，保留对日常生活语言的最初印象，这样可以使学生在开拓个人眼界、增加审美趣味的同时，通过提高语言表达能力而使个人审美能力得到提升。一次学生们正在上早读，他们忽然看到了讲台大屏幕上映现出的一轮红日，露出了欣喜的表情。我告诉他们，现在起立，到窗边去看刚刚升起的那轮红日，学生们满脸欢喜，议论纷纷。几分钟后，我让他们写下自己刚才的感受，他们完全没有往日要求写作时的"抓耳挠腮"，纷纷写下了刚才的感受。其实，记录生活，也是一个思考的过程，更是一个培养审美的过程。

（三）创意表达，展示学生的审美创作能力

学生们拥有了审美观察能力，善于记录，就能在创作的时候自然生发出积极健康、向善向美的能力。一名学生写的记录学校生活的文章《食堂的美好时光》发表在《红螺》杂志上："不必说皮薄馅大的包子、酥脆可口的烧饼；也不必说鲜香入味的小鸡炖蘑菇、香辣美味的麻辣素什锦。单是拿起那金黄的、油亮油亮的烧鱼排往嘴里一送，鱼肉的嫩滑与面包糠的油香交织在一起，就收获了无数小'粉丝'。"文中用优美的语言将学校

的食堂描写成了同学们的一片"乐土"。另一名学生的文章《豆角藤下》发表于《现代教育报》："我来不及将行李卸下，心早已飞进了姥姥的小菜园：西红柿腆着它那紫色的胖肚子，打着哈欠；豆角认生地躲在架子后，不肯露面……两只麻雀把小脑袋堆在一起偷看，蜘蛛的网在阳光下闪闪发亮。"没有细致的观察和长期的积累，孩子们写不出这么生动的文章。

教师是人类灵魂的工程师，教师也是美的传播者。每一位教师都承担着美育的责任，以上是我在语文教学中的一点儿美育实践。每个学生都是不一样的，他们有不同的经历，不同的爱好，但我希望通过我的引导，能够让他们更加热爱生活，更加善于观察生活，走进一个美好的语文世界。在这个世界里，他们一定会有新奇的发现，欣赏自己发现的美，包容别人欣赏的美，"各美其美，美美与共"，让每一位学生都成为富有高雅审美情趣的人。

参考文献：

[1] 徐林祥，郑昀．语文美育学[M]．南宁：广西教育出版社，2018.

[2] 中华人民共和国教育部．义务教育语文课程标准[S]．北京：北京师范大学出版社，2022：4.

[3] 叶圣陶．叶圣陶语文教育论集[M]．北京：教育科学出版社，1980.

[4] 余映潮．阅读教学"好课"的基本特点[J]．中学语文教学参考，2022（35）：36-37.

教师简介：

梁彩玲，高级教师，北京市怀柔区骨干教师。曾获怀柔区优质课一等奖、京市优秀教学设计一等奖、怀柔区"师德标兵"称号。

深入阅读文本　准确理解内涵

——由误读《面朝大海，春暖花开》引发的思考

王海泉

摘　要：初中语文教学是培养学生综合素质的重要环节，深入阅读文本，准确理解内涵，对于提高学生的人文素养和语文能力具有重要意义。为此，教师应充分挖掘教材内涵，运用恰当的教学方法和策略，引导学生深入文本，感受作品的思想感情，从而提高他们的语文素养。

关键词：阅读文本　理解内涵　提高人文素养

《面朝大海，春暖花开》是一首脍炙人口的诗，思想感情非常丰富。我曾经受主观经验的影响，以及对诗歌中所涉及的文化背景了解不够充分导致误读，这个并不光彩的经历引发了我对教学的思考。

一、从误读到深刻理解：《面朝大海，春暖花开》的启示

再读《面朝大海，春暖花开》时，我做教师已经有些年了。当读到诗人的生平，了解了创作背景，我才算真正理解了诗歌，它所要表达的是诗人对生活的厌倦与无奈，苦苦挣扎而不得的复杂情感。回想自己初读这首诗时，正在上高中，一见到它就喜欢得不得了，喜欢它朴素明朗而又隽永清新的语言，喜欢它对生活的美好向往与对世人的真诚祝愿，还被诗人积极向上、不屈不挠的人生态度所感动。我曾把它背得滚瓜烂熟，却未曾意识到自己对这首诗的理解仅仅停留在文字表面。

这段经历让我想起，曾经有一段时间，我的授课效果很不理想，我也曾为此抱怨过学生。后来，读到孙绍振教授的《文本细读——微观分析个案研究》，书中写道："不管在中学还是大学课堂上，经典文本的微观解读都是难点，也是弱点。难在学生面对文本，一目了然，间或文字上有某些障碍，求助于注解或工具书也不费事，这和数理化英语课程不同……自然科学或者外语教师的权威建立在使学生从不懂到懂，从未知到已知。而语文教师却没有这样的便宜，他们面对的不是惶惑的未知者，而是自以为是的'已知者'，如果不能从其已知中揭示未知，指出他们感觉和理解上的盲点，将其已知转化为未知，再雄辩地揭示深刻的奥秘，让他们恍然大悟，就可能辜负了'教师'这个光荣称号。……数理化和英语教师的解释，往往是现成的、全世界公认的，而语文教师，却需要用自己的生命去做独特的领悟、探索和发现。"

事后想来，其实是自己的阵脚乱了，功利的目的太强了，所暴露出来的是缺乏学习与思考、缺乏执着与坚守，是自己对文本研读得不细不深，对学生的学情了解不够，不知道学生已知的起点在哪里，无法判断要从哪儿下手，唤醒已知、借助已知解决问题，表面上热热闹闹的课堂，实际上是在重复着低效或者是无用的行为。联系起对《面朝大海，春暖花开》的误读，我意识到对文本内涵有正确而深刻的理解是多么重要。

二、探索经典文本的微观解读：从已知到未知的美

在孙绍振教授的经典论述中，我们得以深入了解经典文本微观解读的难度与挑战。孙教授指出，学生在面对文本时，往往自以为已知，难以揭示感觉和理解上的盲点。这就要求语文教师不仅要具备深厚的学识，还要具备独特的领悟、探索和发现能力。

对文章内涵的准确把握，一直是教育者们关注的焦点。经过不断实践与思考，我认为，在一般的文学作品中，理解内涵主要有两种基本思路：第一种是深入挖掘作品的创作背景，通过了解作者的创作初衷和时代背景，我们可以更客观地审视作品；第二种则是从审美价值的角度出发，感受作品中所展现的人性美和情感美。

适合第一种思路的作品大体有两种表现形式：一种是"因为美，所以美"，即生活本身就是美好的，是一种客观存在，表现它是为了颂扬美、讴歌美；另一种是"因为不美，所以美"，即生活中缺少美或不完美，展示它，是为了揭露它、批判它，是对美的呼唤、憧憬和期待。

（一）因为美，所以美

老舍在《济南的冬天》一文里，以其独特的视角和优美的文字，生动地描绘了我国济南冬日特有的景象。作者紧紧抓住济南冬天"温晴"的特点，展现出一幅幅宛如画卷的美丽景色。这篇文章的字里行间都流露出作者对这座城市的无限赞美和喜爱。

老舍先生曾赴英国讲学，那里的雾气给他留下了深刻的印象。后来他来到山东，对这片土地产生了深厚的感情，甚至将其视为第二故乡。尤其是在济南，这里冬天的景象给他带来了极大的震撼，激发了他创作《济南的冬天》的灵感。

在这篇文章中，老舍先生表达了对自然、生活和生命的热爱。这种真挚的情感通过文字传递出来，让人感受到冬日暖阳的温馨，也领略到了济南冬日的独特魅力。学习这篇文章的难度并不大，它很好地体现了"因为美，所以美"的审美思路。

值得一提的是，学生们能够举一反三，自然地联想到了朱自清写的《春》。这两篇文章都以细腻的笔触描绘了大自然的美景，成为中国散文的经典之作。

（二）因为不美，所以美

以往，在教学《桃花源记》这篇文章时，我常常会将大部分精力投入翻译词句和理解文意上，对于文章的思想内涵，则是浅尝辄止，导致学生理解得并不深刻。

　　这次上课，我针对学生的学习情况进行了充分调查，结果发现：文句翻译这一部分，学生基本上能够借助书下注解或者工具书自行解决，真正的困难在于对文章的内涵不能准确地理解和把握。尤其是看到文章中优美的环境、和谐的生活和幸福的场景的描写，大部分学生很容易将本文主题与《济南的冬天》等文章归为一类。虽然也有部分学生心存疑问，却无法说清楚自己的想法。

　　这一次，我没有像以往那样急于把答案抛出来，直接塞给学生。而是让学生搜集有关陶渊明的生平资料以及本文的写作背景，以此来帮助他们深入理解文章的主题，把握作品的内涵。通过这种方式让学生自己去探索、去发现，果然，学生对文章有了更准确、更深刻的理解。

　　搜集结束后，同学们将资料做了梳理和汇总：

　　1.陶渊明，年轻时有着"大济苍生"之志，生活在晋宋易主之际，面临着动荡不安的国家局势。在这个时代，东晋王朝内部纷争不断，军阀连年混战，赋税徭役繁重，人民生活困苦。

　　2.陶渊明的家境败落，祖辈仅做过一任太守，他壮志难酬。由于门阀制度盛行，高门士族、贵族官僚的特权得到保护，像陶渊明这样出身于中小地主阶层的知识分子，才华无处施展。加上他性格耿直，清明廉政，不愿卑躬屈膝攀附权贵，与污浊黑暗的现实社会产生了尖锐的矛盾。在义熙元年，他坚决辞去了彭泽县令的职务，长期归隐田园，亲自耕种。

　　3.虽然陶渊明远离朝廷，但他始终关心国家政事。当刘裕废晋恭帝，改年号为"永初"时，他内心的波澜被激起。从儒家观念出发，他对刘裕政权产生了不满，加深了对现实社会的憎恨。然而，他无法改变这种现状，也不愿干预，只能通过创作来抒发自己的愤懑。

　　在这样的背景下，陶渊明创作了《桃花源记》，塑造了一个与污浊黑暗社会对立的美好世界，寄托了他的政治理想和美好情趣。在这篇文章里，他表达了对美好生活的向往，对和平与安宁的渴望，以及对现实社会的不满。通过这篇作品，他将自己的情感和价值观传递给了后人。

　　最后，经过大家讨论，我们形成共识：《桃花源记》以其表面的和谐美好，揭示了社会现实的黑暗腐朽。作者通过虚写的方式来写实，表达了对美好幸福生活的深深渴望与不懈追求。这篇文章展现出的，同样是一种积极向上的人生态度。

　　有了这篇课文作为示例，学生们对"因为不美，所以美"有了更加充分的认识。这种表现形式以其独特的魅力，使学生对文学艺术有了更深入的理解。通过这篇文章，他们学会了如何用积极的态度面对生活中的困难，也明白了"因为不美，所以美"的真谛。

（三）文学作品中的美与丑：矛盾对立与和谐统一

美与丑的矛盾对立在文学作品中是极为常见的。以《背影》为例，"父亲"身体肥胖，腿脚蹒跚，在车站艰难地爬越月台，而且随意地穿越铁道去买橘子，从以"理性"为核心的实用价值角度讲，怎么看都是"不美"的，甚至是"丑"的。而从以"情感"为核心的审美价值角度来看，一个行动笨拙的"胖子"，不顾一切地执着地为儿子买橘子，其本身显示出的对儿子的深厚感情，则充满了人伦之爱。此时，"理性"与"情感"反差很大，看似矛盾对立，实则统一，更凸显出父爱的伟大，是"美"的集中体现。

此外，状物散文《丑石》也展现了美与丑的和谐统一。外表看似丑陋的石头，实则内质优美。正如文章所言，"它是以丑为美的"。这种美与丑的和谐统一，既体现在物质层面，也体现在精神层面。

随后，我给学生推荐阅读《巴黎圣母院》。这部作品是以"丑"的物质形态展示"美"的精神内涵的典范。卡西莫多虽然外表丑陋，但内心却充满了善良与美好。作者通过塑造卡西莫多这一人物形象，让我们深刻理解了美与丑的本质。

在文学作品中，美与丑的矛盾对立与和谐统一是常见的艺术表现手法。通过引导学生理解这些作品，我们可以更好地把握美与丑的本质，感受作者在作品中所要表达的情感和价值观。

三、反思阅读与课堂教学的转变

读海子的诗带给我的触动很大，孙绍振教授的《名作细读》对我产生了很深的影响。这些都促使我深刻反思，在课堂上，不能再像以往那样，想当然地重复唠叨那些看似学生不会而实际上学生已经会了的东西。加强文本阅读，真正理解作品内涵，努力做到从"观其大略"的粗线条阅读到"明察秋毫"的细部阅读的转变。如今，这种改变不仅在课堂上取得了更好的效果，还激发了学生对知识的热爱与渴望。

总之，通过反思阅读和课堂教学的转变，我意识到作为一名教师，要不断学习、更新观念，才能更好地为学生服务，这也将成为我今后教育生涯中的不懈追求。

参考文献：

孙绍振．名作细读：微观分析个案研究[M]．上海：上海教育出版社，2009．

教师简介：

王海泉，高级教师，怀柔区初中语文学科带头人，曾获北京市"课程德育"说课比赛一等奖。教育教学理念：教学生做学问之前先要教学生做人。

引导学生制作评价量表的"四个意识"与"四个步骤"

——以部编版教材高中语文必修下册第五单元演讲稿评价量表制作为例

朱　涛

摘　要：评价量表作为重要的评价方式不应该只作为评价手段出现，其制作过程应该成为学生学习的一部分。在这一过程中，教师需要具有任务意识、过程意识、主导意识、主体意识等"四个意识"；学生则可以在教师的引导下通过"接触个案，概括基本特征""比较类文，明确结构特征""细节阅读，细化语言特征""梳理分类，完善量表制作"等"四个步骤"参与到评价量表的制作中，以明确学习方向，理解学习内容，建构学习框架，迁移学习能力。

关键词：评价量表制作　四个意识　四个步骤

近几年，评价量表因为其标准细化、过程性强被越来越多的一线教师用于学习评价中。但是，我们在教学中一般是向学生出示教师制作好的评价量表，对学生而言，这样的量表重结构，少思维，强调的是结果，而不是过程，对学生的深度学习促进作用有限。

《普通高中语文课程标准（实验）》指出，课程评价要"有利于教师发现学生学习上的优势和在此基础上提出有针对性的发展建议，同时反思自己的教学行为，不断调整和完善教学过程，促进自身发展"。《普通高中语文课程标准（2017 年版 2020 年修订）》则强调"评价不仅要关注外在的学习结果，更要关注内在的学习品质。注意通过评价引导学生会学习，自觉提升语文学科核心素养"，强调"评价的过程即学习的过程"。从比较中可以看出《普通高中语文课程标准（2017 年版 2020 年修订）》在评价上的三点变化：更强调学生的主体地位，更关注学生的内在学习品质，更注重核心素养的提升。核心原则上是强调让评价伴随学习过程，促进学生更好地学习。

如何让评价伴随学习过程？怎样的评价才能促进学生更好地学习呢？这成为"新课程""新课标"视域下课程评价亟须解决的问题，也是课程评价探索与研究的方向。

就评价量表而言，如果我们在教学中让学生参与到评价量表的制作中来，学生会经历知识产生的过程，有益于他们明确学习方向，理解学习内容，建构学习框架，迁移学习能力。这样，量表的制作过程会成为一个重视建构、强调思维、关注创造的过程，既能始终伴随学生的学习过程，也能真正起到促进学生更好地学习的终极目标。

当然，这一过程不能毫无章法地让学生去盲目完成，要保障这一过程的有效性，需要教师具备"四个意识"，学生遵循"四个步骤"。

一、教师需要具备的"四个意识"

（一）任务意识

在量表制作之前，教师要明确量表能给学生提供的知能，即希望学生学会的陈述性知识（事实信息、词汇、基本概念）和程序性知识（基本技能和具体技能）。知识和技能是学生获得深入持久理解及学会迁移的手段，但是它们的获得渠道如果是教师的传授或学生的死记硬背，那么，在具体的运用情境中就很难实现迁移。所以，教师需要在量表制作之前明确给学生具体的学习任务，让他们带着任务参与到量表的制作中来。

（二）过程意识

让评价量表成为学生自主的过程性评价手段，必须设计让学生能始终参与进来的系列活动，这些活动能保证学生从中学会自我监控和调节自己的学习活动，并能通过自我反思改进不足。"把过程性评价自然嵌入在过程性评价中，设计好过程性评价工具的使用过程也是教学设计的重要内容之一"。

（三）主导意识

长期以来，学生一直处于被评价的位置上，无论是他们对于自己在语文学习活动中的角色定位、对语文学习的评价能力，还是主动参与评价的意识，都是比较欠缺的。在培养学生参与语文学习评价的意识和能力方面，教师应该处于一种主导地位，要做好"思想准备、知识准备和技术准备"。思想准备就是想办法让学生站在更高的层面去考虑学习内容、目标过程、方法和结果的关系；知识准备就是利用适当的时机，向学生介绍一些简单的语文学习评价方面的知识；技术准备，就是设计明确的步骤和评价要求，方便学生操作。最后还要将自我管理纳入评价内容，培养自我管理意识。

（四）主体意识

量表评价的对象是学生的学习过程，量表评价的指向是促进学生学习、提升学生的元认知能力。元认知是指当一个人学习或表现时，有意识地反思自己的思维和学习品质以及监督自身行为的有效性。研究人员指出："元认知能力对于大多数学生来说并不是自发出现的。因此，教师必须表达出元认知的重要性，并有意去培养它们。"在量表制作与使用的过程中，教师要始终注意扩大学生的参与面与调动学生的参与热情，让学生在这一过程中提升元认知能力。

二、学生需要遵循的"四个步骤"

下面以部编版教材高中语文必修下册第五单元的核心任务"完成一篇精彩的演讲稿"为例，具体阐明让学生参与评价量表制作过程的"四个步骤"。

（一）接触个案，概括基本特征

知识包括四种类型，除前文提到的陈述性知识和程序性知识之外，还有策略性知识和元认知经验。要"掌握"演讲稿的写作，如果只是把演讲稿的类型与特点罗列出来作为陈述性知识让学生了解与记忆，是很难写出一篇好的演讲稿的，因为学生必须"理解"，在什么情况下，对哪一类对象，运用怎样的论据，什么样的演讲语言，才能达到演讲的真正目的。而想使学生"理解"，就需要为学生设计真实的语言运用环境，设计具体的语文实践活动，引导学生运用所学知识解决实际问题。那么，这一学习任务就升级为程序性知识、策略性知识了。在完成任务的过程中，如果教师能恰当地通过评价量表的制作来引导学生去有意识地反思自己的思维与学习品质，监督自身的行为，则又将其提高至元认知经验的学习层面了。显然，到这个时候，学生才可以监控和调节自己的写作活动，能在不断反思修改中完善自己的写作，达到真正记住知识、理解知识并能在变化了的新情境中灵活迁移运用知识的目标。

因此，第一步就是让学生分小组在认真阅读《在〈人民报〉创刊纪念会上的演说》《在马克思墓前的讲话》基础上填写"演讲基本要素表格"，总结出演讲稿的基本特点并由小组据此自行制作初步的量化表格（表1）。

表1　演讲基本要素表格

文章	"我"是谁？	"我"在哪儿演讲？	"我"的听众是谁？	"我"的目的是什么？
《在〈人民报〉创刊纪念会上的演说》				
《在马克思墓前的讲话》				

高一的学生已经具备一定的阅读鉴赏能力，能够在教师的引导下，研读经典范例，归纳出演讲稿的突出特点，也能够完成简单的量化表格的制作。这个阶段是让学生在鲜活具体的个例分析中完成对演讲稿特殊性的认识；同时，也是学生对自己在这类实用类文本写作方面的基础性、前置性评价，让他们认识到自己在哪些方面还有待加强。

（二）比较类文，明确结构特征

接下来，让学生从《在〈人民报〉创刊纪念会上的演说》《在马克思墓前的讲话》《谏逐客书》中任选两篇，理清文章思路，探究其结构及论证方法。

以《马克思墓前的讲话》为例，文章开头先点明"马克思的逝世对无产阶级、对历史科学都是不可估量的损失"。接着从理论研究上列举了马克思的"第一个发现""第二个发现"及其在"每个领域"的突出贡献。再从革命实践上列举了马克思对"两个'参加'"、编报著书、创立国际工人协会的巨大贡献。并且特别指出了理论贡献与实践贡献两者之间的关系：理论研究是为了指导实践。最后从对敌人与对战友两个角度谈到马克思的深远影响，以马克思的"英名和事业将永垂不朽"作结，呼应开头。

再引导学生梳理《谏逐客书》的结构，开头李斯提出"逐客是错误的"，然后分两个方面具体阐述理由，分别为"客卿于秦有功""秦重物轻人"，再对"逐客"与"纳客"的利害进行对比，总结指出"逐客必使秦危亡"。

由此梳理"总—分—总"的结构形式：开门见山，观点先行；以下证上，有理有据；层层深入，井然有序；结尾总结，再次强调。

总结三篇文章，得出演讲词一般采用"总—分—总"的结构形式，但主体部分结构可并列、可递进、可对比，根据演讲需要灵活处理。

通过对三篇文章结构的梳理，学生在量表的"结构"一栏中进行评价细则的明确与补充，同时对文章主体部分不同结构形式进行细化描述。

（三）细节阅读，细化语言特征

完成上一步骤后，再引导学生联读文章，探究其语言表达上的特点。以《在〈人民报〉创刊纪念会上的演说》为例，重点分析修辞手法的运用。本文善于运用比喻修辞，比如，将"顽固的君权独裁的社会现状"比喻为"干硬外壳"，将"1848年的革命对社会的影响力，引发了各国君主与贵族体制的动荡，但收效不大"比喻为"细小的裂口和缝隙"，等等，这些精妙的比喻以及文中鲜明的对比形象生动地总结评价了1848年革命对社会的影响及对无产阶级解放运动的意义。

以《在马克思墓前的讲话》《与妻书》为例，重点分析长短结合、整散结合的句式特点。如："让他一个人留在房里还不到两分钟，当我们进去的时候，便发现他在安乐椅上安静地睡着了——但已经永远地睡着了。"这个长句确切地描述了马克思逝世时的情景，表明这个时刻非同一般：一代伟人去世了。用"永远地睡着了"等讳饰的手法，委婉而明确地表达了"马克思逝世"这个意思。

《与妻书》每一段的开头"吾今以此书与汝永别矣""吾至爱汝""吾真真不能忘汝也""吾今与汝无言矣"这几个感叹的短句起到领起全段的作用，形成感情变化的脉络。从永别的痛苦中回忆起过去夫妻之间的恩爱，又痛感死后的孤独和悲戚，感情跌宕起伏。

然后，让学生根据课堂上的分析，在量表中补充关于语言的评价要点，并尽量进行细化描述。

（四）梳理分类，完善量表制作

小组合作按照要求梳理出高质量演讲稿的特征，并将具体零散的内容进行整合归纳。然后，教师提供量表格式示例，让学生将归纳出的一级要求填在最左边一列；将二级要求填在中间一列；将细化的三级要求填在第三列；最后填写具体分值和设置赋分栏，赋分栏要体现自评、他评，要明确评分等级要求，各项均设四个等级（优、良、合格、不合格），20分项中3分一个等级，10分项中2分一个等级，让评分等级具体化（见表2）。

表2　学生参与制作的演讲稿评价量表

一级要求	二级要求	三级要求	分值	自评	组评
内容充实	主题鲜明	切合题意，中心突出，观点具有时代性、针对性，体现正确价值观。	20分		
	对象明确	选材注重听众了解和关心的话题，内容符合听众认知，注意和听众互动。	10分		
	情感真挚	真诚不造作，能激起听众的共鸣，能给听众以启发教育。	10分		
结构严谨	重点突出	重点内容集中在文章的主体部分，能体现演讲中心和目的。	10分		
	层次清晰	开头、正文、结尾整体结构完整清晰，正文部分结构严谨且便于听众迅速把握重点。	20分		
语言生动	用词准确	用词准确、丰富，善于根据需要运用口语、书面语，关联词能准确表述句间关系。	10分		
	句式多变	能综合恰当使用长句、短句，整句、散句，能使用不同语气的句式。	10分		
	善用修辞	能综合恰当使用多种修辞，如比喻、排比、反问等。	10分		

　　我们也可以引导学生进一步通过语言的描述细化不同等级的标准要求，比如，"修辞"这一项可以引导学生去对它作如下四个等级的描述："能综合恰当使用三种及三种以上修辞手法""能综合恰当使用两种修辞手法""能恰当使用一种修辞手法""修辞手法两处以上使用不恰当或未使用修辞手法"。最好能从往届学生或本班学生以前的演讲稿（姓名已经清楚）中收集样例，把它们打印出来附在评价标准之下，分别代表不同表现水平和目标，这样可以使表现性准则和表现水平变得更清晰和具体。

　　和在课堂上直接讲授演讲稿知识、直接提供制作好的评价量表相比，以上让学生以表现性任务的形式参与到评价量表的制定中来的做法，显然更能帮助学生理解知识内涵、建构知识体系。在接下来的演讲稿写作中他们会更积极主动地以这份评价量表来进行自我监测、督促、反思，从而达到迁移运用的目的。

参考文献：

[1] 中华人民共和国教育部.普通高中语文课程标准（实验版）[S].北京：人民教育出版社，2003.

[2] 中华人民共和国教育部.普通高中语文课程标准（2017年版2020年修订）[S].北京：人民教育出版社，2020.

［3］吴东，高扬．高中语文学习任务群详解与案例丛书·实用性阅读与交流［M］．北京：语文出版社，2021.

［4］王意如，叶丽新，郑桂华，等．普通高中课程标准（2017年版2020年修订）教师指导·语文［M］．上海：上海教育出版社，2020.

［5］格兰特·威金斯，杰伊·麦克泰著．理解为先模式单元教学设计指南（二）［M］．沈祖芸，陈金慧，张强，译．福州：福建教育出版社，2020.

教师简介：

朱涛，高级教师，安徽省优秀教师，合肥市骨干教师，曾获"一师一优课"部优等教学奖项，多篇论文获奖或发表，主持多项省级、市级课题。

从《爱莲说》看托物言志类文章阅读与写作教学

康 蕊

摘 要： "托物言志"这一表现手法在中国文学中的运用由来已久，它在对客观物象的描绘中含蓄地抒发作家的情思感悟，使得文气舒展、情蕴悠长。教材中选入的文质兼美的文章是学生掌握"托物言志"手法的重要基础，语文教师沿着文本蕴藏的情志线索解读"托物言志"的内涵与艺术魅力是课堂教学中至关重要的一环。2023年北京中考作文题目之一即为"我生活中的一棵树"，这说明学生也可以将托物言志的写法运用到写作中。但在实际教学过程中，受各种主客观条件的限制，语文教师在进行托物言志类文章的教学时仍存在诸多问题，对于指导学生写作的意义更是有待进一步探索。故本文以《爱莲说》和部编版初中语文教材中重点的托物言志类文章为依据，寻找该手法的教学策略及其优化方式，并给出有关托物言志类文章写作的相关指导。

关键词： 中学语文 托物言志 阅读与写作 教学策略

托物言志类文章是初中阶段语文学习的重点内容。部编版语文教材七年级下册第五单元的单元学习提示中明确提到："本单元学习托物言志的手法：体会如何运用生动形象的语言写景状物，寄寓自己的情思，抒发对社会人生的感悟。"这一单元中的《紫藤萝瀑布》《一棵小桃树》《古代诗歌五首》，部编版语文教材八年级上册第四单元的散文《白杨礼赞》，均是学生学习托物言志手法的依托。除此之外，部编版语文教材七年级下册《短文两篇》中的《陋室铭》《爱莲说》，虽归属于第四单元，但也是古代优秀的托物言志类文章。因此本文在这些篇目的基础上，通过研究实际的教学案例，力求找到托物言志类文章阅读的良好方法，改进以往教学中的问题，并找到与语文中考的联结点，指导学生运用这一方法进行写作。

在讲授《爱莲说》一文时，我采用了非传统的教学方式，没有把文言文的字词和翻译作为掌握的重点，而是指导学生找到周敦颐笔下莲花的外在特点，再联系莲花所代表的君子品格，让学生找到二者之间的联系，并呈现在课前预习学案上，如表1：

表 1

对莲花的描写	莲花的特点	君子的品格
		庄重质朴，不哗众取宠
		美名远扬
		自尊自爱

接着，在学生理解了周敦颐写莲花的用意后，再提供给学生几则补充材料，使他们理解周敦颐身上具有的君子品格。在完成上述分析后，提供给学生学习支架，用下面的句式将周敦颐的品质和莲花联系起来：周敦颐是一个＿＿＿的君子，与莲花＿＿＿的特点相似。除此之外，为了帮助学生理解这一写法，再次给出莲花在其他文学作品中运用的例子（见图1），帮助学生反复建立意象与作者思想情操之间的关系。最后给出学生托物言志方法的定义：借外物的特点表现自己的情感和志向的文章写作方法。让学生在阅读中加深对托物言志写法的理解。以上教学活动通过《爱莲说》中"莲"这一意象的分析，明确了托物言志类文章的写法。

在以往的教学中，本节课的教学目标已经完成。但是我在设计中，还意识到了"学生能否将学习到的方法运用到实际写作中"这一问题，因此我还将"在理解托物言志的基础上，解释校徽的内涵，表达对校徽内涵的理解"作为了一个教学目标。本节课的另一个教学环节是"借助今天所学的知识，说明一〇一校徽当中荷花意象的内涵，表达你对校徽及一〇一精神的理解"。这一环节将托物言志写法和学生的实际生活结合在一起，让学生结合所学，阐释校徽中莲花的内涵，同时培养学生高尚的思想情操，升华课堂主题。

① 制芰（jì）荷以为衣兮，集芙蓉以为裳。

不吾知其亦已兮，苟余情其信芳。

——屈原《离骚》

② 秋至皆零落，凌波独吐红。

托根方得所，未肯即随风。

——郭恭《秋池一枝莲》

③ 不畏塘雨急，钿（diàn）叶自相遮。

纹禽忽飞去，冲落波上霞。

——梅尧臣《莲塘》

其他文学作品中的"莲"意象

　　在《爱莲说》这一课的教学中，作为授课教师，我不仅以《爱莲说》一课为例，让学生从物的外在特点和内在品格两个角度理解托物言志手法的运用，还让学生将这种写法与真实生活情境联系起来，运用到写作当中，这种方法加深了学生对托物言志手法的理解，提高学生学以致用、举一反三的能力。

　　《爱莲说》这一课上完后，我在反思自己的教学过程的同时，也在不断思考关于托物言志类文章阅读和写作教学的相关问题。传统的教学方式将关注的重点放在了所选之物与所表达的志向之间的联系上，帮助学生理解托物言志类写法，但我还将写作指导作为了本节课的教学目标，联系中考作文题目"我生活中的一棵树"，指导学生进行托物言志类文章的写作。然而，"教无定法"，关于托物言志类文章的阅读和写作教学仍存在亟待解决的问题。因此，本文依托《爱莲说》的教学案例，思考了托物言志类文章在阅读和写作教学时可以运用的部分策略：

一、细读文本，发掘文章价值

　　文本细读与我国古代"含英咀华""咬文嚼字"的诗学精神一脉相承，需要读者沉潜于文本中反复咀嚼语言味道，品味形式意味，才能感悟出文本独特的美学感悟。这对学生的文本阅读能力有很高的要求，因此需要在日常教学中不断训练学生的文本细读能力。而托物言志类文章则更需要通过文本细读，找到文章中作者所托之物的特点，这样才能建立物与志的联系。以统编版语文教材七年级下册第五单元的文章《紫藤萝瀑布》为例。《紫藤萝瀑布》中"我只是伫立凝望，觉得这一条紫藤萝瀑布不只在我眼前，也在我心上缓缓流过"，紫藤萝花本是静态，在"我"眼前的"紫藤萝瀑布"为何有动态的流动之感？又怎会在"心上缓缓流过"？这就需要学生细读文本语言，挖掘深层意蕴和审美价值。

二、品味语言，建立"物"与"志"的联系

　　童庆炳的《文学理论》中将"言、象、意"视为文学作品的"表、中、里"，孔子曾道："言以足志，文以足言。不言，谁知其志？"这句话揭示了语言作为思想情感载体的功能。因此，从语言层面指导学生阅读托物言志类文章，也是一种重要方式。在教学中应该多鼓励学生深入语境与文本对话，引导学生通过合理的联想体悟所托之"物"与所言之"志"间的内在关联。例如在《一棵小桃树》中，作者贾平凹在描写小桃树的外形时这样写道："瘦瘦的，黄黄的，似乎一碰，便立即会断了去。"这里用到了"瘦瘦的""黄黄的"两个叠词来形容小桃树，如果将这两个词换成"瘦的""黄的"，在表达效果上有何不同？这就引导学生从叠词的角度去理解小桃树的"委屈""没出息"的情态特征。同时，教师在教授本篇课文时还需要提供给学生有关作者贾平凹的生平资

料，帮助学生理解小桃树其实是作者贾平凹的象征。童年时的贾平凹生活困苦，"我很瘦，有一个稀饭灌得很大的肚子"是贾平凹在自传中对自己童年时的外貌的描写。学生在了解了贾平凹的童年后更能将小桃树和作者联系起来。从刻画物象的简朴文字中推敲出深意，还原所托之"物"在作家笔下的独特之处，把握物象的情态特征。这一环节旨在提升学生对语言文字的品悟鉴赏及应用能力。其次，文章中的关键句同样也是学生可以关注的重点。例如，《紫藤萝瀑布》中开篇写"我不由得停住了脚步"和结尾"我不觉加快了脚步"，这两句话能够使学生循着文章的语脉感受作者情思的波澜起伏，同其心，共其情，理解"物"中所寓的情志，感受文本本真的情感之美。

三、自主探究，以学定教

"以学定教"是适应课程改革和新课标理念的不断深入而提出的教学理念，强调学生的"学"应先于教师的"教"，调动学生自主学习的积极性，注重课堂上学生的个性化理解和创意表达，不以教师解读代替学生的解读体验，把课堂的主体地位交还给学生。在托物言志类文章教学时，教师不能预先设定学生对文章的理解，而应该随着教学活动的进行来生成。例如在《一棵小桃树》的教学中，教师可以借助文章旁的批注对学生进行引导，比如批注中提到："'蓄着我的梦'的桃核长成了树，而且真的开了花。作者仅仅在写花吗？"这句批注实际上就是本节课要解决的主要问题——本文托物言志写法的运用。教师可以在一开始就将这一问题抛给学生，让学生在整节课中去寻找答案，充分发挥学生的主观能动性。

听、说、读、写是语文学习的必备能力，但在当下中学语文关于托物言志手法的教学中，往往存在着"学用分离"的现象，学生在课上所学到的写法无法运用在自己的写作当中。这就使得语文课堂产生了舍本逐末的弊端，也不能在提升学生写作水平方面发挥应有的作用。因此，我在执教《爱莲说》一课时，将最后的学习活动定为了"借助今天所学的知识，说明一〇一校徽当中荷花意象的内涵，表达你对校徽及一〇一精神的理解"，意在将读写结合，培养学生运用托物言志法写作的能力。对于托物言志类文章写作技能的培养和提升，我认为可以从以下几方面入手：

第一，给出学生写作支架。支架式教学以苏联教育家维果茨基的最近发展区理论为依据，他认为儿童在智力发展时存在着两种发展水平，一是儿童现有的发展水平，二是其潜在的发展水平，这两种水平之间的区域则称为最近发展区。支架式教学中的支架应该根据学生的最近发展区来建立，通过给出教学支架，将学生的思维水平引导到一个更高的阶段。以此为理论依据，在托物言志类文章写作教学时，教师可以给出学生构思文章的方法（见表2）：

表2 托物言志类文章写作方法指导

托物言志类文章写作方法指导	
1	我选取的物象是：	
2	我要写出所选物象的哪些特征：	
3	我要借物象表达怎样的情志：	
4	我所选的物象和所要表达的情志之间的内在联系：	
5	我本篇文章的中心主旨是：	
6	为了突出特点、表达情志，我选择的表现方式：	

以上是针对托物言志类文章写作教学时可以提供给学生的支架，也就是让学生通过上面的表格构建自己的文章大纲，并选择合适的方法，如借物喻人、卒章显志、欲扬先抑等将所托之物和所表之情联系起来。此外，新课标在评价建议模块中强调，要"尊重学生的主体地位""引导学生开展自我评价和相互评价"。所以在学生完成自己的文章后，可以在学生之间展开小组互评，让学生在交流合作中相互学习对方的优点，同时反思自己的不足，并在交流的基础上修改、润色自己的文章。

第二，链接群文，拓展延伸。托物言志类的优秀作品有很多，除了部编版语文教材七年级下册上所选的文章，还有陆蠡的《囚绿记》、茅盾的《白杨礼赞》、宗璞的《丁香结》《好一朵木槿花》等，都是学生可以学习借鉴的优秀文章。在教学时我们可以将这几篇文章整合为一个阅读群，在比较阅读中带领学生走入一个个独立的审美空间，感受相同类型文章的"同"和"异"。例如《紫藤萝瀑布》和《好一朵木槿花》《丁香结》都是作家宗璞借花表达对生命感悟的文章，写作的背景也相类似，在指导学生阅读时可以以表格的形式从外形特征、生存环境、内在精神、所言之志等方面进行梳理归纳，寻找这类文章的共同点，举一反三，学习写法。而陆蠡的《囚绿记》则通过记叙与常春藤绿枝条的一段"交往"经历，描绘了绿枝条的生命状态，表达了作者对生命的思考，也含蓄地揭示了抗日战争时期华北地区人民的苦难，常春藤的生命力也象征着作者和广大人民群众坚贞不屈的民族气节。和宗璞的几篇文章相比，理解《囚绿记》时要将文章放在更为广阔的社会背景之下，理解作者写窗口常青藤的用意实际上是在象征着广大人民群众的不屈精神。将宗璞的几篇文章和茅盾的《白杨礼赞》进行比较阅读，《白杨礼赞》是借白杨笔直、挺拔的外形特点象征抗战军民团结向上的精神，更侧重外物的形态；而宗璞的文章则更加注重紫藤萝生长从枯萎到繁茂的过程，而由此生发出"生命的长河是无止境的"的感悟。

第三，以上所提出的优化策略是我在根据自己的课堂教学经历，以及研读有关学术文献、专著，分析名师优秀课例的基础上总结出的教学建议，目的在于帮助学生理解托物言志文章的写法，并将其运用在写作当中。在实际教学当中，教师仍需要从具体学情和课堂实际情况出发，运用教学机智灵活应变，如此才能真正做到"以学定教"，师生之间完美配合，呈现最佳的课堂效果。

最后，需要注意的是，关于托物言志类文章的阅读和写作教学是一个动态化的过程，需要教师根据实际情况不断调整教学策略，也需要尊重学生的"期待视野"和主观能动性，从而避免机械化套用某种方法策略而造成的模式化弊端，失去了语文课堂的灵动性和创造性。

参考文献：

一、学术著作和期刊论文

［1］中华人民共和国教育部．义务教育语文课程标准［S］．北京：北京师范大学出版社，2022.

［2］姜宽德．托物言志与象征之比较［J］．北方文学：下半月，2012（8）：51-53.

［3］郭跃辉．《紫藤萝瀑布》群文阅读教学设计［J］．学语文，2019（5）：33-36.

［4］刘锦蓉．《紫藤萝瀑布》的审美价值与教学研究［J］．开封教育学院学报，2019，39（3）：214-215.

［5］符建美．《一棵小桃树》蕴含的精神品质［J］．中学语文教学参考，2020（27）：24-25.

［6］潘斌．浅谈初中语文群文阅读中课内阅读与课外拓展的有效结合：以托物言志专题阅读为例［J］．试题与研究，2021（22）：71-72.

二、学位论文

［1］陈亚婷．初中现当代抒情散文教学研究［D］．河南大学，2018.

［2］李霞．支架式教学在初中写人记叙文写作教学中的应用研究［D］．喀什大学，2022.

［3］李伟娟．部编版初中语文托物言志类散文教学研究［D］．西南大学，2022.

教师简介：

康蕊，文学硕士。曾获怀柔区青年语文教师评优课一等奖，《爱莲说》教学设计获北京教育学院优秀成果奖，并为 2022 年义务教育青年教师培训项目作《记承天寺夜游》《水调歌头》整合教学观摩课。2023 年在《石家庄学院学报》发表论文《魏野〈东观集〉版本及相关问题考述》。

远郊区寄宿制学校高中语文议论文教学做法初探

符冬妮

摘 要：高中语文作文写作一直是很多学生的难点，尤其是远郊区县的学生写作水平更是有待提升。而我校是完全寄宿制学校，采用封闭式管理，学生五天在校，没有手机等通讯工具获得任何外界的新闻信息，几乎不阅读任何文章，因而我发现学生在议论文的写作中没有思维，没有素材，没有对当下热点问题的深刻思考。为了能提升学生议论文的写作思维水平，拓宽学生的视野，积累写作素材，我在现高二作文序列教学中有两个做法初探：（一）教师为学生制作《时文萃评》期刊；（二）学生以五人一组制作《逐梦志》期刊。并在班级进行研讨写作。一学期下来，学生议论文的写作水平有了显著的进步，并且在这个过程中，学生对问题深入探究的能力、思维能力都受到了潜移默化的影响。

关键词：议论文写作　思维训练

一、教师版《时文萃评》

每期的《时文萃评》以当下的时政热点为主要内容，以学生的作文写作训练为主要目的。字数在一万左右，共制作六期，每期主题如下：

《时文萃评》（一期）主题：向英雄致敬——对应作文训练"微写作"

《时文萃评》（二期）主题：珍惜粮食 厉行节约——对应议论文训练"说劳动"

《时文萃评》（三期）主题：真话的力量——对应议论文训练"小议说真话"

《时文萃评》（四期）主题：守正与创新——对应议论文训练"说创新"

《时文萃评》（五期）主题：谈"规则"——对应议论文训练"说规则"

《时文萃评》（六期）主题：谈"面子"——对应议论文训练"小议面子现象"

（一）《时文萃评》内容展示

《时文萃评》（一期）

本期主题：向英雄致敬

【习总书记金句】

世上没有从天而降的英雄，只有挺身而出的凡人

【时文共赏】

2020 年 9 月 8 日上午在雄壮的《向祖国英雄致敬》乐曲声中，习近平为"共和国勋章"获得者<u>钟南山</u>、"人民英雄"国家荣誉称号获得者<u>张伯礼、张定宇、陈薇</u>颁授勋章奖章！

老将出马　钟南山

"把重病人都送到我这里来"的豪言，让国人记住了一个名字——钟南山，2020 年，钟南山 84 岁了，他再次挂帅出征去了武汉。

<u>他眼里噙满泪水，眉头拧成川字，满脸的慈悲，即使他哽咽着说不出话来，我们也深深知道：因为对祖国的热爱，对人民的仁爱，对生命的敬畏！</u>

他的精神，让我想起了海明威的著作《老人与海》里的圣地亚哥老人——一个永不服输的老人。

……

【美文品读】

致逆行者

文/月若初见

◎钟南山

你的身影是镇静剂

安抚病毒雾霾中一颗颗焦灼不安的心灵

你的声音是光

照亮芸芸众生一双双脚步健康行走的方向

八十四岁，耄耋之年的你

以专业的判断，悲悯的大爱，传真知的勇气

垒高患者的希望，民众的仰望

你的足音，总在人们的期盼中叩响回荡

我们也衷心祝愿你能安心颐养天年

愿南山之外，有更多的南山，与你比肩

共同托举，生命的蓝天

《时文萃评》（六期）

本期主题：谈"面子"

"面子"有时候确实很重要，它是个人尊严和自尊的一种体现。但是，有时候也不要太过注重和讲究面子，特别是在虚荣心作祟的情况下去争这个面子。很多人都缺乏对自己的精确定位，喜欢"打肿脸来充胖子"，做出些自不量力的事情，最后不仅搞得没面子，还可能伤害自己和身边的人。例如近几年的"校园贷"事件等。

……

【时文共赏】

1 小米粒大民生！点餐要看"肚子"绝非"面子"

近日，习近平总书记对制止餐饮浪费行为作出重要指示。他强调，要加强立法，强化监管，采取有效措施，建立长效机制，坚决制止餐饮浪费行为。

……

在人情消费严重，好"面子"的时候，还需要教育和引导每一个消费者破除"面子观念"，在外就餐或宴请客人时，适量点菜，理性消费，主动打包——点餐要看"肚子"绝非"面子"。在家里做饭做菜时，要吃多少做多少，尽量不浪费。同时，餐饮企业也要主动适应时代的发展，积极推出"半份菜"或"小份菜"，要在菜品的质量上下功夫，不能一味地追求数量。

……

2 大操办浪费可耻 树新风不丢面子

"来来来，开饭了！莆田卤面，管饱！"近日，荔城区黄石镇惠下村的吴飞跃为母亲举办 70 岁大寿宴席，热腾腾的莆田卤面和杂烩菜成了宴席上的"主角"。俭办寿宴是黄石镇持续深入开展移风易俗活动的一个缩影。

吴飞跃说："每次吃酒席都会剩很多饭菜，最后都倒掉，实在是浪费。这几年村里响应党和政府倡导移风易俗，大操办浪费可耻，树新风不丢面子。"

……

3 推广公筷需要放下"面子"

太原市消协日前发出了使用公筷公勺的倡议，但据笔者观察，要让倡议入脑入心，成为实实在在的行动，就是要放下"面子"，使用公筷、公勺。

……

　　为了自己，也为了他人的健康，我们应该摒弃"面子"心理，在餐桌上主动向他人说明使用公筷公勺的重要性。如此，就会带动越来越多的人使用公筷公勺。

　　……

　　（二）学生写作展示

　　1．微写作

　　明天就是"腊八节"了，在辞旧迎新之际，我们对 2020 年进行回顾之时，总难以忘怀那一张张生动的面庞，请评出你心目中的 2020 年度人物（仅限一位），并为他（她）写出一段文质兼美的颁奖词，150 字左右。

　　高二（4）班　杨雅琪：

　　十七年前，您是敢说真话，收治非典重症患者的勇士；十七年后，您是敢于逆行，与新冠疫魔斗争的战士。在万家团圆之际，您舍己家为大家；在国家危难之时，您敢冲锋保平安。为一大事来，成一大事去。功业凝成疫苗一剂，是治病良药，更是拳拳之心。您是将中国护在身后，抵御风雨的一座高耸南山，南山无恙，护国万千风光。您就是人民的英雄——钟南山。

　　2．议论文

　　我们中国人比较注重"面子"，聊天办事时，经常说"看我面子""给点儿面子"；交朋会友时，穿衣用餐力求体现自己最好的一面，可以撑足面子；请人吃饭，宁愿将剩下的饭菜倒掉也要多点几个菜，这样才有面子；人们指责那些贪婪无耻或丧失人格的人，往往会说：这种人什么都要，就是不要面子！

　　你如何看待"面子"或"面子现象"？请自拟题目，自定立意，写一篇不少于 700 字的议论文。要求：观点明确，论据恰当，论证合理。

小议"面子现象"

高二（4）班　　高意轩

　　在日常的生活中，"面子"一词常充于耳，似乎做什么事都需要顾虑面子，"要面子"也像是成了一项"传统"。但我认为，面子在很多时候是虚荣心的表现，是没有必要的。

　　过分注重面子会给个人带来负担。为了顾全面子，人们往往会做出一些并非自己本意或非自愿的事情，这自然而然就会给自己带来负担。就如同中国那句老话"死要面子活受罪"，要面子的这种心理会驱使人们做出一些自身难以承担后果的事情。纪某与工友打赌在朋友圈发了一段辱骂交警的视频，最后被拘留。正是因为他执着于争面子，才让自己受到了如此惩罚。可见，面子带来的包袱会沉甸甸地压在人们头上，带来许多不必要的麻烦。

要面子的交往难以促进人际关系。如若人与人交往之时只顾及面子，那么便会做出不真实、有违自己本意的举动。多少次在求人帮忙时我们能听到一句"给我一点儿面子"，这样一句话会让人感到不舒服，与此同时还会对对方产生厌烦感。

过分注重面子甚至还会造成不必要的公共资源浪费。试想有多少人外出聚餐花费大手笔点上满满一桌的菜，仅仅是为了显得自己大方阔绰，为自己长点儿面子，最后却有一半都被倒进了垃圾桶，因此，摒弃不必要的面子也代表着节约资源。

然而，所谓面子也是人们长久以来用礼仪与道德观念塑造出来的，反映了人们对美好生活的愿景。因此，面子有时也可以将我们的行为约束在道德礼仪范围之内。有时我们也会为了保全自己的面子不去做一些苟且之事，为了面子而坚守正道，此时的面子则规范了我们的行为。因此面子也应是适时适度存在，能代表人们自尊的东西。

面子不是不可以有，但我们要分清它应该存在的场合，不要为了一些没有必要的面子使自己压上重担，与他人疏远距离，给社会资源带来浪费。

二、学生版《逐梦志》

每期《逐梦志》以小组为单位，自选主题，一万字左右。并用一节课时间让学生在课堂上配以 PPT、视频等教学手段为大家讲解本期内容。共制作六期，每期主题如下：

《逐梦志》（一期）主题：物质贫穷与精神富足

《逐梦志》（二期）主题：中国精神引领时代步伐

《逐梦志》（三期）主题：唱响英雄战歌——"抗美援朝 70 周年"

《逐梦志》（四期）主题：好风凭借力 送我上青云

《逐梦志》（五期）主题：匠心独"韵"

《逐梦志》（六期）主题：未来与发展

（一）《逐梦志》内容展示

◎编者：高二（4）班 杨雅棋 高意轩 肖月萌 杨宪斌 夏一函 2020.10.9（1 期）

物质贫穷与精神富足

【实事速递】

1 农民工朗诵：被点燃的"生命亮光"

《万寿寺》中有句话："一个人只拥有此生此世是不够的，他还应该拥有诗意的世界。"

近日，一则农民工手捧两块红砖朗诵的短视频刷屏全网，其艰辛的劳作生活和诗意的世界居然可以并存。这名农民工叫李小刚，陕西神木人，今年 35 岁，他富有磁性的嗓音把经典作品《再别康桥》《将进酒》《面朝大海，春暖花开》《出师表》等演绎得十分动人，吸引了不少倾听者。

......

2 书橱的流浪者——沈巍

沈巍以一个流浪者的身份，栖身于上海杨高南路地铁站附近；他以拾荒为生，却擅于作画长于文略，虽然蓬头垢面但语出惊人。在路人们的镜头之下，他以标准的普通话大讲《尚书》《左传》，谈各地掌故，论治理企业，他的视频在网络平台上广泛流传，大受关注。

......

现代社会人们高强度地工作，为的不正是安乐自在地生活，让心灵得到真正的宁静吗？沈巍做到了这些，他拥有的财富可不止那一点儿病退工资，<u>真正的财富是相伴一生的诗书和横贯身心的洒脱自由。居于书中黄金屋，尝足书中千钟粟。对沈巍来说，能随性地流浪并有相随的诗书就够了。</u>

【美文品读】

物质与精神

社会发展迅速，物质资源丰富，我们都在追求自己的价值，但不同的人对价值有不同的观点。精神胜于物质，还是物质胜于精神？

<u>千年一瞬，刹那芳华，两千年后，我们已然明晓，在屈原心头凝聚的是对家国的无尽的思念，无边的忠愁。屈原决然放弃的是丰富的物质。若他像靳尚、郑袖、张仪那样趋炎附势，他完全可以过富有的生活。但他富有的是精神，而不是物质。</u>

......

【素材积累】

君子役物，小人役于物。——荀子

钱包里鼓鼓的，可能等于一贫如洗。——肖复兴

教师简介：

符冬妮，硕士研究生，高中语文教师。曾多次获得北京市级论文、教学设计、课程比赛奖项，怀柔区基本功大赛一等奖，教学设计比赛一等奖，多次承担区级公开课。工作勤勉，善于钻研，本着"独物之教风，以尽匹夫之责"的教育理念育人。

做好跨章整合　实现深度学习

——以苏教版"反比例函数与中心对称图形"专题复习课为例

程　霞

摘　要：在深度学习的视角下，复习课不仅是学生做题、巩固一系列解题技巧的过程，更是教师把各章节内容整合后，呈现给学生能引发深度学习的一系列问题的过程。在此过程中，教师更多关注学生再发现和再创造能力的培养和提升，帮助学生实现从"学会"到"会学"的转变。

关键词：深度学习　单元教学　反比例函数　中心对称图形

所谓深度学习，就是指在教师引领下，学生围绕着具有挑战性的学习主题，全身心积极参与、体验成功、获得发展的有意义的学习过程。深度学习倡导单元学习。从"课时学习"到"单元学习"，是新时期学习方式变革的具体体现。复习课不仅是学生做题、巩固一系列解题技巧的过程，更是教师把各章节内容整合后，呈现给学生能引发深度学习的一系列问题的过程。在此过程中，教师更多关注学生再发现和再创造能力的培养和提升，帮助学生实现从"学会"到"会学"的转变。

2021年6月，笔者有幸参加了2021年新课标背景下北京—江苏专家指导与交流研讨会，并承担了一节数学学科同课异构课，授课内容为苏教版教材八年级下册"反比例函数与中心对称图形"专题复习课，本节课是两章内容的跨章整合复习课，教学设计体现了主题单元教学思想、整体立意，能引发学生深度学习。笔者在研讨会上将这节课较好地呈现给了大家，获得了与会专家和听课教师的一致好评，现将本节课的教学实施过程与大家分享。

1 教材分析

本节课是反比例函数和中心对称图形这两章内容的跨章整合复习课。反比例函数是代数内容，而中心对称图形——平行四边形是几何内容。但是，反比例函数的图象是双曲线，它既是轴对称图形，又是中心对称图形；而平行四边形是中心对称图形。因此，这两章知识存在内在的联系。反比例函数的图象和平行四边形有一个共同点——中心对称性，因此它们具备一些相同的性质，本节课就从图形对称性的应用来展开研究。

本节的授课内容面向八年级学生，学生已学习反比例函数的图象和性质，掌握了求反比例函数的表达式、k的几何意义等知识；同时，学生也学习了中心对称图形的知识，能利用平行四边形以及特殊平行四边形的性质和判定进行推理证明，具备了对数学问题进行探究的意识和能力，这都为本节课的学习奠定了基础。但本节课是两章内容整合的复习课，不是知识的简单重复，而是要在原有知识的基础上有新发现、新感悟，并有所突破，从而激发学生的求知欲。因此，本节课通过"中心对称"这一共同点，将反比例函数和中心对称图形的知识联系起来，让学生在操作探究的过程中，感悟知识的内在联系，并在操作探究过程中体会利用中心对称性解决问题的思路和方法。

2 教学目标

1．学会利用反比例函数图象的中心对称性构造平行四边形及特殊的平行四边形，掌握运用图形的中心对称性解决有关问题的思路和方法。

2．通过操作探究等活动解决问题，提高运用图形的对称性解决实际问题的能力，渗透数形结合思想、培养直观想象核心素养，养成归纳总结的良好习惯。

3．感受数学的对称美，激发学习数学的兴趣，增强学习数学的自信心。

3 教学实施

3.1 环节1 热身练习，温故知新

引入语：本学期已接近尾声，在复习的时候，我们最好能把具有相同点的知识归类整理，以便发现规律、更好地解决问题。本节课老师就与大家一起来复习反比例函数和中心对称图形这两章的内容。请大家思考：反比例函数与平行四边形有哪些相同的性质？

复习回顾：正比例函数 $y=kx$（$k>0$）与反比例函数 $y=\dfrac{12}{x}$ 的图象的一个交点坐标为（2，6），则两图象的另一个交点坐标是_____。

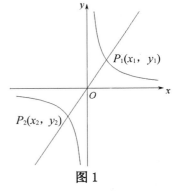

追问1：你是如何求得两图象的另一个交点坐标的？

学生1：利用函数图象的中心对称性，反比例函数与正比例函数的图象都是以原点为对称中心的中心对称图形，因此它们的交点坐标也关于原点对称。

追问2：如图1，老师在黑板上画出任意一组反比例函数和正比例函数的图象，它们的交点坐标为 P_1（x_1，y_1），P_2（x_2，y_2），你能得到什么结论？

图1

学生2：**归纳小结1：**若反比例函数 $y=\dfrac{k}{x}$（$k\neq0$）与正比例函数 $y=kx$（$k\neq0$）的图象相交于点 P_1（x_1，y_1），P_2（x_2，y_2），则有 $x_1=-x_2$，$y_1=-y_2$。

学生3：还可以得到 $OP_1=OP_2$。

设计说明：通过做练习，回顾反比例函数的性质，唤醒学生思维，激发学习热情，

同时让学生体会数形结合在解题中的应用；通过追问 2，让学生归纳具有相同对称中心的两个函数图象交点坐标的特征，形成规律，为环节 2 的操作探究做好铺垫。

过渡语：既然平行四边形也是中心对称图形，我们能否利用反比例函数的图象构造平行四边形呢？让我们通过下面的"操作探究"来感受图形的中心对称性的美妙之处！

3.2 环节 2 操作探究，发现问题

活动 1：如图 2，请你在反比例函数 $y=\dfrac{12}{x}$ 的图象上任意选取四个点 A，B，C，D 画四边形，使四边形 $ABCD$ 是平行四边形，并简述你的画法。

课堂评价：教师在学生画图时巡视，发现学生主要有两种不同的画法，选两位学生代表展示并叙述自己的画法。

学生 4：（教师将学生 4 画的图形投影在屏幕上，如图 3 所示）在反比例函数的每一个分支上分别取一个点 A，B，连接 AB，并画 AB 的平行线 CD，使得点 C 与点 B 在同一分支上，点 D 与点 A 在同一分支上，连接 BC，AD。

学生 5：（按自己的画法将图形画在老师事前准备在黑板上的反比例函数图象上，如图 4 所示）在反比例函数第一象限的图象上任选两点 A，D，分别连接 AO，DO 并延长，交反比例函数在第三象限的图象于点 C，B，顺次连接 A，B，C，D 四点即可。

追问 3：学生 4 和学生 5 画出的四边形 $ABCD$ 一定是平行四边形吗？为什么呢？怎样验证学生 4 所画的四边形是不是平行四边形呢？

学生 6：学生 4 画出的四边形只保证了一组对边平行，因此不一定是平行四边形，可以连接两条对角线 AC 和 BD，看它们是否交于点 O，如果不交于点 O 就说明它的对角线不互相平分，就不是平行四边形（教师按学生 6 的叙述在屏幕上画图验证）；学生 5 画出的四边形一定是平行四边形，因为它的对角线互相平分。

设计说明：比较画平行四边形的不同方法，体会利用反比例函数图象的中心对称性画图的便捷之处，同时感受利用平行四边形的中心对称性（即对角线互相平分）来判定平行四边形的简捷之处。

追问4：观察黑板上学生5画出的平行四边形，思考：y 轴把平行四边形分成的两部分有何关系？

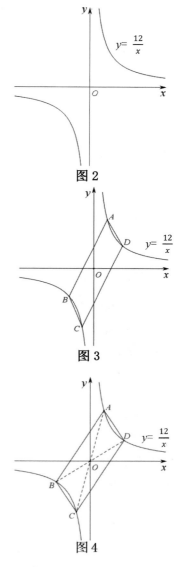

图 2

图 3

图 4

追问5：你还能找到这样的直线吗？你还有别的发现吗？

追问6：具备什么条件的直线能把中心对称图形分成全等的两部分？

归纳小结2：经过中心对称图形的对称中心的任意一条直线把中心对称图形分成全等的两部分。

设计说明：通过追问4至追问6，利用画出的平行四边形探究中心对称图形的其他性质，引发学生深度思考并及时归纳总结，形成规律。

活动2：如图5，你能否在反比例函数 $y=\dfrac{12}{x}$ 的图象上任意选取四个点 A，B，C，D 画四边形，使四边形 $ABCD$ 是矩形？请简述你的画图理由。

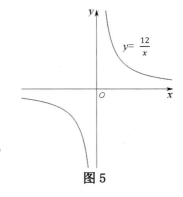

图5

课堂评价：学生画图过程中教师巡视，发现学生都能积极思考、勇于探索，也观察到学生主要有两种不同的画法，选两位学生代表展示并叙述自己的画法及理由。

学生7：（教师将学生7画的图形投影在屏幕上，如图6所示）先画出第一、三象限的平分线 MN，然后在反比例函数的图象上任取一点 A，过点 A 画线段 $AD\perp MN$，交反比例函数图象于点 D，分别过点 A，D 画线段 $AB\perp AD$，$CD\perp AD$，与反比例函数图象的另一个分支分别交于点 B，C，连接 BC。理由：有三个角是直角的四边形是矩形。

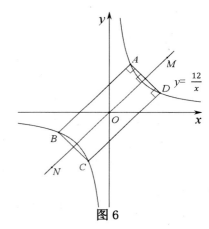

图6

学生8：（教师将学生8画的图形投影在屏幕上，如图7所示）在反比例函数的图象上任取一点 A，连接 AO，以 O 为圆心、AO 长为半径作圆，交反比例函数图象于点 B，C，D，顺次连接 A，B，C，D 四点即可。理由：对角线互相平分且相等的四边形是矩形。

追问7：这样的矩形可以作几个？它们在位置上有什么关系呢？

结语：矩形与反比例函数的图象不仅是中心对称图形还都是轴对称图形，利用它们的轴对称性解决问题也是一种比较好的方法；中心对称性是平行四边形和所有特殊平行四边形共同的性质，中心对称性的体现就在于对角线互相平分。因此，利用与对角线有关的判定方法来判定特殊的平行四边形应该是更便捷的方法。

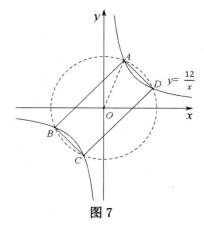

图7

设计说明：活动2引发大部分学生深度学习，学生在动手画图的过程中深刻体会反比例函数图象的中心对称性和轴对称性在解题中的应用。同时，追问7可以引发学生深度思考。

追问8：请大家思考，能否在反比例函数$y=\dfrac{12}{x}$的图象上找出四点A，B，C，D，画出菱形、正方形呢？请说明理由。

设计说明：有了活动1和活动2的画图经验，学生可以在原有图象的基础上进行逻辑推理，同时培养学生的直观想象核心素养。

过渡语：我们学习了利用反比例函数图象构造平行四边形以及特殊的平行四边形，又回顾了中心对称图形的性质，请大家来解决下面类比迁移中的问题。

3.3 环节3类比迁移，解决问题

1. 我们容易发现：反比例函数的图象是一个中心对称图形，你可以利用这一结论解决问题。

如图8，在同一平面直角坐标系中，正比例函数的图象可以看作是将x轴绕着原点O逆时针旋转α后的图形。若它与反比例函数$y=\dfrac{\sqrt{3}}{x}$的图象分别交于第一、三象限的点B，D，已知点A（$-m$，0），C（m，0）。

（1）直接判断并填写：不论α取何值，四边形$ABCD$的形状一定是_____。

（2）①当$\alpha=30^{\circ}$，四边形$ABCD$是矩形时，试求B点坐标和m的值。

②观察猜想：对①中的m值，能使四边形$ABCD$为矩形的点B共有几个？请求出它们的坐标。

（3）探究：四边形$ABCD$能不能是菱形？若能，直接写出B点的坐标；若不能，说明理由。

设计说明：本题首先应用了平行四边形的中心对称性，而后再利用在活动2中体验到的方法构造特殊的平行四边形——矩形，构造方法与活动2既有联系又有区别；同时，在求点的坐标时还利用了方程思想、矩形的轴对称性锻炼学生的直观想象能力；在解题过程中鼓励学生大胆发表自己的看法，培养学生综合应用相关知识解决具体问题的能力。

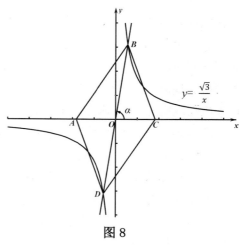

图8

2．在矩形 $ABCD$ 中，M，N，P，Q 分别为边 AB，BC，CD，DA 上的点（不与端点重合），对于任意矩形 $ABCD$，有下面四个结论：

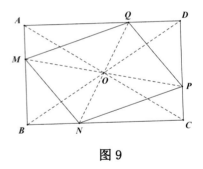

图 9

①存在无数个四边形 $MNPQ$ 是平行四边形；

②存在无数个四边形 $MNPQ$ 是矩形；

③存在无数个四边形 $MNPQ$ 是菱形；

④至少存在一个四边形 $MNPQ$ 是正方形。

所有正确结论的序号是＿＿＿＿＿＿。

设计说明：该题是 2019 年北京市中考试题，为填空题的最后一道，这道题原题没有图形。学生经过动手操作和深度思考，如果能发现问题的本质，那他就会利用图形的中心对称性来解决本题，他会画出与矩形 $ABCD$ 对角线交点互相重合的四边形 $MNPQ$，如图 9 所示，进而利用与对角线有关的判定方法对四边形 $MNPQ$ 的形状作出判断，那这节课必然是引发了学生深度学习。

3.4 环节4回顾反思，归纳总结

问题：通过这节课的学习，我们对反比例函数和平行四边形应该又有了新的认识，你有哪些收获想跟同伴分享？还有哪些感悟？

设计说明：培养学生养成及时归纳反思的良好学习习惯。

4 思考与感悟

4.1 有效的问题串激发学生学习兴趣

苏霍姆林斯基曾说："学习如果具有思想、感情、创造、美和游戏的鲜艳色彩，那它就能成为孩子们深感兴趣和富有吸引力的事情。"本节课从反比例函数图象和平行四边形的一个共同性质——中心对称性入手，找到了二者一个很好的结合点，建立了二者之间的联系，让学生感受到了中心对称性的美妙之处。而贯穿本节课始终的问题串的推进，极大地激发了学生的学习热情。本节虽然是复习课，但不是知识的机械重复，而是让学生在已有知识的基础上有了新的发现和感悟。学生有较强的好奇心和求知欲，在探究过程中始终能够积极参与，勇于质疑并发表自己的观点。

4.2 学生真正成为"活动与体验"的主体

活动与体验是深度学习的核心特征。本节课活动 1 和活动 2 的设置，增强了学习过程的体验性、互动性和生成性，整个活动过程学生都能全身心地投入，真正成为教学活动的主体。并且，在系列化问题解决过程中学生能逐步发现解决问题的方法，感受到图形中心对称性的作用无处不在，也感受到了数形结合的奇妙之处，更好地发展了学生的核心素养。

4.3 "迁移与应用"得以有效落实

"迁移与应用"需要学生有综合的能力、创新的意识。本节课的学习，渗透了数形结合思想、方程思想，培养了学生的直观想象核心素养。而类比迁移中两个问题的设置，更增加了本节课内容的深刻性与丰富性，整个学习过程，学生都能主动参与探究活动，学习的主动性、自觉性都得以加强，学生的理论知识与实践应用得到有效整合，学科能力和学科素养均得到有效提升，最终达到了引发学生深度学习的目的。

参考文献：

[1] 郭华．深度学习及其意义［J］．课程·教材·教法，2016，36（11）：25-32．

[2] 刘月霞．深度学习：走向核心素养［M］．北京：教育科学出版社，2018：72．

[3] 苏霍姆林斯基．把整个心灵献给孩子［M］．唐其慈，毕淑芝，赵玮，译．天津：天津人民出版社，1981：154．

教师简介：

程霞，女，河北省石家庄市人，中学高级教师，主要研究数学教育，曾在省级期刊上发表论文十余篇，曾荣获首都劳动奖章、师德榜样、教学质量标兵等荣誉称号。

如何在课堂教学中渗透数学核心素养

——基于《均值不等式及其应用》课例的思考

于树国

摘　要：核心素养是课堂教学的重要组成部分，文章以《均值不等式及其应用》为例，体现在各环节如何渗透数学核心素养，助力学生在学习过程中数学核心素养的提升。

关键词：核心素养　均值不等式　渗透　提升

2014 年 4 月，教育部印发《关于全面深化课程改革 落实立德树人根本任务的意见》，要求统筹各方面的力量，根据学生的成长规律和社会对人才的需求，把对学生德智体美全面发展总体要求和社会主义核心价值观的有关内容具体化、细化，组织研究制定各学段学生发展核心素养体系。

普通高中数学学科的核心素养包括数学抽象、逻辑推理、数学建模、数学运算、直观想象、数据分析六个方面。这些素养的培养，要通过学科教学和综合实践活动课程来具体实施。数学学科教学活动是数学学科素养培养的主要途径。作为一线教师，要在课堂教学实践中改善自己的教学行为，明确学生应具备的适应终身发展和社会发展需要的必备品格和关键能力，突出强调个人修养、社会关爱、家国情怀，更加注重自主发展、合作参与、创新实践。

本文尝试以《均值不等式及其应用》的教学设计为例，探讨在课堂教学中对数学学科素养的渗透和提升。

一、教学目标中核心素养的体现

1. 知识与技能：学会推导并掌握均值不等式，理解均值不等式的几何意义，掌握定理中的不等号"≥"取等号的条件；

2. 过程与方法：通过实例探究抽象均值不等式；

3. 情态与价值：体会数学来源于生活，提高学习数学的兴趣。

完成上述教学目标，会让学生在逻辑推理、数学运算、数形结合、归纳抽象、学习数学的兴趣等方面有所收获。

二、核心素养在设置情境中的体现

为了调动学生学习数学的兴趣，我在课题引入过程中使用了赵爽弦图，通过合理设问指引,由学生总结归纳出重要不等式,把复杂问题形象化,既培养了学生学习的乐趣,也提升了学生归纳总结的能力,同时还对数学家赵爽给予简单介绍,加强对学生爱国主义情怀的培养。赵爽:三国时期吴国(今浙江、广东、湖南等地)人,这样还简单地使数学和地理、历史等学科建立联系,体现了教学是为了培养人才的终极目标。

三、核心素养在教学过程中的体现

推导出重要不等式后,引导学生通过换元的方法,归纳出均值不等式,以及均值不等式的使用条件和严格的证明过程,体现了数学的严谨性。同时展示均值不等式的几何证明方法,在半圆中应用射影定理,利用直角三角形直角边与斜边的大小关系,推导出均值不等式及等号成立的条件,是代数问题几何化,使得问题更直观形象,同时还与初中知识建立联系,逐步渗透数学学习中横向到边,纵向到底的学习策略,培养学生整体学习的意识。接下来以矩形的周长和面积问题,得出均值不等式的重要用途——求最值,体现数学源于生活,同时应用于生活,渗透学以致用、学有所用的思想。之后通过典型例题的训练,使学生逐步发现应用均值不等式求最值问题的七字方针:"一正二定三相等"。

下面笔者将以《均值不等式及其应用》为案例,呈现课堂教学中数学核心素养的渗透,以期抛砖引玉。

探究 1. 定理的发现:让学生观察赵爽弦图,计算正方形 $ABCD$ 的面积,四个直角三角形的面积和,通过观察发现重要不等式:$a^2 + b^2 \geqslant 2ab$,体现直观想象的学科核心素养,并通过提问环节,探求等号成立的条件,让学生体会到数学的严谨和发现的快乐。接下来教师通过提问,运用换元的数学思想进一步对公式进行变形,并根据两个正数的算术平均数和几何平均数的定义探求出均值不等式,同时找到等号成立的条件。

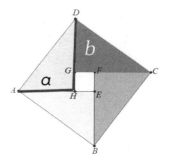

设计意图:讲述我国数学历史成就,展示图片,激发学生的学习兴趣,使学生认识到数学和现实生活的紧密联系,体会数学来源于生活,应用于生活,使学生更加容易理解均值不等式,并培养学生数形结合的思想。

探究 2. 定理的证明:上述定理的发现过程已经直观得到重要不等式和均值不等式(提示学生也叫均值定理),紧跟着抛出问题:直观得到的公式可不可以直接使用?不能用怎么办?学生自然意识到接下来需要证明,可以通过提问的方式,让学生完成证明过程。

设计意图:证明环节的设计,会训练学生应用前一节所学知识——《不等式的证明》解决问题,既巩固了知识,又培养了学生的逻辑推理能力,进而培养学生发现问题—证明问题的思维严谨性,最终达到培养学生归纳结果、猜想结论、证明定理的科学探索目标。

探究 3．定理的应用：从研究矩形周长和面积问题入手，探索发现均值定理的重要应用——函数求最值问题，进一步为下一章《函数》的学习做铺垫，设计典型例题，培养学生对定理进行正用、逆用、变形用的能力，并适时总结结论：积定和最小，和定积最大。最后在该环节结束时，师生共同归纳出用均值不等式求最值时要遵循"一正、二定、三相等"的原则。

设计意图：用数学知识解决实际问题，使学生认识到学习数学的重要性、方法的多样性，通过训练，巩固本节课所学知识，检测运用所学知识解决问题的能力，培养学生从不同的角度思考问题，将知识学以致用，让学生进一步理解均值定理，达到对知识进行巩固的目的。通过结论和步骤的总结，培养学生学习数学的兴趣，体验总结结论的快乐，使学生意识到学好数学很轻松，坚定学生学好数学的决心。

最后课堂小结：通过学生总结能让学生对所研究问题有个总体的认识。

以上是笔者呈现的《均值不等式及其应用》案例的一部分，旨在与同行们进行交流。总之，对于核心素养的一些内容，教学中要从实际情况和学生特点出发，精心设计教学过程，让学生经历思考、观察、类比、归纳等过程，进而发现数学结论，真正在教学活动中凸显数学内容的本质，把核心素养要求落实到教学中，提升学生的数学核心素养。

教师简介：

于树国，曾获青年教师优质课评比河北省一等奖，承德市专业技术拔尖人才，高中数学教学能手，学科带头人，兼职教研员。曾记市政府三等功。先后多次获得"优秀班主任""成绩突出奖""教学标兵"等荣誉称号。

浅谈如何有效融合现代信息技术与高中英语教学

苏丽丽

摘　要：随着社会的不断进步和发展，信息技术在人们的日常生活中被广泛应用，人们的社交、生活以及工作方式正在被改变。目前，就高中英语教育工作而言，将现代信息技术科学应用于课堂教学实践，从而为学生创造更好的学习环境，以促进教学水平的提升是当务之急。笔者从如何将现代信息技术与高中英语教学结合，创新教学思路，提出教学措施等角度，为广大英语教师教学工作提供些许建议。

关键词：现代信息技术　高中英语　教学　措施

信息技术应用于教学实践是教育发展的大趋势。从教师层面，教师需要转变并创新教学思维，灵活变通教学方式，将现代信息技术的优越性最大程度地发挥出来，将以往课本中晦涩难懂的知识点以简单生动的形式展现出来，让学生有兴致，学习才能有动力；从学生层面，信息技术的教学方式更符合学生的学习特性，能迅速抓住学生内心，促使学生主动学习，有效培养学生在思维方面的创新能力。

一、将现代信息技术与高中英语教学整合的意义

《普通高中英语课程标准（2017年版2020年修订）》中明确指出，应重视现代信息技术背景下教学模式和学习方式的变革，充分利用信息技术，促进信息技术与课程教学的深度融合，根据信息化环境下英语学习的特点，科学地组织和开展线上线下混合式教学，丰富课程资源，拓展学习渠道。在课程实施过程中，应重视营造信息化教学环境，及时了解和跟进科技的进步和学科的发展，充分发挥现代教育技术对教与学的支持与服务功能，选择恰当的数字技术和多媒体手段，确保虚拟现实、人工智能、大数据等新技术的应用有助于促进学生的有效学习和英语学科素养的形成与发展。

（一）拓展了教学资源

在以往的高中英语课堂教学中，教学方式给学生们带来的感受是枯燥无趣的，导致课堂氛围压抑、学生的学习积极性不高，学生甚至出现厌学的情况。但区别于这种传统教学方式，将现代信息技术应用于教学中，创新教学方式在网络资源的覆盖下，尽可能地让学生了解到知识点以外的延伸内容，无论是在学习氛围、学习方式上，还是在学习质量上，都让学生感受到与以往学习的不同，甚至能够解决以往传统教学资源匮乏的问题。比如，在整合信息技术的教学中，针对某节课的教学内容，教师可以利用多媒体计算机进行相关人物介绍的英语视频或其他教学素材的搜索，筛选出满足教学需求的、符

合教学任务的相关视频，教师将其制成课前文件并加以讲解，学生们对于该节文章的学习有了更加深入和全面的了解，拓展了课本之外的知识，开阔了眼界。

（二）提升了教学水平

高中英语教师在自身教学经验的基础上，整合运用信息技术与教学实践，是有利于提升综合教学水平的。英语教师凭借信息技术的支持将文字或抽象的教学内容以视频或者动图的形式展示给学生，可以让学生更加直观地了解到课本知识点，节省了以往在黑板讲解与单纯读写教学中耗费的宝贵时间，有利于提升教学效率和学生们对知识的掌握与吸收程度。从教学方式来看，这是质的提升。从长远的角度来看，教育教学的质量得到保障，也将会促进教学水平的提升。

二、将现代信息技术与高中英语教学整合的措施分析

（一）整合现代信息技术与高中英语听力教学

在高中英语学习中，听力是四项基本技能之一，也是学习英语的基础，英语听力练习对于高中英语学习至关重要。随着社会的不断发展进步，英语在各行各业中的应用越来越广泛，听力能力的重要性愈发凸显。因此，英语教师要重视培养学生练习听力的兴趣，提高学生的听力技能。教师可以设计丰富的符合学生发展水平的听力活动内容，同时指点方法、提供示范、训练思维。

在听力教学过程中，英语教师可以运用现代化多媒体信息技术，选取符合学生语言发展水平的，体现正确世界观、人生观和价值观的，具有健康积极思想导向的视频材料，将剪辑好的综合视频课件运用到教学中，更能调动学生学习积极性，开阔学生视野。从讲课形式上看，课件内容可以丰富多样，将视频、音频与图片结合，相较于传统英语听力学习，使用真实、地道、典型的当代英语素材可以更加有助于学生了解发音及运用场合上的规范性，同时理解电影、电视、英文歌曲中的声音、画面和图像是如何共同建构意义的。再者，英语教师更容易把控教学节奏，如果出现学生听得不准确、发音不清晰的情况，可以暂停或者反复练习，直到学生听懂并掌握所听英文内容的含义。当学生们能够真正听懂正宗英语发音的时候，自豪感会油然而生，这不仅能够提升学生的英语听力水平，更能提高他们对英语浓厚的学习兴趣。

（二）整合现代信息技术与高中英语口语教学

当今社会，英语口语不仅是部分地区学生高考的内容，也是学生未来求职的一项重要技能。掌握良好英语口语技能的学生更加具有竞争优势，在职场上会有更多的选择和机会。因此，培养学生良好的语音语调，提升学生的语言表达能力、沟通能力和跨文化交际能力对于学生的发展具有重要意义。然而，在传统的高中英语课堂教学中，中英文结合的教学方式让学生的口语水平较低，也没有锻炼口语的机会，这样的口语教学，并不利于学生口语能力的培养。教师应在改变传统教学方式的背景下，运用现代信息技术，

为学生在口语练习上创造更好的学习氛围、更多的语言运用和展示语言能力的机会，帮助学生大幅度提升口语能力。

教师可以通过在网络上选择灵活多样的音频内容，满足不同学习能力的学生的需要。教师在运用计算机制作口语练习课件时，可以节选一些日常生活对话或电影片段进行模仿配音，通过小组合作或者个人练习，让学生感受原汁原味的英语发音，并要求学生在多媒体播放出英语的同时大声跟读，不断模仿练习，通过对比练习，不断纠正错误发音，使自己的发音尽量贴近课件，进行有针对性的练习。同时，教师在朗读之后将每位学生的录音进行保存，方便以后回放和对比。通过发音测试软件予以评分，让学生之间形成一种良性竞争关系，鼓励学生发现自己发音的不足，通过反复模仿，纠正语音语调，培养英语语感，让学生的口语更加流利自然。这样，学生在模仿的过程中能够不断地体验语言、感受语言、探究语言，从而更好地掌握并使用语言。

口语练习软件可以强化师生之间、同学之间的口语交流，学生在反复练习的同时，能够充分认识到自己的进步，不断提高自己的表达自信心。同时，在师生交流的过程中，教师可以有针对性地对学生提出指导性意见。有条件的话，可以利用互联网软件，实现与国外友人的在线交流，更深入地帮助学生在口语方面得到提升，这些都可以有效促进学生口语能力的提高。

三、结语

现代信息技术被广泛应用于高中英语教学是趋势使然。将信息技术与高中英语教学结合，充分发挥现代教育技术对教与学的支持与服务功能，选择恰当的数字技术和多媒体手段，促进高中英语教学水平的提升，以学生为中心开展英语教学，可以充分调动学生英语学习的积极性，为学生创造更加贴近生活实际的学习氛围，有利于培养学生英语综合素养，也为学生未来的发展打下了扎实基础。

参考文献：

[1] 乔巧．新理念下信息技术在高中英语教学中的应用初探[J]．校园英语，2018（9）：161．

[2] 赵志成．高中英语教学中信息技术应用的利弊及对策[J]．中华少年，2018（4）：126．

教师简介：

苏丽丽，高级教师，她的 To Clone or not to Clone 被评为北师大优秀教学设计案例，参与编著《巧计活用新高考 3500 词》，在核心期刊发表《现代信息与高中英语整合》等多篇论文。

教—学—评一致性在初中英语读写课中的实践

卢佳明

摘　要：本文基于读写教学中存在的一些问题，提出了基于教—学—评一致性的读写结合教学，并以一节读写课为例，探究了有效开展读写教学的方法，即目标统领下的读写联动分析、目标统领下的阅读文本解构、目标统领下的读写结合过渡以及目标统领下的写作文本再构，以达成教—学—评的一致性。

关键词：教—学—评的一致性　读写结合　读写教学

一、问题的提出

读写结合是初中英语写作教学中一种常用的、有效的教学方式。阅读与写作结合起来有助于提高学生的思维能力和写作能力（罗之慧、陈丹，2017）。阅读是输入，写作是输出，输入与输出是语言习得中两个不可分割的重要环节。如果输入和输出可以实现联动，那么阅读就能有效促进写作。读写结合实现了语言知识输入与输出的结合，可以增加协同效应，也可以显著提高学生的写作能力（陈桂杰，2022）。在日常英语教学中，要想实现英语语言从输入到输出的教学目的，教师要加强读写结合的教学。如何有效开展读写结合教学来提高学生的英语读写能力，是英语教师应关注和深入探究的课题。

在目前初中英语读写教学中，读与写的目标分离、教与学分离、学与评分离等现象仍然突出，主要表现：将阅读教学、语言知识教学、写作教学割裂，没有找准读写结合点；教学活动缺少目标统领，没有给学生搭建读写结合的支架；写作任务缺少对学生读写课的学习反馈，因此学生难以把阅读中所习得的知识迁移到写作中（曹群珍、薛佳佳，2023）。针对以上问题，笔者在教学中尝试开展了基于教—学—评一致性的读写课的教学实践。

二、教—学—评一致性的定义

《义务教育英语课程标准（2022年版）》（以下简称《课标》）指出："教"主要体现为基于核心素养目标和内容载体而设计的教学目标和教学活动；"学"主要体现为基于教师指导的、学生作为主体参与的系列语言实践活动；"评"主要发挥监控教与学过程和效果的作用。"教—学—评"指一个完整教学活动的三个方面，"一体化"则指这三个方面的融合统一（王蕾、李亮，2019）。

教—学—评一致性是由目标导向的学—教一致性、教—评一致性和评—学一致性三个因素组成的，它们两两之间存在一致性关系，然后组合成一个整体，构成教—学—评一致性的所有涵义（崔允漷、雷浩，2015）。

教—学—评的活动共享一致性的目标：教师的"教"是帮助学生实现目标的指导活动，学生的"学"是实现目标的学习活动，教师对学生学习表现的"评"是监测目标达成情况的评价活动。简言之，所教即所学，所学即所评，所评即所教（崔允漷，2015）。

三、教—学—评一致性的读写结合教学实践

本文从教—学—评一致性的视角，聚焦读写结合，从读写关联目标设置、阅读文本解构、读写过渡建构、写作文本再构四个方面探究。教学案例为本人执教的人教版义务教育教科书英语七年级上册第七单元的读写结合课型。

教学内容是 Unit 7　Section B 2b 部分的语篇，内容是一则广告，属于应用文。教学内容涉及人与社会范畴，主题群为社会服务与人际沟通，子主题内容为公共服务。读写教学活动围绕的是广告，在主题引领下开展学习理解、应用实践和迁移创新等活动，使学生理解常见应用文语篇的主要写作目的、结构特征、基本语言特点和信息组织方式，并用以传递信息，学会使用得体的语言进行社会交往。

（一）设定体现教—学—评一致性的读写结合课的目标

要实现以读促写、读写共生，就需要通过文本解读确定读写的关联（李兴勇、罗少茜，2022）。建立写作和阅读之间的联系，首先应该是主题上的联系（张献臣，2021）。阅读与写作相辅相成。读写结合课应完成阅读和写作两项任务，以语言积累有效带动语言输出（陈桂杰，2022）。教材上本单元 Section B 2b 部分的阅读内容是服装店的促销广告，3b 部分的任务是"为你自己的服装店写一则广告"。2b 是阅读，3b 是写作，主题都是广告。阅读和写作主题上的关联实质上就是教—学—评一致性在主题上的体现。其次是结构和内容上的关联，2b 部分的广告结构清晰，要素齐全，有物品、地点、价格以及促销信息。这些可以为 3b 的广告写作提供结构和内容上的支架，体现了一致性。另外还有语言上的关联，2b 部分使用了一些关于促销广告的基本句型，体现了语言的简洁性和有效性，如："Come and buy your clothes at our great sale!We sell all our clothes at very good prices. Do you like sweaters?""Do you need trousers?""Socks are only $2 for three pairs!"这些既可以为 3b 的写作提供语言上的准备，又能保障教—学—评在语言方面的相关性和一致性。教师据此确立如下教学目标：

1. 阅读并获取促销广告的相关内容和语言信息，明晰基本结构；
2. 分析和概括促销广告的题材特征、内容要素和语言特点；
3. 写一则自己的服装店广告，对自己和他人的写作成果进行评价。

以上目标聚焦以读促写，关注阅读内容和写作内容的关联性，体现学与教一致、教与评一致以及学与评一致。

（二）设计目标统领的阅读文本解构活动

教学目标以一定的教学活动为依托才能实现，清晰的目标是"教—学—评一致性"的前提和灵魂（崔允漷、夏雪梅，2013）。以写作为目标的阅读不能仅限于阅读文本本身，更应关注读后输出和表达。阅读学习的过程应成为写作指导的过程和监测目标达成的过程（曹群珍、薛佳佳，2023）。

1. 理解文本主题和内容

针对本节课的促销广告学习，教师设计了写作目标统领的自主学习和合作学习，帮助学生理解文本主题、内容和结构等，为读后写作做准备。

[活动1]快速浏览阅读文本标题、服装图示和文本内容，确定是一则广告

学生通过自主阅读，理解广告的主题信息，关注文本语言特点，文本中前两句和最后一句比较明显，如："Come and buy your clothes at our great sale! We sell all our clothes at very good prices." "Come to Mr. Cool's Clothes Store now!"，以此确定为文本类型广告，是一则服装店的促销广告。

[活动2]仔细阅读广告，提取促销广告的内容要素

此活动旨在提取促销广告的内容信息。为了帮助学生理解广告，理清广告的语篇结构和基本内容，提取相关结构化的知识，教师引导学生阅读广告后尝试回答如下问题：

Q1:What can we buy at Mr. Cool's Clothes Store?

Q2: How much are the yellow sweaters there?

Q3: For boys, what color trousers do they sell? How much are they?

Q4: If you want to buy six pairs of socks, how much do you have to pay?

以上问题指向广告类应用文的写作目的、主要内容等，从文体着手培养学生的英语写作能力，帮助学生提取阅读语篇的结构化知识，也为后续应用文的阅读和写作提供了帮助，使教与学的目标更为明确。

[活动3]参照促销广告，预构促销广告内容和结构

学生在教师的指导下完成促销广告的阅读理解活动，理解促销广告的文本功能，明晰所卖物品、物品价格及特征、所在地点及呼吁顾客前来购买等内容要素的重要性。同时，学生尝试预构促销广告内容，通过阅读验证，为写作重构做好内容上的准备。

2. 分析文本结构特征和语言特点，建构读写结合图式

在读写结合课中，教师要指导学生学习并概括所学文本的体裁、结构和语言特征，形成相关的结构化知识，为后续的写作和评价作铺垫。

[活动1]分组讨论，概括促销广告的结构特征

在学生理解促销广告及其文本功能的基础上，教师还应指导学生把握文本内部的逻辑关系，分析所卖物品、物品价格及特征、所在地点及呼吁顾客前来购买等信息在文中呈现的先后顺序，确定其主次关系，对促销广告有整体的了解。承接上一环节的四个问

题，教师又提出问题：Which is the proper order for a promotional advertisement?

①所卖物品

②物品价格及特征

③所在地点

④呼吁顾客前来购买

A. ①②③④　　B. ③④①②　　C. ④③②①

教师引导学生关注促销广告内容要素的逻辑顺序，即所卖物品和物品价格及特征是最关键的信息，应该最先说明，其次是所在地点和呼吁顾客前来购买，由此形成写作内容的结构化知识。

[活动 2]归纳促销广告的语言表达

本节课中，教师引导学生分组讨论促销广告文本的内容要素和逻辑顺序，然后让学生通过小组合作等方式分析促销广告的语言特点，丰富语言表达，关注语言的简洁性和得体性，形成写作语言的结构化知识，向写作迁移。

表 1　促销广告的以读促写图式

A promotional advertisement	
What can we buy at Mr. Cool's Clothes Store?	We can buy our clothes **at our great sale**.
How much are the yellow sweaters there?	We have yellow sweaters for **only**...
For boys, what color trousers do they sell? How much are they?	**For boys**, we have black trousers for **only**...
If you want to buy six pairs of socks, how much do you have to pay?	Socks are **only**...**for** three pairs.

学生基于已有生活经验和语言认知，模仿促销广告中的内容要素，尝试建构促销广告的内容和图式，然后提炼出广告中用于宣传、促销的表达方式。除了文本中前两句和最后一句比较明显，广告中还大量使用 only 来突出服装价格的低廉。教师还要引导学生关注文章中介词的使用，如：at our great sale, at very good prices, for only \$15, for boys, for girls, in purple, for three pairs。该步骤是语篇阅读的提升，目的是为后面的广告写作建好语言支架，让学生明白怎么写。要让学生为写而读，以读促写，我们必须搭建连接读与写的桥梁，找到读写结合的关联点（韩炳华，2015）。

（三）分析句子的语言功能，建构目标统领的读写过渡

不少教师只关注让学生获取或理解段落信息，却很少关注段落或句子的交际功能，很少从语言交际视角去分析每一个句子在表达语篇主题上所起的作用，从而影响写作效果（曹群珍、薛佳佳，2023）。在本节课读后环节，教师呈现的有关促销的句子，则是促销广告中必不可少的语言，因为它能够使广告更有吸引力。

表2 促销语言的句子

How to make your advertisement attractive？
① ON SALE!
② Spend more than ￥100，and you will be our VIP!
③ 30% OFF in a fixed time!
④ It comes with a free gift!
⑤ 24-hour service!
⑥ Special for students!

学生分析与判断每句话的语言功能，内化促销广告的图式，为写作做好内容、语言和结构上的准备，也为写后的自我检验和同伴互评提供了依据。

（四）创设读写联动的写作任务，达成教—学—评一致性

在读写教学中，教师通过设计写作任务，指导学生应用本课所学知识。在设计写作任务时，教师应注意任务设计的相关性。该写作任务应当与本节课所学内容密切相关，让学生有机会运用所学知识，同时也应当具有一定开放性，为学生的个性化创作留有空间（郑颖，2019）。更重要的是教师要关注学生写作能力的差异性，提升学生的参与度和完成任务的自信心。

1. 设计目标统领的写作任务

写作是让学生在深度阅读理解材料的基础上进行创新思维，建立输入型语用与输出型语用的完整的有机联系，增强学生的语言表达能力和创造力，达到提升学生学习能力的目的（薛蓉，2019）。本节课中，教师为学生设计了一则自己服装店促销广告的写作任务。写作能力薄弱的学生可以根据自己的实际情况，参考表1和表2完成写作；写作能力较强的学生则可以灵活运用所学的语言、内容和结构等方面的知识，独立完成写作。

2. 从以读促写角度开展评价

评价有激励作用和促学作用[《义务教育英语课程标准（2011年版）》。有效的写作评价不仅能使学生自我监控、反思和调整，保持写作的热情，而且对教师的教学也有积极的反拨效应（段湘萍，2020）。如果按照传统的写作要求去评价学生的习作，如简单给出分数、纠正语言错误等，教师就无法帮助学生真正了解本节课的学习目标达成情况，无法实现以评促教、以评促学的目标。

在本案例中，教师设计了与本节课教学目标和学生学习活动一致的写作评价表，从内容、结构、语言和逻辑四个维度进行了评价，并提供了教—学一致的评价表。在本环节中，教师要求学生参考评价表进行自我创作，写作后进行自我评价和同伴互评，最后全班展评。在全班展评时，教师选取典型作品与全班学生展开分享和交流，对学生写作中积极的、正面的观点给予肯定，对普遍存在的问题给出相应的改进建议。

表3 写作评价表

项目	评价细则	自我评价	同伴评价
内容	介绍物品的价格及特点	☆☆☆	☆☆☆
	表明态度：号召众人到你店里购物	☆☆☆	☆☆☆
结构	开头简要介绍自己店里卖的物品	☆☆☆	☆☆☆
	正文描述物品的价格及特点		
	结尾发表自己的观点，号召众人来店里购物		
语言	语法准确（时态、句法、单复数等）	☆☆☆	☆☆☆
	单词拼写和词组搭配正确，用词恰当		
	标点符号使用得当		
逻辑	句与句之间紧密、内容表述清晰；复合句句内逻辑顺畅	☆☆☆	☆☆☆
	语句之间上下文衔接通顺，连接词的使用恰当		

由表3可知，内容、结构、语言和逻辑四个评价维度是本课读写目标的具体内容，为实现教—学—评一致性提供了可参考、可实践、可评价的基本模式。在自我评价、同伴互评时，学生不仅要对自己的习作进行自我评价和修正，还要对同伴的习作作出价值判断，依据评价表进行反馈，同时要挖掘写作素材，再次审视自己的习作，在反思中提升，达成以评促学的效果。

四、结语

提高学生的写作能力不是一蹴而就的，需要长期坚持。本案例是基于教—学—评一致性的读写结合教学，有助于实现从读到写，从输入到输出的迁移。在初中英语读写教学中，教师要在语篇研读中明确读写结合点，设计合理的读写联动活动及评价表，为后续的写作做好内容、结构和语言上的准备，让学生能够从阅读中学习写作，逐步提高写作能力。

参考文献：

[1] 崔允漷．指向学习改进的教学和评价[J]．教育测量与评价：理论版，2015．（1）：1.

[2] 崔允漷，夏雪梅．"教—学—评一致性"：意义与含义[J]．中小学管理，2013（1）：4-6.

[3] 崔允漷，雷浩．教—学—评一致性三因素理论模型的建构[J]．华东师范大学学报：教育科学版，2015，33（4）：15-22.

[4] 曹群珍，薛佳佳．教—学—评一致性在初中英语以读促写课中的实践[J]．中小学外语教学：中学篇，2023，46（5）：24-28.

[5] 陈桂杰. 支架理论下初中英语读写结合教学实践[J]. 中小学外语教学：中学篇，2022，45（6）：42-47.

[6] 段湘萍. 高中英语微型写作课的教学实践[J]. 中小学外语教学：中学篇，2020，43（5）：27-32.

[7] 韩炳华. 强化互动过程　实现读写结合[J]. 江苏教育，2015（14）：8-12，16.

[8] 中华人民共和国教育部. 义务教育英语课程标准（2011年版）[M]. 北京：北京师范大学出版社，2012.

[9] 中华人民共和国教育部. 义务教育英语课程标准（2022年版）[M]. 北京：北京师范大学出版社，2022.

[10] 李兴勇，罗少茜. 基于深度学习的中学英语读写结合教学实践[J]. 中小学外语教学：中学篇，2022，45（7）：50-55.

[11] 罗之慧，陈丹. 初中英语读写结合有效性的思考与实践[J]. 中小学外语教学：中学篇，2017，40（4）：5-9.

[12] 薛蓉. "读写联系体"理念下的高中英语阅读教学实践[J]. 中小学外语教学：中学篇，2019，42（2）：19-23.

[13] 王蔷，李亮. 推动核心素养背景下英语课堂教—学—评一体化：意义、理论与方法[J]. 课程. 教材. 教法，2019，39（5）：114-120.

[14] 张献臣. 基于教材读写板块开展高中英语读写结合教学的策略[J]. 中小学外语教学：中学篇，2021，44（11）：35-40.

[15] 郑颖. 在高中英语读写课上运用思维型课堂理论的实践探索[J]. 中小学外语教学：中学篇，2019，42（5）：20-25.

教师简介：

卢佳明，硕士，区级学科骨干，区级教学质量标兵，高级教师。2020年，参与编制怀柔区九年级英语《精确制导》；同年，获区级数据分析报告说课展示一等奖；多次承担市、区级研究课，如2021年9月，承担了人教版七年级Unit 6　Section B的市级阅读研究课；在国家级核心期刊发表多篇论文。

读后续写在高中英语教学中的应用探究

韩笑舒

摘　要： 王初明教授最先提出的读后续写也是读写练习的方式之一。读后续写操作简便，对于提高学生的阅读水平和写作能力都可以发挥重要的作用。本文对读后续写的理论基础及优缺点作出了归纳总结，对学生和教师需努力提升的方向提出了建议和参考。

关键词： 读后续写　支架式教学　高中英语教学

英语学习有听、说、读、写四种基本技能。写作不仅反映了学习者在第二语言学习中的综合语言能力，还会促进学习者对第二语言的习得。然而，目前高中生英语写作的现状并不乐观。中国学生的语言学习重输入轻输出，学生和教师花在写作上的时间少，通常来说，学生背诵写作模板较多，独立运用语言知识较少。王初明教授提出了阅读与写作相结合的读后续写任务，其操作简便，只需要教师选择一段合适的阅读材料，截去结尾，转而由学生发挥想象力，创造性地续写文章剩余内容。"支架式教学"的概念是美国教育学家布鲁纳于 1976 年提出的，该理论的基础为苏联心理学家维果茨基提出的"最近发展区"理论。"最近发展区"是学生独立解决问题的实际水平与在教师帮助下或在与有能力的同伴合作中解决问题的潜在发展水平之间的差距（Vygotsky，1978）。此后，布鲁纳等人把"支架式教学"界定为：学生借助他人帮助解决问题、完成任务的过程（Bruner，1978）。20 世纪 90 年代末，张建伟和陈琦（1996）将"支架式教学"引入中国教育界，他们对"支架式教学"的概念进行了介绍，也详细讲解了预热、探索和独立探索三个环节。何克抗（1997）则对支架式教学的环节进行了补充，他将其划分为搭脚手架、进入情境、独立探索、协作学习和效果评价五个部分。随着读后续写任务越来越热门，对其的研究也越来越多且愈加细致。田美红（2021）认为，教师应在创设情境、输入信息、输出信息和效果评价等不同阶段，搭建导学支架、语言支架、思维支架、内容支架和评价支架等多元支架，以此为续写奠定足够的基础，降低写作难度，帮助学生实现知识构建，从而自然地提升学生的写作能力。

读后续写作为英语教学的重要方式，能够帮助学生在真实语言情境中理解、输入、运用语言知识。这种将输入与输出紧密结合的教学方式对学生语言习得的发展具有一定的积极作用。具体来说，读后续写与传统的教学方法相比，大致有以下优点：

一、读后续写可以激发学生的学习兴趣

读后续写需要学生对阅读材料的故事情节和文章结构有一定的了解，才能在此基础上进行创作。这就要求学生认真阅读文章，理清逻辑关系和发展顺序，进而续写出与阅读材料连贯的内容。不仅如此，很多学生在面对创造性的任务挑战时，会激发其自身的斗志，想要让作品脱颖而出，这就激发了学生的学习兴趣。读后续写将输入性阅读文本与产出性的作文作品结合起来，以输出作为导向来激发学生认真阅读，创造性写作，这不仅可以帮助他们提高阅读理解的能力，还能够促进他们巩固自身的语言知识，养成良好的学习习惯，培养对英语学习的兴趣，提升学习能力。

二、读后续写可以促进学生语言流利性和准确性的提高

读后续写要求学生熟悉阅读材料的内容、写作风格、写作特点，然后加以模仿并使用相近的表达方式写作。读后续写一个重要的特征就是阅读材料与续写部分的语言协调性。读后续写是由阅读与写作共同构成的，学生在写作之前要进行细致的阅读，掌握故事情节、文章结构与写作风格，进而续写后面的内容。在读后续写练习中，学生要深入了解文本内容，并置身于语境中自然地表达，这有助于提高语言的流畅性。王初明（2015）曾做过的一项实证研究发现学生续写部分与前文在单词、语法、时态、句型上面都存在一定的协同效应，这意味着学生在读后续写练习时会参考和模仿阅读材料中出现的正确的语言结构、句式、语法、词汇等。创造性的模仿不但可以续写出新的内容，而且在参考和模仿的过程中也会大大减少作文中出现的语法错误，进而提高了学生语言运用的准确性。

三、读后续写可以促进学生想象力与创新思维的发展

读后续写练习需要学生在理解原文材料的基础上，根据原文的情节充分发挥自己的想象力，续写的内容要与原文在结构上保持一致，并且要按照原文的逻辑顺序，符合逻辑思维，灵活运用自身的语言知识进行创作。在传统的写作模式中，学生只会死记硬背，套用固定的词句和写作模式，学习的知识没有被充分地使用。通过读后续写这种练习，学生不必死记硬背，而是运用和巩固所学，最终内化习得知识。因此读后续写练习能够促进学生学习英语的思维活跃性，以一种更加生动灵活的方式学习英语，对促进学生英语学习的综合能力发展有着十分重要的意义。

教师是学生学习知识的引导者，教师在读后续写课堂中应该引导学生，启发学生，促使学生发挥创造性，具体体现在以下几个方面：

首先，在选择阅读材料时，正如郭奕奕和王芯怡在阅读材料对续写效果影响研究中发现的一样，阅读材料的篇幅不宜过长；阅读材料的语言难度，尤其是词汇复杂度应符合学生的平均词汇水平，不给学生造成理解障碍，不影响他们的语言产出，教师应综合

考虑每个学生的学习能力与学习需求，阅读内容既不能过于简单，也不能过于复杂；阅读材料的语言凸显处理不仅能帮助学生更快地把握文章主旨和结构，也能使学生更有意识地模仿语言表达，习得语言，更大程度地发挥促学作用；记叙类阅读材料的趣味性较强一些，可以激发学生的写作兴趣，但记叙类阅读材料应保证具有故事情节的几大要素，包括人物、时间、地点、事件等，这样学生可以确定续写的基础内容，进而使用连贯的语言完成续写；议论类阅读材料则需提供清晰的论点和议论素材，而且要确保逻辑结构清楚。总的来说，阅读材料应符合学生的学习兴趣，难度应适中，并且需要有一定的扩展性，让学生在阅读文章后能够有足够的思考空间和自由发挥的机会。

在发放阅读材料后，教师应该简单介绍文章的背景知识，引导并帮助学生仔细阅读文章，梳理文章的整体结构，把握文章的中心思想和主要内容，重点关注文章中的观点和描写方式。学生要理清文章脉络和故事发展的线索，例如在阅读记叙文时，要关注记叙文的六要素，梳理清楚文章中提到的基本点，如 when，where，who，what，why，how等，掌握时间、地点、人物和故事情节的发展，进而展开续写，保证续写内容符合事件发展的逻辑；在阅读议论文时要梳理清楚文章的论点和论据，在此基础上续写。

学生在规定时间内完成续写任务后，教师可以组织学生以分组的方式，让各小组学生自发讨论，互相按照高考作文评分标准来评价小组中其他同学文章的优缺点，并标注在文章上面。教师应参与到各小组的讨论中，帮助他们答疑解惑，引导他们自行评分并选出小组内的优秀作品。优秀作品的作者本人按照建议修改后交给老师，由老师再次修改，最后，把这几篇修改后的文章与修改前的文章一起贴在教室墙壁上供同学们参考。

总的来说，本文对读后续写的理论基础和优缺点作出了归纳总结，对学生和教师需努力提升的方向提出了建议和参考。但读后续写这一读写结合的教学方式仍有许多内容需要探究，希望有更多的专家和教师关注读后续写，并提出更多更好的理论与教学建议。

参考文献：

[1] Bruner, J. S. 1978. The role of dialogue in language acquisition [A]. In A.

[2] Sinclair, R. Jarvelle & W. J. M. Levelt（Eds）. The Child's Conception of Language [C]. New York: Springer-Verlag, 254.

[3] Vygotsky, L. S. 1978. Mind in Society: The Development of Higher Psychological Process [M]. Cambridge, MA: Harvard University Press.

[4] 郭爽爽，王芯怡. 阅读材料对读后续写的影响[J]. 东华大学学报：社会科学版，2019，19（4）：425-435.

[5] 何克抗. 1997. 建构主义：革新传统教学的理论基础（上）[J]. 电化教育研究，1997（3）：3-9.

［6］田美红．例谈高中英语读后续写教学中多元支架的搭建[J]．英语教师，2021，21（8）：38–41，45．

［7］王初明．读后续写何以有效促学[J]．外语教学与研究，2015，47（5）：753-762，801．

［8］张建伟，陈琦．从认知主义到建构主义[J]．北京师范大学学报：社会科学版，1996（4）：75–82，108．

教师简介：

韩笑舒，中学二级教师。本科毕业于陕西师范大学英语（创新实验班），硕士毕业于陕西师范大学学科教学（英语）专业，具有牢固的英语教学知识理论基础，目前拥有三年初中英语教学经验。

基于英语学习活动观的高中英语听说整合教学实践

王 敏

摘 要： 为了体现英语学习活动观理念并融入有效的听说整合活动设计策略，我们可以采取一些方法，例如，可以通过设计调查问卷或者播放视频来创造情境，进行学习理解类活动，以促进学生的听力理解和语篇输入。我们还可以通过听后复述对话，角色扮演等应用实践类活动，帮助学生进行初步的听力语篇输出。此外，开展推断人物事件或创造创新等迁移创新类活动，可以促进学生进行更多的听力语篇高阶输出。

关键词： 英语学习活动观 高中英语 听说整合

一、基于英语学习活动观的听说整合教学的作用

听是学生获取信息和语言输入的主要方式之一，是理解性技能；说是学生进行语言表达和交际的主要方式之一，是表达性技能。两者在语言学习和交际中相辅相成、相互促进。教师可以将听和说进行整合教学，这是有效开展听说教学的重要方法之一（李威峰，2022）。在进行听说整合教学时，教师需实现两大目标：一是在听的阶段，帮助学生实现有意义的理解，以此激发学生的学习动机，并丰富他们的知识结构；二是在听后阶段，首先要帮助学生明确情境和定位角色，然后再开展说的活动，以促进学生认知和思维的发展（蒋京丽，2020）。

《义务教育英语课程标准（2022 年版）》提出，教学设计与实施要以主题为引领，以语篇为依托，通过学习理解、应用实践和迁移创新等活动，引导学生整合性地学习语言知识和文化知识，进而运用所学知识、技能和策略，围绕主题表达个人观点和态度，解决真实问题，达到在教学中培养学生核心素养的目的。这就要求教师在英语听说整合教学中设计具有综合性、关联性、实践性的教学活动。关联性需要重点关注以下三个方面：关联学生的生活、关联学生已有的知识以及活动之间的关联。关联学生的生活是英语学习活动设计的基本要求（张献臣，2021）。学习理解、应用实践、迁移创新类活动共同作用促进听力语篇的信息输入、初阶输出和高阶输出，实现听说相融、互促互进的教学目标，提升学生的听说水平，培养其核心素养（徐浩、屈凌云，2018）。

二、教材文本分析、学情分析

本文以北师大新版高中英语必修二 Unit 4 Lesson 2 Apps 听说教学为例，阐释基于英语学习活动观的高中英语听说整合活动设计策略。本节听说课的文本以访谈的形式呈现，对话围绕单元话题"信息技术"，内容是软件应用开发者 Li Xing 回答采访中有关应用

程序的一系列提问，包括应用软件流行的原因、教育类应用软件的功能和研发软件的困难。编者希望学生通过听这段对话，了解应用软件的功能和用途，感受科技给人们生活带来的便利，认识到科技对于改变人们生活的意义和价值。此文本以访谈的形式呈现，因此采访者和被采访者是以问答的方式进行对话的。在之后的活动设计中，教师要引导学生根据听力语篇的特点，采用相应的听力策略。对于采访类的文本，教师可引导学生先关注采访者提出的问题，迅速获取文本的主要信息，再让学生关注每个问题下的细节信息。

学生在日常生活中经常使用应用软件，应用软件已经成为学生生活中不可或缺的一部分，因此他们对应用软件这一话题比较熟悉，并具备一定的应用软件使用知识。不过学生对于应用软件类的英语文本接触很少，但随着中外交往的深化，学生应具备一定的能力去用英语谈论和介绍常见话题。

二、基于英语学习活动观的高中英语听说整合教学实践

（一）学习理解类活动：促进听力语篇的信息输入

Lead in:

Ss get the information from the questionnaire and talk about the apps that they often use.

What apps do you often use?

What can you do by using these apps?

分析：学生通过填写问卷，增加了关于常用应用软件的背景知识，并激活了描述应用软件功能的相关语言表达，如："It helps us…""It enables us to do…"等。在运用本课目标语言转述应用程序相关信息中进一步感知和体验了主题语言，建立了新旧语言知识的关联，降低了听中活动的难度，达到了以说助听的目标。

Prediction:

Ss predict what this interview might be about.

在英语教学中，预测能力的培养有助于学生实现从"被动接受"到"主动探索"的意识转变，有利于调动理解语篇的积极性，同时有助于听力策略的培养。

Listening, noting down and sharing:

1）Ss note down the interview questions to get the general information of the interview.

Why are apps so popular?

What are the difficulties in developing an app?

What are the latest technologies used in apps?

2）Ss listen again, note down the details of the following three aspects:

General functions.

Uses of educational apps.

Difficulties in developing an app.

分析：通过上述两项听力活动，学生实现了输入听力文本相关信息的目标，既学习

了描述应用软件功能的相关表达，又感知、体悟了目标语言在听力语篇中所表达的涵义，同时也获得了更多关于应用软件的知识，为听后的口语输出活动搭建了脚手架，达到了听说互促互进的目标。

（二）促进听力语篇初阶输出的应用实践类活动

Retelling:

Ss cooperate with their partners and make an interview.

Ss can begin their interview as follows:

Interviewee: Welcome to Teen Tech Talk. Nowadays, we use various apps on our mobile devices. Today, our guest is…(partner's name) an app developer from New-tech company. Nice to have you here.

Interviewer: Hello, thanks for having me…

…

App description:

Ss talk about their favorite apps and explain how the apps meet their needs and help them solve the problems with the expressions they have collected.

Which app do you often use?

How does it help you and meet your needs?

分析：学生在采访的情境中代入说话者的身份，向他人讲述应用软件的相关信息，这样的情境使学生在听后复述活动中有话可说，有话能说，不但促使学生关注说话对象并阐释话题主要内容，而且避免了机械背诵，达到自然真实交流的语言输出目标。复述环节结束后，学生联系自身使用应用软件的经历与小组成员交流，阐述应用软件对自己学习和生活的影响，多角度辩证地看待应用软件的使用。这一环节也为英语学习活动观第三个层次——迁移创新活动进行了铺垫。

（三）促进听力语篇高阶输出的迁移创新类活动

Ss design an app by themselves and complete the App Design Project Note.

If you are a group of app developers, you are attending a competition. Please share your ideas of developing a new app or improving one of the current apps.

App Design Project	
Name	
The needs of users or real-world problems	
Functions	
Potential problems	
Icon	

分析：迁移创新类活动为高阶输出阶段。其活动目标指向学生运用所学知识、策略和技能，创造性地解决新情境中的问题，理性表达观点、情感和态度，促进能力向素养

的转化（张莉，2019）。在听后环节，激发学生在新语境中迁移运用从听力语篇中获得的结构化新知和听说策略来解决新问题的动机和欲望，使学生通过小组合作设计一款新软件或为提升现有软件提供一些建议，激发学生创造力，提升其解决现实问题的能力。

三、结束语

基于英语学习活动观的听说整合教学对于高中英语教学具有重要作用。首先，在促进学生信息输入的学习理解类活动中，教师可以创造与主题相关的问题情境，引导学生将新旧知识联系起来，提供目标语言和文化知识，培养学生综合运用听、说、读、写等多项技能来获取和整理信息，并对信息进行概括和整合，以达到初步理解听力语篇的目标。其次，在促进学生初阶输出的应用实践类活动中，教师要引导学生巩固和内化听力语篇知识，并培养他们的语言准确性和得体性意识。同时，教师还应提炼交际策略，例如教学生如何确认信息、提出问题和反馈等，从而更好地提高学生的听说技能。在迁移创新类活动中，教师可以创设一些能够让学生有话想说、有感而发的教学情境，例如让学生结合自己的生活实际创编并表演新的对话或者进行创新创造等活动。通过听说整合教学，教师可以提高学生的听说水平，帮助他们在实际情境中更好地运用所学英语知识。听说整合教学还有助于激发学生的学习热情和兴趣，提高他们的学习动力，以达到培养学生核心素养的教学目标。

参考文献：

[1] 蒋京丽. 初中英语听后产出教学活动设计探析[J]. 英语学习，2020（12）：4-8.

[2] 中华人民共和国教育部. 义务教育英语课程标准（2022 年版）[M]. 北京：北京师范大学出版社，2022.

[3] 李威峰. 初中英语听说整合教学主题情境创设原则[J]. 教学月刊·中学版：外语教学，2022（z1）：3-6.

[4] 徐浩，屈凌云. 聚焦英语学科核心素养——《普通高中英语课程标准（2017 年版）》的解读与实施[M]. 北京：外语教学与研究出版社，2018.

[5] 张莉. 基于英语学习活动观的初中英语听说教学活动设计[J]. 中小学外语教学：中学篇，2019，42（11）：54-60.

[6] 张献臣. 基于英语学习活动观的高中英语听说教学设计[J]. 中小学外语教学：中学篇，2021，44（2）：1-7.

教师简介：

王敏，毕业于北京航空航天大学外国语学院，现为北京市第一〇一中学怀柔分校高一英语教师、高一年级七班班主任。2023 年春季学期所带毕业班学生中考听说成绩优秀，2023 年秋季学期参加北师大英语学科教学改进项目并顺利结项。

信息技术与高中物理教学的融合途径分析

贾延琳

摘　要：我国曾经错过两次科技革命，而这两次科技革命都让世界发生了巨大的变化。这两次科技革命都以人才和技术的诞生为主导，由此可见教育行业和科研机构的重要性。改革开放以来，我国深刻认识到人才和技术的重要性。因此，我国对教育事业十分重视。传统的教育教学模式已经不适用于当前的教育趋势了，由于这个原因，在当前的教育教学模式下加强信息技术与学科教学的融合至关重要。信息技术是当今时代的产物，通过信息技术进行教学活动可以有效达成教育教学的目的。因此，本篇文章重点在于信息技术与高中物理教学的融合途径。

关键词：信息技术　高中物理　融合途径

互联网的普及为教育教学活动提供了一种全新的教学模式，为教育事业的发展提供了极大的帮助，实现了教育教学活动由线下转为线上的重大改变。传统的教育教学模式以线下教学为主，往往是将知识点对学生进行直接灌输，几乎漠视了学生的主体地位。并且，传统的教育教学模式并不完善，存在很多弊端，故其进行自我完善的效率十分低下。因此，需要全新的教育教学模式对其进行强力冲击，使其在强大的压力下高效革新，最终和全新的教育教学模式一起为教育事业服务。"互联网+教育"正在如火如荼地开展，全力和课堂教学进行融合，尤其体现在高中的物理学科。下面，我们便详细讨论信息技术与高中物理教学的融合途径。

1. 信息技术与高中物理教学融合的意义

传统的教育教学模式延续多年，其教学方式无非是老师站在讲台上讲，学生坐在下面听。老师可能认为自己讲的知识点很充分，并且阐述得有理有据、简单且易于理解，认为学生一定可以掌握。其实，老师在讲解过程中并无法得知学生的掌握情况。不仅如此，由于传统的教育教学模式以知识点的灌输为主，对理论性的文字口述表达较多，很是枯燥乏味，容易让学生产生厌恶心理。由此可见，传统的教育教学模式已经无法适应当今时代教学活动的发展趋势，需要一种全新的教育教学模式取代它。

每一位学生都有自己的生活经验、个性以及想法，广大教育工作者应该因材施教，关注每一位学生的优点。传统的教育教学模式中老师面对全体学生，这要求老师绝不可以点盖面，对学生的优点视若无睹。如果这样做，很容易造成学生片面的发展，更不用说想培养出德智体美全面发展的人了。互联网技术恰恰可以有效解决这个问题。互联网线上教学主张学生独立思考，独立解决问题，尊重学生的主体地位。这样，可以有效提高老师的教育教学质量，以及培养学生独立发现问题和解决问题的能力。因此，信息技术与高中物理教学进行融合至关重要。

2. 信息技术与高中物理教学融合途径

2.1 以先进的教育理念为指导

当今社会，人们对于教育事业的关注度很高，仅仅采用传统的教育教学模式无法达到新课标下的教学目标。由此可见，当今时代老师对学生进行教育教学时需要使用多样化的教学模式，为学生提供全面的服务，利用互联网技术对学生的学习和发展进行指导，老师应对互联网技术有一定的了解。老师通过互联网技术对学生进行教育教学时，应充分尊重学生的主体地位。尤其是物理学科，它具有一定的理论性和逻辑性，学生通过自主学习，可以培养独立发现问题和解决问题的能力，对逻辑思维也有一定的积极影响。

2.2 借助信息技术变革传统授课模式

传统的授课模式往往是老师在台上讲，学生在下面听，侧重于对学生进行知识点的单向灌输。不仅如此，传统的授课模式中一般不采用新奇的教学方法，只是将理论的知识点讲解出来。学生是否对此感兴趣，学生是否有学习的动力，老师基本上不关注，而只关注自己知识讲得是否充分，自己讲课的时间把握是否精确。并且，传统的授课模式严重缺乏师生互动，导致老师对于学生的了解更加困难，更难把握学生学习的兴趣以及学生的优缺点，从而导致学生的成长和发展受限。因此，新的教育教学模式要借助信息技术变革传统授课模式。通过信息技术进行线上教学，充分尊重了学生的主体地位，老师只是学生学习的引领者和发展的促进者。学生在老师的引导下，独立思考问题和独立解决问题，可以达到学习质量的目标。

3. 优化课堂教学环境和过程

当今时代，互联网的发展和普及已经达到了很高的程度。互联网是当今时代的产物，它对教育事业的发展有很大的影响，为教育事业的发展提供了新的方向。每一位同学都有自己的个性和特点，老师在进行备课时应充分考虑这些，尽量做到因材施教。这需要老师对互联网具有一定的了解，熟悉互联网授课的具体流程。高中物理的难度并不小，其中很多的知识点专业性太强，导致很多学生在学习的时候感到很困难。长此以往，学生很有可能丧失学习高中物理的兴趣，而互联网教学可以在一定程度上激发学生的求知欲，让学生自信地学习下去。因此，通过互联网教学至关重要。

3.1 课前预习的准备

通过微课对高中物理进行预习可以得到很好的效果。高中物理以难度大、理论性强著称。因此，课前进行充分的预习至关重要。微课教学以视频为载体，将抽象的理论知识点以视频的形式展现在学生的面前。由此，抽象的理论知识点便会变得生动形象，易于学生的理解和记忆。

3.2 课堂教学

高中物理的学习具有一定的难度，但是它的大部分知识点都来源于现实生活，可以在现实生活中找到实例。因此，老师在讲解难度较大的知识点时，可以列举现实生活中的案例。这样，原本复杂的理论性的文字便变得通俗易懂。不仅如此，老师在讲课过程中，可以采用多媒体播放 PPT，与口述知识点对比，PPT 教学还是有一定优势的。

3.3 课后的知识复习

高中物理知识点复杂，学习难度大。学生在课堂中并不能对老师所讲解的知识进行充分的理解和记忆。因此，课后的复习至关重要。在被传统教育教学模式所支配的时代，对知识点进行复习时仅仅是将知识点重复阅读，以求读书百遍，其义自见。这种复习方法对于记忆知识点的内容很有帮助，但是对于知识点的透彻理解用处不大。而在现今时代，如果学生对老师讲解的知识点不理解，可以马上在网络中找到关于这个知识点的讲解以及其他相关内容来帮助理解消化。

总而言之，互联网技术的发展和普及为教育事业做出了巨大的贡献。

4．结束语

信息技术现今虽然已经应用于教育行业，但是它还未和课程教学充分融合，并且老师对互联网技术的掌握都是比较浅显的。为了让中国的教育事业更上一层楼，加快信息技术与学科之间的融合刻不容缓。

参考文献：

[1] 蒿仲余．信息技术在高中物理教学中的运用[J]．西部素质教育，2019（16）．
[2] 杨淼．多媒体技术在高中物理教学中的应用[J]．科技视界，2015（9）．

教师简介：

贾延琳，区青联委员、团委书记，课例连续入选 2021、2022 年度教育部"基础教育精品课"，先后荣获全国中学物理实验展示交流、北京市物理实验教学一等奖等。2019年加入北京师范大学未来教育参与微课资源开发，先后担任《五年中考三年模拟·全优卷》《发展之基——实践中的教育智慧》书籍编委。

运用多种教学方法完善物理课堂教学

——以《压强》教学为例

曹琬璐

摘　要：在课程改革的背景下，初中物理教学手段也在不断革新。导学案、实验探究、信息技术的使用推动物理教学向着科学化、专业化的方向发展。选用合适恰当的教学方法能够充分发挥学生的主观能动性，激发学生对物理学科的学习兴趣，同时能够提高物理教学的效率和质量。文章主要以《压强》教学为例，列举多个实际可用的教学方法，为突破教学难点和培养学生科学素养的研究奠定了基础。

关键词：教学难点　导学案　实验探究　信息技术

一、引言

随着课程改革的不断深入，2022 年 3 月教育部颁布了《义务教育物理课程标准（2022年版）》。这次课标的修订符合我国的实际情况，为我国的教育提出了明确的定位：义务教育阶段的培养目标是提升学生综合素质、着力发展核心素养，使学生具有理想信念和社会责任感，具有科学文化素养和终身学习能力，具有自主发展能力和沟通能力。而具体到初中物理教学，则需要通过物理观念、科学思维、科学态度与责任三方面来提高学生的核心素养。在初中物理教学时，恰当地培养学生的核心素养不但能够为学生高中物理的学习奠定基础，还有利于学生的终身发展。

围绕学科核心素养的课程改革才刚刚起步，这时需要教师更深层次地理解教材、了解学生，从而来启发学生，促进学生的发展。在具体的教学实践中，课堂成了提高学生核心素养的重要途径。而课堂的呈现则在于教师的教学设计和实施，教师对课堂的恰当处理不但能教给学生课本知识，还能够提升学生的素养。那么作为一名物理教师该如何设计一堂能够提升学生素养的课？如何应用恰当的教学方法突破教学难点呢？本文以北师大版八年级物理下册《压强》一节为例，列举一些有效的教学方法来突破教学难点，提升学生的核心素养。

二、课堂教学策略

在实际的物理教学中，物理教学难点有两层含义：一是物理教学中难以解决的问题，例如学生具有的情绪、教材编排中学生难以理解和掌握的物理相关概念；二是学生已有的认识水平和将要学习的知识之间的差异。中国的基础教育正在迈入核心素养的新时代，以前的教学策略不能有效地帮助学生突破教学难点，更不能满足学生的发展需要，聚焦核心素养才是真正在为学生一生的发展着想。

（一）游戏引入

新课引入是物理课堂教学中关键的一环，平淡无奇的新课引入无法唤醒学生主动学习的动力，不能激发学生的学习兴趣，而适当的实验、魔术、游戏能激发学生的学习兴趣，使学生产生思维共鸣，激发学生的学习动机。在《压强》一节的新课引入时采用的是踩纸卷游戏，教师首先踩在两个纸卷上使纸卷发生变形，进而提问：如何站在纸卷上可以使纸卷不变形？师生共同参与游戏，找到问题的解决方法，第一时间抓住学生的注意力激发学生的求知欲，打破学生对学习物理恐惧的心理。

（二）课前诊断

学生学习物理的最大干扰就是学生的认知冲突，怎样打破学生已有的错误概念，以及如何在原概念的基础上建立新概念尤为重要。使用导学案的形式进行课前测试，提升了学生的学习兴趣，促使学生积极主动学习，同时方便教师了解学生的已有知识，选择有效的教学方法引导学生突破对教学难点的学习。例如在区分压力和重力时，课前在导学案中设计如图1所示几种物理情境，让学生课前预习时画出物体受到重力以及支撑面受到压力的示意图，学生通过受力分析自己就能总结压力和重力的区别，从而提高了实际物理课堂的教学质量。恰当地使用导学案可以促使学生产生积极学习的态度，防止学生出现惰性心理，并且能够锻炼学生解决问题的能力，从而达到学习目标。

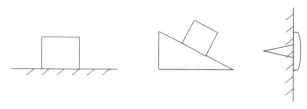

图 1

（三）实验探究

物理实验是物理学的基础，也是学物理的基础。在实验过程中渗透着科学探究的方法和思想，学生通过实验探究可以充分发挥学习的主动性，获得感性认识，并与其他学生一起协同合作，最终总结和归纳得到实验现象的本质和规律，实验探究的过程从科学思维维度上提高了学生的科学素养。实验中也会出现一些问题，如学生刚接触物理时由于大量的实验与生活联系紧密，学生觉得有意思、对物理表现出强烈的兴趣，在课堂中学生感觉似乎掌握了所学内容，但其实学生不会思考，只会按照老师的提示去操作，只图看热闹，不会根据观察到的现象分析、总结。但如果在实验中只是看热闹就失去了实验探究的意义，久而久之学生会对物理失去兴趣，反而对物理产生畏难情绪。所以在教师设计实验时首先要明白实验的目的，其次要明白实验的关键点以及如何让学生把握好这几个关键点。《压强》课例是从以下两方面改进实验教学的：

实验中问题的设计：在探究影响压力作用效果因素时，先通过一系列的问题链为学生提出猜想做铺垫。如在学生手压气球时提问：气球处于什么状态？左、右两边对气球的压力大小的关系是什么？压力的作用效果通过观察什么得出？左、右两边哪侧的形变大，两边的什么不同？加大压力后的形变与之前的形变相比有何不同？这五个问题形成问题链层层深入、自然而然地引导学生提出猜想。

实验中创新的设计：经典实验具有典型的意义，但一些自制的小实验会给学生更深刻的印象。探究影响压力作用效果因素的传统实验是小桌实验，这个实验的缺点是很难找到形变明显的海绵，于是可以将海绵替换成橡皮泥，因为橡皮泥受力形变更明显且可以维持形变状态，从而增强学生的感性认识。

当我们用眼睛看物理时就只能记忆十分之一，而当我们亲身经历时能记忆十之八九，尽可能多地让学生的身心参与到物理教学过程中，在实验探究的过程中培养学生合作探究能力以及分析、总结、归纳的能力。

（四）信息技术

随着互联网的普及，知识的生产、传播和获取方式已经发生较大的变化。信息技术与物理教学的整合符合教学和学习的需求，信息技术与课程的整合在继承传统教学优点的基础上，摒弃了传统教学的弊端，展现了它的优势和魅力。它可以突出学生学习的主体地位；为学生的学习创设更为有利的条件和环境；学生在探索知识的过程中，能更多地体验学习的乐趣、获得知识的成就感，激发学习兴趣；它面向生活、面对实际培养学生的探索精神和创新意识，能够全方位提高学生的综合素养。在本节课中，将投屏技术、思维导图、PPT融合到教学中。

投屏技术：通过软件将手机与大屏幕内容同步。例如在学生画压力示意图的时候，并没有采用以往的教师板书示范的方法，而是采用了投屏技术，将学生的作图实时地与全班学生分享，方便学生评价，突出了学生的主体地位，培养了学生的语言表达能力；在学生自主探究实验的过程中，也使用了投屏技术，不但可以实时地与学生分享，方便学生之间提出改进方法，提高学生的实验探究能力，而且更大幅度地增加了学生课堂的参与度，提高了课堂的生成率。

思维导图：20世纪60年代英国人托尼·巴赞最早提出的思维导图，被人们认为是非常有价值的图形技术，思维导图采用图片与文字结合的方式对发散思维进行表达，主要功能是建构思维内在关系的架构体系。在教学中思维导图以教学目标为中心进行发散思维，运用图文并茂的形式，把各个知识点层级关系明确地表达出来。绘制思维导图可以培养学生自主学习能力、团队合作能力和沟通表达能力。在小结环节学生自己结合思维导图进行总结，如图2，这取代了教师总结的传统方法。思维导图能够深化学生的物理观念，增强学生的逻辑思维。

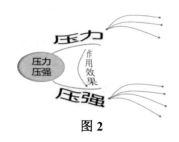

图 2

三、结论

我国中学物理课程的最终目的是提高学生的科学素养，促使学生的全面发展，为学生的终身学习奠定良好基础。在物理核心素养的指导下本文以《压强》一节教学为例，列举了许多课堂教学方法，为物理教学研究以及如何突破难点教学奠定了一定的基础。要让这些教学策略在教育实践中普及并成长，就需要教师针对不同地域环境和教学对象灵活变通使用不同教学方法。当然并非所有的教学难点都可以通过以上教学方法解决，因此教师在教学过程中还需不断地反思和总结，力求能够通过各种方法策略形成一个完整有效的体系，为物理新课程改革做一些积极有益的探索。

参考文献：

[1] 中华人民共和国教育部．义务教育物理课程标准（2022 年版）[M]．北京：北京师范大学出版社，2022．

[2] 冯楠，王林．运用演示实验突破高中物理教学难点的实践研究[J]．中国现代教育装备，2016（2）：27-28．

[3] 曹义才．基于核心素养导向的中学物理课堂教学[J]．物理教师，2016（11）：30-32．

[4] 赵佳娜．基于思维导图的微课教学研究[J]．浙江水利水电学院学报，2016（3）：85-90．

[5] 刘宏，田诚，钟代军．信息技术与中学物理课程整合的探索[J]．重庆文理学院学报，2005（1）：63-67．

[6] 赵国庆．概念图、思维导图教学应用若干重要问题的探讨[J]．电化教育研究，2012（5）：78-83．

[7] 曹奇志，肖利群，李小英，等．思维导图结合微课的物理教学模式探索[J]．南宁师范大学学报，2017（2）：137-141．

教师简介：

曹琬璐，从业 7 年一直担任初中物理教学工作，执教时期受到学生及家长的广泛好评，2023 年 9 月获得怀柔区教学质量标兵称号。同时紧跟教学改革，2023 年 11 月撰写的论文获得北京物理学会论文三等奖。努力为学生的发展提供契机，让每个孩子以自己的方式发光。

论证"是否应该停止使用氮肥"
社会性科学议题教学

——氮及其化合物的复习

舒 超

摘　要： "氮及其化合物"复习教学中，通过社会性科学议题"是否应该停止使用氮肥"，在真实复杂的两难问题情境中，使学生基于物质类别和元素价态视角分析、设计氮肥的制备、使用以及减少环境影响中涉及的含氮物质的转化，提高学生自主应用氮元素"价-类"二维图综合分析、解决实际问题的能力，促进"证据推理与模型认知""科学探究与创新意识""科学态度与社会责任"等多维度化学学科核心素养的融合发展。经过多轮教学改进，结合教学效果，提出以下教学策略：课上课下统筹安排，合理设置任务，提高学生参与议题的兴趣，促使学生全身心投入对议题的探讨；聚焦真实问题，将议题的探讨过程与关键能力持续进阶、紧密结合并相互促进；让学生经历"做真事、真做事、真反思、真发展"的完整过程。

关键词： 氮肥　社会性科学议题　氮及其化合物　复习教学

一、教学主题内容及教学现状分析

本课例选自鲁科版高中化学必修第一册第 3 章第 2 节"氮的循环"，为高一单元复习教学，主要目的是促使学生能自主从物质类别、元素价态角度设计、分析物质间的转化路径，认识到人类通过参与氮循环过程解决了人类生存问题，但由于过度向自然界排放含氮物质，造成环境污染，因此需要有意识地运用所学知识进行社会性议题的探讨。

常规的化学复习教学中存在：注重知识要点的反复讲解，忽视学生间的水平差异；注重习题训练，忽视学生解决问题思路的建构；注重相关化学方程式的背诵，忽视对物质间转化的本质的分析等情况。对于氮及其化合物的复习而言，含氮化合物的种类较多且价态变化多，知识点多且零散，仅靠对化学方程式的记忆、机械性做题，静态使用"价-类"二维图，学生难以基于证据推理对相关问题进行合理的分析和解决，难以形成贯穿多种问题任务的核心认识结构，难以促进学生综合运用知识解决问题能力的发展。

二、教学思想与创新点

社会性科学议题的教学是将社会发展中，由科学技术等引发的与社会、经济以及生态发展等密切相关，并且具有较大争议的社会性问题作为真实的问题情境，促使学生运用知识寻找证据，进行推理分析和科学论证。其实施过程与《普通高中化学课程标准（2017年版）》提及的"证据推理与模型认知"核心素养中"证据意识""建立观点、结论和证据之间的逻辑关系"等相呼应，培养学生"能对与化学有关的社会热点问题作出正确的价值判断""具有节约资源、保护环境的可持续发展意识"的"科学态度与社会责任"，有效促进学生对于化学、社会、科学以及环境间相互作用的综合理解。

该议题为：中国用占世界不到9%的耕地解决了世界近20%的人口的温饱问题，这是人类历史上前所未有的伟大贡献。在农业生产中，中国化肥总消耗量早已跃居世界首位。但不同类型的氮肥在使用过程中的利用率较低，大部分氮肥流失到环境中，对环境造成严重污染。因此使用氮肥的利弊非常突出，我们是否应该停止使用氮肥？

该议题将氮肥生产和使用的社会问题转化为学科问题，聚焦氮气、氮氧化物、硝酸、硝酸盐、氨气、铵盐等含氮物质的性质与转化（转化关系如图1所示）。

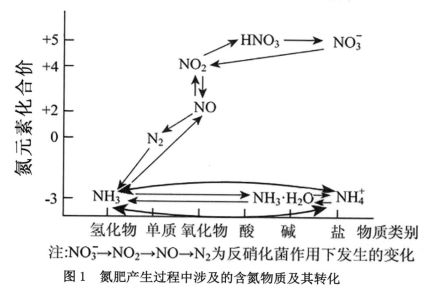

注：$NO_3^- \rightarrow NO_2 \rightarrow NO \rightarrow N_2$为反硝化菌作用下发生的变化

图1 氮肥产生过程中涉及的含氮物质及其转化

要求学生从物质类别、元素价态角度分析含氮物质的转化，论证氮肥使用的利与弊，并权衡利弊作出决策；能够基于"价-类"二维角度创造性应用含氮物质的相互转化来减少环境污染，提高解决真实复杂问题的能力。

该社会性科学议题课例的实施学校位于北京近郊，学生的父母经历过农业生产活动，部分学生参与过农活，议题贴近学生生活。学生结合"是否应该停止使用氮肥"这一问题进行科学论证后做出决策，既调动其复习积极性，又提高了复习效率。

三、教学目标

1．通过分析氮肥生产和使用与环境污染的关系，能够从物质类别、元素价态角度分析氮肥生产过程中存在的污染物，结合铵盐和硝酸盐的性质分析氮肥使用过程造成的污染，进一步深化对含氮物质的性质与相互转化的认识。

2．通过议题的论证过程，能够基于自主查询的有关氮肥生产、氮肥使用以及氮肥造成的污染的资料证据，分别从生产环节、使用环节分析相关含氮物质的性质、转化与环境问题之间的关系，将宏观的环境问题与含氮物质转化的微观实质联系起来，发展"宏观辨识与微观探析"的核心素养。

3．通过议题的论证活动，基于含氮物质的"价-类"二维图，分析含氮物质间的转化，分别从"氮肥生产研发者""氮肥使用者""环保部门"等不同角色角度，结合观点、证据和解决方案进行完整阐述，促进利用"价-类"二维模型分析转化关系，并结合调研结果和资料证据进行推理的能力发展，进而促进"证据推理与模型认知"核心素养的发展。

4．通过对议题的探讨，体会化学学科在解决环境问题方面的贡献，能够通过提前调研氮肥使用情况并结合其他学科知识，以严谨求实的态度，综合考虑从环境、经济等多角度分析使用氮肥带来的利与弊，对是否停止使用氮肥作出科学决策，形成合理使用物质、保护环境的可持续发展意识，进一步发展"科学态度与社会责任"核心素养。

四、教学流程

该教学案例由议题调研、议题引导、议题探讨、议题决策4个阶段构成。议题调研为前置任务，学生分组进行课前活动：（1）访谈家长关于氮肥的使用情况，并以氮肥生产研发者、氮肥使用者以及环保部门等角色角度思考使用氮肥的利与弊；（2）自主梳理含氮物质的"价-类"二维图。议题引导阶段为通过创设使用氮肥利与弊的真实问题情境，引导学生体会议题的意义和价值，对应的教学环节为直面真实两难情境，激发学生思考。整个教学案例的主体为议题探讨阶段，将议题拆解为2个驱动问题：氮肥与环境污染有无关系和如何解决污染问题。对应的教学环节是论证氮肥与环境污染的关系、寻找减少污染的方法。议题决策对应的教学环节是综合利弊，科学决策，学生结合现阶段氮肥使用的相关要求和化肥使用的相关政策综合利弊，做出合理决策。具体教学流程如表所示。

教学环节	教师活动	学生活动	设计意图
前置任务	调动学生的兴趣，布置小组任务。	（1）自主选择氮肥生产研发者（以下简称生产组）、氮肥使用者（以下简称使用组）、环保部门（以下简称环保组）等角色，并查阅资料；询问家长关于氮肥种类的变迁、使用氮肥的农耕经验等内容。（2）尝试将收集到的资料与"价-类"二维图中的转化关系建立联系。	通过查阅资料等活动，激发学生对该议题的兴趣；通过构建"价-类"二维图，梳理氮及其化合物的性质及它们之间的转化关系，促使学生从学科角度认识议题。
直面真实两难情境，激发学生思考	创造真实情境，聚焦真实问题：是否应该停止使用氮肥？展示学生前期调研结果，并引导学生从公众和化学视角谈谈对氮肥的认识。	组内交流讨论"是否应该停止使用氮肥"，将议题转化为化学问题，确立探讨的子问题：①什么是氮肥？②氮肥包含哪些种类？③氮肥是否造成污染？如果造成污染，那么污染是如何产生的？④如何解决污染？	让学生直面两难情境，激发探讨兴趣；构建科学探讨议题的思路。
论证氮肥与环境污染的关系	引导学生分析氮肥在生产、使用过程中造成的污染；环保组给出国家法律法规的相关规定和要求。	根据角色定位，结合课前查阅、调研的资料充分讨论生产、使用过程涉及的含氮物质的转化路径；明确污染物及其造成的环境污染；以小组为单位，有条理地完整阐述观点及相关证据的逻辑关系。	巩固学生从物质类别、元素价态角度分析含氮物质转化的思路；促使学生思考观点、证据和结论之间的关系并进行论证，提升科学论证能力。
寻找减少污染的方法	提出问题：针对氮肥生产和使用过程中的污染，有哪些解决办法？	小组讨论形成方案后进行展示：生产组应用含氮物质的"价-类"二维图，从理论上设计如何通过含氮物质的转化来减少污染，结合实际分析理论设计的可行性；使用组依据对家长访谈的内容，从氮肥合理使用的策略提出减少污染的方法。	促进学生应用含氮物质的"价-类"二维图来解决问题，提升学生实际问题解决能力。
综合利弊，科学决策	播放视频，展示氮肥施用的发展趋势，引导学生科学决策"是否应该停止使用氮肥"。	反思总结，统筹科学决策：明确不能停止使用氮肥，并阐述减少污染的相关措施。	通过深刻理解化学与经济、环境等之间的关系，综合分析，权衡利弊，进行科学决策，提高学生的公民意识和决策能力。

五、教学实录

教学实录选取该教学案例的议题引导、议题探讨以及议题决策三个阶段。

（一）直面真实两难情境，激发学生思考

【情境】PPT 图片展示：氮肥的优点是提供植物生长必需元素，使粮食增产 50%左右。氮肥的缺点是造成雾霾、酸雨、光化学烟雾、水体富营养化、土壤酸化、土壤板结等环境污染。

【教师】请同学说说关于"是否应该停止使用氮肥"的观点。

【学生】氮肥促进作物生长，增加粮食产量。但氮肥在使用过程中会造成环境污染。由于氮肥使用的利和弊都非常突出，所以很难做出决定。

【教师】各位同学是从社会大众的角度思考氮肥的好与坏，如何从化学的视角来探讨"是否应该停止使用氮肥"这一问题呢？

【学生 1】首先了解氮肥是什么和氮肥的种类。其次，明确使用氮肥是否会造成环境污染，从哪些方面造成污染，以及污染问题是否能解决。然后，进一步思考氮肥的功能是否能由其他污染较小或无污染的物质代替。

【学生 2】在了解氮肥种类后，明确氮肥的性质。思考氮肥在生产、使用中的哪些环节会造成环境污染，产生的污染物能否处理，该处理方法是否会再次产生污染、是否经济适用等。如果无法从根源上解决氮肥使用产生的污染物，那么需要思考污染物的排放是否符合当地环境标准的要求。综合论证使用氮肥的利能否大于弊后，再考虑是否使用氮肥。

【教师】面对这样的真实问题，首先需要明确氮肥的种类，通过分析每类氮肥的成分及性质论证氮肥与环境污染的关系。其次，需要思考解决氮肥污染的方法。希望各位同学通过分析论证后再进行科学决策。

（二）论证氮肥与环境污染的关系

【教师】氮肥的种类有哪些？

【学生】常见的有铵态氮肥、硝态氮肥、尿素等。我国在 20 世纪六七十年代曾经将氨水作为氮肥使用。

【教师】按照同学们的思路，下一步需要分析并论证氮肥是否存在环境污染以及污染是如何产生的。请生产组结合含氮物质的"价-类"二维图，分析氮肥生产过程中含氮物质的转化路径，思考生产氮肥时是否会产生环境污染，并说明理由与依据；使用组分析氮肥使用过程中是否会造成污染，并说明理由与依据。

【学生】小组讨论。

【生产组 1】硝态氮肥生产过程为：氮气与氧气反应生成一氧化氮，一氧化氮转化为二氧化氮，二氧化氮与水反应生成硝酸，硝酸与碱性物质反应生成硝酸盐，也就是硝态氮肥。生产过程中产生的污染物主要是一氧化氮、二氧化氮，会造成光化学烟雾、雾

霾等。铵态氮肥和氨水的生产过程为：氮气与氢气在高温、高压条件下反应转化为氨气，氨气与酸反应生成铵盐或者溶于水后变成氨水。生产过程中产生的主要污染物是氨气，会造成雾霾。

【生产组2】硝态氮肥的生产过程为：氮气与氢气在高温、高压条件下反应生成氨气，氨气和氧气反应生成一氧化氮，一氧化氮与氧气反应生成二氧化氮，二氧化氮与水反应生成硝酸，然后硝酸与碱性物质反应生成硝酸盐，即硝态氮肥。生成过程中产生的污染物主要有氨气、一氧化氮、二氧化氮，结合资料分析会造成雾霾、光化学污染、酸雨等污染。

【追问】是否会造成其他污染？

【生产组1】生产铵态氮肥或氨水时，废水中有铵根离子，若不进行合理处理，则会造成水体富营养化。

【教师】在汇报中关于硝态氮肥的生产有两种观点：一组认为是直接由氮气生成一氧化氮，另一组认为先由氮气生成氨气后，再生成一氧化氮。哪位同学分析一下，在实际生产硝态氮肥时，哪种方法更好一些？

【学生】先转化为氨气更好一些。因为氧气与氮气生成一氧化氮的条件可能是放电，经济效益低，无法大规模生产。而通过工业合成氨，再转化为一氧化氮，可实现化合价的逐步升高。

【小结】生产组进行分析时的思路：明确氮肥如何制备→涉及的物质是什么→是否为污染物→污染物是否可以转化→造成的二次污染是什么。

【教师】氮肥在使用过程中是否会产生污染？请使用组进行分享。

【使用组1】氮肥容易流失，利用率较低。硝态氮肥中硝酸盐易溶于水，会造成氮肥流失，导致水体富营养化。

【使用组2】铵态氮肥主要是铵盐，铵盐易分解出氨气，一定条件下氨气与氧气反应后会生成一氧化氮，而一氧化氮与氧气反应生成二氧化氮。氨气会造成雾霾；一氧化氮容易破坏臭氧层；二氧化氮会产生光化学烟雾，与水反应后会生成酸雨。铵态氮肥使用过多会造成土壤酸化，随着地表径流汇入河流、湖泊，导致水体富营养化。

【教师】同学们在分析时，都在不断寻找物质，并思考物质是否可以转化。其他同学是否有补充？

【学生】在对家长访谈关于氮肥的使用情况时，发现在氮肥使用的方法上存在问题。如果按照一定的比例和用量施加氮肥，造成的污染不会很大。但是在实际施用中，农民仅是以估算量（比如以一捧为单位）将氮肥施加到田地里，可能会造成氮肥施加过多，使植物无法全部吸收，多余的氮肥会分解或转化，从而造成污染。例如铵态氮肥会分解，造成空气污染；硝态氮肥会转化，造成土地污染、水体污染等。

【教师】请结合资料思考氮肥在土壤中的转化。

【资料支持1】铵态氮肥施入土壤后除了一部分被作物吸收，一部分经微生物的固定化作用成为有机质外，其余的就要受到土壤中亚硝化细菌作用转化为亚硝酸根离子（NO_2^-），亚硝酸根离子在硝化细菌的作用下被氧化为（NO_3^-）。

【教师】从化学的角度分析，铵根离子如何转化为亚硝酸根离子？亚硝酸根离子又如何转化为硝酸根离子？并用化学语言表示相关反应。

【提示】铵根离子如何转化为亚硝酸根离子？目前确定了一种反应物和一种生成物，需要进一步思考是借助什么反应来实现的，以及判断依据是什么。

【学生】通过氧化还原反应，并依据氮元素化合价的变化和元素守恒可知，氧化剂为氧气。

【学生】书写反应的离子方程式：$2NH_4^+ + 3O_2 == 2NO_2^- + 2H_2O + 4H^+$。

【教师】之前提到的土壤酸化，现在是否可以分析解释？

【学生】因为在亚硝化过程中产生了氢离子，所以造成了土壤酸化。

【教师】氮肥转化成硝酸根离子后，转化是否停止了？

【资料支持2】进入土壤还原层中的硝态或亚硝态氮在无氧情况下受反硝化细菌的作用，发生还原反应，生成氮的氧化物（N_2O、NO 等）和氮气。

【教师】以上转化说明在自然界中，氮肥进入土壤后可能会发生二次转化。经过一系列的分析论证，可知氮肥在生产和使用过程中会对大气、土壤和水体等造成污染。各位同学对议题有何想法？我们是否应该停止使用氮肥？

【学生】氮肥虽然会造成很多污染，但其利大于弊。氮肥在一定程度上解决了温饱问题，所以不能停止使用氮肥。可以尝试各种方法来减少氮肥造成的污染。

【环保组】氮肥的生产、使用会对环境造成一定的污染，但只要符合国家标准，就可以继续使用。根据《中华人民共和国环境保护法》第四十四条规定可知，保证相关污染物的排放量在国家指标范围内，可以继续使用氮肥。

（三）寻找减少污染的方法

【教师】请同学们针对氮肥生产和使用中可能出现的污染，寻找减少污染的方法。

【学生】小组讨论。

【生产组1】我们讨论了两种不同的方案：①将污染物转化为无污染的物质，根据氮元素化合价的变化，添加氧化剂，将氨气转化为无污染的氮气。②实现污染物的二次利用，基于氨气易溶于水且与水发生反应的性质，可以将氨气用水吸收生产氨水，并将其应用在工业生产中。

【生产组2】针对铵态氮肥易分解的问题，在生产过程中，可以使用膜包衣包裹氮肥，使其不易受热分解。

【教师】生产组 1 想将污染物转化为无污染的物质和对废气进行回收利用，生产组 2 想通过膜包衣控制分解速率。还有其他方案吗？

【环保组】可以将不同的污染物通过化学反应转化为无污染的物质，比如依据氮元素化合价的变化，使氨气与一氧化氮或二氧化氮发生氧化还原反应生成氮气。因为氨气中的氮元素要从-3 价变为 0 价，需要添加氧化剂，而一氧化氮和二氧化氮具有氧化性，所以理论上可以生成无污染的氮气。

【教师】非常好！这样的思路在理论上是正确的，但具体生产工艺还需要深入研究。接下来请使用组结合家长访谈，阐述减少污染的方法。

【使用组 1】可以采用无土栽培，有效回收营养液，提高利用率，从而避免过多的污染。尿素要配合含固氮作用的微生物制剂，提前 3~10 天施用。

【使用组 2】碳酸氢铵施肥的适宜深度是 7~10 cm，并立即覆土，施肥后要及时浇水。硫酸铵不适宜在酸性土壤中长期使用，会进一步加深土壤酸化，也不适宜在碱性土壤中使用，残留的硫酸根离子与土壤中的钙离子生成微溶于水的硫酸钙，导致土壤板结变硬。

【教师】环保组的同学是否满意生产组和使用组提出的建议？是否有其他方案或思路？

【环保组】大字报展示关于氨氮废水的处理方法。

【教师】环保组的阐述主要针对生产组，并给出了可行性的建议。生产组需要根据实际情况进行废气、废水等处理。

（四）综合利弊，科学决策

【教师】很好！作为一名学习化学的学生，应时时刻刻从化学的视角去看待问题、解决问题。对于氮肥的使用问题，国家也非常重视。

【视频播放】"农业农村部部长：未来有机肥代替化肥是方向"的采访视频。

【教师】党的十八大提出以生物有机肥替代化肥，是一个引领的方向。由于目前没有与氮肥具有相同功能价值的代替者，因此要以新型肥料和现有氮肥配合使用为主。经过论证后，同学们是否可以关于"是否应该停止使用氮肥"这一问题做出决策？

【学生 1】不能停止使用氮肥。氮肥可以与有机肥料配合使用，因为有机肥料含微生物比较多，可以抑制土壤板结，营养素比较齐全，可以提高土壤的肥力，使用过程中造成的污染也较少。

【学生 2】不能停止使用氮肥。可以严格执行关于氮肥生产中污染物排放的法律法规。通过精准施肥、施用缓释肥等，减少氮肥使用对环境的污染。

【总结】本节课基于"价-类"二维图分析含氮物质的性质、设计其转化关系，充分论证氮肥造成的污染是什么，在哪些环节存在污染，并利用物质的性质及转化关系，尽量减少污染，完成对社会性科学议题的探讨并作出了科学决策。"绿水青山就是金山银山"，我们应时刻关注环境，应用化学知识保护环境。

六、教学效果与反思

通过课堂观察、教学前后的测试以及学生访谈，探查教学效果。探查内容主要包括：学生对社会性科学议题探讨的感受和收获，基于物质类别和元素价态设计含氮物质的转化路径以及解决真实问题的思路方法等，了解化学学科的价值和树立社会责任等。

学生主动谈到"社会性科学议题与现实生活联系紧密，这节课使我对农业发展有了一定的了解，同时结合化学学科思想对问题有了深刻的认识，可以帮助我学以致用""之前只是机械记忆'价-类'二维图，现在可以自主应用'价-类'二维图，将其作为解决问题的工具。能够通过反应物和产物明确转化关系，并以此判断污染物来源和确定解决污染问题的思路""首先将真实问题转化为学科问题，运用学科知识解决问题；其次运用'价-类'二维图作为工具，分析解决污染问题的方法""探讨氮肥制备和使用过程产生的环境问题时，必须聚焦土壤、水体和大气中的核心污染物，不仅要关注污染物本身的污染，还要应用转化观念系统考虑二次污染问题""在决策时，必须综合环境、经济效益等多个视角进行思考，权衡利弊后做出决策"。由此可见，社会性科学议题的探讨，有利于促进学生迁移应用相关知识解决实际问题，促使学生动态使用"价-类"二维图，建立解决真实问题的思路和方法，发展核心素养，培养社会责任。

参考文献

[1] 王磊．普通高中课程标准实验教科书：化学 1（必修）[M]．济南：山东科学技术出版社，2019．

[2] 刘洋，胡久华．促进学科核心素养发展的不同实施模式的主题教学研究——以"氮循环"主题为例[J] 化学教育：中英文，2021，42（11）：41-48．

[3] 中华人民共和国教育部．普通高中化学课程标准（2017 年版）[M]．北京：人民教育出版社，2018．

[4] 王磊，郭晓丽，王澜，等．元素化合物认识模型及其在复习教学中的应用：以高中《化学 1》"金属元素及其化合物"单元复习为例[J]．化学教育，2015，36（5）：15-21．

[5] 谢鸿雁，范遗灿．PCK 架构下高三化学复习课教学策略研究[J]．教育理论与实践，2019（5）：63-64．

[6] 韦新平．指向"变化观念与平衡思想"的元素化合物复习策略研究[J]．化学教学，2021（7）：39-43．

[7] 许美莲．基于模型认知的高三化学复习[J]．化学教学，2019（2）：75-79．

[8] 任宝华．复习课中使用"元素价-类二维图"的误区及教学改进建议[J]．化学教育，2016（1）：40-44．

［9］丁亚玲，文丰玉．证据推理为本的"氮的氧化物"教学设计［J］．中学化学教学参考，2019（16）：16-17.

［10］曹旭琴．知识问题化　问题情境化：高三元素化合物复习教学的实战与思考［J］．化学教学，2014（7）：45-47.

［11］Troy D．Sadler．Informal reasoning regarding socioscientific issues: A critical review of research［J］．Journal of Research in Science Teaching，2004，41（5）：513-536.

［12］孟献华，李广洲．国外"社会性科学议题"课程及其研究综述［J］．比较教育研究，2010（11）：31-36.

［13］胡久华，罗铖吉，王磊，等．在中学课堂中开展社会性科学议题教学的探索［J］．教育学报，2018（5）：47-54.

［14］罗铖吉，赵凌云，胡久华，等．基于社会性科学议题促进核心素养发展的元素化合物教学：以"论证重雾霾天气'汽车限行'的合理性"为例［J］．化学教育：中英文，2020，41（17）：49-53.

教师简介：

舒超，区骨干教师，曾获得区教师基本功大赛一等奖。教学设计多次获奖、被评为精品资源，并收录于鲁科版化学教材配套教学资源库。参与发表学术论文核心期刊1篇，参与国家级课题1项、市级课题1项、区级课题5项。

中学生物教学中思维导图在高中基础课堂中的应用

——以"细胞的生活"为例

朱丽娜

摘　要： 翻转课堂是一种与传统课堂相颠倒的教学模式，它将知识的学习放到了课前，课堂上主要是讨论和交流，以此来解决问题。思维导图是一种学习手段，它可以帮助学生构建完整的知识体系。基于此，笔者对中学生物教学中思维导图结合翻转课堂教学模式进行了构建，并进行了相应教学设计，不但可以训练学习者的独立学习能力、思维能力和创造性，还可以把散乱的知识点连接在一起建立知识体系。

关键词： 中学生物　翻转课堂　思维导图

在网络教育成为主流的情况下，如何使学生更好地进行学习是非常关键的。所谓"翻转"，就是对教室内和教室外的时间进行再分配，让学生主动学习知识。翻转课堂由三个部分组成：学生课前自主预习、课堂上师生讨论互动、教师答疑解惑。

一、教学目标

（一）课前目标

通过学习教师提供的微视频与线上讨论，知道细胞中含有的物质，了解细胞膜的功能、线粒体和叶绿体在能量转换中的作用，了解克隆羊多莉的身世；根据自学初步构建本课个人初级思维导图。

（二）课中目标

通过进入教师创设的生活情境，参与合作探究，引导学生进一步了解细胞中含有的物质，掌握细胞膜的功能、线粒体和叶绿体在能量转换中的作用、细胞核在生物的发育和遗传中的作用；通过合作探究构建小组思维导图。

（三）课后目标

通过课后习题的完成、补充资料的学习以及对课前自主学习和课中合作探究的回顾反思，对本课知识进行进一步的吸收、内化，联系之前已学知识，完善对整体知识体系的理解，构建个人高级思维导图。

二、课前——自主学习过程

教师将课前自主学习资源分享至班级群，并在学生自主学习完成后，指定时间组织学生进行线上交流。本课课前自主学习资源包括：

《细胞的生活需要物质和能量》微视频、《克隆羊多莉》微视频和《细胞的生活》微视频。

本课的课前自主学习任务清单如下。

"细胞的生活"课前自主学习任务清单
【课前自主学习目标】 1. 知道细胞中含有的物质。 2. 了解细胞膜的功能、线粒体和叶绿体在能量转换中的作用。 3. 了解克隆羊多莉的身世。 4. 了解细胞核在生物的发育和遗传中的作用。
【课前自主学法指导】 1. 自行观看微视频:《细胞的生活需要物质和能量》《克隆羊多莉》《细胞的生活》。 2. 结合教材勾画本节课的知识点,也可自行上网搜索,了解"细胞的生活"相关知识点。 3. 结合所学,填写本课自主学习知识脉络。 4. 完成本课自主学习练习题。 5. 自行绘制本课个人初级思维导图。
【课前自主学习知识脉络】 1. 细胞的生活需要(　　　　);细胞中的物质可分为(　　　)和(　　　)两大类。 2. (　　　)是生物体的基本单位,物质是由(　　　)构成的,分子是(　　　)。 3. 活细胞的(　　　)能够控制物质的进出。 4. 细胞能进行能量的转换,细胞中的能量转换器是(　　　)和(　　　)。植物细胞特有的结构是(　　　)。 5. (　　　)是控制中心。细胞核中含有(　　　),简称(　　　)。
【课前自主学习练习题】 1. 一些生物科学家在进行人工合成生命的研究项目时发现,要通过人工合成生命,首先要解决的难题是"创造细胞容器,让细胞可以将坏分子阻挡在细胞外,允许好分子进入。"这里的"细胞容器"最可能是(　　　) A. 细胞壁 　　B. 细胞膜 　　C. 细胞质 　　D. 细胞核 2. 线粒体和叶绿体的共同点是(　　　) A. 在动植物细胞中都存在 　　B. 都能进行光合作用 C. 都能进行呼吸作用 　　D. 与细胞中的能量转换有关系 3. DNA 主要存在于细胞结构中的(　　　) A. 细胞壁 　　B. 细胞核 　　C. 细胞膜 　　D. 细胞质

"细胞的生活"课前自主学习任务清单

4. 下列组成细胞的物质中，属于有机物的是（　　）

①水　②脂质　③蛋白质　④核酸　⑤无机盐

A．①②③　　　　　　　　　　　B．①④⑤

C．②③④　　　　　　　　　　　D．②④⑤

5. 将浸泡过的玉米种子从中央剖开，用稀释的蓝墨水染色，可以观察到胚细胞着色浅；若将浸泡过的玉米种子煮熟后再从中央剖开，用稀释的蓝墨水染色，可以观察到胚细胞着色深。上述现象说明细胞膜（　　）

A．是细胞的边界　　　　　　　B．将细胞与外界环境隔开

C．能控制物质进出细胞　　　　D．是运输物质的结构

6. 2015 年，科学家发现了一种名为"绿叶海天牛"的动物在摄取藻类后，能够将藻类的某一细胞结构置于自己的细胞内，从而使自身也能进行光合作用。该细胞结构是（　　）

A．细胞壁　　　B．细胞膜　　　C．液泡　　　D．叶绿体

7. 植物细胞中，为细胞生命活动提供能量的结构是（　　）

A．细胞膜　　　B．细胞壁　　　C．细胞核　　　D．线粒体

8. 俗话说："龙生龙，凤生凤，老鼠的儿子会打洞。"决定这种遗传现象的结构是细胞内的（　　）

A．细胞膜　　　B．细胞壁　　　C．细胞核　　　D．细胞质

学生们观看微视频并积极思考问题。在课前，学生完成练习题并记录在自主学习中遇到的问题，积极参与在线讨论。在自主学习的基础上，学生初步绘制个人初级思维导图，如图 1 和图 2 所示。

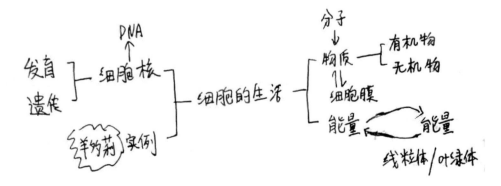

图 1　个人初级思维导图　学生作品 1

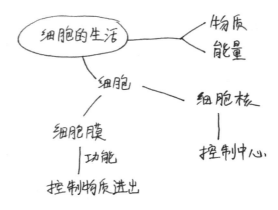

图2 个人初级思维导图 学生作品2

三、课中——合作探究过程

课中阶段，教师首先回答学生们在自主学习时遇到的较多的问题。其次设立学习小组，让学生们相互交流，表达自己的观点，鼓励学生之间的合作，培养团队意识。

（一）创设情境

课前我们已经通过微视频初步学习了"细胞的生活"相关知识，也做了相应的练习题。那么，请同学们根据课前的自主学习，6人为一小组进行交流讨论，并完成以下任务：

1．小组合作探究总结有机物与无机物的特点和区别。

2．思考含碳的物质一定是有机物吗？举例说明。

3．观看薯片的燃烧实验，思考薯片属于有机物还是无机物？薯片中原来就储存着光能和热能吗？在该过程中能量是怎样转换的？

4．细胞核为什么具有这么重要的功能？

5．以课前绘制的个人初级思维导图为基础，通过小组讨论协作完善思维导图。

设计意图：

通过对以上任务的讨论，让学生对自主学习的知识进行回忆，小组成员之间互相分享、补充知识点以及通过对日常生活中可能出现的生物现象进行讨论分析，将生物学知识与日常生活联系起来。同时，为后面的学习积累知识、打好基础，提示学生利用已有的经验解决未知的问题。

（二）协作学习

学生在教师指定的小组中讨论，并提出问题。在讨论过程中，小组成员明确分工，使每个人都有机会表达自己的想法。讨论中没有解决的问题则反馈给教师。

（三）作品展示汇报

小组展示他们合作构建的思维导图，教师应创造一个合适的竞争空间，鼓励学生进行展示。

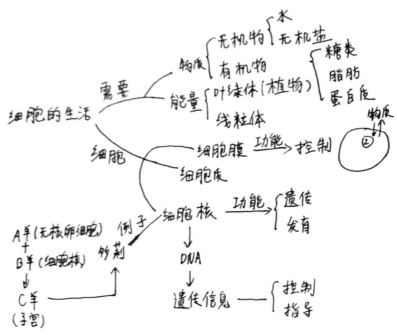

图 3　合作探究思维导图 小组作品 1

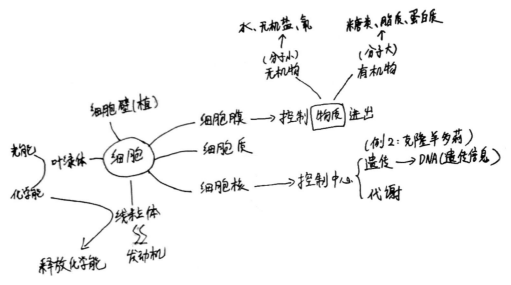

图 4　合作探究思维导图 小组作品 2

（四）评价反馈

经过前面的讨论和交流，相信同学们对本课已经构建了属于自己的思维导图，对知识与知识之间的发生和发展也有了自己的理解。那么，现在就运用已经学过的知识做一下下列的练习题吧！

【能力提升】

1．下列有关细胞结构和功能的叙述，错误的是（　　　）

A．细胞核是细胞的控制中心

B．细胞膜控制物质进出细胞

C．所有细胞都有细胞壁、细胞膜和细胞核

D．叶绿体和线粒体都是细胞中的能量转换器

2．科学家将一只苏格兰雌性黑脸羊的乳腺细胞的细胞核移入雌性白脸羊去核的卵细胞内，待发育成早期胚胎后植入另一只雌性白脸羊的子宫内，该白脸羊产下的小羊的脸色和性别分别是（　　　）

A．黑色、雄性　　B．黑色、雌性　　C．白色、雄性　　D．白色、雌性

3．下列关于细胞生活所需物质和能量的说法，正确的是（　　　）

A．能够将光能转变成化学能的结构是叶绿体

B．构成细胞的物质中，无机盐、脂质、蛋白质都是有机物

C．所有的物质都能通过细胞膜

D．细胞中的物质都是自己制造的

4．将死亡的细胞浸泡在一定浓度的染色剂（PI）中，细胞核会着色；将活细胞浸泡在 PI 中，细胞核不着色；但将 PI 注入活细胞中，细胞核会着色。因此可将 PI 应用于细胞死活的鉴别，其基本原理是（　　　）

A．活细胞的细胞膜能够阻止 PI 的进入　　B．活细胞的细胞壁能够阻止 PI 的进入

C．活细胞的细胞质能够阻止 PI 的进入　　D．死细胞的细胞核成分发生了变化

5．科学家对伞藻的幼体进行嫁接，将甲的伞柄嫁接到乙的假根上，请判断图中 X "帽"为（　　　）

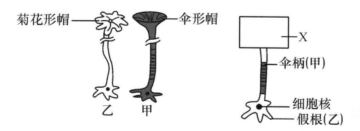

A．菊花形帽　　B．伞形帽　　C．两种帽的中间类型　　D．不可能长出"帽"的形状

6．探究实验：学习了"细胞的生活"后，某同学想通过实验来探究活细胞的细胞膜的功能，请你帮助他共同完成。

实验材料：1 500 mL 大烧杯、清水、酒精灯、铁架台、红色苋菜等。

实验步骤：

（1）提出问题：活细胞的细胞膜具有控制物质进出的功能吗？

（2）给出假设：＿＿＿＿＿＿＿＿＿＿＿。

（3）制订计划：

①取两个 1 500 mL 的大烧杯，编号分别为甲、乙；

②在甲、乙烧杯中各加入 500 mL 的清水，并把甲烧杯放在铁架台上，用酒精灯加热，直到沸腾，乙烧杯＿＿＿＿＿＿＿＿，作为对照；

③把等量新鲜的红色苋菜叶片分别放入甲、乙两烧杯中；

④观察并记录烧杯中现象。

（4）实验现象：甲烧杯中的水＿＿＿＿＿＿＿＿，乙烧杯中的水＿＿＿＿＿＿＿

（5）原因分析：甲烧杯中红色苋菜叶片细胞的细胞膜被＿＿＿＿＿＿，乙烧杯中红色苋菜叶片细胞的细胞膜＿＿＿＿＿＿＿。

（6）实验结论：＿＿＿＿＿＿＿＿＿。

设计意图：

这些练习题比课前练习题更具挑战性，可以检查学生的学习效果，学生也可以通过练习题发现问题，从而达到翻转课堂的目的，即学生在学习中遇到问题时可以向教师寻求帮助。

四、课后——反思完善过程

课后阶段，学生在完成练习、巩固复习、反思总结的基础上，完善个人高级思维导图，如图 5 所示。

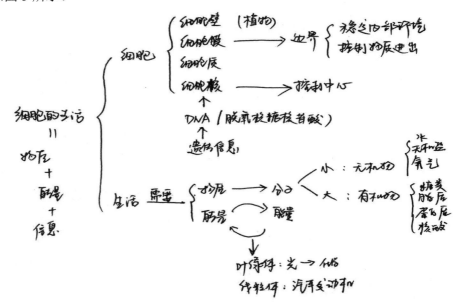

图 5 个人高级思维导图 学生作品

五、结论

在中学生物的翻转课堂教学中运用思维导图，可以培养学生掌握生物学基础知识的能力，也有助于学生构建起一个完整的生物学知识框架。在上课之前让学生绘制思维导图，可以培养学生的自主学习能力，而学生的逻辑思维能力和发散思维能力通过绘制思维导图能够有效地体现出来，学生的创造力也得以增强；课堂上小组协作完善思维导图，同学间能够更进一步地开展协作沟通与相互讨论；课后绘制个人高级思维导图，学生能够更高效地整理与积累知识点。在初中生物学教学中，思维导图在翻转课堂中的应用，可以有效解决目前存在的学生对知识不清晰、知识点之间分散零乱、学生课前自主学习无依据等教学问题，有效提高学生对生物学的学习兴趣和团队协作能力。

参考文献：

[1] 董通喜．浅析思维导图在中学生物教学中的应用[J]．试题与研究，2021（24）：135-136．

[2] 邱宜干．国内外高校翻转课堂法研究综述[J]．科技风，2021（7）：44-45．

[3] 张琳琳．运用思维导图优化高中数学翻转课堂教学模式的探究[J]．考试周刊，2021（42）：69-70．

[4] 李雅倩．思维导图在高中生物教学中的应用分析[J]．中学课程辅导：教师教育，2021（16）：51-52．

[5] 孙娟．思维导图优化高中数学翻转课堂教学模式的探究[J]．智力，2021（30）：64-66．

[6] 赵雷．基于思维导图的"分子生物学"翻转课堂教学模式初探[J]．山东化工，2021，50（19）：247-250，252．

教师简介：

朱丽娜，毕业于天津师范大学，硕士研究生，曾获"最受学生喜欢的班主任"、区级教学标兵等荣誉称号。

略谈初中生物学实验教学

高 雷

摘 要：生物学是一门以实验为基础的自然科学。许多生物学现象只有通过实验才能得到解释，生物体的各种结构必须通过实验才能观察清楚，生物学的理论也是人们通过实验总结出来的。本文结合自身生物学课教学实践，粗略地谈几点看法。

关键词：初中生物学 生物学实验教学 生物学现象

实验教学在生物学教学中占有非常重要的地位。我国的生物学实验教学起步相对较晚，以致重知识、轻实验，重理论、轻实践，学生的"高分低能"现象至今仍相当严重。随着教育的改革，在生物学教学大纲中，越来越注重理论和实践相结合。教材内容突出了实验内容多、实验形式多、实验要求多的特点。在此，谈谈几点体会。

一、明确实验目的，激发学生实验的兴趣

心理学告诉我们，目的是人采取行动的结果，而动机则是激励人去行动的动力。学生明确实验目的，自觉地产生动手实验的内部动机，实验效果就会很好。但是初一、二年级学生好奇、好动，对实验比较陌生。有的学生认为上实验课好玩，缺乏科学态度；有的学生认为升学不考，学习目的不明确。这些都给实验课组织教学带来一定困难。如有的学生在观察洋葱鳞片叶表皮细胞临时装片时，把注意力放在摆弄镜头和观察游移不定的气泡上，在观察永久装片时把注意力放在染色标本的色彩上。因此实验前，除要求学生明确教材上的实验目的外，还要明确该实验在生产、生活等方面的实际应用，这样可以使学生对实验产生兴趣。因此，让学生知道实验的目的和要求，是实验教学中的重点。

二、做好实验教学的准备工作

实验教学和一般的授课有不同的要求，而生物学教材又往往受到地方性和季节性的限制，有些生理性实验还需要较长的时间才能看到结果。因此课前的准备工作就显得尤为重要。

1. 制订切实可行的"生物学实验教学计划"

将每个实验所需的材料和负责教师等项目一一列入表内，季节性强的实验要打好时间差，做好相应准备。必要时对实验内容进行调整，可以推迟或提前。

2. 适时地、科学地准备好实验材料

解决生物学实验材料的途径主要有三个：一是采取替代材料。如，做"观察花的结构"实验时，正值冬季，桃花无处可寻，教师可在春天制成桃花浸制标本和干花腊叶标本。上课时使用替代桃花的其他鲜花（如蜡梅花、旱金莲、百合花等），并与桃花浸制标本和腊叶标本一起对照观察，同样可以达到实验效果的目的。只要我们处处留心，初中的生物学实验材料几乎都可以在当地找到合适的替代材料。二是分工合作获取材料。一些生物学材料的培养需要较长时间，有些不易采集到，这些就需要教师之间分工合作，避免因个人的时间仓促或精力有限等造成实验材料准备不足。三是发动学生采集和培养。发动学生参与采集和培养不但能调动其学习的积极性，还能让学生获得对生物的生活环境、生活习性的感性认识。

3. 精心设计好实验教学程序

教师在设计实验教学程序时，应认真构思好学生观察过程中的每一个环节和符合学生实际的教学方法，对实验中出现的问题、现象、失败的原因要尽可能考虑细致，尽可能多设置几个"为什么"，以激发学生思维。比如，在观察草履虫的实验时，设计了如下的思考题：（1）纤毛：纤毛是否等长？纤毛如何摆动？纤毛有什么功能？（2）口沟：口沟在草履虫的哪个位置？（3）食物泡：有几个食物泡？食物泡是怎样移动的？食物泡是如何形成的？食物泡大小是否一样，为什么？（4）伸缩泡和收集管：它们的位置在哪里，交互涨缩情况是怎样的？每个伸缩泡周围有多少条收集管？另外，不能单为完成某个实验而做实验，应全面系统地分析实验目的、操作要求、实验步骤等。要科学合理地安排时间，避免出现学生无事可做的情况，以提高教学质量。

三、指导学生掌握实验步骤，规范操作

实验步骤是学生动手规范操作的要领，只有理解、掌握了实验步骤才能规范操作，实验才能成功。因此实验前指导学生预习，将实验步骤由繁化简，抓住每一步的关键词语串通于实验步骤之中可以得到较好的实验效果。如，显微镜使用过程中的"三个一"：安放距桌边一掌（5~7 cm）；对光要目（目镜）物（物镜）通光（通光孔、光源）一条线，光强用平面镜，光弱用凹面镜；观察标本时，对孔正中，距离物镜一厘米，视野中出现标本颜色或杂质时观察目标即将到位；微调粗旋镜升降，细旋调像清晰；找不到目标时，缓缓移动玻片标本即可找到。

教师规范操作一步，边讲该步的注意事项，边让学生模仿操作一步，教师巡视，及时表扬规范操作快且准的学生。纠正错误操作，如用左眼观察时，纠正学生用右眼观察或闭着右眼的习惯；转动转换器时，纠正扳物镜的错误操作。这样学生就能很快对好光，观察到标本在视野中的图像。显微镜使用完应擦干净外表。转动转换器，物镜偏两旁，放回镜箱原处。制作洋葱鳞片叶内表皮细胞临时装片的实验，先将擦→滴→取→展→

盖→染→吸的实验步骤写在黑板上，让学生看书了解每一步的含义，圈上关键的词语，教师再讲每一步的含义及注意事项，边操作边叫学生模仿操作。然后强调注意事项，如滴一滴清水，太多易外溢，太少易出现气泡；取材薄而透明，透光易观察；展平防重叠；轻盖防气泡，气泡与细胞的区别是气泡圆边厚黑，中间亮白，轻压变形。这样学生就达到了实验的目的要求，记住了实验步骤及注意事项。

四、指导学生观察实验现象

学生在实验过程中的规范操作是进行实验的基础，而对实验现象的认真观察，是达到实验目的、探索实验结果的关键。但一部分学生在实验中往往重视操作，忽视观察、分析。如在解剖鲫鱼的实验过程中，学生认为解剖完了，实验就做完了。针对这一问题，教师在实验前编好实验指导，要求学生预习实验时准备好硬纸板，在一定的位置写上鲫鱼各器官、系统的名称。做解剖鲫鱼实验时，先让学生观察鱼的各种鳍在游泳中所起的作用。然后，按步骤规范操作，将观察后的器官、系统放在硬纸板写好名称的相应位置上，并在实验指导的空白处填上相应的结构及功能，教师检查评分。这样通过学生动手、动眼、动脑、观察、分析，培养了学生认真的科学态度，提高了动手能力。

五、小结

搞好生物学实验课对于提高生物学学科的教学质量有极其重要的作用。在实际教学中，我们要不断反思自己的教学，不断实践和总结，让我们的生物学实验教学迈上新的台阶！

教师简介：

高雷，毕业于首都师范大学，具有深厚的生物学学科知识和扎实的教育技能。在教学过程中，注重启发式教学，引导学生主动探索，注重激发学生的兴趣和培养学生的思维能力；善于运用现代教育技术，使课堂生动有趣；热爱学生，尊重学生个性，关注学生成长，深受学生的喜爱和信任。

纵横配合　协同育人

——北京市第一〇一中学怀柔分校思政课一体化实践与经验

王彤欢

摘　要： 北京市第一〇一中学怀柔分校立足校情、学情，坚持教研组统筹与各学段创新相结合，逐渐探索，形成了"纵向统筹贯通、横向协同育人、纵横有机统一"的思政课一体化教育教学机制。纵向统筹贯通，建立了初高中跨学段教研组，形成初高中一体化教研机制；横向协同育人，在初中学段形成主题课程、跨学科课程相配合机制，在高中学段形成必修与选修、社团与实践相结合机制。

关键词： 思政课　一体化　统筹贯通　协同育人

北京一〇一中学怀柔分校自 2014 年成立以来，坚持贯彻党的教育方针，落实立德树人根本任务，高度重视思政课建设，2020 年，学校荣获第五届"全国未成年人思想道德建设工作先进单位"荣誉称号。2021 年，北京市委教育工委、市教委印发《北京市大中小幼一体化德育体系建设指导纲要》（以下简称《指导纲要》），为进一步落实《指导纲要》要求，学校立足校情、学情，坚持教研组统筹与各学段创新相结合，逐渐探索，形成了"纵向统筹贯通、横向协同育人、纵横有机统一"的思政课一体化教育机制。

一、纵向统筹贯通——建立初高中跨学段教研组，形成初高中一体化教研机制

北京市第一〇一中学怀柔分校是一所全日制完全寄宿制中学，学生在校时间长，学段覆盖初、高中。学校结合《指导纲要》要求，立足自身实际，建立了初高中跨学段的思政教研组，统筹初高中思政课教学。跨学段政治教研组主要做好以下统筹工作：

一是统筹初高中思政课教学安排，形成初高中思政教学有机衔接、相互配合的一体化工作格局。立足整体制订初高中一体化教学计划，明确初高中思政课总体教学目标，然后根据初高中各学段各自课程内容和学生特点，分别明确初高中各自教学目标和教学安排，让初高中的思政课教学工作形成合力，服务于一体化思政教学目标。

二是统筹初高中思政课教师培训，形成初高中思政教师互学、合作、共进的一体化教学队伍。对初高中思政教师明确要求，初中学段教师要了解学习高中教学内容，高中学段教师要了解学习初中教学内容；在日常教研活动中，加强跨学段内容的交流讨论，为做好学科内容的教学衔接打牢基础。

三是统筹初高中思政课教研活动，形成以教研出思路、以教研促合作的一体化教研氛围。建立跨学科教研组微信群，及时发布各学段教研活动，鼓励初高中思政课教师跨学段参加教研活动。教研活动内容多样：主要通过主题课、常态研究课及骨干教师展示课、青蓝工程汇报课等形式，探索各学段教学的有效策略，促进初中、高中思政课教学的有效衔接，并探索尝试思政学科与语文、地理、历史等学科的有机融合。

在探索中，我校初步形成了跨学段思政教研组引领下的纵向统筹贯通育人机制，并且在此基础上，立足初中、高中两个学段课程安排和学情特点，在实践中逐步探索出了两条横向协同育人的有效机制：在初中学段形成"主题课程、跨学科课程相配合"的协同育人机制；在高中学段形成了"必修与选修、社团与实践相结合"的协同育人机制。

二、横向协同育人——初中学段：形成主题课程、跨学科课程相配合机制

思政课是落实立德树人根本任务的关键课程。初中道德与法治课旨在引导学生正确认识自己，以及个人与家庭、他人、社会、国家和人类文明的关系，了解国家发展和世界发展大势，增强社会责任感和担当意识，立志做社会主义建设者和接班人。依据初中道德与法治课的要求，基于初中学生的特点，我校初中思政课开展了主题课程、跨学科课程横向协同育人的尝试。

近年开展的主题课活动有："劳动创造美好生活""我和我的祖国——庆祝新中国成立70周年""百年圆梦奔小康"等。通过主题课打造一系列让学生能够触摸到时代、触摸到社会的有温度的思政课，突出了思政课的时代性、思想性。以主题课为载体，初中思政课还尝试与历史、地理等相关学科开展跨学科横向协同育人。

课例："我爱我的祖国——中华民族大家庭"

在"我爱我的祖国"主题课程活动中，初中道德与法治老师和地理老师联合设计并实施了一节"中华民族大家庭"的跨学科主题课。在这一节课中，两位老师分别依据各自学科课标要求，针对八年级学生的学情特点，系统整合各自教材对应内容，并将各自学科内容在同一时空呈现。在这一节课中，地理老师主要负责帮助学生掌握与我国各民族相关的地理知识，引导学生获得科学认知，提高事实判断能力；道德与法治老师主要负责引导学生在科学认知和事实判断的基础上，以正确的价值观为引领，作出正确的价值判断。教学的最终落点是激发学生热爱家乡、热爱祖国、认同中华文化、弘扬民族精神的情感，并以此促进学习真正地发生在课堂。

这节课从事实出发，但没有止步于事实；以价值为落点，但避免了强行灌输。学生在掌握大量感性材料、进行科学的事实分析的基础上，在道德与法治老师的引导下自然而然建构出自己的结论，这起到了很好的协同育人效果。主题课是初中学段开展横向课程相互配合一体化育人的有益探索。

三、横向协同育人——高中学段：形成必修与选修、社团与实践相结合机制

高中思政课着力培养学生政治认同、科学精神、法治意识和公共参与的学科核心素养。相较于初中生，高中生的理性思考能力进一步增强，批判意识增强，但是还比较缺乏科学的世界观、方法论的指导；同时，他们参与社会实践的意愿增强，但是因学业繁重而缺少机会。为了将政治学科素养落到实处，立足高中学生的实际，我校在高中开展了必修与选修、社团与实践相结合育人的尝试。

在夯实必修内容的基础上，有针对性地开展选修课程。为提高学生的科学精神素养，提高学生思考与表达的能力，高中开设了"思考与表达"选修课。课程内容依托马克思主义哲学、逻辑学等学科内容，系统教授学生思维与逻辑的知识，并在此指导下，帮助学生掌握清晰表达的有效方法，具体到指导学生学会搭建思维的框架结构、组织语句顺序，尽量用准确简洁的语言讲清观点。

在必修课与选修课相互协调补充的基础上，为了学以致用、促进学科核心素养落地，我校进一步开展了与思政课相关的社团与实践活动。其中，"模拟政协"社团由教师带领，引导学生了解中国人民政治协商会议的相关知识并模拟提案。"国际共史社"社团是学生自发组织并得到思政老师支持的学生社团，旨在影响更多同学学史爱党、学史爱国，增强担当使命的思想自觉和行动自觉。学生在必修课程和"思考与表达"选修课程的学习中，掌握了一些马克思主义理论基础、科学思想以及有效表达的方法，并尝试将这些所学应用到社团实践中。必修课与选修课、社团与实践活动有机结合、相辅相成，使我校思政课高中学段初步形成了特色育人路径。

案例 1：模拟政协——《关于消除京加路出京方向河防口至汤河口段安全隐患的提案》

在模拟政协社团活动中，学生模拟政协委员，去观察社会、发现问题、提出问题、研究问题，最后形成模拟提案，并通过"全国青少年模拟政协"平台上交，他们的提案有机会被政协委员带到区级、市级乃至全国的"两会"上。2023 届学生于嗣祺、于嗣平参加了"思考与表达"选修课的学习，同时还参加了学校"模拟政协"社团。在社团老师的指导下，她们对自己所感兴趣且有公共价值的问题，开展调查研究并撰写了模拟提案：《关于消除京加路出京方向河防口至汤河口段安全隐患的提案》。提案中，她们详细阐述了问题提出的背景，对问题进行了详细分析，并查阅、引用了相关政策法律依据，对问题的解决提出自己的方案。这份模拟提案经过多次修改完善，提交到了第七届北京青少年"模拟政协"平台，并经过层层筛选，作为素材被带到了政协北京市第十三届委员会第五次会议上，得到与会委员的好评。

案例 2：学生社团——国际共史社

我校部分学生结合《思想政治 必修 1 中国特色社会主义》的学习内容，自发成立了"国际共史社"社团，该社团主创团队倡导社团成员们自主学习社会主义发展史，并通过社团活动引导其他同学了解党史以及社会主义革命、建设、改革的历史，传承红色基因，坚定崇高信仰。在庆祝中国共产党成立 100 周年活动中，"国际共史社"举办纪念庆祝活动，社长做了题为《革命者永远年轻》的演讲，提倡青年学生要认真学习党史，从党史中汲取前进的力量，做合格的共产主义接班人。

综上，经过初步探索，北京市第一〇一中学怀柔分校逐渐形成了"纵向统筹贯通、横向协同育人、纵横有机统一"的思政课一体化教育体系。今后，学校还将进一步结合《指导纲要》的要求，立足实际，走出一条适合校情、学情及富有实效的思政课一体化教育之路，为强国复兴培养政治过硬的青少年。

教师简介：

王彤欢，北京市第一〇一中学怀柔分校高中政治教师，北京师范大学思想政治教育专业本硕，怀柔区优秀青年教师，首届毕业生有 2 名高考政治赋满分，其中 1 名是北京市原始分第一名，所带班级教学质量高。

表现性课堂研究

——以"推动经济高质量发展"为例

李欢欢

摘 要： "表现性学习"倡导"学以致表"。"表现性课堂教学"的特征有：以学生的表现为中心、问题驱动教学、主题大单元教学；"表现性课堂教学"的结构是：获取信息、释义信息、生成表象、表现展示、评价结果。本文围绕"如何设计表现性学习任务？""如何开展表现性评价""如何理解教学评一体化"进行展开。

关键词： 课堂教学　表现性学习任务　表现性评价

"表现性学习"是将学习的结果以及个体内在良好的素质充分地外化展示出来，即"学以致表"。倡导"学以致表"就是要由内而外，通过表现达到善待自我与欣赏别人的目的。"表现性课堂教学"就是以学生的表现为中心的师生双方教与学的共同活动。表现性课堂教学力图改变传统的单纯以知识传递为中心的课堂教学模式，构建以倡导表现为核心的课堂教学新体系。

一、表现性学习任务

一个表现性任务是现实世界的产品或表现，学生在完成任务过程中要运用其学习的（形成性）或通过激励情境习得的（总结性）概念和技能。

北京市怀柔区位于北京市远郊区，近年来旅游业发展迅速，乡村经济发展向好，以统编版《思想政治必修2 经济与社会》中"推动经济高质量发展"——"宿"说乡村振兴为例，从学生感兴趣的怀柔区民宿经济出发设置表现性学习任务。表现性学习任务是一个连续体，明确学生的相关性和参与动机，将其分为基本任务、现实世界任务和学生的真实任务。学生表现性学习的真实任务为：1. 什么是经济高质量发展？2. 为什么要推动经济高质量发展？3. 如何推动经济高质量发展？

表现性学习任务——整体设计
单元话题："宿"说乡村振兴

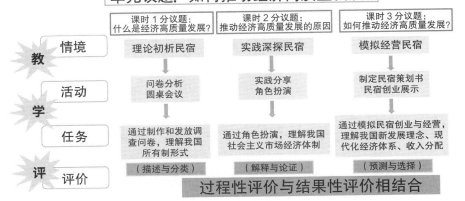

情景通过提升学习任务的真实性进而改善学生学习参与情况，对于学习情景的设计而言，主要包括学生角色、特定作品或者表现以及作品或者表现的受众。以本节课为例，各部分安排如下：

要素	调查问卷、角色扮演、模拟经营
学生扮演角色	准备创业的青年民宿经营者、民宿消费者
挑战、目标	完成问卷调查，了解掌握经营者与消费者矛盾、模拟经营民宿发展情况
表现、作品	对结果整合制作 PPT、情景剧展示表演
受众（对象）	怀柔区民宿经营者、班级其他同学、年级其他学生和消费者

二、表现性课堂教学结构

表现性课堂主要是从知识的形成过程走向知识的运用过程，本课以学科大概念"如何推动经济高质量发展"为基础进行展开，主要包括获取信息、释义信息（去粗取精、去伪存真）、表现展示、评价结果。以本课为例：

（一）表现性任务 1 —— 获取信息

学生设计、制作、发放调查问卷，回收了对怀柔区 16 家民宿经营者和 96 个民宿消费者的调查问卷，了解怀柔区民宿发展情况。在此基础上对学生所在乡镇民宿经营情况进行实践调研。

北京市怀柔区民宿经营者调查

第1题：您的年龄是 [单选题]

选项 ⇕	小计 ⇕	比例
18-29	7	43.75%
30-49	9	56.25%
50以上	0	0%
本题有效填写人次	16	

第2题：您的月收入 [单选题]

选项 ⇕	小计 ⇕	比例
5000以下	6	37.5%
5000-10000	4	25%
1-5w	3	18.75%
5w以上	3	18.75%
本题有效填写人次	16	

第3题：您来自哪里 [单选题]

选项 ⇕	小计 ⇕	比例
本地居民	16	100%
外来经营者	0	0%
本题有效填写人次	16	

第4题：您经营民宿多少年了 [单选题]

选项 ⇕	小计 ⇕	比例
1年及以下	6	37.5%
2-3年	3	18.75%
4-6年	5	31.25%
7-9年	0	0%
10年以上	2	12.5%
本题有效填写人次	16	

第5题：您经营的民宿性质 [单选题]

选项 ⇕	小计 ⇕	比例
连锁经营加盟	1	6.25%
合伙经营	3	18.75%
集体经营	1	6.25%
私营	11	68.75%
本题有效填写人次	16	

第6题：您经营的民宿范围 [多选题]

选项 ⇕	小计 ⇕	比例
餐饮	8	50%
住宿	15	93.75%
农产品销售	7	43.75%
休闲娱乐	11	68.75%
手工艺品	0	0%
其他	1	6.25%
本题有效填写人次	16	

第7题：您民宿的主要营销方法 [多选题]

选项 ⇕	小计 ⇕	比例
微信朋友圈	13	81.25%
微信公众号	5	31.25%
携程 小红书 抖音等第三方app	12	75%
借助旅游文化节宣传	3	18.75%
其他	4	25%
本题有效填写人次	16	

第9题：你希望在民宿经营中获得哪些帮助 [多选题]

选项 ⇕	小计 ⇕	比例
政策扶持	14	87.5%
资金支持	12	75%
技术和培训支持	13	81.25%
外出参观学习	7	43.75%
其他	3	18.75%
本题有效填写人次	16	

第10题：您认为在民宿经营中遇到的主要困难是 [多选题]

选项 ⇕	小计 ⇕	比例
缺人员	7	43.75%
缺技术	6	37.5%
缺特色	8	50%
缺政策 审批程序太严格	7	43.75%
缺资金 项目补贴少	9	56.25%
缺场地 用地受到制约	6	37.5%
经营氛围不好 竞争激烈	6	37.5%
遇到困难求助没人管	6	37.5%
相关法律法规不够完善	8	50%
硬件设施不够完备	5	31.25%
本题有效填写人次	16	

第8题：平均每天住房率是多少 [单选题]

选项 ⇕	小计 ⇕	比例
30%以下	3	18.75%
30%-50%	10	62.5%
50%-70%	1	6.25%
70%以上	2	12.5%
本题有效填写人次	16	

对应任务：什么是经济高质量发展？

设计问题：发展民宿产业对怀柔经济有何影响？

（二）表现性任务2──释义信息、 表演展示

学生以小组为单位，对调查问卷和实践调研结果进行提取和加工，进而创设情景剧，A组饰演消费者，B组饰演经营者，共同展示二者之间的矛盾。

对应任务：为什么要推动经济高质量发展？

设计问题：怀柔区民宿产业发展有何痛点？

（三）表现性任务3 表演展示 —— 评价

分组制作民宿企业策划书，模拟民宿经营并进行展示。

对应任务：如何推动经济高质量发展？

对应问题：制作民宿企业策划书，思考如果毕业之后回怀柔创办民宿，你会创办什么样的民宿。

三、表现性评价

表现性评价要与课程标准、学习目标（单元和课时）相一致。传统的评价主要通过考核或考查等简单的纸笔测试或简单性问答为依据，大部分学生达到的目标层次只是知道、领会，有一小部分学生可以应用、分析；而表现性评价主要通过形成产品或表现以及建构性回答等内容来评价学生是否实现分析和应用的目标，旨在对学生进行综合评价。

表现性学习任务的起点是学生需要学习的东西。教师向学生交代学习意图（学生学习什么）及成功标准，以使学生进入学习过程。传统课堂经常会忽视成功标准的设定。以本课为例，可以制作相关的表现性评价表，设置成功标准。

（一）制作民宿企业策划书任务评价表（递进式）

1	制作、提交民宿企业策划书，版面为 A4；制作、提交 PPT
2	分四部分撰写和制作，分别为项目综述、市场分析、经营方式及营销策略、团队管理
3	提交小组成员明确具体的分工名单

项目综述（递进式打分）	
0.5	介绍大环境现状和行业现状
1.0	用书面语呈现行文流畅的、递进的、分段的项目综述
1.5	依照前期调查问卷内容和实地调研情况，介绍怀柔区民宿产业市场需求

（二）制作民宿企业策划书（递进式打分）

市场分析（递进式打分）	
0.5	介绍怀柔区民宿产业供给情况与价格
1.0	分析怀柔区竞争对手营销推广渠道、销售额及市场占有率
1.5	分析你所经营的民宿的目标市场，对民宿消费者进行细分

经营方式及营销策略（递进式打分）	
0.5	清楚分析企业优势和劣势，运用线上或线下模式营销
1.0	分析优势时能运用创新、协调、绿色、开放、共享中相关的新发展理念，并进行线上+线下模式营销
1.5	介绍供给侧结构性改革和转变民宿经济发展方式

管理团队（递进式打分）	
0.5	分析企业内部环境、人才、财务、生产、研发等条件
1.0	结合统编版《思想政治 选择性必修 2 法律与生活》中"就业与创业"中的创业步骤，介绍经营主体、企业名称、组织结构、企业文化等相关内容

（三）模拟民宿经营评价表（递进式打分）

小组合作	
0.5	小组分工合作，制作 PPT 并进行展示
1.0	合作过程中有小组成员分工明细，如查阅资料、解读问卷、实践调研、制作 PPT、汇报 PPT 等
小组展示	
0.5	结合策划书内容制作 PPT 并进行展示，展示时语言通顺、举止大方、完成顺利
1.0	介绍过程中关注台下同学反应、与台下同学有互动
知识体现	
0.5	能体现统编版《思想政治 必修 2 经济与社会》中创新、协调、绿色、开放、共享等新发展理念
1.0	能体现统编版《思想政治 选择性必修 2 法律与生活》中"就业与创业"中的创业步骤、经营主体、企业名称、组织结构、企业文化等相关内容

在完成每一项表现性学习任务评价后，最后组织学生进行综合性评价，引导学生思考："我做得如何？""我是怎样做的？""我有什么收获？""何处需要改进？""如何入手改进？"引导学生完成学习日志：设定自己的学习目标并对自己的成功作出预测；选择适当的学习策略以支持自己达到成功标准；对照成功标准评估自身的进展并根据需要作出调整，通过回答三个大问题："我将去往哪里？""我如何去？""我下一步去往哪里？"进行自我调节学习。

教师也需要进行自我反思，如我是否创设了具有真实性、趣味性的情景？是否设计了具有功能化、序列化的活动？是否设计了具有适切性、导向性的任务？是否能引导学生完成一体化、多元化的评价？最终形成教师的教学、学生的学习以及综合评估的一体化。

教师简介：

李欢欢，怀柔区骨干教师。她曾荣获北京市新任教师"启航杯"教学风采展示活动一等奖、怀柔区连续两年基本功大赛一等奖、北京市基本功大赛二等奖、怀柔区"京教杯"教师风采展示活动一等奖。其课曾被评为市级"优课"。她荣获市区级奖项 30 余项，参与重点课题，多次承担市区级公开课，指导学生获得北京市中学生科学建议奖励等多项奖励。

浅谈高中思想政治学科议题式教学设计策略

张燕妮

摘　　要：高中思想政治课的议题式教学是在《普通高中思想政治课程标准（2017 年版 2020 年修订）》颁布以后新出现的一种教学模式，虽然符合思政课活动型课程的要求，但实施起来仍存在很多问题。教师把握好议题式教学设计的各组成部分，才能真正让思政课的议题式教学取得较好的成效，发挥应有的作用。

关键词：思想政治课　议题式教学　设计策略

教育部《普通高中思想政治课程标准（2017 年版 2020 年修订）》中，明确了思想政治学科的基本理念是构建以培育思想政治学科核心素养为主导的活动型学科课程。如果说课堂是教学的主阵地，议题式教学这种方式则是精确打击目标的有力武器。若想实施好议题式教学，则要思考、分析议题式教学的构成要素，推动教学的实施。

一、理论依据

（一）心理学依据

儿童心理学家皮亚杰认为，儿童的道德发展是一个由他律逐步向自律、由客观责任感逐步向主观责任感的转化过程。他将儿童的道德发展划分为四个阶段。在"可逆性阶段"或初步自律道德阶段，儿童的思维具有了守恒性和可逆性；在"公正阶段"或自律道德阶段（10~12 岁），儿童的公正观念或正义感得到发展，道德观念倾向于主持公正、平等。SOLO 分类理论则是根据皮亚杰的儿童道德发展阶段理论发展而来的，该理论认为任何学习结果的数量和质量都是由学习过程中的教学程序和学生的特点决定的。它根据学生的已有知识结构、学习的投入及学习策略等多方面的特征，呈现出从具体到抽象，从单维到多维，从组织的无序到有序的过程。10~12 岁的孩子，思维呈现多点结构，需要通过交流讨论促点成线；13~15 岁的孩子思维呈关联结构，即点与点之间形成线，但横向的线与线之间很难形成面，需要通过交流讨论合作促线成面；高中的学生（16 岁以上）思维呈抽象关联结构，则可通过交流讨论合作促面呈网。虽然从心理学的角度来看，学生可以对相关教学内容形成自己的逻辑，但有一些内容，仍需要教师通过教学引领学生找到知识的关联点。

（二）政策性依据

2019 年 8 月，中共中央办公厅、国务院办公厅印发的《关于深化新时代学校思想政治理论课改革创新的若干意见》指出，思政课的课程目标为小学阶段启蒙道德情感、初中阶段打牢思想基础、高中阶段提升政治素养、大学阶段增强使命担当。要遵循学生认知规律设计课程内容，体现不同学段学生学习的特点，研究生阶段重在开展探究性学习，本专科阶段重在开展理论性学习，高中阶段重在开展常识性学习，初中阶段重在开展体验性学习，小学阶段重在开展启蒙性学习。

二、议题式教学设计的构成要素分析

议题式教学主要由情景、议题、学生活动和任务四个部分组成，这些部分是相互渗透、密不可分的，共同构成一个整体。那到底应该如何进行这几部分构成要素的设计呢？笔者认为应从以下几方面着手：

（一）立足实际创设情景

情景是议题式教学的核心，议题的设计、学生活动的开展和课堂任务都应该围绕情景展开。因此，高中思政课教师如果选择议题式教学，首先就要创设好情景。情景创设直接影响学生学习活动的效果。若情景创设合理，学生则可围绕情景分析、理解材料，归纳知识，生成结论；反之，若情景创设不合理，则无法培养学生的思考探究能力，教师也无法完成教学目标，甚至可能引导学生去往错误的方向。

一个好的情景应具有时代性。当今学生所处的时代，是一个极具变化、丰富多彩的时代，对于高中思政课教师来讲，每一天都是新的一天，每一堂课都是新的一课，教师需要在不断更新的时事中筛选符合教材内容、符合学生身心发展状况、反映时代脉搏的情景并设置相关议题，因此需要花更多的精力和时间在备课上，这给工作本就繁重的教师们带来很大挑战，同时也给备课组、教研组提出了新要求。一个好的情景创设还应该是典型的、有针对性的，应从学生的生活实际及身心发展状况出发，不宜过于晦涩难懂，否则会导致学生产生抵触心理，影响其探究的积极性；亦不宜设计得过于简单，学生处于浅层学习状态，无法达到探究的目的。难度适中、符合教材内容、以学生喜闻乐见的方式呈现价值导向正确的情景，方为典型、有针对性的情景。

（二）"书实"结合设置议题

议题要围绕情景和教学内容进行合理设置。普通高中思想政治课程标准中指出，本课程力求构建学科逻辑与实践逻辑、理论知识与生活关切相结合的活动型学科课程。为了帮助学生归纳知识、生成结论，议题的设置必须结合创设的情景，关照本课的教学重难点，将教材内容与具体的生活实际相结合，以促使学生分析出结论。比如，在讲授《思想政治 必修2 经济与社会》中企业的相关内容和《思想政治 必修4 哲学与文化》中发展观的内容时，可结合学生的生活实际和课本内容，以"'北冰洋'公司如何实现发展"为议题，让学生明确课堂内容指向，更有针对性地完成学习任务。这既突出了思政学科的综合性，贴合了社会热点问题和现象，引导学生关注社会生活，培养学生用哲学知识分析事物、问题的能力，引导学生树立正确的价值观；又以"'北冰洋'品牌重回市场"为例，帮助学生树立辩证思维，培养了学生的科学精神和政治认同的核心素养。

（三）充分调动参与活动

围绕情景和议题开展合作探究或自主探究活动是议题式教学的重要构成要素，也是以学生为主体，最终达成教学目标生成结论的关键环节。情景的创设、议题的设置，是教师作为主体的前期准备工作，而学生围绕情景与议题开展探究的过程，则是以学生为主体理念的体现。教师在此过程中并不需要干涉过多，只需在必要时稍加引导即可。通过学生探究活动这个环节，可以激发学生的学习积极性，促进学生转变学习方式。在合作学习和探究学习的过程中，有利于学生培养合作精神、创新精神，提高解决问题的实践能力。例如，在讲授企业如何实现发展这个问题时，让学生小组合作开展探究，从汽水味道、销售渠道、商标、产品种类、公司规模几个维度出发，为拿回商标权的"北冰洋""重回江湖"出谋划策。通过辨析与评价，理解哲学中辩证否定的革命批判精神，帮助学生树立辩证思维，提升科学精神的学科素养水平。

（四）根据规律设计任务

任务能够增强课堂教学效果，助力议题式课堂活动的开展。任务设计得是否合理，决定了课堂教学目标能否实现以及课堂质量的好坏。任务设计合理，能够激发学生的积极性，充分发挥其意识的能动作用，更好地达到议题式教学的课堂效果。思想政治学科的基本理念是构建以培育思想政治学科核心素养为主导的活动型学科课程，要着眼于学生的真实生活和长远发展，使理论观点与生活经验、劳动经历有机结合，同时要尊重学生身心发展规律。因此，在设计议题式教学的任务时，应依据教材内容和学生的生活实际，设计的任务要符合学生的认知发展状况和规律。

三、结语

议题式教学在高中思想政治教学过程的应用中，尚处于不够成熟的阶段，思政课教师对于运用议题式教学也尚未达到得心应手的程度。因此，还需教研组推动，教师主动迎难而上接纳新事物，并将其运用到自己的课堂中。由此推动教学相长，落实思政课活动型课程的理念。

参考文献

[1] 陈录生. "道德发展阶段论"与我国儿童道德认识发展规律[J]. 心理学探新，1989（3）：54-60.

[2] 中华人民共和国教育部. 普通高中思想政治课程标准（2017年版2020年修订）[M]. 北京：人民教育出版社，2020.

教师简介：

张燕妮，硕士研究生，中学一级教师；教学风格幽默风趣，亲和力强，与学生相处融洽，是学生们信任的"妮儿姐"。她善用学生身边及生活中的事例，将难懂的课本知识以轻松通俗的方式传授给学生。

传统文化的洗礼

郭志新

摘　要： 校本课程建设是每一个学校办学特色的集中体现。优秀传统文化是中华民族传承的基因密码，是中国式现代化中教育现代化的基本底色。北京市第一〇一中学怀柔分校的校本课程建设是一个系统工程。本文以课例《春节情　中国梦》为例，对如何上好校本主题课进行了深入浅出的介绍。

关键词： 传统文化　家国情怀　春节

习近平总书记说过，"在五千多年中华文明深厚基础上开辟和发展中国特色社会主义，把马克思主义基本原理同中国具体实际、同中华优秀传统文化相结合是必由之路"。马克思主义基本原理同中华优秀传统文化相结合是"又一次的思想解放，让我们能够在更广阔的文化空间中，充分运用中华优秀传统文化的宝贵资源"。因此，开展传统文化主题课很有必要。我们的节日文化校本课程建设就是传统文化教育功能的基本载体。下面结合《春节情　中国梦》课例谈谈我的思考。

一、课程主题的确定

在节日体系中，春节无疑是节中之节，最能彰显家国情怀。另外，从学情出发也必须选择春节。在中国的传统节日中，同学们对春节最熟悉，对春节的感情最深，春节的影响已经浸润到他们幼小心灵的每一个角落。春节所蕴含的内在张力早已存在，所需要的就是通过这样的课把它激发出来。综合考虑各方面的因素，我确定了本课的主题为"春节情　中国梦"。中国的传统节日自成体系，涵盖了古代中国人文精神的多个层面。人文精神的体系如一棵参天大树，爱国主义无疑是这棵大树的根，而家国情怀就是这棵大树的主干。实践证明，我的这个选择是正确的，同学们关于春节的认知得到了升华，实现了在新高度上对春节的认知进行重新建构。

二、课程价值的定位

从某种意义上来说，春节就是中华木铎。以往对春节的价值定位就是一个传统节日、一个农业社会的习俗，这不免流于狭隘。在中华民族发展的历史长河中，春节穿越了石器时代、青铜时代、铁器时代、蒸汽时代、电气时代、信息时代，一直温暖着我们的心灵，呵护着民族的灵魂！春节是承载着中华民族精神的衣钵。家国天下、苍生情怀由中华民族血脉相传、一以贯之，是中华民族生生不息的内在原因。中华民族精神是个人命运与家国天下苍生命运的结合，春节就是传承这种精神的木铎。因此本课的价值定位是春节是家国情怀的集中体现！

　　本课抓住了春节所蕴含的家国天下这一大情怀的同时，把握住了以情动人的原则。同学们在体验中感悟，在感悟中升华，在春节文化的洗礼中进一步提升了自己的家国情怀。我们不是为了过春节而过春节。过春节的终极目的是亲人之间的团圆，是友人之间的相互关爱。一句话，亲情友情家国情，进而升华为天下一家的大情怀。所以，本课的核心任务绝非要讲清楚春节方方面面的来龙去脉，也不是非要弄清楚春节的林林总总和枝枝蔓蔓，而是要粗线条地、宏观地了解春节的历史沿革和活动流程。客观地说，这也不是主要的，最主要的是重温春节的记忆，在体验感悟的基础上重新建构对春节所蕴含的家国情怀的认识。对春节重新认识的新高度是以重温春节为前提的。注意，这种新建构不是教师空洞的说教，而是在学习过程中激发出来的。因为这种家国情怀的情感本身就已经存在于学生的心灵之中了。本节课的使命就是让同学们自己发现他们身上家国情怀这个"隐形的翅膀"。所以，我在这节课上的角色定位就是"摆渡人""播火者"。可喜的是，这样的初心变为了现实。其中，有的同学对春节为什么回家过年的解读让听课的师生为之动容；有的同学对于春节今天现实意义的肺腑之言让我深受触动；有的同学的发言是回味、体验、感悟、升华、建构之后饱含家国情怀的历史解释。本节课的顺利开展使他们的思想迸发出这样璀璨的火花，这个结果既是意料之外，也是情理之中。因为这节课真正做到了让优秀传统文化的精髓对同学们的灵魂进行深情的抚摸。同学们也发现了自我，发现了内心深处深沉的博大之爱，从而唤醒了同学们对祖国文化的自信心，加固了同学们对祖国的认同感。

三、学习材料的选择

　　没有规范的教材虽然给课程的实施带来了困难，但同时又给课程的实施提供了广阔的天地。新课标也鼓励教师开发学习资源。因此，在选择材料时，我依据以下原则进行材料的取舍。第一，要贴近学生，贴近生活。例如，我提供的学习材料中，既有文字材料如清代孔尚任有关春节习俗的诗，又有央视传统文化公益广告中的桥段。诗词的可读性比较强，符合学生的生理年龄特征，而央视的公益广告同学们更是喜闻乐见。这类材料的选择为本课的学习做好了成功的铺垫。第二，形式要多样。形式多样的材料会使同学们的思维始终处于活跃状态，避免了思维的疲劳。同学们自觉地体验、感悟、升华、建构，让学习真正地在课堂上发生。第三，材料一定要符合本课的主题。本课的课眼是情，本课的主题是家国情怀。因此，在选择材料时，我煞费苦心，进行了一番斟酌。有很多材料我都忍痛割爱了。例如，在学习春节习俗时，历代留下的精彩诗词不少，我为什么最终选择了孔尚任的诗呢？因为它叙述的春节习俗比较具体，而且年代和我们现实距离比较近，写得通俗易懂，又渗透着浓浓的家国情怀，通过典型社会现象反映春节深刻内涵。回家过年是每年中国春节的主旋律之一。因此，我在教学中抓住了这个特征，补充了视频文字材料，使学习内容更加丰满。春运人口大迁徙是中国奉献给世界的奇观，回家过年最能诠释春节所蕴含的家国情怀，很具有典型意义。在即时探究的过程中，同学们既看到了春节的家国情怀，又提高了自身的历史学科核心素养，更提高了运用历史理解现实的能力。这是对同学们终极的人文关怀。一节课的材料选择只有围绕主题，按照认知逻辑、学习逻辑、知识逻辑进行的组合，才能达到最好的课堂效果。

四、彰显学科特色

本节课是传统文化专题课，但是听课老师一致认为，这是一节历史课。北京著名历史教育专家叶小兵老师讲过，历史教学的立意要高，每节课都要有点儿"上位"的东西。我理解叶老师的意思，按照三维目标来说，就是要注重情感、态度和价值观的落实；按照学科素养来讲，就是要注重历史学科"家国情怀"核心素养的落实。梁实秋、林语堂都是学界泰斗，但是鲁迅在近代文学史上的光彩最夺目，原因就在于鲁迅的作品是与国家民族的命运相结合的。杨万里、陆游的作品在当时难分伯仲，但是，随着岁月的洗涤和时间的沉淀，陆游终究领先一步，我想原因就在于陆游诗词的意境是站在家国天下高度的。本课浓浓的家国情怀就是最深沉的历史学科特色的体现。风花雪月是风景，儿女情长是风景，但是这些风景在以身许国的大风景面前就显得缺少了点儿什么。在武侠小说世界里，有许多扶危济困的侠客，但是这些侠客在那些为国为民的侠客面前还是低了半个头，也就是我们常说的"侠之大者，为国为民"！所以本课确定的家国情怀目标就是追求历史学科特色的目标。

本课从历史学科的角度对春节文化进行了深入的解读，教学过程浑然一体，均运用了历史的方法。例如，运用时空观念，既考虑到了时间的观念，又考虑到了空间的观念。从时间观念来看，介绍了每个习俗从历史到当下其内在的传承；从空间观念上来说，呈现了中国不同地域春节习俗的差异性；最后，归结到虽然有小差异，但是都保持了一致的家国情怀。在理解春节习俗时运用了史料实证的策略，把孔尚任的诗与同学们自身的春节体验相结合。相得益彰，整体逻辑严密。学习内容的第三部分是中华木铎，开始的时候用的是这个名称，后来改为了"回家过年"。在试讲的时候，我发现不用中华木铎就不能彰显出春节的真正价值，就不能完全体现春节本身所具有的巨大凝聚力。因此，采用此标题更充分地体现了本课的学科特色。在注重培养学生历史学科核心素养的同时，对学生进行社会主义核心价值观的渗透，人间大爱、家国情怀是本设计高扬的旗帜。

五、"穿越"点亮了历史新课堂

课上，春节实现了古今"穿越"。例如，在燃放爆竹的环节中，我准备了两幅图片，一幅图片是今天小孩放爆竹的传神图片，另外一幅是从古代画作中截取的烧竹子过新年的图片。这两幅图片就把燃放爆竹千年的传承和变化清晰地呈现在同学们面前，体现了时间的"穿越"。同时，课堂上又有空间的"穿越"。例如，同学们过年时的情景与课堂上的情景交相辉映，浑然一体。视频把诸多的场景串联在一起，不同的空间，不同的人生，五味杂陈才是真实的生活。后来，我听了别的学科老师关于节日的专题课，我觉得也可以实现学科的"穿越"。例如，对于春节习俗全国"大一致、小不同"的解释，借助其他学科进行解读效果就不错，如用地理学科的各地农产品分布不同解读各地春节食物的不同，用全国气候的不同解读哈尔滨春节看冰灯，北京看花灯，广州看花展的现象，就会言简意赅、事半功倍。总之，这些不同的"穿越"，点亮了历史新课堂。

五千多年来，薪火相传，春节是中华民族心灵的驿站，是中华儿女情感的港湾。"中国式现代化赋予中华文明以现代力量，中华文明赋予中国式现代化以深厚底蕴。中国式现代化是赓续古老文明的现代化，而不是消灭古老文明的现代化；是从中华大地长出来的现代化，不是照搬照抄其他国家的现代化；是文明更新的结果，不是文明断裂的产物。中国式现代化是中华民族的旧邦新命，必将推动中华文明重焕荣光。"所以，学好优秀传统文化主题课，理解春节等优秀传统文化背后的内涵很重要，尤其是对于现代的同学们！

教师简介：

郭志新，现为怀柔区初中历史学科带头人。曾荣获怀柔区先进教育工作者、区级优秀班主任等荣誉称号。课例曾获全国历史教学年会一等奖；入选教育部基础教育精品课；获得展现党的十八大以来成就的精品课市级一等奖等多个奖项。

优化课堂教学问题设计　提高课堂效率

——以国共十年对峙时期教学为例

郗春花

摘　要： 随着《中国高考评价体系》的出台，高考命题理念从"知识立意""能力立意"向"价值引领、素养导向、能力为重、知识为基"转变。高中历史教学如何在课堂教学中对接新高考的要求，如何在这个过程中落实核心素养，如何最大效益地提升课堂教学质量，一系列问题都需要在实践中探索。

关键词： 问题设计　核心素养　主干知识

临近高三，我们都关心备战高考要关注什么，从高考评价体系的"一核四层四翼"以及高考历史考试大纲中我们可以总结出，高考关注的是主干知识、关键能力和核心素养。主干知识是历史上的重大事件、重要概念，这是所有试题命制的依托；关键能力是建立在主干知识和核心素养的基础上，对问题进行技术分析、最终转化为书面表达的能力，它包括获取和解读信息、调动和运用知识描述和阐释事物、论证和探讨问题的能力；核心素养简单地说就是分析问题、解决问题的能力、品格和价值观。这些涉及了学生应对高考必备的三方面，缺一不可。在平时的教学中，主干知识是我们在课堂教学中经常强调的，那关键能力怎样培养呢？核心素养如何落地呢？

杜威认为，思维的实际运作方式总是围绕一定的问题而展开，"问题决定着思维的目的"。因此课堂教学中由教师抛出问题，学生依据问题进行深刻的思考并着手解决的过程，可以很好地锻炼学生的思维能力。基于教学实践，本文以 1927—1937 年国共十年对峙时期的教学设计为例，探讨在新一轮教学改革下的高中历史教学中，用问题教学法落实关键能力和核心素养培养的一点思考。

一、依托主干知识，落实关键能力的问题设计

问题设计要基于教学立意，教学立意要围绕历史主线。从宏观上看，中国近代民主革命的主线是：以中华民族对外反抗帝国主义侵略，对内反抗独裁统治的救亡图存为主线，突出中国共产党领导的新民主主义革命斗争。从宏观角度理解这一时期的主线后，下一步就要从微观的角度去细看 1927—1937 年的中国历史，再结合课程标准对这部分历史的要求，整合当前版本教材内容，根据《历史必修中外历史纲要（上）》第 21 课《南京国民政府的统治和中国共产党开辟革命新道路》和第 22 课中"局部抗战"一目，结合

教材的内容提出以下三个基本问题:

（一）此期间日本的侵华史实有哪些?

（二）概述国民党的统治情况。（从政治和经济两个方面）

（三）中国共产党的革命新道路和新局面是如何开辟的?

这样的整合设计是基于在国共十年对峙时期,中国社会的主要矛盾是变化的。因为1935年以后,日本侵华带来的民族危机逐步超过中国社会阶级矛盾,民族危机占据主导地位,在矛盾变化下,再来观察和思考国共的政策调整,学生就很容易理解。所以整合的目的不是堆砌知识,而是借助这样的方式构建历史发展的线索,从中理解和认识历史。

可参考的线索为:

（一）日　本: 1931 年 9 月 18 日　　侵略东北

　　　　　　　1932 年 1 月 28 日　　进攻上海

　　　　　　　1935 年　　　　　　　华北事变

　　　　　　　1937 年 7 月 7 日　　全面侵华

（二）国民党: 1. 政治上: 二次北伐,形式上统一中国

　　　　　　　　　　　　　攘外必先安内:"围剿"中国共产党

　　　　　　　　　　　　　内部分化: 西安事变

　　　　　　　 2. 经济上: 国民政府前十年,民族资本主义经济迅速发展

　　　　　　　　　　　　官僚资本主义经济初步形成

（三）中国共产党: 1. 探索新的革命道路:

　　　　　　　　　　　　模仿苏联,以城市为中心,损失惨重。

　　　　　　　　　　　　以农村为中心（井冈山道路）逐渐发展壮大。

　　　　　　　　 2. 反"围剿": 长征,遵义会议

　　　　　　　　 3. 政策调整:"八一宣言",瓦窑堡会议,主张和平解决西安事变

这三个问题之中,中国共产党革命新道路的开辟是重点也是难点,为了便于学生理解,我增加了如下史料:

材料一

大革命失败后,以毛泽东为代表的中国共产党人历经艰难探索出了革命新道路,但是在一段时间里并没有被党中央认可和重视,反而遭到中央的点名批评。1930 年 6 月 9 日召开的政治局会议上,主张城市中心论的李立三就点名批评了毛泽东。他说:"在全国军事会议中发现了妨碍红军发展的两种障碍:一是苏维埃区域的保守观念,一是红军狭隘的游击战略。最明显的是四军毛泽东同志,他有整个的路线,他的路线完全与中央不同。"

——刘宝东《从城市到乡村——中国特色革命道路的开辟及意义》

材料二

毛泽东发现农民们可以动员起来，甚至能够夺取城市……因此，他找到了信心，认为中共是能够生存和发展下去的，只要在一个地区内有人力和粮食支持战斗，发展自己的武装力量。1931年，以毛泽东为主席的"江西苏维埃共和国"就成了这一努力的榜样。

——费正清《伟大的中国革命》

设计问题：

第一问：据材料一，指出大革命失败后，关于中国革命的道路党内出现了怎样的不同观点？简析支撑各自观点的主要依据。

第二问：据材料二并结合所学知识，概括毛泽东为实现"生存和发展"的实践举措，简评其对中国近代革命的深远影响。

第三问：综合上述材料，简析中国革命道路成功的深层次原因。

这样就用三个问题把教科书中的简单结论化的叙述转化为一系列关联的问题。第一问据材料一可知，毛泽东的观点是农村包围城市，武装夺取政权；李立三的观点是城市中心论。结合所学知识可以总结出毛泽东的依据是：汲取南昌起义等失败教训，半殖民地半封建的国情，井冈山等农村革命根据地成功实践；李立三的依据是苏联城市起义的成功经验、共产国际的指示、马克思列宁主义的经典论述。第二问联系所学可知，毛泽东为实现"生存和发展"的实践举措为开展土地革命，实行武装斗争，进行根据地建设。其深远影响是取得了新民主主义革命的胜利，建立了新中国。第三问，综合上述材料分析得出中国共产党革命道路探索成功的原因是马克思主义基本原理与中国国情相结合，以毛泽东为首的中国共产党人一切从实际出发、从国情出发实现了道路创新。本课的难点就在回答这三个问题的过程中迎刃而解了。

在教学中，单个历史事件的线索按照事件的要素去整理，通常会很清晰；但更多的时候历史事件和历史现象是相互交织出现的，要厘清线索则要难一些。主干知识讲解完成之后，要让学生形成知识体系和时空观念，还需要再配合一个练习：在时间轴上标出三方力量的主要事件，这个梳理也可以用思维导图的方式呈现，重点在于突出主干知识，体会知识点之间的联系。

二、借"题"发挥，落实核心素养的问题设计

在历史课堂教学中，学生从宏观上掌握了这一阶段的基本史实、基本线索后，教师可引导学生依据材料进行深度学习，以问题为引导，落实课标要求，突破重难点；学生在解析史料和回答思考题的过程中，历史学科核心素养便从云端着陆，真正落到了实处。所以这里的问题设计至关重要，为了达到教学实效，问题必须结合教材、课程标准，根据学生的实际水平来制定，且问题必须具有引导性，这样才能发挥问题最大的效果。在题海中，精心打磨的高考试题是我们借"题"发挥的主要参考。例如，2021年山东卷的

高考题节选：

足　迹

中国共产党领导新民主主义革命走向胜利的征途中，在各地留下了光辉的足迹。

根据材料并结合新民主主义革命的史实，以"足迹"为题写一则历史短文。

这道题属于开放性试题中的历史写作题。题目所设定的范围和主题，主要是新民主主义革命的"足迹"，也就是中国共产党在上述中的瑞金、遵义、延安、西柏坡、北平这五个地点所进行的革命活动历程或者决策给近代中国历史带来的伟大影响。结合本课教学内容，把时间限定在 1927—1937 年进行考查，通过对这段时空地图的深入思考，可以考查学生的主干知识掌握情况，进而培养学生的历史思维能力，落实历史解释和家国情怀等学科素养。学生能够通过史实叙述最终体会到中国共产党在各地留下的光辉足迹，是中国共产党带领人民排除万难、领导新民主主义革命逐步走向胜利和实现民族独立的历史见证。

另外 2021 年全国乙卷的第 42 题，改编后，问题可设计为：如图是中国共产党建立至中华人民共和国成立间部分重要会议示意图。从图中选出 1927—1937 年的两次会议，根据材料并结合所学知识，简析两次会议间中国共产党的发展，并说明其原因。这道题也属于开放性试题，考查考生发现问题、分析问题和解决问题的能力，同时渗透了时空观念、历史解释、家国情怀等历史学科核心素养。可以提取的观点是：从八七会议到遵义会议，中国共产党逐步走向成熟。学生需要结合所学，即党的代表大会的主要内容和当时中国革命的形势及其发展，来分析论证上述观点的正确性；最后，升华或者深化自己的观点。根据题干，也可以做其他的改编，如根据材料并结合所学知识，说明中国共产党召开蕴含的转折性意义的重要会议。

提升课堂教学的有效性是一切教学改革的重心所在。教师在教学设计中以有效的问题设计为引擎，通过不同层次的设问，设计成指向教学目标的问题链，以一个完整的问题链的方式进行结构的调整、重组。在教师的引导下，学生通过思考、探索、交流等方式，对材料加以辨析，从而形成自己的判断和表述，不仅培养了论从史出的能力，也使其思维活力得到训练；同时培养了史料实证和历史解释的核心素养，也加深了学生对问题的理解。核心素养在学生积极参与分析问题和解决问题的过程中潜移默化地落地了，所谓学生的学习也真实发生了，这将为学生的终身学习、全面发展打下坚实基础。

参考文献：

［1］中华人民共和国教育部．普通高中历史课程标准（2017 年版）［M］．北京：人民教育出版社，2018．

［2］徐蓝．关于历史学科核心素养的几个问题［J］．课程·教材·教法，2017（10）：25-34．

［3］徐蓝，朱汉国．普通高中历史课程标准（2017 年版）解读［M］．北京：高等教育出版社，2018．

教师简介：

郗春花，教育硕士，中学高级教师，骨干教师。

科技创新 强"农"有我

李江南

摘 要：本单元课程内容与生物、历史、美术有密切的联系。在本单元的第一课时部分，学生认识中国农业时，带领学生了解农业的含义及农产品，进而了解主要的农业部门，并引导学生制作中国农业分布地图，借助美术工具，直观地让学生感受到各地的农业类型的不同，同时让学生感受农业在生活和生产中的重要性。在第二课时部分，结合科学技术、水利工程原理与应用等物理知识探究南水北调、都江堰、三峡大坝等水利工程技术，以及人工育种、无人机播种、智慧农业、机器检测农作物长势等科学技术在中国农业生产中的应用，引导学生认识我国因地制宜发展农业经济的途径，弘扬我国科学家无私奉献、热爱祖国、开拓创新的精神。

关键词：农业 分布 科技强国 科学家精神

一、教材版本及章节

人教版教材地理八年级上册第四章第二节农业。

二、课标要求与分析

借助地图和相关资料，举例描述中国农业、工业等生产活动的分布，并用实例说明科学技术在产业发展中的重要作用。引导学生描述中国不同地区的主要地理特征，比较区域差异，从区域的视角说明人类活动与自然环境和资源的关系，使学生初步形成因地制宜的发展理念。

三、单元指导思想与理论依据

初中地理在强调区域性和重视人地关系的学科逻辑中，始终贯穿着"学习对生活有用的地理"和"学习对终身发展有用的地理"理念。主题单元教学设计是落实课堂教学、培养学生核心素养、实现立德树人教育目标的重要支点。以农业为例，我们将其作为单元学习的主题，主要考虑两方面的原因：第一，在初中阶段的地理学习中，农业是区域地理中展示的各项地理环境组成要素里最常见的人类生产活动。以人教版七年级下册的世界地理和八年级下册的中国地理为例，两本教材包含的二十多个不同区域中，涉及区域农业生产特征介绍的超过一半，由此可见农业在初中地理教材中的重要地位。第二，农业在帮助中学生形成地理学科素养的过程中具备独特的价值。首先，农业受区域地理环境的影响明显，是区域各种自然环境要素综合影响的产物。探讨中国农业的主要部门和各区域代表农产品，能够以直观、感性的方式很好地帮助学生培养地理综合思维。其次，中国不同区域之间自然环境的差异所导致的农业生产方式的不同，是强化学生从区域视角认识地理环境的绝佳素材，能够提升学生的区域认知能力。最后，通过史料记载，让学生感受人类利用天时、地利以及克服不利自然条件发展农业生产的智慧，使学生深刻理解农业生产活动必须遵循的因地制宜和可持续发展的思想，这也是地理学科核心素养——人地协调观的重要体现。同时，以家乡农业生产的现状为例，让学生从科技强农的角度建言献策，助力家乡农业经济发展。这一方面落实了"学习对生活有用的地理"的理念，另一方面加深了学生热爱祖国、热爱家乡的家国情怀。

四、学情分析

初中学段的中学生，主要依靠感性认识地理事物，理性思维较薄弱，并且缺少从事农业活动的经验。这就决定了在学生们归纳中国各区域农业生产特点、探究影响我国农业生产特点的成因（自然因素和社会经济条件）前，也就是在本单元教学的起始阶段，非常有必要引导学生积累适量的与农业相关的直观材料，比如中国主要的农业部门、中国各地区代表性农产品、中国不同农业生产方式的分布图、中国粮食作物和经济作物的分布特点、中国各区域农业生产的特点等材料。

五、教学目标

如图 1 所示，本节课的教学思路主要为以下两部分：

（一）了解农业的概念，知道中国不同农业类型的分布情况。（综合思维）

（二）结合实例，说明水利工程技术和科学技术在中国农业生产与发展中的应用，认识到因地制宜发展农业的重要性。（人地协调观）

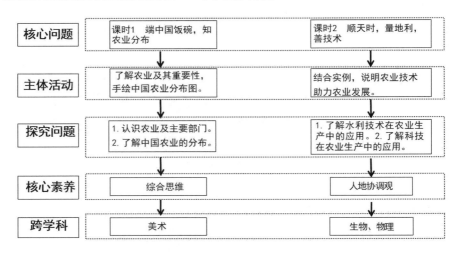

图 1　教学流程图

六、教学过程

（一）视频导入环节

课堂上先播放《美味的黄豆酱》视频资料，引导学生思考：黄豆酱的制作属于农业吗？什么是农业？农业又有哪些部门呢？通过学生自主学习，熟悉农业的概念，思考下列问题：1．农业的劳动对象与获得的劳动产品是什么？

2．农业的主要生产部门是什么？

3．领悟农业在我国国民经济中的重要地位，理解"只有农业实现了现代化，才能说中国实现了现代化"的内涵。

4．我国农业差异主要表现在哪些方面？

最后，通过共同总结，得到农业的部门主要包括种植业（在耕地上种植水稻、小麦、大豆等农作物的生产部门），林业（种植、养育、保护、采伐林木以及对树胶、松脂等林产品进行采集和加工的生产部门）、渔业（在水域中进行天然捕捞或人工养殖有价值的水生生物的生产部门）、畜牧业（靠放牧或饲养牲畜及家禽等而获得产品的生产部门）。

（二）辨分布

我国拥有约960万平方千米的陆地面积，广袤的陆地上分布着多种多样的地形，中国农业分布的东西差异主要表现为东耕西牧的特点，如表1所示。我国西部主要发展畜牧业，拥有四大牧区，种植业只分布在有灌溉水源的平原、河谷和绿洲；东部主要发展种植业，拥有三大平原。

表1　中国农业分布的东西差异

地区	农业部门	分布		
西部	畜牧业	_____牧区，_____牧区 _____牧区，_____牧区		
		界线：_____mm年等降水量线		
东部	种植业	_____和_____的平原地区		
	林业	天然林区：_____林区，_____林区 人工林区：_____林区		
	渔业	海洋渔业：_____地区 淡水渔业：_____地区		

如表2所示，中国农业分布的南北差异主要表现为南稻北麦的特点。中国南方地区与北方地区以秦岭—淮河一线为界进行划分，秦岭—淮河一线以北为北方地区，以南为南方地区，两地的耕地类型、作物熟制、主要农作物差异很大，其中种植的糖料作物主要表现为南甘北甜，油料作物表现为南油北花。

表2　中国农业分布的南北差异

地区		耕地类型	作物熟制	主要农作物
北方	东北			
	华北			
分界线		秦岭—淮河一线		
南方				

（三）走科技强农之路

通过展示走科技强农之路的必要性的图片（如图2），向学生提出问题，引导学生思考：中国用不足世界10%的耕地，养活了地球约20%的人口，这是如何实现的？并且，引导学生总结走科技强农之路的必要性，分享科技强农的实例，比如无土栽培、塑料大棚生产、现代化养牛场、现代化养鸡场、桑基鱼塘、机械化农田等，让学生了解中国农业的发展历程。

> 我国人多地少，随着生活水平的不断提高，人们对农产品数量和质量的需求也不断提高。

> 近年来，经济快速发展使得我国建设用地需求高涨，对耕地造成巨大压力。

> 我国水资源短缺、自然灾害频繁，导致农业生产不稳定。

> 近年来，我国农产品进口量增加，国际农产品市场快速变化，又进一步加大了我国农产品的供需矛盾

图2　走科技强农之路的必要性

（四）致敬科学家，学创新精神

学生们以学习小组为单位，课前查阅我国著名农业科学家的生平事迹或者技术在中国农业中应用的实例。如图3所示，学生制作相关的手抄报，并且在课堂上分享我国农业科学家的故事，比如，杂交水稻之父袁隆平、西瓜奶奶吴明珠等，以此向老一辈科学家们致敬，并且通过了解其科研故事，传递勇于创新、报效祖国、无私奉献、吃苦耐劳的科学精神。

图 3　学生作品展示

（五）小结

目前，我国科技进步对农业的贡献率已经超过 50%，科学技术在农业发展中起着越来越重要的作用。尽管我国农业科技发展较快，但是同发达国家相比，差距还很大，我国农业在以后的发展过程中，还必须依靠科技的优势，大力发展高产、优质、高效、生态、安全农业，尽快把我国建设成为农业强国。这更需要注重对学生们的创新意识、吃苦耐劳的精神、勤劳奋斗的品质、为强国读书意识的培养。同时，初中地理教学与学习的开展要符合初中生的兴趣和能力，致力于发展学生的学科核心素养，教师也要注意自己角色的转换，做学生学习和思考的引路人。

参考文献：

[1] 丁翠霞. 促进学生深度学习的初中地理单元教学探索[D]. 2020年课堂教学教育改革专题研讨会论文集，2020.

[2] 吴易萌. 基于课程标准的初中地理单元教学设计研究[D]. 西南大学，2020.

[3] 王贤立. 学科大概念统摄下的初中地理单元教学设计——以"自然资源"为例[J]. 地理教学，2021（8）.

[4] 董瑞伶. 初中地理生物跨学科单元教学的实践与思考——以"三江源地区"为例[J]. 地理教学，2019（20）.

[5] 牛超，刘玉振. 试论地理核心素养的内涵、特征及其培养策略[J]. 天津师范大学学报：基础教育版，2015，16（4）.

[6] 贾燕仁. 学习地理课程标准随笔——兼论学习对生活有用的地理，学习对终身发展有用的地理[J]. 中学地理教学参考，2002（Z1）.

[7] 李士度. 学习对生活有用的地理[J]. 地理教育，2007（1）.

[8] 邓桂秀. 谈一谈"学习对生活有用的地理"[J]. 成才之路，2009（19）.

[9] 文珊. 初中地理教学中"家国情怀"教育的现状与实施策略研究[D]. 福建师范大学，2018（9）.

[10] 曹芝琳，马凯阳. 基于项目式学习的初中地理教学设计与实践——以"我承包了这块地中国的农业"为例[J]. 地理教学，2021（10）.

教师简介：

李江南，地理教师，具有高中地理教师资格证，硕士毕业于北京师范大学地理科学学部，主要研究我国未来农业生态系统干旱和洪涝的脆弱性预估与评价。

德智体美劳五育并举在学科教学中的渗透

——以地理学科教学为例

徐 洁

摘 要：本文从五育并举（史出教育思想家蔡元培提出的"军国民教育、实利主义教育、公民道德教育、世界观教育、美感教育皆之教育所不可偏废"的一种思想主张开启论述，学科教学各有优长，"五育"很难完美落实渗透在一个学科教学中，但每个学科又有"五育"教学的优势所在。如何挖掘好各学科"五育"教育功能，是我们当下要思考和实践的，本文仅以地理学科教学为例尝试实践"五育"落实工作，希望对于基础教育阶段"立德树人"具有一定启发和引导作用。

关键词：德智体美劳 "五育" 学科教学 地理教学

五育并举史出教育家蔡元培提出的"军国民教育、实利主义教育、公民道德教育、世界观教育、美感教育皆之教育所不可偏废"的一种思想主张。2019 年中共中央、国务院印发《关于深化教育教学改革全面提高义务教育质量的意见》，这是中共中央、国务院印发的第一个聚焦义务教育阶段教育教学改革的重要文件，文件提出了我国教育发展的顶层设计，即"培养德智体美劳全面发展的社会主义建设者和接班人"。五育并举是指在现代化的教育中"突出德育实效""提升智育水平""强化体育锻炼""增强美育熏陶""加强劳动教育"，并以此推动学生的全面发展。学科教学各有优长，"五育"很难完美落实渗透在一个学科教学中，但每个学科又有"五育"教学的优势所在。如何挖掘好各学科"五育"教育功能，是我们当下要思考和实践的课题，在此仅以地理学科为例尝试实践"五育"落实工作。

一、植根于地理教育内涵的德育思想

地理学是一门研究地理环境综合体的时空变化及其与人类之间关系的学科，高中阶段地理学习要培养学生的地理核心素养，包括人地协调观、综合思维、区域认知和地理实践力。人地协调观是人与自然和谐相处的前提，是现代公民应该具备的重要价值观念，是人类可持续发展前进的基础，也是促进学生形成良好道德观念的重要基础，在地理教学中，处处体现了德育为先的思想，如"人口"这一单元需要启发学生思考的重要问题就是如何与自然和谐相处，人类应该有什么样的人口观和发展观才能促进人类社会的长远发展？再如"工业区位"这部分内容，工厂选址的因素中，要考虑环境的污染问题，在教学中要以情景作为依托，让学生站在决策者或被决策者的角度充分地思考问题：怎样在较少或不损害他人及自然环境同时达到较高的效益的前提下确定工厂的位置？

此外，高中地理教材从各个方面体现了德育为先的基本方向，德育内容是形成受教育者品德的社会思想政治准则和道德规范的总和，包含政治教育、思想教育、道德教育和法治教育。

（一）政治教育

爱国主义教育是德育教育永恒的主题，爱国主义教育需要学生了解我们的国家，通过对自然景观的学习，欣赏祖国的大好河山；在不同的地域文化中，了解在这片热土上勤奋生活的人民；理解不同区域如何利用优势、如何克服先天的恶劣条件，实现当地人的富足。通过地理学科的学习，学生能够在课上的点点滴滴中体会和感知祖国的魅力，认识到当前强大的祖国是在劳动人民的辛勤汗水中缔造出来的。值得一提的是，地理选择性必修3的教学设计主要就是为了提升学生的主人翁意识，让学生知道自己才是未来中国的建设者和接班人，自己有义务、有责任在当前风云诡谲的国际形式背景下维护好国家的利益。

（二）思想教育

思想教育包含了世界观教育、人生观教育和理想观教育。世界观与人生观是密切相关的，世界观决定了人生观，而思想观又是人生观的外延。从这个方面切入，地理学科作为一门完善的学科体系，具有马克思主义的唯物主义思想，能够使学生建立正确的对世界客观规律的认识，能够使学生认识到社会属性是人的本质属性。地理教学是不能将学生从现实生活中剥离的，人处在由自然环境和人文环境相互融合而塑造的集合体当中，因此人的生产生活方式也受自然和人文因素影响。

（三）道德教育

诚实教育、公正教育、爱心教育、同情教育是道德教育的重要组成部分，在教学过程中可以时常将其渗透在案例中。如地理必修第二册的第一章的问题研究"如何看待农民工现象"，以此设计情景，并以纪录片《5个农民工艰难的过年回家之路》为背景，让学生了解农民工生存现状，切实地体会农民工面临的问题，并探讨解决农民工难题的对策与途径，从而培养学生对他人有爱心、同情心，对社会有责任心。

（四）法治教育

法治教育的主要目的是普及法律常识、增强学生的法律意识，如面对故意破坏性污染环境、非法盗取国家资源、损害国家安全利益的行为，要让学生能够利用法律武器捍卫自己的家乡。

可以说道德教育是贯穿高中地理教学始终的，地理学科虽然蕴含着丰富的德育功能，但是在实际教学中还需要教师深挖教材中的资源，结合地理学科的特点，多联系实际、多贴近生活，使德育教育更加自然、生动地融入地理教学中，将德育内化于心、外化于行。

二、根植于地理学科人地协调观的智育

智育不仅是让学生收获知识，更重要的是获得智慧。地理学科素养是基本知识、技能、品质、经验的结合，要靠培养学生的综合思维、提高学生的地理实践力来提升。综合思维是学生分析、理解地理过程与规律及人地关系地域系统的重要思想和方法，综合思维中包含了要素综合、时空综合，其中要素综合具体体现在自然环境整体性部分。自然环境五大要素包括大气、岩石及地貌、水、土壤、生物，五大要素相互联系、相互渗透，形成了自然环境的整体性，在人类社会的形成和发展过程中，人类利用和改造了自然，又形成了人文要素，如经济、技术、交通、生产力、土地等，"人"与"地"要素共同构成了"人—地"关系。人地关系若想和谐和可持续，就需要具有人地协调的观念。时空综合是指地理学科强调地理事物在空间上的分布及在时间上动态的演变过程，需要学生能够动态地思考地理事物的形成、现状和发展。培养时空思维过程中，要强化"尺度"核心内容教学。

在地理学中，尺度是指地理事象在空间和时间上的度量，其具有层级性、相对性、复杂性的特点。观察研究的尺度不同，得出的结论会有差异，学生会因不明晰尺度的问题而混淆自身知识结构。如"海水的温度"这部分就能够展现尺度的重要性，海水温度从时间尺度上看，从小到大可以包括昼夜的差异、季节性的差异、年际的差异、不同地质时期的差异；海水温度与大气运动相结合，可以进一步讨论空间尺度的差异，小尺度下区域因海陆热力性质的差异，形成了地方性风——海陆风，同时也能体现较小空间尺度的昼夜风向变化；大尺度下由于陆地与海洋的性质差异，形成了季风（较大空间尺度的风向变化）；全球尺度下的厄尔尼诺现象，影响全球的气温和降水（更大空间尺度的年际变化）。通过此类案例的学习，学生能够体会到时间与空间尺度思想是相互融合的，教师应该培养学生利用立体化、多层次、多角度的地理视角分析问题。

如何培养学生的地理思维而不是应试技巧，这需要教师积极探索新的教学方式，在课堂中多进行探索式提问和活动性学习。如在学习热力环流时，可以设计演示实验过程，利用水和大气相似的流体的性质，以红蓝两色的墨水代表受热（热水）和受冷（冰块）区域，观察水的流动情况，总结水的流动方向，体会热力环流的形成。然后举出生活中热力环流的例子，如为什么为提高供暖效果，许多家庭选择铺设地暖？为什么夏天会下冰雹？这种与生活息息相关的例子，有利于学生观察和思考身边的地理，以强烈的求知欲学习地理。

三、扎根于地理学科教学的体育教育

青少年的体育教育关系到国家和民族的未来，因为体育能够促进学生身心健康。地理学科可以在授课中渗透体育精神，激发学生对体育运动的兴趣。在教学的过程中发现，

学生们对热门的体育赛事的兴趣是非常浓厚的，如北京冬奥会和卡塔尔世界杯，可以将其引入课堂的材料中，激发学生的学习兴趣。如为什么假期要熬夜看直播球赛？万众期待的阿根廷对战法国的总决赛在多哈时间 18：00 开赛，在北京的我们应该几时观赛？以此为切入点讲解时区和区时的计算。阿根廷和法国的球员前往卡塔尔参加比赛要倒时差，这对运动员的身体会有一定的影响，时差对哪个国家的球员影响更大呢？还可以以比赛时间为切入点，以往的世界杯都是在夏季举行，为什么卡塔尔世界杯在冬季？卡塔尔世界杯中体现了非常多的中国制造，其中备受瞩目的世界杯草坪耗资 12.64 亿美元，为什么卡塔尔养护草坪如此困难？该项目的技术支持由宁夏大学承担有何优势？以此引导学生对体育内容展开分析，使得对体育感兴趣的同学能够积极地参与到课堂中，调动学生的学习积极性。再比如，地理知识可以让学生了解体育健康方面的知识，如云南省为何可以建立体育特色小镇？长跑运动员为何到云南进行锻炼？用打破思维惯性的案例吸引学生的注意。按照一般想法，低海拔地区能够减少运动员体内水分流失，适宜的气压有利于呼吸，能够有效地节省体能，而高原地区不适宜剧烈运动，容易造成"高原反应"。但是实际上，高海拔地区气温年较差和日较差大，低温干燥，长期的训练能够使运动者的身体素质得到提高，增强运动者的心肺功能和身体机能。很多国际知名的运动休闲特色小镇都得益于高山深谷的地形条件，如瑞士的达沃斯、尼泊尔博卡拉等。以此引导学生分析和思考云南省建立体育特色小镇的优势是什么，我国还有哪些地区适宜建立类似的特色小镇。将案例—问题—结论—应用串联起来，不仅能够让学生学习丰富的知识，还有利于培养学生解决实际问题的能力。

四、彰显于地理学科教学的美育教育

（一）提升教师审美素养，呈现审美素材

地理教材是高中地理课堂中实现美育的基础，人教版地理教材中的图片都非常具有美学设计感，如地理必修第一册每一章《前言》的设计，不仅能够以简洁、优美的文字描述关于此章节的概括性内容，同时还以鲜活、恰切的景色为背景，给人以视觉的享受。不仅如此，教材中很多插图的设计和选取都非常精美，如地理必修第二册第二章第三节《地域文化与城乡景观》一课的课本插图，呈现出了不同区域的地域文化特色，展示了不同地区建筑的不同结构、不同色彩，如五颜六色的智利瓦尔帕莱索、黄橙交织的意大利佛罗伦萨、中西文化相互交融的上海外滩和白墙黛瓦、枕河而立的江南古镇等，都给人留下了深刻的印象。教师作为课程的设计者，想要使美育在课堂中顺利实施，就应该提高自身的审美素养，注意在备课时做好充分准备，积极学习美育相关知识，树立正确的审美观念。地理教学实施过程中，应注意素材的选取，营造美的意境，利用图片、影像、音乐、文字等多种素材让学生感受美。同时，教师还应注意板书之美，工整、美观、有逻辑的板书，能够让学生体会设计的美感，能够无形地提高学生的审美能力。

（二）提升审美意识，培养创美能力

培养审美意识的目的是希望学生能够形成审美标准和美学鉴赏能力。能力的培养需要实践的磨炼，因此可以通过设计或开展实践活动的形式提升学生的审美意识。如在地理必修第一册第四章第二节《地貌的观察》一课中，可以设计让学生去爬山观景，让学生思考如何选择路线才能够观看到日出、瀑布或区域的全景。如果设计研学旅行，还可以让学生在多姿多彩的大自然中去实践，不仅能够帮助学生培养正确的科学探索态度，还能够让学生体会自然之美。

五、外化于地理学科教学的劳动教育

马克思认为"劳动是自由的生命表现，是生活的乐趣"，他阐明了幸福是物质追求和精神追求的统一、享受和创造的统一、个人幸福和社会幸福的统一，劳动不仅创造了人的物质生活，而且充盈着人的精神世界，并提出了"劳动幸福观"，即一个人能够实现自身价值，获得丰满人生的前提是具有正确的劳动观念。在新时代，劳动教育被赋予了新的定位、新的内涵，并强调"非生产性劳动""价值交换"和"多元矛盾"。

在地理教学中如何渗透劳动教育？在人教版地理必修第二册第三章《产业区位因素》中，学生们能够系统地学习社会经济部门包括农业、工业和服务业，能够从宏观的角度了解和掌握不同生产部门维持运行的区位条件，能够思考在当今日新月异的技术进步和不断更新的生产、生活方式下，应该如何考虑企业的发展从而作出选择。从实践方面来看，书中的活动和问题研究非常适合对学生进行劳动教育，如该章节的问题研究"实体商店何去何从"，可以让学生以小组的形式展开活动，小组成员分配任务，包括以网络、调查问卷、访谈的形式收集资料；"今天我来当店长/店员"活动让学生切实体验劳动者的一天的工作内容，也能让学生结合材料与实践活动，汇总分析实体店衰落的原因，共同探讨实体店的转型之路，并为店主提出一些未来发展的建议。教材中提供了很多好的问题探究，在探究问题、寻找线索、解决问题的过程中，学生要与各行各业的劳动者沟通、交流，劳动的思想在活动中得到渗透，同时探究活动本身就是劳动，学生能在劳动中学习，在学习中体会到劳动的意义。

劳动教育最重要的是要返回并融入其他各育之中，让学生意识到教育不只是在家庭、工厂里，也在班级中、课堂上，学习本身就是一种劳动。同时，应该积极探寻"研学旅行"的新方法、新思维，在旅行中学习，愉快地探究、真切地体验，使实践与学习过程结合，使学生不仅能够收获自然知识、体会社会教育，还能得到德智体美劳的全面发展。

当前，我国的发展迈向了一个新的阶段并即将迈向社会主义现代化强国，落实"五育并举"是培养未来合格公民的必经之路。本文旨在为广大地理教育者提供新的思路，地理学科与"五育并举"的融合还需要不断实践与摸索。

参考文献：

[1] 曾成栋. 论蔡元培之"五育"教育观[D]. 湖南师范大学，2015.

[2] 李国庆，丁文荣. 基于"五育融合"的高中地理课程教学资源开发探索[J]. 中学课程资源，2023（3）：71-74.

[3] 陈诗吉，李婧，赵亚茹，杨维旭，王若云，柯雪芳. 五育并举融入高中地理学科教育的框架构建[J]. 中学地理教学参考，2021（9）：21-25.

[4] 林丹娜. 基于五育并举的中学地理学科教育改革研究[J]. 西部素质教育，2022，8（13）：102 -104 .

[5] 许梦琴，许武成. 浅谈高中地理教学中劳育渗透的意义与途径[J]. 学周刊 A 版，2020（16）：55-56.

教师简介：

徐洁，毕业于东北师范大学，研究生学历，现任高中地理教师；具有一年班主任经历，曾参加市级公开课，获得"启航杯"区级"一等奖"，发表教学论文一篇。

基于核心素养的水循环教学内容分析

张宇宁

摘　要： 核心素养是学生须具备的有利于终身发展和适应社会发展的关键能力与必备品格。促进学生核心素养的发展是立德树人的重要任务之一，也顺应了教育改革发展趋势。本文将结合"水循环"教学实践，探讨在教学中落实核心素养的策略。

关键词： 核心素养　水循环　教学

社会经济的快速发展，对教育以及人才的培养提出了更高的要求。我国的新课程改革中明确提出课程改革最重要的环节就是要研究核心素养体系与学业质量标准。中学课程中地理课程是一门重要的学科，地理核心素养对学生的发展具有重要作用。因此，高中教师应在教学内容中融入核心素养，为实现学生的全面发展奠定基础。本文将以"水循环"为例，探讨在教学中落实核心素养的策略。

一、"水循环"中的地理核心素养

综合思维的应用，使学生能够跨足不同学科领域，深入挖掘水循环的多层次内涵；地理实践力可以使学生将理论学习与实践结合起来，真切感受水资源管理和环境保护的现实挑战；区域认知让学生深入了解不同地域的水循环特点，培养学生对地球各地的独特性的尊重和理解；人地协调观则引导学生思考人类活动与地理环境的和谐共生，从而塑造可持续发展的生态意识。

（一）综合思维与水循环教学：知识整合与解决问题的能力

水循环涉及地球大气、水体和陆地等多个层面的知识，包括气象、地质、生态等多个学科领域。通过综合思维，学生得以将这些看似分散的知识元素有机地整合，形成对水循环全过程的系统性认知。例如，在学习水循环的过程中，学生将学习到不同地区的降水量、蒸发速率、地形对水流的影响等多方面内容，这就要求他们具备整合碎片化知识的能力，形成对水循环机制的整体把握。

综合思维还激发了学生解决实际问题的能力。在水循环教学中，学生将面对诸如水资源管理、干旱灾害应对等实际问题。通过跨学科知识整合，学生能够更全面地审视问题，提出创新性的解决方案。这种能力培养不仅有助于学生在水循环领域的深入发展，更为其将来在相关领域的工作和研究提供了坚实基础。

在实际教学中，可以通过设计综合性项目，让学生围绕水循环展开跨学科的研究，从而促使他们将来自不同学科的知识进行整合。例如，学生可以模拟某地区的水循环过程，同时考虑气候、地形、植被等多个因素的综合影响，以此提升他们的综合思维水平。综合思维在水循环教学中既是知识整合的桥梁，又是解决实际问题的动力。通过培养学生的综合思维能力，我们不仅帮助他们更好地理解水循环的复杂性，同时为他们未来的学术和职业发展奠定了坚实的基础。

（二）地理实践力与水循环教学：理论知识的实际运用

地理实践力是四大核心素养之一，其核心在于学生能够将所学理论知识用于解决实际问题。在水循环教学中，地理实践力的发挥不仅使学生学会将理论应用于实际，还培养了他们在水资源管理和环境保护等领域的实际能力。

通过实地考察，学生能够亲身感受并记录不同地区水循环的特点。例如，学生可以选择一个具有代表性的地理环境，观察当地的气候、地形、水源状况等，通过实地考察了解水循环的实际情况。这种实践性的学习使学生不仅仅是知识的被动接受者，更是对知识的主动探究者，从而更加深刻地理解水循环的复杂性。

地理实践力的发挥能够使学生在解决实际问题的过程中形成系统性思维。水循环不仅仅是一个地理概念，更是涉及气候、生态、社会等多个层面的综合性问题。通过实际操作，学生能够将这些知识融会贯通，形成对水循环全过程的系统性认知。这种思维方式培养了学生在面对复杂问题时的综合分析能力，为他们将来在环境科学、气象学等领域的研究提供了坚实的基础。

地理实践力在水循环教学中的应用不仅仅是理论知识的实际运用，更是学生综合运用各类技能解决实际问题的关键。通过培养地理实践力，我们不仅能够提高学生的核心素养，使其掌握理论，还能够使其在实际中运用所学知识解决现实问题。

（三）区域认知与水循环教学：地理环境的深刻认识

区域认知作为四大核心素养之一，注重培养学生对不同地理区域的理解和分析能力。在水循环教学中，区域认知的发挥使学生能够深入了解不同地域的水循环特点，拓展他们的地理视野，形成对全球水资源分布的全面认知。

首先，通过区域认知，学生能够理解不同地域的气候对水循环的影响。例如，热带地区的高温导致蒸发量大，而极地地区由于低温，冰雪覆盖，形成了独特的冰雪循环。通过比较不同地区的水循环特点，学生能够理解气候对水资源分布的重要性，形成对地球气候差异的深刻认识。

其次，区域认知强调学生对地理特征的敏感性。在水循环教学中，学生需要深入了解各个地区的地形、地貌等地理特征，因为其直接影响着水的流动和分布。例如，山地由于地势起伏大，水流多急流；平原地区由于地势较平坦，水流较为平缓。通过对地理特征的深刻认知，学生能够更好地理解水循环的地域差异。

最重要的是，区域认知培养了学生对地球多样性的尊重和欣赏。地球上各个地区拥有独特的自然环境和人文景观，这包括了水循环的差异。通过深入了解这些地域特点，能够培养学生对地球多样性的敬畏之情，形成对地球环境整体平衡的认知。

区域认知在水循环教学中的应用不仅仅是对地理环境的认知，更是对地球生态系统的理解。通过培养学生对不同地区水循环特点的深刻认识，我们能够激发学生对地球多样性的兴趣，使其在水循环领域形成更为全面和深刻的地理认知。

区域认知是学生对地理区域特征的理解和分析能力。在水循环教学中，我们将以具体地理区域为例，详细分析如何通过水循环教学促进学生的区域认知，使其对地理环境有更准确的把握，这包括地理特征、气候差异和水资源分布等方面的深入研究。

（四）人地协调观与水循环教学：人类活动与地理环境的关系

人地协调观作为四大核心素养之一，强调人类活动与地理环境之间的相互影响和协调关系。在水循环教学中，人地协调观的发挥使学生能够深刻理解人类活动对水资源的影响，培养其对可持续水资源管理的责任心和意识。

首先，人地协调观引导学生思考人类活动如何改变水循环过程。例如，城市化进程中大量土地被城市建设所占用，导致雨水难以渗透到地下，增加了城市的洪涝风险。通过人地协调观的引导，学生能够理解城市化对当地水循环的重要影响，形成对城市水资源管理的思考。

其次，人地协调观促使学生考虑人类活动对水质的影响。工业排放、农业污染等人类活动会导致水体污染，影响水循环的健康运转。通过人地协调观的引导，学生能够认识到自己的行为与水资源的质量息息相关，培养了其对水环境保护的紧迫感。

最重要的是，人地协调观引导学生深入思考人类活动与气候变化之间的关系。人类的能源消耗、森林开发等活动会对气候产生直接和间接的影响，从而影响水循环的模式。通过人地协调观的引导，学生能够更好地理解气候变化对水循环的潜在影响，形成对环境可持续性的认识。

因此，人地协调观在水循环教学中的应用不仅仅是对人类活动和地理环境关系的认知，更能够培养学生环保和可持续发展的意识。通过引导学生思考人类活动如何影响水循环，并提出可持续的解决方案，我们能够培养学生在面对未来环境挑战时有更积极、负责任的态度。

二、在"水循环"中落实核心素养策略

（一）创设情境主题课堂培养综合思维

主题式教学是一种综合性教学，在激发学生潜在的探究欲望、培养学生的综合思维、增强学生的学习能力等方面，这种教学方式起着不可忽视的作用。在水循环的教学中，我们可以从以下方面开展教学：首先，创设主题情境。在教学中，可以让学生根据水循环过程的基本原理，运用小石头、沙、自来水、烧杯、橡皮筋、白色透明薄膜、塑料盆等实验材料，设计水循环模拟探究实验，在此主题情境中学生要以小组合作形式讨论以

下问题：1. 根据水循环发生的领域，可将水循环分为哪三种类型？2. 水循环主要能量来源为哪些？3. 三种类型水循环涵盖哪些环节？4. 三种类型水循环各有哪些环节？我们可以在教学中将教材知识转换为探究问题，激发学生潜在的学习驱动力，为培养综合思维做好铺垫。其次，搭设支架，开展高效探究。高中新课程标准倡导的重要理念，即探究学习，也是培养学生创新精神与综合思维能力的重要途径。

（二）结合地理学科特征培养区域认知

高中地理教师在培养学生区域认知时应紧贴学生学情，使区域认知培养目标落于实处。具体从以下几方面着手：其一，唤醒学生对区域认知的内在需求。高中地理教师可采取小组合作学习或案例教学法等方式培养学生地理区域认知素养。其二，尊重智能差异，激发全新区域认知。高中生经历初中阶段学习后已经具备进行区域综合特征分析、区域地理位置分析、区域差异分析以及进行区域发展联系等区域的简单分析能力，因此，要在充分肯定学生已具备的基础认知能力的基础上培养其地理区域认知素养，激发学生进行地理区域全新认知的热情，使学生的地理区域认知素养得以提升。

（三）创设生活化情境培养人地协调观

人地协调观为高中地理核心素养重点之一，教师应充分利用实例，创设生活化的情境，激发学生的探究兴趣，调动学生已有的生活体验，培养人地协调观。例如，在"砂田西瓜"教学中要通过人类活动对于水循环环节的利用与改造，引导学生对比分析砂田与裸田的景观差异，理解砂覆盖对地表径流、下渗、蒸发等水循环环节的影响，使学生明白人类认识水循环的意义在于利用水循环规律为人类造福，如修建大坝、植树造林、地膜覆盖等。在"水循环的地理意义"的教学中应引导学生关注水资源是有限的，如果人类用水过度，超过了水体更新的速度，或者水资源受污染，就会导致水资源的短缺，让学生明确人类可用的淡水资源十分稀少，树立开源节流意识，体会人对地及地对人的作用和影响，强化学生的人地协调观。

（四）充分利用本土资源培养地理实践力

在教学中要利用本土地理资源，带着学生开展一些实践活动，让学生在实践活动中进行考察、实验、调研以及资料的收集等，使其通过方案设计、情境创设、问题讨论、问题解决等，提升地理实践力素养，真正落实对学生地理实践力的培养。以"水循环"的教学为例，我们可以以潮白河为探究目标，提出如"潮白河的水是哪里来的""潮白河是外流河还是内流河""潮白河的年径流量是多少""潮白河参与的水循环类型是什么""人们的哪些活动影响了潮白河水循环的哪些环节"等问题，让学生以小组为单位，分组讨论，并通过查阅资料、访问、实地考察等方式解决问题。

三、结论

四大核心素养——综合思维、地理实践力、区域认知和人地协调观，构成了地理学科的重要框架，为学生提供了对地理现象综合理解和分析的能力。这些核心素养相辅相成，相互交织，为学生提供了更为深入的学科体验。期望通过本文的研究能够为地理教育领域提供有针对性的教学策略，这对于培养具备综合思维、地理实践力、区域认知和人地协调观的新一代学生，帮助他们更好地应对未来的挑战，具有深远的意义。

参考文献：

[1] 刘小霞．经济复苏时期我国高职教育的价值取向[J]．职教论坛，2012（23）：4-6.

[2] 周晓霞．浅谈德育教育在中学地理教学中的渗透[J]．学周刊，2017（12）：95-96.

[3] 武鑫．浅谈小组合作在地理教学中的有效应用[J]．新课程（中），2014（8）：57.

[4] 杨国武．中学地理教学中德育教育渗透的研究[D]．湖南师范大学，2012.

[5] 李佳成．GIS辅助中学区域地理教学研究——以高三为例[D]．河北师范大学，2018.

[6] 李朝奎，邓丽霞，张云珍．地理信息技术辅助中学地理教学模式研究[J]．测绘工程，2007（6）：66-70.

[7] 郝勇．高中地理"人地协调观"教学模型的构建及实施策略[D]．天津师范大学，2018.

[8] 高振环．基于生态视角的高中生地理素养培养研究[D]．聊城大学，2016.

[9] 张迪．高中生气质差异对地理核心素养习得的影响分析[D]．山东师范大学，2017.

[10] 张明敏．中学区域地理认知结构的构建及其教学启示——以"植被地理"教学为例[J]．地理教学，2018（21）：22-25，49.

教师简介：

张宇宁，中共党员，硕士学历，毕业于东北师范大学。从教以来，爱岗敬业，关爱学生。曾独立主持怀柔区课题一项。他始终相信：今天多一分拼搏，明天多几分欢笑。

提高学生自我效能感

——构建中学高效体育课堂

孟建冬

摘　要：自我效能是人类行为操作活动的一种强大的内在力量，在控制和调节行为方面有着极其重要的作用。中学生是自我效能信念形成的关键时期，良好的自我效能感和自我效能信念可以使学生的自信心水平得以增强，在体育运动中表现为对体育活动的积极热忱，能够改变学生的学习心理和行为，使学生主动学习，提高体育学习、锻炼的兴趣，增强参与体育活动的动机，从而达到构建高效课堂的目的。本文采用文献资料法、问卷调查法、实验法和数理统计法对影响中学生体育教学中自我效能感的因素、指标进行分析和探究，以期通过提高学生的自我效能感来构建中学高效体育课堂。

关键词：自我效能感　中学体育教学　高效课堂

一、核心概念的界定

1. 自我效能感。阿尔伯特·班杜拉于 1986 年在其著作《思想和行动的社会基础》中将其界定为：个体相信自己有能力完成某种或某类任务，是个体能力自信心在某些活动中的具体体现。艾根与考柴克进行系统总结后指出：自我效能感促使诸如认知的、社会的和行为的技能转化为实际操作的能力，并用其生成的能力来调节技能的实施，有效的行为操作需要技能与自我效能的协同作用才能实现。

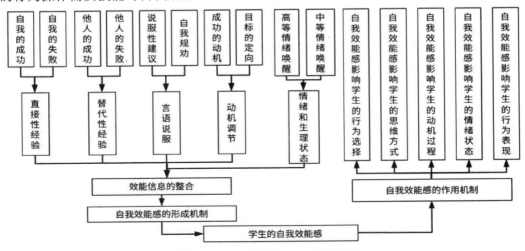

图1　自我效能感的内涵示意图

2. 高效课堂。如何理解高效之"效"？首先是"效果"，其次是"效率"。效果显著的课堂不一定是有效课堂，但有效课堂一定是效果显著的课堂；效率很高的课堂也不一定是有效课堂，但有效课堂一定是效率很高的课堂。高效体育课堂是学堂，不是讲堂；是锻炼场，不是表演场；是师生互动、身心对话的舞台；是知识、技能与生命的共鸣。

二、本实验的实施流程

本实验随机选取所教 4 个班级中的 2 个班级为实验组，另 2 个班级为对照组，实验组人数为 98 人（其中男 45 人，女 53 人），对照组人数为 97 人（其中男 44 人，女 53 人）。实验时间为 9 周（18 学时）。实验过程中，采用双盲实验的方法（即教师和学生均不明了实验的目的）。其中，对照组仍采用普通的教学方法，实验组则运用精心设计的教学方法实施教学。教学内容选择为武术中的形神拳。在整个实验结束后进行最终的考核。评分时采用 4 名资质教师同时打分取平均值的方式，按照完成动作的质量、连贯程度、神态配合三个方面来综合评定。每个方面又分为 4 个等级评分标准，教师根据学生完成动作的情况分别在每个项目上打分，最后取各个项目的分数总和为该学生的考核成绩。在教学过程中对实验班学生具体采取如下教学方法。

1. 直接性经验的运用方法。（1）在教学过程中，给予学生充分的赞扬与肯定。（2）指导学生小组内互相赞扬、鼓励。（3）针对不同小组和个人提出不同的要求，避免伤其自尊心。（4）及时带领学生在体操馆内面对镜子做动作练习，增强学生的自信心。

2. 替代性经验的运用方法。（1）教师反复将自己标准、优美、轻松的技术动作展现给学生，减少学生的恐惧心理。（2）选取动作完成优秀的学生为大家做示范。（3）要求学生在练习前进行表象训练，即在脑海里想象老师、优秀同学的规范动作，然后再做动作练习。（4）借助多媒体技术，增强学生学习的兴趣和对规范动作的理解和认识。

3. 言语说服的运用方法。（1）教师及时、客观地指出目前学生遇到的主要困难，帮其找出改进动作的最佳策略与方法。（2）教师在教学过程中给学生灌输学习技术动作更多的是依靠自身的努力程度而非能力的思想。（3）教师作为学生可信服的形象出现，对学生评价的参照点的选择应放在学生已经取得的进步上。

4. 动机调节的运用方法。（1）在练习过程中，对于表现出色、学习进步幅度较大的学生除给予言语上的称赞、鼓励之外，还配合一些物质奖励。（2）每节课每小组选出一名表现最为优秀或进步最大的学生进行当众表扬，以使学生较多地以参照自我的进步为准。

5. 情绪和生理状态的运用方法。（1）在每节课的准备活动中采取配合音乐的动作练习，提高学生的生理唤醒水平和情绪状态。（2）在课中学生情绪低落和课堂教学沉闷时，组织一些有趣的游戏活动。（3）在每节课的结束部分配合轻松、柔和的音乐做心绪调节和放松练习。

三、结果与分析

1. 实验组学生实验前后自我效能因素的对比分析

表1 实验组学生实验前后自我效能因素的对比分析

N=98	实验前	实验后	T 值	P 值
直接性经验	17.35	22.38	4.362	P<0.01
替代性经验	14.83	17.31	2.753	P<0.01
言语说服	14.21	16.43	2.181	P<0.05
动机调节	11.57	13.26	1.925	P<0.05
情绪和生理状态	11.26	12.35	1.039	P>0.05
自我效能总和	69.22	81.73	8.768	P<0.01

用 SPSS11.2 软件对获取的指标进行对比检验，表1可以清晰地显示，直接性经验和替代性经验两项 P 值均小于 0.01，具有显著性差异，说明在体育教学当中，直接性经验和替代性经验对于学生自我效能感的提高都具有非常重要的作用。同样，言语说服和动机调节这两项数据的 P 值都小于 0.05，也具有显著性差异，说明在中学的体育教学中其对于提高学生的自我效能感也具有重要的作用。只有情绪和生理状态这一项的 P 值大于0.05，说明情绪和生理状态对提高学生自我效能感的作用不是很明显。

2. 实验组与对照组学生实验后自我效能总和的对比分析

表2 实验组与对照组学生实验后自我效能总和的对比分析

实验组 N=98 对照组 N=97	实验组		对照组	
影响因素	实验前	实验后	实验前	实验后
直接性经验	17.35	22.38	17.28	17.87
替代性经验	14.83	17.31	14.92	15.41
言语说服	14.21	16.43	14.18	14.98
动机调节	11.57	13.26	11.62	12.07
情绪和生理状态	11.26	12.35	11.37	11.86
自我效能总和	69.22	81.73	69.37	72.19

由表2可以看出，实验组学生的自我效能水平显著高于对照组的学生，这表明实验使前者比后者更加相信自己的能力，具有较高的自信心。这一切的变化都要归功于一点，即实验组接受了特殊的实验因素的干预，正是这一系列的干预因素直接决定着实验组学生自我效能认识特点的改善。无论是学生亲自体验到成功或者失败的直接经验、观察教

师或水平相近同学成败表现的替代经验、接受教师给予的及时鼓励和自我规劝，还是持有追求成功动机和任务定向的心理调节，这些因素都潜移默化地对实验组学生的认知过程起着作用。

3．实验组与对照组学生实验后各项学习成绩的对比

表3　实验组与对照组学生实验后各项学习成绩的对比

技术指标	实验组（N=98）	实验组（N=97）	P 值
动作完成的质量	3.485	2.754	P<0.01
动作完成的时间	3.034	2.341	P<0.01
神情姿态的配合	2.857	2.257	P<0.01
整体动作的连贯性	3.023	2.218	P<0.01
最后总成绩	12.399	9.570	P<0.01

表3显示，经统计学检验，实验组与对照组指标的P值均小于0.01，说明对照组学生与实验组学生在完成动作的质量、完成动作的时间效率、神情姿态的配合以及整个动作的连贯性四个方面都有明显的差异，即实验组学生的各项成绩皆好于对照组学生。其原因无疑应归于实验组学生整体自我效能感的提高，而这一水平的提高是由于影响自我效能形成的五大因素（直接性经验、替代性经验、言语说服、动机调节和情绪和生理状态）在其中发挥着积极作用的结果。

四、结论

1．通过提高学生的自我效能感水平，可以有效地提高中学体育课堂效率。

2．个人成败的直接经验、选择合理的榜样示范、积极有效的言语干预、学生自身的动机调节和情绪与生理状态对学生自我效能感的形成具有重要作用。

3．学生的自我效能感与考试成绩呈显著性相关，但中学生整体的自我效能感呈现较低的水平。

4．在教学过程中，各效能因素通常是综合发挥作用的，所以教师在对众多效能因素进行整合时，应该因人、因时、因地、因场景合理运用。

五、建议

在体育教学中，要想有效地提高学生的自我效能感水平，构建高效体育课堂，就要求我们体育教师在课堂教学中必须采取合理、适宜、有效的教学方法，同时还要付出大量"心血"。在此，本人做一图示，愿与大家分享，请多多指正。

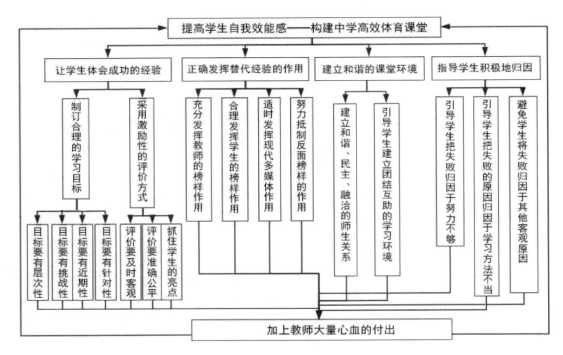

图2 提高学生自我效能感——构建中学高效体育课堂的方法路径

参考文献:

[1] 吴效锋. 新课程怎样教:教学艺术与实践[M]. 沈阳:沈阳出版社,2003.

[2] 教育部基础教育司. 走进新课程:与课程实施者对话[S]. 北京:北京师范大学出版社,2002.

[3] 马启伟. 体育心理学[M]. 高等教育出版社,1996.

[4] 肖红艳,孙素梅,王建新,等. 自我效能理论在田径训练中的应用[J]. 山东体育科技,1997(2):5-7.

教师简介:

孟建冬,大学本科学历,中学体育一级教师,毕业于首都体育学院体育教育系。2006年至2008年在喇叭沟门满族中学支教两年。

新时期中学校园体育文化环境建设的研究

曹若峰

　　摘　要： 校园体育文化处于现代教育和现代体育的交会点，这使得校园体育文化既是体育文化的重要部分，也是校园文化的重要内容。新时期中学加强对校园体育文化的研究、加快校园体育文化环境的建设，已经成为现代教育和现代体育的迫切需求。新时期中学校园体育文化建设的重点：着眼于精神文化建设；落实到具体的行动上；以体育教学为基础；突出实践特色。新时期中学校园体育文化建设的有效途径：进行体育教学改革，激发学生的积极性；通过丰富多彩的体育活动，培养学生的兴趣；开展经常性的体育竞赛，突出展示学生个性和特长。

　　关键词： 中学　校园体育文化　建设

　　中学在社会生活中既是一种实现社会教育的途径，又是一种传递社会文化的现象。中学文化的研究尤其是中学校园文化研究，应该得到提升，以充分发挥中学在传承、弘扬中华优秀文化中的重要作用，这是当前需要我们积极进行的工作。青年是未来国家发展的主体，而中学生又是广大青年中的主力军，他们的素质会直接影响到他们将来会以怎样的精神状态来迎接民族的复兴，这是关系到中华民族伟大复兴的大事。中学生生活在校园文化这一特殊的文化属性中，学校能否营造一个积极良好的校园文化环境，会对学生的健康发展产生重大的影响。每一个教育者都应该重视校园文化建设，作为一名中学体育教师，在此着重探讨中学校园体育文化环境的建设路径。

　　校园体育文化作为校园文化中的一种特殊文化现象，正好处于现代教育和现代体育的会合处，校园体育文化既是体育文化的重要部分，也是校园文化的重要内容。校园体育文化开展得好与坏将直接影响校园文化的有序进行。作为一种经过历史岁月积淀的体育文化，校园体育文化对于学校的校风、学风、教风都起着重要的作用，是学校建设和发展必不可少的一个重要环节。由此，新时期中学加强对校园体育文化的研究、加快校园体育文化环境的建设，已经成为现代教育和现代体育的迫切需求。

一、校园体育文化的含义

　　体育文化因其特殊的文化属性，使其内涵和外延都十分丰富广阔。按照二分法可将体育文化分为体育物质文化和体育精神文化。校园体育物质文化是学校在漫长的岁月发展过程中逐渐积累下来的并且具有本校特色的体育物化形式，是校园体育文化开展的有力物质保证，也是校园体育文化得以发展壮大的有效载体。校园体育物质文化主要包括校园内的体育场地、器材、体育图书资料、体育竞赛的规章制度等。

　　校园体育精神文化是以师生为主体，在学校发展过程中创造的一种精神财富或体育文化氛围，具体包括：体育思想、体育道德、体育理念、体育审美等。从校园体育物质文化与校园体育精神文化的关系来看，校园体育物质文化是传递校园体育精神文化必不可少的物质载体，更从某种意义上说明，校园体育物质文化是决定校园体育精神文化是否发达的外在表现形式。校园体育精神文化是校园体育物质文化在思想、精神、道德等层面的文化引领，是以学生为主体、以教师为主导，以促进学生身心健康全面发展为目标的精神成果的总和。因此，校园体育物质文化和校园体育精神文化共同构成校园体育文化，与校园的德育、智育和美育共同形成校园文化群落。

　　所以，校园体育物质文化和校园体育精神文化是学校体育文化建设至关重要的两个层面，只有加快建设物态体育场地、增添器材、形成以优秀体育文化精神为引领的非物态体育文化建设，并结合良好的教学方法，才能够有效地促进学校体育文化的建设。

二、新时期中学校园体育文化建设的重点

1. 新时期中学校园体育文化建设要着眼于精神文化建设

　　新时期在中学校园文化建设中应该着眼于精神文化的建设，充分发挥体育精神文化的宣传作用，以此来教育和感化学生。校园体育精神文化集中反映了本校学生的体育精神面貌、体育价值观念和体育道德等。由此，在校园体育精神文化建设中可以以班级为单位、有计划地定期举办体育画报和体育广播等活动，宣传体育精神文化。体育精神文化也从另一个角度，反映了当前教育的价值取向，学生在学习、传播体育精神文化的同时，其身心也不断地得到塑造，形成积极健康的体育文化价值观念，并拓展了自身生活和学习视野。体育场地器材上的标语、画报、浮雕等，体现出体育运动场上的生机和活力，能让学生受到体育精神熏陶，并且能够培养学生形成积极乐观地投入到体育运动中的终身体育思想。另外，为了有效传播本校的体育精神文化，可以通过制作学校体育网页等方式进行。

　　体育精神文化的建设也可通过定期举办体育竞赛活动，比如体育文化节、体育竞赛、体育裁判知识讲座等，结合学校的校风、学风、教风综合实施。学校体育传统风气是在不懈奋斗中，为了实现本校体育的共同目标，在教学方面形成的一种带有普遍性的、可以重复出现的、较为稳定的一种独特思想。学校体育传统风气能够使学生置身于积极的体育运动氛围中，引导学生愉快地、自主地进行身体锻炼，并且能够开发学生从事体育事业的潜能，增强其感受美、欣赏美、创造美的体育能力。

2. 新时期中学校园体育文化建设要落实到具体的行动上

　　新时期中学校园体育文化建设应在具体的行动上下工夫。中学校园体育始终坚持健康第一的指导理念，以学生的体育参与为主要的考核办法，克服以运动能力作为唯一的

评判学生的方法。中学体育教育应注重对学生进行全面的体育培养、全面的体育锻炼和全面的体育考核，积极地调动学生进行体育参与和身体锻炼的自主性。在《体育与健康课程标准（2022年版）》的指导下，教师应深化体育教学改革，以学生为主，面向全体学生，因材施教，塑造一种教学相长的体育学习氛围，让每一个学生都能够融入校园体育文化的建设中，通过创建各种类型的竞赛活动，完善校园体育文化竞赛制度，用制度来激励、鼓舞和影响学生。

中学的体育教学应该是培养学生养成良好的运动习惯，甚至终身体育锻炼的习惯。在体育教学过程中，教师应该逐渐淡化竞技性，强调体育参与的重要性，发展学生的个性，全面提升学生的体育能力。教师还应根据学校的现实情况和学生的实际能力，通过借鉴其他学校的良好经验，开展具有本校特色的体育竞赛活动，并使学生乐于参与到体育竞赛中，同时突出体育竞赛的健身性、全面性和实用性，使得学生在身心愉悦的情况下，既进行了身体锻炼，又为今后从事体育活动打下良好的基础。

3．新时期中学校园体育文化建设要以体育教学为基础

体育教育也是实现校园体育文化建设的有效措施。因此，教师应端正教学态度，与学生建立良好的师生关系，树立正确的体育思想，强调学生的参与，有效地控制教学过程，通过艺术的教学方法，提高体育课对学生的吸引力。此外，教师应强调集体意识，培养学生团结合作的精神，注重学生的个性，根据学生的才能进行教学，优化体育教育的教学氛围。

由于体育的特殊性，教师在言传身教过程中要善于组织具有艺术性的语言，用语言去感染学生，积极采用一些创新性的、开放式的体育教学方式，唤起学生积极参与的意识。比如在耐力跑的教学过程中，应该采用丰富多彩的组织形式，如采用追逐跑、定时跑、变速跑、接力跑、障碍跑以及游戏的形式等，让学生在参与过程中，无形地提升了身体的速度和耐力，从而使得整个教学活动既活泼，又能有效地完成教学任务，也使得学生在上体育课的过程中达到入心、入情、入境的状态，以最少的时间和精力，获得最大的效益。

最后，体育教师的体态也相当重要，优美的身体姿态表演能够极大地激发学生的兴趣。在体育教学中，教师应该善于利用身体姿态，最大限度地号召学生，调动学生参与锻炼的积极性，培养学生养成终身体育锻炼的习惯。

4．新时期中学校园体育文化建设要突出实践特色

新时期中学校园体育文化建设应突出实践的特色。学校特色项目的运动水平对于学校发展的影响非常大。具有体育特色运动的学校，无形中就形成了一张自己的名片。另外，走体育特色之路，也是全面素质教育的重要形式，应充分发挥这种文化形态的教育作用。因此，学校在进行特色运动队的建设时，就要建立一支既懂教学又懂训练的队伍，这支运动队伍应不仅品德高尚、竞技能力突出，有积极奉献的精神状态，而且在训练中也要敢于打破常规、不守旧，能够根据学生的个性特点，实施多样化的训练手段，对学生全面关心、全面培养和全面负责，有效解决体育训练中的学训矛盾。

最后，体育作为学校教育中的重要形式，学校领导也应该积极地关注校园体育文化建设，重视校园体育文化建设在教育改革和发展中的重大作用。

三、新时期中学校园体育文化建设的有效途径

1．进行体育教学改革，激发学生的积极性

学生在学校进行体育学习的过程，应该就是培养学生养成体育锻炼的习惯的过程。因此，教师在进行体育教学的过程中，应该以学生为主体，轻化竞技，强调身体锻炼，注重培养学生的体育意识，发展学生的个性。另外，教师应根据学校的实际情况与学生的自身条件，通过借鉴其他学校的优秀经验，选用符合本校特色的体育选项课教学模式。体育课的开课项目应选择能够发展学生兴趣的、便于学生接受的项目，开课项目在学习过程中应具备健身性、全面性、实用性、终身性，使得学生在学习体育技能的同时，也能享受到身体活动的乐趣。以此，增强学生从事体育活动的意愿。

2．通过丰富多彩的体育活动，培养学生的兴趣

学生终身锻炼的体育习惯的养成，并不是一蹴而就的，必须持之以恒。因此，学校应该在校园体育文化建设中开展丰富多彩的体育活动，培养学生的兴趣，形成一种良好的体育锻炼氛围，而绝不仅仅是一周两次体育课的课堂氛围。所以，学校应该加强课外体育活动的组织和管理，通过课外体育活动的延伸，达到养成学生从事体育锻炼的习惯的目的。但是，我们在思想认识上并非把它看成体育课教学的简单延续，而是改变以往重学生素质指标轻学生身体锻炼效果，重管理制度落实轻锻炼习惯培养，重学校统一安排轻学生自主活动等片面认识，尽最大努力给学生提供场地、器械等方面的帮助，同时鼓励学生自购体育器材，引导学生组织锻炼小组等，尽量满足学生对锻炼项目的差异性需要，体现学生的自我管理和参与意识，使学生的体育能力向个性化、特长方面发展，使课外体育活动成为学生从事体育活动的主要项目。

3．开展经常性的体育竞赛，突出展示学生个性和特长

新时期中学校园体育文化的建设，应通过开展经常性的体育竞赛，使得学生能够展示个性、培养能力、陶冶情趣，从而创造良好的校园体育氛围。校园体育工作者应当坚持面向全体学生的原则，在项目设置中充分考虑广大学生的现实情况，做到大众化和连续性，开展多元的体育竞赛。学校除了定期的校田径运动会以外，还应该开展校篮球联赛、校羽毛球赛、拔河比赛、接力赛等各类型的竞赛活动，同时积极鼓励班与班之间的挑战赛。而在竞赛活动中，各班组织的啦啦队、竞赛报道组也都各显其能，成为比赛场上另一道亮丽的风景，真正做到了人人关心、个个参与的校园体育文化建设的深入推进，有力地促进了学校各项体育事业的发展，不但使学生的锻炼热情高涨，而且使学生的精

神面貌也随之发生了改变。在这个过程中，他们享受到了体育的乐趣，培养了良好的锻炼习惯，这将使他们终身受益。

参考文献：

[1] 张兵．谈体育文化和校园文化融合下的价值及实现路径[J]．考试周刊，2020（29）：109-110．

[2] 郭祥均．立德树人视域下学校体育文化构建研究[J]．中国教育学刊，2023（S1）：91-93．

[3] 谢清平．体育社团活动对校园文化促进作用的探究[J]．小学教学研究，2023（2）：9-10．

[4] 邹广楠．新建中小学校园体育文化建设路径探索——以北京景山学校曹妃甸分校为例[J]．田径，2023（1）：4-5，78．

[5] 段东满．"一校一品"校园体育文化发展研究——以校园篮球文化节为例[J]．中国多媒体与网络教学学报：中旬刊，2022（12）：235-238．

[6] 宗增增．民族传统体育融入小学校园体育文化[J]．新体育，2022（22）：99-102．

[7] 陈鹏．校园足球对小学体育教学的促进作用[J]．教育艺术，2022（10）：56．

教师简介：

曹若峰，大学本科学历，体育一级教师，2015年毕业于北京体育大学体育教育系。在本校建立了乒乓球队，并带队多年获得怀柔区团体第一名。

初中信息技术教学中游戏化教学的应用探究

王宗楠

摘　要：信息技术学科是初中阶段教学的重点内容，做好信息技术学科的教学活动不但可以提升学生的信息技术素养，同时也为学生未来的进一步学习奠定了牢靠的基础。为了更好地激发学生的学习兴趣，初中信息技术教师在教学的过程中就应当有意识地利用游戏化的教学策略开展教学活动。本文针对初中信息技术教学中游戏化教学的应用价值进行了分析，探究初中信息技术教学中游戏化教学策略。

关键词：初中信息技术　游戏化教学　应用

随着信息技术的迅速发展，初中信息技术教育面临着更高的要求。为激发学生的学习兴趣、培养创新思维和提高实际应用能力，游戏化教学逐渐成为信息技术教育的一种创新方式。作为初中信息技术教师，在开展日常教学活动的过程中，就应当从学生的实际情况出发，利用好游戏化教学模式，做好教学设计活动，从而调动学生的学习积极性，促使学生更加积极主动地参与到教学活动中，提升学生的综合素质。

一、初中信息技术教学中游戏化教学的应用价值

1. 激发学生学习兴趣

在初中信息技术教学中，游戏化教学的应用尤其在激发学生学习兴趣方面发挥着关键作用。通过引入生动有趣的游戏元素，教师能够创造出引人入胜的学习环境，从而更好地激发学生对信息技术学科的学习兴趣。游戏化教学回避了传统教学的枯燥单一的缺点，通过引入游戏的趣味性元素，使得学科内容更具吸引力。学生参与到富有挑战性和竞争性的游戏活动中，往往会产生浓厚的兴趣，因为他们感受到了学科知识与实际生活的联系。而且游戏化教学强调学习的互动性和参与性，学生在游戏中不仅是被动的接受者，还是积极的参与者，能够在游戏的情境中自主探索、发现和学习。这种互动性的学习方式能够更好地调动学生的学习兴趣，使他们更愿意投入到课程内容的学习中。

2. 提高学科吸引力

在初中信息技术教学中，游戏化教学的应用在提高学科吸引力方面发挥着重要作用。通过设计有趣的情节、挑战和任务，游戏化教学使学科内容更为引人入胜，从而让学生更积极地投入到信息技术的学习中。游戏化教学通过创设富有趣味性的情境，将学科知识嵌入到有趣的游戏情节中，这种设计能够吸引学生的注意力，使他们在轻松、愉快的氛围中参与到学科学习中。同时，游戏化教学常常通过设定目标和任务，激发学生完成

挑战的动力，学生在完成任务的过程中获得成就感和奖励，这种正向的反馈机制能够让学生更加专注于学科内容，提高对信息技术学科的认同感。目标的明确性和奖励的及时性增加了学科学习的吸引力。此外，游戏化教学还注重将学科知识与实际应用结合，使学生在游戏中体验到学科的实用性。学生通过解决真实问题、完成与实际场景相关的任务，能够更好地理解信息技术知识的实际应用，这种实际性的学习体验极大地提高了学科的吸引力。

3．培养学生创新思维

在初中信息技术教学中，游戏化教学的应用为培养学生创新思维提供了有力支持。通过游戏化教学中问题解决、决策制定等元素的引入，学生被鼓励进行创新性思考，从而不仅提高了他们的信息技术学科能力，还为未来他们在信息技术领域的创新奠定了基础。游戏化教学的任务和挑战通常设计得具有一定难度，要求学生运用已学知识进行问题解决。这种情境下，学生需要进行创新性思考，提出新颖的解决方案，从而培养了他们的创新思维。通过制定策略、优化方案等操作，学生的创新意识得到了锻炼。此外，游戏化教学的团队合作元素也促进了学生创新思维的培养。在协作中，学生需要共同解决问题，分享想法，从而激发彼此的创新灵感，这种调动集体智慧的方式有助于拓展学生的思维空间，培养学生团队合作和创新性思维的综合能力。

4．促进学生的团队合作

在初中信息技术教学中，游戏化教学的一个显著特点是强调团队协作，通过合作完成任务，促进学生之间的互动与交流。这种团队合作的教学方式对于培养学生的团队协作精神、提高他们在协同工作中的沟通和合作能力具有显著的价值。游戏化教学中的团队合作要求学生共同完成任务，在解决问题和完成挑战的过程中，学生需要相互配合、交流意见、共同制订策略，这种协作的需求强化了学生在团队中的角色认知，促使他们更好地理解团队协作的重要性。同时，游戏化教学通过设定团队目标和奖励机制，激发了学生的合作动力。学生在团队协作中不仅要为自己的成功而努力，还要为整个团队的目标贡献力量，通过共同取得胜利或完成任务，团队成员可以分享成功的喜悦，增强了团队合作的正向体验。

5．满足学生个性化学习需求

在初中信息技术教学中引入游戏化教学，不仅丰富了教学手段，还能够有效满足学生的个性化学习需求。游戏化教学通过实时数据追踪和评估学生的学习表现，能够深入了解每个学生的学科水平、学习风格和弱势环节。基于这些信息，教师在授课的过程中可以根据学生的个性化需求调整游戏的难度、速度和内容，以适应不同学生的学习进程。这种个性化的设计确保了学生在学习过程中不会感到过于轻松或过于困难，从而更好地激发学习兴趣，提高学习效果。而且游戏化教学注重学生的主动参与和选择，学生通常可以根据自己的兴趣和学习风格，在游戏中选择适合自己的任务和活动。这种选择权使得学生更加主动地参与学习过程，能够在符合个性化需求的环境中更好地发挥自己的学习优势。而且，在初中信息技术教学过程中开展的游戏化教学常包含即时的个性化反馈机制，学生在游戏中可即时获得关于他们表现的反馈，包括正确与否、解题时间等，这种即时的个性化反馈有助于学生更好地了解自己的学习情况，及时纠正错误，提高学科水平。除此以外，信息技术游戏化教学通过设定目标、奖励机制和关卡，创造了积极的学习氛围，激发了学生的学科兴趣。

二、初中信息技术教学中游戏化教学策略

1. 设定任务与目标

在初中信息技术的游戏化教学中，设定任务与目标是一项关键策略。通过设计具有挑战性的任务和明确的学习目标，教师可以激发学生的学习兴趣，增强他们的学科参与度，并在游戏过程中培养他们解决问题的能力。设定任务和目标有助于引导学生的学习方向，通过明确的任务，学生能够清晰了解需要完成的工作，从而更有针对性地进行学科学习。例如，设定任务为设计简单的计算机程序，学生在完成任务的过程中需要掌握特定的编程知识和技能。有挑战性的任务能够激发学生的学科兴趣，设定一些具有一定难度的任务，可以让学生在解决问题的过程中感受到成就感和挑战感，这种积极的情感体验有助于培养学生对信息技术学科的浓厚兴趣。例如，在进行《创建图表》的教学时，教师就可为学生安排图表冒险任务，教师可以设计一个冒险故事情节，让学生在学习创建图表的过程中，通过完成任务解锁新的关卡或图表类型。同时每个关卡可以涉及不同的图表种类和应用场景，让学生在解决问题的同时不断学习新的图表技能。除此以外，明确的学习目标为学生提供了学科学习的导向。

2. 引入竞赛元素

在初中信息技术的游戏化教学中，通过设计信息技术竞赛、编程比赛等活动，可以激发学生的学习积极性，提高他们的技能水平，并让学生在竞争中体验到学科学习的乐趣。竞赛元素能够创造紧张刺激的学习氛围，学生在参与信息技术竞赛中，可以感受到与他人竞争的紧迫感，这种紧张刺激的氛围有助于激发学生的学科热情和求胜欲望。例如，通过设计编程比赛，要求学生在限定时间内完成编程任务，争夺优胜，可以增加学科学习的紧迫感和趣味性。而且竞赛元素能够培养学生解决问题的能力，在竞赛中，学生需要运用所学的信息技术知识迅速解决复杂的问题，因而提高了他们的实际应用能力。这种实践性的学习方式有助于将理论知识转化为实际操作技能。例如，在进行《分析图表》的教学时，教师就可组织学生进行图表拼图竞赛。教师可以将一个完整的图表拆分成若干部分，分配给学生或小组，让学生合作拼凑图表，并在规定时间内完成，同时要求学生解释拼图的组成部分及其相互关系，从而深入理解图表的整体结构。除此之外，竞赛活动提供了一个展示个人技能的平台。学生在竞赛中能够展示自己在编程、技术操

作等方面的才能，增强自信心，这种自我价值的认同有助于学生更加积极地投入学科学习，培养了他们对信息技术的浓厚兴趣。

3．进行情境模拟

在初中信息技术的游戏化教学中，进行情境模拟是一项有效的策略。通过设计情境模拟游戏，将学科知识应用到实际场景中，例如模拟企业网络搭建的游戏，可以让学生在虚拟环境中实际操作，从而提高他们的实际应用能力。情境模拟能够增强学生的实际操作技能。通过在游戏中模拟实际的网络搭建场景，学生可以亲自操作设备、配置网络，从而更深入地理解和掌握相关知识。这种实践性的学习方式有助于将理论知识转化为实际操作技能，提高学生在信息技术领域的知识应用水平。而且情境模拟提供了一个安全的学习环境，在虚拟的情境中，学生可以进行尝试、实验，而不会对真实网络产生负面影响。这种安全的学习环境有助于学生放开手脚进行实际操作，更加自信地应用所学的信息技术知识。

4．设计奖励机制

在初中信息技术的游戏化教学中，通过完成任务、解锁成就等方式给予学生积分、徽章或其他奖励，这种正向激励能够显著激发学生对学科的兴趣，增加他们的学习动力。奖励机制为学生创造了明确的目标，通过设立可以达成的任务和成就，学生可以清晰地知道自己需要追求的目标，从而更有动力地参与游戏化教学活动。例如，完成一个编程任务可以获得积分，解锁某一技能成就可以获得特殊徽章，这些目标的设定使学生更有方向感。而且奖励机制强化了学科学习的积极体验，当学生通过努力获得奖励时，他们会感受到一种成就感和满足感，这种积极体验有助于培养他们对信息技术学科的浓厚兴趣，这种正向的情感体验是学生持续学习的重要动力来源。同时，奖励机制可以激发学生的竞争心理。在游戏化教学中，不同任务和成就的奖励可以设立成不同级别的，学生可以通过超越自己或与他人竞争，争取更高级别的奖励。这种竞争性的元素有助于提高学生学科学习的投入度。

5．安排团队合作项目

在初中信息技术的游戏化教学中，安排团队合作项目是一项极具推动力的策略。通过设计团队合作项目，鼓励学生在小组中共同完成任务，不仅能够促进知识的交流与分享，还有助于提高学生沟通协作的能力，同时培养他们的团队精神。团队合作项目能够促进学科知识的共享。在小组中，学生可以分享自己的知识和见解，从而加深他们对信息技术领域的理解。团队成员之间的知识互补和交流有助于提高整体团队的学科水平。而且合作项目培养了学生的沟通协作技能，在团队合作中学生需要有效地沟通、协商解决问题，这有助于提高他们的沟通技巧和协作能力。这种实践性的学习方式对于信息技术领域中日益重要的团队协作能力的培养具有重要意义。同时，团队合作项目有助于培养学生的团队精神。通过共同完成任务，学生能够学会倾听他人意见、尊重他人观点，并学会在团队中扮演不同的角色，这种团队协作的经验将对学生未来在职场中的团队工作提供有力支持。

6. 角色扮演

在初中信息技术的游戏化教学中，设计信息技术角色扮演游戏，如让学生扮演网络管理员、程序员等，是一种极富趣味性和教育性的策略。模拟实际职场情景、角色扮演有助于帮助学生更好地理解和应用信息技术知识。角色扮演游戏可以增强学生对职业角色的认知，通过扮演网络管理员、程序员等，学生能够深入了解这些职业的工作内容、责任和技能要求。而且角色扮演游戏有助于将理论知识转化为实际操作技能。学生在扮演职业角色的过程中，需要模拟实际的工作场景，运用所学的信息技术知识解决实际问题，这样能使学生更好地理解和应用所学的知识。

游戏化教学作为信息技术教育的创新方式，为提升学科吸引力、培养创新思维和提高实际应用能力提供了新的可能性。在初中信息技术教学中，教师可以积极借鉴游戏化教学的理念和方法，创造更具互动性和趣味性的学习环境，从而更好地激发学生的学习兴趣，培养学生的创新思维，提高他们在信息技术领域的应用能力。

参考文献：

[1] 刘思杏. 初中信息技术教学中游戏化教学分析[J]. 中学课程辅导，2023（21）：102-104.

[2] 花振亮. 游戏化教学在小学信息技术教学中的应用[J]. 试题与研究，2022（31）：162-164.

[3] 徐达. 浅谈如何在初中信息技术教学中进行游戏化教学[J]. 科幻画报，2022（8）：113-114.

[4] 郑章法. 游戏化教学模式在信息技术教学中的应用探究[J]. 高考，2022（9）：141-143.

教师简介：

王宗楠，本科毕业于郑州大学计算机科学与技术专业，硕士毕业于中央民族大学现代教育技术专业。在研究生期间发表 *Research on the Picture Database of Minority Emotion* 和《多媒体词汇学习中的行为/眼动证据》。